*Tietze, Han_*

Die Kunstsammlungen der Stadt Salzburg

Tietze, Hans

Die Kunstsammlungen der Stadt Salzburg

Inktank publishing, 2018

www.inktank-publishing.com

ISBN/EAN: 9783747764657

DIE KUNSTSAMMLUNGEN DER STADT SALZBURG

BEARBEITET VON Dr. HANS TIETZE

28 TAFELN, 421 ABBILDUNGEN IM TEXTE

WIEN 1919

KUNSTVERLAG ANTON SCHROLL & Co.

GESELLSCHAFT M. B. H.

INHALTSVERZEICHNIS

VORWORT

–

Die Aufnahme der in diesem Bande beschriebenen Kunstsammlungen erfolgte im wesentlichen in den Jahren 1910 und 1911 durch den Sekretär des kunsthistorischen Institutes Dr. HANS TIETZE und Frau Dr. ERICA TIETZE; Ergänzungen erfolgten in den nächsten Jahren. Die Bearbeitung durch den Genannten war 1914 so weit gediehen, daß mit der Drucklegung begonnen werden konnte. Diese zog sich infolge dauernder militärischer Dienstleistung des Bearbeiters und dann wegen der Schwierigkeit der Verbindung mit der in Brünn befindlichen Druckerei bis jetzt hin. Durch diese jahrelange Verzögerung haben die Angaben des Bandes an Richtigkeit, die ganze Bearbeitung an Frische eingebüßt; eine teilweise Korrektur muß dem Bande vorbehalten bleiben, der dem nunmehr abgeschlossenen Inventar der Salzburger Kunstdenkmale eine zusammenhängende kunsthistorische Einleitung zufügen wird.

Einen wesentlichen Anteil an der Fertigstellung des Bandes nahmen Kustos ALPHONS HAUPPOLTER des Salzburger Museums und Dr. FRANZ MARTIN des dortigen Landesregierungsarchivs; die Bearbeitung der Waffensammlung erfolgte durch Dr. AUGUST GROSZ in Wien, dessen Aufnahmen durch Oberst SEEFELNER in Salzburg an Ort und Stelle nochmals geprüft wurden. Die photographischen Aufnahmen rühren von dem Photographen HANS MAKART und FRANZ GRILLPARZER sowie vom Bearbeiter her. Dieser fühlt sich besonders verpflichtet, der Leitung und Verwaltung des Salzburger Museums für die seiner Arbeit in diesem erteilten Förderung auch an dieser Stelle wärmstens zu danken.

Wien, Juni 1919.

Max Dvořák

Sammlung der Frau Dr. Gottfried Aigner

Ernst-Thun-Straße Nr. 8.

G e m ä l d e:

1. Aquarell auf Papier: 23 × 32 *cm*; Porträt der nachmaligen Frau von Bésin als vierjähriges Kind, auf einem Polster sitzend; hinten rote Draperie. Bezeichnet: *A. de Veria.* 1832 gemalt (Fig. 1). Von Achille Devéria (1800 bis 1857).

2. Aquarell auf Papier; 25 × 29·5 *cm*; Kniestück; Porträt des Fürsten Felix Schwarzenberg in

Fig. 1.

Fig. 1 Kinderbildnis von Achille Devéria,
Sammlung Aigner (S. 1)

Fig. 2 Miniaturporträt des Fürsten Felix Schwarzenberg
von Kriehuber, Sammlung Aigner (S. 1)

schwarzem Rock, mit einem Buch in der Hand, in einem Lehnstuhl sitzend. Links unten bezeichnet: *Kriehuber 835.* In guillochierter Goldbronzemontierung (Fig. 2).

3. Aquarell auf Papier; 11 × 17 *cm*; Halbfigur einer jungen Dame mit braunen Locken, in weißem Kleid. Richtung des Johann Ender. Um 1840.

Ferner eine kleine Anzahl von Meißner und Wiener Porzellan sowie von Kameen von der Wende des XVIII. zum XIX. Jh.

Fig. 2.

XVI

1

Sammlung der Frau Marie Ainmüller

Imbergstraße Nr. 29.

An der Außenseite des Hauses sind verschiedene Wappensteine e'ngemauert, darunter einer des Erzbischof Max Gandolph. Im Innern des Hauses zahlreiche alte Bilder, Skulpturen und Möbel, die durch Imitationen ähnlicher Stücke zu historisierend malerischen Interieurs ergänzt sind.

Gemälde.

Gemälde:

1. Tempera auf Holz; 40 × 51 cm; zwei Pendants, Gebet am Ölberg und Schaustellung Christi; salzburgisch. Zweites Viertel des XVI. Jhs.
2. Tempera auf Holz; 39 × 58 cm; Halbfigur der Madonna mit dem Kinde, das bekleidet auf ihren Knien sitzt. Ober italienisch. Um 1500. (Vielleicht Cremona.)
3. Tempera auf Holz; 69 × 98 cm; Kreuzigung Christi, links Maria und Johannes, rechts mehrere Krieger im Gespräch (Taf. I)

Tafel I.

Fig. 3 Darstellung im Tempel, Sammlung Ainmüller (S. 2)

Fig. 4 Darstellung im Tempel, Sammlung Ainmüller (S. 3)

Der Richtung Hans Baldung Grien nahestehend. Vgl. die Beweinung Christi im Kaiser-Friedrich-Museum (Heidrich, altdeutsche Malerei, Abb. 125) und das Bild gleichen Gegenstandes im Ferdinandeum (Térey Gemälde 27). Zum Christustyp vgl. auch Térey, Handzeichnungen H. B. Griens 100.
4. Tempera auf Holz; 68 × 94 cm; Auferstehung Christi, mit reichem landschaftlichem Hintergrund. Um 1520. Salzburgisch. Richtung des Aspacher Altars.
5. Tempera auf Holz; 53 × 145 cm; Darstellung im Tempel; Maria mit Josef und einer Magd, die eine Kerze hält, vor dem runden Altartisch, auf dem die Tauben stehen und über dem der Hohepriester das nackte Kind hält; hinten mehrere Männer. Der Tempel als Rundhalle gestaltet. Oberdeutsch. Viertes Viertel

Fig. 3.

des XV. Jhs. (Fig. 3).
6. Tempera auf Holz; zirka 70 × 100 cm; zwei gemeinsam gerahmte Altarflügel, oben spitz ausgeschnitten. Links Schaustellung Christi, rechts Christus unter dem Kreuz gefallen. (Letzteres nach Dürer, B. 37.) Um 1515. Richtung des Hochaltars von Nonnberg.

TAFEL I KREUZIGUNG CHRISTI
Sammlung v. Ainmüller (S. 2)

7. Tempera auf Holz; vier zusammengehörige Bilder; 89 × 112 *cm*; Verkündigung, Anbetung des Kindes, Anbetung der Könige. Darstellung im Tempel. Salzburgisch (?). Letztes Viertel des XV. Jhs. (Fig. 4).

8. Tempera auf Holz; zirka 40 × 150 *cm*; durch eine Längsleiste getrennte, nicht genau zusammenpassende Fragmente einer nicht deutbaren Komposition (Marter der hl. Katharina?); rechts schläft ein Mann, auf den Unterarm gestützt, auf einem Stein, daneben ein Bein. Links liegt ein weiterer Mann und über ihm schwebt ein Engel in rot-orangem Gewande. Über Waldlandschaft ein Reigen von Engeln, die

Fig. 4.

Fig. 5 Hl. Dorothea, Holzrelief,
Sammlung Ainmüller (S. 4)

Fig. 6 Hl. Hieronymus, Holzrelief,
Sammlung Ainmüller (S. 4)

Werkzeuge der Passion halten und Steine und Pfeile herabschleudern. Sehr kräftig im Kolorit. Um 1520. Sehr beschädigt und überarbeitet.

9. Öl auf Leinwand; Brustbild des Erzbischofs Sigismund von Schrattenbach. Mitte des XVIII. Jhs.

10. Öl auf Leinwand; 66 × 85 *cm*; junges Mädchen in Salzburger Bürgertracht. Kniestück. Um 1760. In reichgeschnitztem vergoldetem Rahmen mit Tressenwerk und bekrönendem Wappen des Erzbischofs Sigismund von Schrattenbach. Um 1760.

11. Öl auf Leinwand; 26 × 22 *cm*; Ruth begleitet ihre Schwiegermutter, während Noemi weinend davongeht. Bezeichnet: *J. S. 1844.* (Julius Schnorr.)

Glasmalereien:

1. Rechteckige Wappenscheibe, Engel mit Doppelwappen und Umschrift: *Herr Conradus Hirschauer, Brobst zu Beicharting 1615.*

1

Skulpturen.

Fig. 5.

Fig. 6.

Fig. 7 Hl. Georg, Holzrelief, Sammlung Ainmüller (S. 4)

2. Rechteckige Scheibe mit Wappen in der Mitte. Oben Anbetung des Kindes, links Jakobus der Ältere, rechts hl. Anna selbdritt. Unten Inschrift: *Fr. Jacobus Faber confessarius monalium in Altenhochenaw 1613.*

3. Rundscheibe, Durchmesser 12 *cm*, Daniel in der Löwengrube und Pendant dazu, Marter eines Greises, der mit Pfeilen erschossen wird. Anfang des XVI. Jhs.

4. Rundscheibe; Durchmesser 17 *cm*; Marter des hl. Sebastian und Kreuzigung Christi. Anfang des XVI. Jhs.

Skulpturen:

1. Zwei Reliefs; Holz polychromiert; Anbetung des Kindes durch Maria und Josef, hinten zwei Bauern, sowie Ochs und Esel. Anbetung der drei Könige. Salzburgisch. Ende des XV. Jhs.

2. Zwei Reliefs; Holz polychromiert; 35 × 75 *cm*; hl. Helena und hl. Dorothea auf leicht ornamentiertem Goldgrund (Fig. 5). Anfang des XVI. Jhs. Augsburgisch?

3. Zwei Reliefs, als Appliken gearbeitet; Holz entpolychromiert; 1 *m* hoch; hl. Hieronymus (Fig. 6) und hl. Antonius mit dem Schwein. Salzburgisch, unter Tiroler Einfluß. Viertes Viertel des XV. Jhs.

4. Relief, Holz, entpolychromiert, 67 × 78 *cm*; Heimsuchung, als Hintergrund Häuser. Salzburgisch. Um 1490.

5. Relief, Holz, entpolychromiert, 20 × 22 *cm*; hl. Georg im Kampf mit dem Drachen, hinten die Jungfrau, weiter

Fig. 7.

zurück auf Felsen eine Burg, aus deren Fenster König und Königin herausschauen. Süddeutsch. Um 1520 (Fig. 7).

6. Zwei Reliefs, Holz, entpolychromiert; 36 × 61 *cm*; zwei Szenen aus der Legende des hl. Kreuzes; Königin Helena mit Gefolge im Gespräch mit drei Männern. — Kaiser Heraclius mit dem Kreuz in das Tor von Jerusalem eintretend. Salzburgisch. Um 1520.

7. Relief, Holz, entpolychromiert; 14 Nothelfer, Kniestücke in zwei Reihen hintereinander. Anfang des XV. Jhs.

8. Statuette; Holz, entpolychromiert; 29 *cm* hoch; Madonna mit dem Kind, auf einer kleinen Konsole stehend. Anfang des XVI. Jhs.

Fig. 8.

9. Relief, Holz, entpolychromiert; ... ...; der Leichnam Christi ... ... und Johannes beweint. ... burgisch. Um 1520 (Fig. 8).

... ... polychromiert, hl. ... ... kind auf dem Arm, ... steht die hl. J... ... Salzburgisch. Anfang des X... ...

Fig. 8 Beweinung Christi, Holzrelief, Sammlung Ainmüller (S. 4)

11. Figur; Holz, polychromiert; 95 *cm* hoch; Johannes Evangelist mit dem Kelch in der Hand. Salzburgisch. Ende des XV. Jhs.

12. Figur; Holz, polychromiert; 99 *cm* hoch; Kruzifixus in stark verzerrter Haltung. Mitte des XVI. Jhs.

Fig. 9 Schrank aus Eichenholz, Sammlung Almmüller (S. 5)

S c h r a n k ; Eichenholz, geschnitzt, oben und unten mit durchbrochener Leiste mit Rankenwerk, zu oberst erneuter Zinnenkranz. Drei geschnitzte Leisten. Gravierte Eisenbeschläge in Form einer in Eicheln ausgehenden Ranke. Zweite Hälfte des XV. Jhs. Teilweise erneut (Fig. 9).   Möbel.

Fig. 9.

B e t t aus dunkelbraunem Holz, mit geschnitztem Aufsatz mit zwei gemalten Schildern am Kopfende, am Fußende Aufschrift: *Wolf Hanser Gumbs Maria Gambsin 1705.*

G.mälde.

Fig. 10 Tanzendes Paar, Aquarell, Sammlung Freih. v. Bees
(S. 7)

L a v a h o; aus Adneter Marmor, halbrunde Schale
und Wandteil mit Löwenmaul. Aufschrift: *16 nitt
vill brangen 33*. In der Lünette *1622* und Wappenschild mit Hauszeichen und Initialen *B. E.*

Buntglasierter T o n o f e n; auf weißem Grund
stehende Putten und Köpfchen in Blau und Grün.
Den Abschluß des übereckgestellten Obergeschosses
bildet ein von einer Imperatorenbüste gesprengter
Flachgiebel. Zweite Hälfte des XVII. Jhs.

K a c h e l; bunt glasiert, mit Darstellung eines
Kriegers in römischer Rüstung, mit Unterschrift:
Caesar Carolus. Zweites Viertel des XVI. Jhs.

K a c h e l; bunt glasiert, architektonische Umrahmung mit seitlichen Hermen und Putten in den
Zwickeln des Rundbogens. Darinnen nackte Frau
mit Unterschrift: *Die Hoffnung*. Drittes Viertel des
XVI. Jhs.

Sammlung Ritter von Angermayer
Schwarzstraße Nr. 14.

G e m ä l d e :

1. Öl auf Leinwand; 40 × 57 *cm*; Brustbild des
Wiener Staatsrates Grohmann in weinrotem, goldgesticktem Rock mit weißem Jabot. Rechts unten bezeichnet *Kindermann*. Letztes Viertel des XVIII. Jhs.
Über Dominik Kindermann s. NAGLER, Künstlerlexikon VII, 456.

2. Pendant dazu; Brustbild seiner Gattin in rotem
Kleid mit gelbem Schal.

Fig. 11 Bakchantin, Rötel- und Kohlezeichnung, Sammlung Freih. v. Bees (S. 7)

3. Miniaturporträt, Aquarell auf Papier; oval 45 × 55 mm; Brustbild des oben genannten Herrn, an der Rückseite das seiner Gemahlin. Um 1800. Goldbronzemontierung.

4. Öl auf Leinwand; 40 × 33 cm; hl. Gudula mit einer Begleiterin auf dem Kirchgang von drei Teufeln angefallen, von einem Engel verteidigt. Bezeichnet *Jos. Führich pinxit a. d. 1836*. (Taf. II).

Sammlung Freiherr von Bees
Franz-Josef-Straße Nr. 6.

Wohnungseinrichtung aus Objekten verschiedener Provenienz, fast ausschließlich dem XVIII. Jh. angehörend. Möbel, Stiche (größtenteils englisch), Meißener Porzellan vor der Marke und sonst aus der Frühzeit; besonders zu nennen:

G e m ä l d e :

1. Öl auf Leinwand; halbfiguriges Porträt der Kaiserin Maria Theresia, in reichem Gewand, mit Krone und Zepter. Dem Van Loo zugeschrieben.

2. Aquarell auf Seide; 20 × 24 cm; zwei Pendants, ein tanzendes Paar und eine junge Dame, in vornehmem Kleid, stehend; herum eingelegte Möbel, die aus Stroh geflochten sind. Französisch. Mitte des XVIII. Jhs. (Fig. 10)

3. Handzeichnung, Rötel und Kohle; 80 × 52 cm; eine nackte Bakchantin, schlafend, an die sich ein Putto lehnt, weiter hinten ein tanzendes Paar und einem Bock spielenden Putto mit einem Bock spielend. Französisch; später Schüler des Boucher (Fig. 11).

Hohe S t a n d u h r, aus braunem Holz, mit geschnitzter, vergoldeter Rocaille und hängenden Blüten. Das gestrichene Zifferblatt bezeichnet *Franz Antoni Riß Uhrmacher in Passau*. Um 1770 (Fig. 12).

S t u h l, aus braunem Holz, mit geschnitzter Rocaille und Bespannung aus Genueser Samt, mit rotgoldenem Granatapfelmuster. Um 1740.

S a m t s t o f f e, grün und blau, auf hellem Grund, mit Resten von Metall: großes Sternmuster mit Bordüre aus Rosetten oder Palmetten; Skutarisamt. Um 1600. Jetzt als Bespannung eines Ofenschirms verwendet.

Sammlung Otto Bernhardt
Nonnberggasse Nr. 20.

S c h r a n k aus poliertem Eichenholz; vorspringender Sockel, das Hauptgeschoß durch drei Pilaster mit figurierten Kapitälen gegliedert und mit einem reich profilierten Gebälk abgeschlossen, in dessen Segmentgiebel eine Laute spielende Frau vor einer Blattpalmette sitzt. In den drei Pilastern allegorische Frauengestalten, die christlichen und Kardinaltugenden darstellend; um die gestuften reich verkröpften Türfüllungen in den Zwickeln Figuren der Jahreszeiten. Norddeutsche Arbeit um 1690; aus der Hedwigskirche in Berlin stammend. Nach Angabe des Besitzers fand sich in dem Möbel eine Datierung von 1687. Teilweise restauriert.

R a h m e n aus Eichenholz, entpolychromiert; überaus reich geschnitzte Rocaille, die besonders im Aufsatz üppige Formen annimmt. Um 1750/60, vielleicht westdeutsch. In Großgmain erworben.

Fig. 12 Standuhr,
Sammlung Freih. v. Bees (S. 7)

Sammlung Gräfin Blome
Brunnhausgasse Nr. 13.

G e m ä l d e :

Tempera auf Holz; 35 × 50 cm; in rechteckigem Mittelfeld Kreuzigung Christi, zwischen den stehenden Heiligen Maria und Markus einerseits und Johannes und Paulus anderseits. Davor knien ein Engel und

Fig. 13.

vier hl. Männer, einer mit einer roten Mütze. Um die Einfassungsleiste dieses Mittelbildes zwanzig in Leisten gefaßte Rundmedaillons mit je einem Brustbild eines Heiligen, dessen Name beigeschrieben ist. In Venedig erworben. Venezianisch. Drittes Viertel des XIV. Jhs. (Fig. 13). Die stark byzantinischen Züge zusammen mit den grotesken Anklängen sprechen für einen Maler aus der Nachfolge des Maestro Paolo; am ähnlichsten mit diesem Bilde sind die in der Hauptfigur ganz übereinstimmende Kreuzigung im Museo Correr (M. d. XIV. Jhs.), die große Tafel des M. Paolo von 1345 im Schatz von S. Marco und die dem-

Fig. 13 Kreuzigung aus der Richtung des Maestro Paolo, Besitz der Gräfin Blome (S. 8)

selben Meister wohl mit Unrecht zugeschriebene Tafel M. 14 in der Akademie in Venedig. (Vgl. L. Testi, Storia della Pittura Veneziana, Ven. 1909, S. 120, 123, 157 und 189.)

Ferner eine große Anzahl von Familienbildnissen namentlich der gräflichen Familie Buol und mehrere Miniaturbildnisse, darunter

auf Elfenbein, kreisrund, Baronin Herding geb. Gräfin Saint Martin. Französisch. Um 1770.

Graf Saint Martin. Bezeichnet *Nortwijck F. 1787.*

Gräfin Buol geb. Prinzessin Isenburg. Bezeichnet *Schalck.*

Brustbild einer Baronin Herding nachmals Fürstin Isenburg. Bezeichnet *F. Schöler 1808.*

Ölminiatur auf Holz; Brustbild eines Grafen Buol, Art des Lawrence. Um 1830.

Sammlung Dr. Otto Duffek

Makartplatz Nr. 2.

Große Sammlung von kunstgewerblichen Gegenständen, namentlich Bauernfayence (Fig. 14), Biedermeier-gläsern, Pfeifenköpfen, Porzellan, Zinn, Steinzeug, Möbeln, Silhouetten. **Fig. 14.**

Besonders hervorzuheben:

Gemälde: 1. Öl auf Kupfer; 11·5 × 14·5 cm; Halbfigur der Madonna mit dem Kinde und dem kleinen **Gemälde.**
Johannes. Deutsch, erste Hälfte des XVII. Jhs.; aus Zwettl stammend.
2. Zwei Miniaturen; 11 × 13 cm; auf Papier, oval. Halbfigurige Porträts eines Herrn (Fig. 15) beziehungs- **Fig. 15.**
weise einer Dame. Beide bezeichnet: *F. Spitzer pinxit 1831.*
3. Miniatur auf Elfenbein; Brustbild eines Herrn en face. Bezeichnet: *Spitzer 1832.*
4. Öl auf Blech, rundes Medaillon, Durchmesser 5·2 cm; Ansicht des Schlosses Mirabell, vorn zwei Männer
als Staffage. Um 1825.

Fig. 14 Fayencekrüge, Sammlung Dr. Duffek (S. 9)

Skulpturen: 1. Holz, polychromiert; 37 cm hoch; Madonna mit dem Kinde stehend, das sie auf dem **Skulpturen.**
linken Arme trägt, während sie mit der Rechten den Mantelzipfel hält. (Das Gesicht der Madonna beschädigt,
das rechte Bein des Kindes fehlt.) Salzburger Arbeit um 1510; in Hallein erworben.
2. Holz, vergoldet; Statuetten eines bärtigen Heiligen und einer heiligen Frau (Benedikt und Scholastika?).
Erste Hälfte des XVIII. Jhs.
3. Holz, polychromiert; 11 cm hoch; Christus am Ölberg, auf einem Rasenhügel kniend, darunter schlafen die
drei klein gebildeten Jünger. XVII. Jh.
4. Buchsholz, 14 cm hoch; Figürchen eines im Gebet knienden bärtigen Heiligen. XVII. Jh.
5. Wachs; 15 runde Medaillons mit Brustbildern von Personen der griechischen und römischen Geschichte,
deren Namen beigeschrieben sind. Goldschmiedemodelle aus dem Besitze des Goldschmiedes Reitsamer
stammend.

Handschrift: Terenz, Komödien, lateinisch, Papier, 15 × 19·5 cm; Initialen. Gepreßter Schweinsleder- **Handschrift.**
band. Ende des XV. Jhs.

Bestecke: 1. Komplett, Horn mit leicht gravierten Silberbeschlägen. In der Messerklinge Schlagmarke **Bestecke.**
JP. Zweite Hälfte des XVIII. Jhs. Lederfutteral mit geschnittener Gemse und Jahreszahl 1845.
2. Komplett, die Silbergriffe abschraubbar und als Behälter für Salz, Pfeffer usw. verwendet. Beschauzeichen
Augsburg, Würzenzeichen; Meistermarke unkenntlich. Lederfutteral mit Goldprägung. XVIII. Jh.
3. Komplett, aus Messing; die drei Stiele gedreht, oben in einen je aus einer männlichen und einer weiblichen
Herme bestehenden Griff endend. Um 1600.

XVI   2

B l u t s c h ü s s e l, Messing, runde, tiefe Form; am Rand ein Rosettenfries, im Fond — gleichfalls von einem Kranz eingefaßt — getriebene Darstellung des Sündenfalles; Schrifthänder. Um 1500. Aus dem Lamberg-schen Nachlaß stammend (Fig. 16)

R e l i q u i e n m o n s t r a n z, Kupfer, versilbert und vergoldet; breitovaler Fuß mit getriebenem Ranken-

Fig. 15 Miniaturporträt von F. Spitzer,
Sammlung Dr. Duffek (S. 9)

Fig. 16 Blutschüssel,
Sammlung Dr. Duffek (S. 10)

werk. Ähnliches frei geführtes Ornament um den Reliquien-behälter. Anfang des XVIII. Jhs.

Sechseckige T o n f l a s c h e mit Zinnschraubenverschluß, 26 cm hoch, gelblich glasiert; in jeder Fläche eine stehende

Fig. 17.

Fig. 17 Tonflasche von J. Moser,
Sammlung Dr. Duffek (S. 10)

Fig. 18 Hafnerkrug,
Sammlung Dr. Duffek (S. 11)

Figur: Jäger, Fischer, Vogelfänger, Salzburger Hanswurst, Musikant, ein Kroat mit einem Wickelkinde im Arm. Oben Bordüre von Hirschen und stilisierten Blumen. Signiert: J. M. S. 1776. Arbeit des Josef Moser in Salzburg (Fig. 17)

Tonteller, rund; Durchmesser 26 cm. In schwarzem Fond Brunnen, aus dem ein großer Vogel trinkt; davor eine Magd mit einem Zuber und eine geputzte Frau. Unterschrift: *Anno 1822*. Aus Hallein-Dürnberg stammend.

Krügel, rund; der Mantel mit grünem Quarzsand bestreut; Zinndeckel und gegabelter Drücker (Fig. 18). Stücke ähnlicher Technik bei Walcher, Bunte Hafnerkeramik, T. IX, und im Auktionskatalog der Sammlung Hoffmann (Wien, Dorotheum, CCII) Nr. 67 als salzburgisch bezeichnet.

Fig. 18.

Acht Kacheln, quadratisch, Blau auf Weiß; Genreszenen. XVIII. Jh. Aus Schloß Anif stammend.

Fig. 19 Damenporträt, dem P. Lely zugeschrieben, Sammlung Baronin Erggelet (S. 11)

Biskuitplatte mit Reliefdarstellung; rauchender Bauer nach A. Brouwer. Beim Durchscheinen des Lichtes ergibt sich völlige Schwarzweiß-Bildwirkung. Bezeichnet: *Weiss*. Wiener Blindmarke.

Geätzte Glasplatte. Christus mit den Jüngern auf dem Wege nach Emaus in reicher Landschaft mit viel Architektur. Deutsch. XVIII. Jh.

Sammlung Baronin Marianne Erggelet
Arenbergstraße Nr. 2.

Gemälde: Größtenteils Familienporträts und Miniaturen:

Gemälde

1. Öl auf Leinwand; 61 × 74 cm; Brustbild einer jungen Dame in rotbraunem, ausgeschnittenem Kleid, mit hängenden kastanienbraunen Locken. Dem Lely zugeschrieben (Fig. 19).

Fig. 19

2. Öl auf Leinwand; oval; Halbfigur. Baron Chaudoir, in dunklem Rock mit Jabot. Landschaftliche Umgebung, von Joh. B. Lampi junior. Um 1830.

2*

3. Pendant dazu; Baronin Chaudoir geb. Erggelet, in ausgeschnittenem, blauem Kleid mit rotem Schal. Von demselben.

4. Aquarell auf Papier; Gräfin Czebrian geb. Erggelet, in ganzer Figur, stehend, in weißem Kleid. Bezeichnet Jo. Eybl 847.

Fig. 20 Schächer, von G. Stäber, Sammlung v. Frey (S. 13)

Sammlung Prof. Dr. von Frey

Mönchsberg Nr. 15.

Die Sammlung stammt von Herrn Karl v. Frey, dem Vater des gegenwärtigen Besitzers, der sie im dritten und vierten Viertel des XIX. Jhs. größtenteils in Salzburg erwarb.

TAFEL III GEORG STÄBER, HL. ERNTRUD UND HL. AMANDUS
Sammlung v. Frey (S. 13)

G e m ä l d e :

1. Zwei Tafeln, Tempera auf Holz; 50 × 90 cm; beiderseits bemalt. Die hl. Erntrud und der hl. Amandus in ganzer Figur, stehend. Goldgrund (Taf. III). An den Rückseiten die beiden Schächer, derbe, stark verzerrte Gestalten in Profilstellung gesehen; landschaftlicher Hintergrund mit schematischen Felsen und Bäumen (Fig. 20).

Zusammen mit den beiden in der Sammlung Frey in Würzburg befindlichen Tafeln der Hl. Rupert und Benedikt Flügel des Altars der Margaretenkapelle in St. Peter, der 1495 bei Georg Stäher von Rosenheim bestellt und 1500 mit 312 fl. statt der ursprünglich verlangten 400 fl. bezahlt wurde. (Vergl. OTTO FISCHER, Die altdeutsche Malerei in Salzburg 131 und 223.)

2. Tempera auf Holz; zwei Tafeln; 24 × 36 cm; Halbfigur je einer törichten Jungfrau mit reicher Haube auf dem offenen Haar und gestürzter Lampe. Alter Rahmen mit Goldstab. Oben Datum 1521, unten Wappen des Matthäus Lang.

3. Tempera auf Holz; 18·5 × 30·5 cm; Fragment; Halbfigur

Fig. 21 Hl. Stephanus, Sammlung v. Frey
(S. 14)

Fig. 22 Geburt Mariä, Sammlung v. Frey
(S. 14)

der hl. Barbara, in rotem Mantel, mit Krone auf dem offenen Haar, einen spitzen Turm in der Hand haltend. An der Rückseite stark zerstörtes Bild eines Bischofs mit Kirchenmodell (Virgil?). Salzburgisch. Zweite Hälfte des XV. Jhs.

4. Tempera auf Holz; 53 × 73 cm; Beweinung des Leichnams Christi unter dem Kreuz durch die drei Marien und Johannes. Im Hintergrund eine Stadt. Fränkisch, wahrscheinlich nürnbergisch. Um 1460, sehr beschädigt.

5. Tempera auf Holz; 41 × 105 cm; hl. Ursula in ganzer Figur, stehend. Derbe Arbeit aus der zweiten Hälfte des XV. Jhs.

6. Kleiner Flügelaltar mit Mittelschrein und zwei beiderseits bemalten Temperaflügeln. Mittelschrein: 67 × 82 cm; mit den in ganzer Figur stehenden Hl. Nikolaus, Ulrich, Jüngling mit einer Dornenrute in der Hand (Achaz?). Goldgrund. In den Flügeln innen, gleichfalls in ganzer Figur, stehend die hl. Anna selbdritt und die h . Apollonia. Auf den Außenflügeln auf blauem Grund, stark ergänzt, die Hl. Georg und Florian. Salzburgisch. Ende des XV. Jhs.

Fig. 23   Kreuzigung Christi, Sammlung v. Frey (S. 15)

7. Gemalte Füllung; Tempera auf Holz; 73 × 20 cm; mit den Halbfiguren von zehn der vierzehn Nothelfer. Salzburgisch. Um 1520.

Fig. 21.   8. Tempera auf Holz; 39 × 100 cm; zwei Pendants hl. Stephanus (Fig. 21) und ein hl. Bischof mit Kirchenmodell (Virgil?). Beide in ganzer Figur stehend, auf schwarzem Grunde. Salzburgisch, unter Tiroler Einfluß. Vgl. auch die Richtung des G. Stäber. Um 1500.

9. Tempera auf Holz; 60 × 92 cm; Geburt Mariä, die von einer Magd im Vordergrund gebadet wird. Hinten das Bett, auf dem die hl. Anna sitzt und mit einem Messer ein Ei aufschlägt; neben ihr eine Magd, die ihr ein Huhn bringt. Links Durchblick in eine Küche mit zwei am Herd beschäftigten Frauen. Tirolisch. Ende des XV. Jhs. Engst verwandt mit dem Elisabeth- und Ottilienzyklus im Dechanthof in Laufen.

Fig. 22.   Vgl. Kunstdenkmäler Bayerns, I, Taf. 277 (Fig. 22).

10. Tempera auf Holz; 44 × 72 cm; beiderseits bemalt. Jederseits zwei Heilige in ganzer Figur stehend. Einerseits die Hl. Andreas und Apostel Simon, anderseits die Hl. Elisabeth und Margareta (?). Gepreßter Goldgrund, stark übermalt. Salzburgisch. Anfang des XVI. Jhs.

11. Tempera auf Holz; 61 × 84 cm; der auferstandene Christus vor dem Sarkophag stehend, vor dem mehrere Krieger schlafen. Landschaftlicher Hintergrund. Zweite Hälfte des XV. Jhs.

Fig. 24 Mittelschrein und Predella eines Flügelaltars,
Sammlung v. Frey (S. 16)

12. Tempera auf Holz; 67 × 88 cm; Christus als Gärtner der Magdalena in Landschaft begegnend. Gemusterter Goldgrund. Ende des XV. Jhs.

13. Tempera auf Holz; Flügelaltar, Mittelschrein und zwei einseitig bemalte Flügel. Mittelschrein: 66 × 78 cm; hl. Jungfrau mit dem Kinde zwischen den Hl. Ulrich und Laurentius. In den Seitenflügeln hl. Anna selbdritt und ein Heiliger mit einem Drachen auf einem Buche. Lokale Arbeit. Um 1490.

14. Tempera auf Holz; 75 × 125 cm; Kreuzigung Christi mit kurz wehendem Schamtuch, unten dichtgedrängte Gruppe, links Maria von Johannes gestützt, rechts die Krieger, ganz vorn der Hauptmann mit Schriftband: *Vere filius dei erat iste*. Aus dem Haufen ragen Spieße und Fähnchen hervor, eines mit Datum *1464*. Salzburgisch unter dem Einfluß des Pfennig (Fig. 23).   Fig. 23

15. Tempera auf Holz; zirka 150 × 35 cm; Christus zwischen den Aposteln, Brustbilder; sehr übermalte derbe Arbeit aus der zweiten Hälfte des XV. Jhs.
16. Öl auf Leinwand. Abschied der Rebekka, Richtung des Solimena.
17. Öl auf Leinwand. Zwei Pendants; 71 × 100 cm; Frau von Frey geb. Heffter mit einem Kind und Herr von Frey. Eines bezeichnet: *Barbara Krafft nata Steiner*. Um 1820.

Fig. 25 Hl. Bischof, Holzrelief,
Sammlung v. Frey (S. 17)

Fig. 26 Hl. Katharina, Sammlung v. Frey
(S. 17)

Skulpturen.

Fig. 24.

Skulpturen:

1. Flügelaltar mit geschnitztem Mittelschrein und zwei gemalten Flügeln (zusammengesetzt). Mittelschrein; 85 × 100 cm; polychromierte Holzfiguren, hl. Jungfrau mit dem Kinde zwischen den Hl. Katharina und Klara. Alpenländisch, Anfang des XVI. Jhs. In der Staffel. 65 × 28 cm. Relief, Christus zwischen Aposteln; Brustbilder. Um 1500 (Fig. 24). In den Innenseiten der Flügel auf gemustertem Goldgrunde die Hl. Barbara und Margareta in ganzer Figur, stehend. Außen Verkündigung in einer Rundbogenarchitektur. Zirka 1510.

2. Holz, vergoldet, zirka 50 cm hoch; zwei Leuchter tragende Engel. Zweite Hälfte des XV. Jhs.

3. Holz, vergoldet, 95 cm hoch; Standkreuz mit astförmigen Balken, Crucifixus zwischen Maria und Johannes, die auf einem gebogenen Aste stehen. Erste Hälfte des XV. Jhs.

4. Holz, modern vergoldet und polychromiert, 46 cm; stehender Mönch mit einem aufgeschlagenen Buche in der Hand. Ende des XV. Jhs.

5. Holz, entpolychromiert, als Applique gearbeitet, zirka 1 m hoch; Bischof in Ornat mit Stab und Buch in ganzer Figur stehend. Salzburgisch. Anfang des XVI. Jhs. (Fig. 25). Fig. 25.

6. Relief, Holz, polychromiert; 48 × 45 cm; Krönung Mariä durch den sitzenden gekrönten Christus. Links ein Gewandengel. Alpenländisch. Um 1490.

7. Holz, polychromiert, 42 cm hoch; die Hl. Magdalena und Katharina in ganzer Figur stehend. Salzburgisch. Um 1500.

Fig. 27   Brustbilder der Hl. Petrus und Paulus, Sammlung v. Frey (S. 17)

8. Holz, polychromiert, 51 cm hoch; hl. Bischof im Ornat mit Pastorale und Kirchenmodell. Stark erneut. Anfang des XVI. Jhs.

9. Holz, polychromiert, 49 cm hoch; stehender Jüngling mit Barett auf dem offenen Haar. Stark erneut. Um 1510.

10. Holz, entpolychromiert, 53 cm hoch; Bischof in reich bewegtem Ornate. Kopf und Hände modern. Anfang des XVI. Jhs.

11. Holz, polychromiert, 60 cm hoch; hl. Katharina mit Schwert, Krone und Rad; zu ihren Füßen der heidnische Philosoph. Um 1430 (Fig. 26). Rechte Hand modern. Fig. 26.

12. Holz, polychromiert, 47 cm hoch; zwei als Appliken gearbeitete Brustbilder der Apostel Petrus und Paulus. Salzburgisch. Um 1500 (Fig. 27). Fig. 27.

13. Holz, entpolychromiert; Rundmedaillon, Durchmesser 34 cm; Brustbild der Madonna mit dem Kind, mit moderner Umschrift, die das wohl zutreffende Datum 1479 enthält.

14. Holz, polychromiert, 110 cm hoch, als Applike gearbeitet; hl. Christoph mit dem segnenden Kind auf der Schulter. Um 1480.

15. Holz, vergoldet, 32 cm hoch; kniender, Leuchter tragender Engel mit stark gebauschtem Gewande. Anfang des XVI. Jhs.

16. Holz, polychromiert, Relief 153 × 39 cm; zwei fliegende Engel mit dem Schweißtuch Christi. Salzburgisch. Um 1470.

XVI   3

17. Holz, entpolychromiert, 66 *cm* hoch; hl. Franziskus in ganzer Figur, in reich gebauschtem Gewande. Ende des XV. Jhs. Salzburgisch.

18. Holz, entpolychromiert, 31 *cm* hoch; zwei Pendants, Brustbilder der Hl. Rupert und Amandus. Um 1520.

19. Holz, neu polychromiert, 1 *m* hoch; zwei Pendants, als Appliken gearbeitet. Hl. Margareta und hl. Katharina. Gering. Zweite Hälfte des XV. Jhs.

Fig. 28 Madonna mit dem Kinde,
Sammlung v. Frey (S. 18)

20. Holz, polychromiert, 85 *cm* hoch; hl. Ursula mit Pfeil und Schiff. Stark erneut. Zweite Hälfte des XV. Jhs.

21. Holz, neu polychromiert, 70 *cm* hoch; Halbfigur eines zwei Wappen haltenden Engels. Ende des XVI. Jhs.

22. Holz, polychomiert, 56 *cm* hoch; zwei Pendants als Appliken gearbeitet. Hl. Katharina und Barbara in ganzer Figur stehend. Zweite Hälfte des XV. Jhs.

23. Holz, polychromiert, 70 *cm* hoch; als Applike gearbeitet. Hl. Bischof, sitzend, mit (moderner) Axt und Kirchenmodell. Um 1500.

24. Holz, modern bemalt, zirka 1 *m* hoch; hl. Anna selbdritt. in ganzer Figur stehend. Anfang des XVI. Jhs.

25. Holz, polychromiert, 47 *cm* hoch; Laute spielender Engel in ganzer Figur. Anfang des XVI. Jhs.

26. Holz, polychromiert, Relief 65 *cm* hoch; hl. Barbara im Turm, zu dem ein Scherge emporsteigt, rechts der König und eine Frau, links auf dem Boden sitzend ein Krieger. Ende des XV. Jhs.

27. Holz, polychromiert, 55 *cm* hoch; Engel (von einer Verkündigung) mit erhobener rechter Hand. Ende des XV. Jhs.

28. Holz, polychromiert, 50 *cm* hoch; hl. Diakon, ein Buch in den Händen haltend. Zweite Hälfte des XV. Jhs.

29. Holz, entpolychromiert, 48 *cm* hoch; hl. Matrone, in ganzer Figur stehend. Anfang des XVI. Jhs.

30. Eingemauerte rote Marmortafel, 20 × 42 *cm*; mit Wappenrelief und Aufschrift: *1534 Urban Stickenpfeil.*

31. Holz, modern polychromiert, zirka 1 *m* hoch; Madonna mit dem Kind auf dem Arme, stehend. Das nackte Kind, stark bewegt, greift nach der Blume, die die Madonna hält; über ihrem offenen Haar und Schleiertuch gotische Krone. Zweites Viertel des XV. Jhs. (Fig. 28).

32. Holz, polychromiert, Relief zirka 85 *cm* hoch; Anbetung des Kindes, das auf dem Mantelzipfel der knienden Madonna liegt. Gegenüber der hl. Josef, der das Licht mit der Hand schützt. Dahinter, ebenso wie links und oben, adorierende Engel. Ende des XV. Jhs. Nach dem Stich Schongauers.

Glasmalereien:

1. Zwei gemalte Scheiben, 29 × 125 *cm*, mit je zwei Darstellungen übereinander. Rechts Kreuzigung Christi zwischen Maria und Johannes, stark bewegter Körper an naturalistischem Baumkreuz. Darüber Halbfigur Gott-Vaters in Mandorla. Unten Johannes B. und Magdalena in architektonischer Umrahmung in ganzer Figur nebeneinander stehend.

2. Links oben Madonna mit dem Kind und der Weltkugel, davor in kleiner Gestalt ein betender, rot gekleideter Mann mit Schriftband: *Fridericus Dech. m. annus diorus.* Unten Schutzmantelmadonna. Zweite Hälfte des XIV. Jhs. Zum Teil erneut.

Wandteppich, zirka 70 × 100 *cm*; mit einfacher ornamentaler Bordüre, die links in Malerei nachgeahmt ist; im Felde in ganzer Figur stehend die Hl. Matthias und Jakobus. Landschaftlicher Hintergrund, vorn Blumen. Oberdeutsch, vielleicht schweizerisch. Um 1490 (Fig. 29). Ein Pendant dazu, vielleicht Fragment desselben Teppichs im Stieglitz-Museum in St. Petersburg.

D e c k e in Gobelintechnik, zirka 190 × 245 cm; die Bordüre in einzelne Felder aufgelöst, die allegorische   Decke.
Figuren und Genreszenen enthalten. Im Mittelfeld ein Bauerntanz. Ende des XVI. Jhs.

S c h r a n k, zweigeschossig, mit geschnitzter Leiste, Staffel und Zinnenaufsatz. Ende des XV. Jhs.   Möbel.

S c h r a n k mit geschnitzter Leiste, Sockel und Abschlußgebälk, altes Eisenbeschläge. Obere Stirnleiste
ergänzt.

Fig. 29 Fragment eines Wandteppichs, Sammlung v. Frey (S. 18)

K a s t e n mit geschnitzter Einfassung. Beschläge an Angeln, Schloß und Zugring. Ende des XV. Jhs.

R a h m e n, Holz, polychromiert, mit Früchtenbehängen und bekrönendem Cherubsköpfchen.

T a f e l a u f s a t z aus Silber mit Essig- und Ölgefäß, Salz- und Pfefferbüchse und Obstschale. Getriebene   Tafelaufsatz.
Rocaille. Augsburger Beschauzeichen. Meistermarke DS. Um 1760.

Sammlung Architekt F. W. Gielow

Gärtnergasse Nr. 6.

Sammlung von Möbeln und Zinngegenständen usw.; unter diesen namentlich Arbeiten aus Salzburg. München,
Graz, Steyr, Hallein, Werfen. Von Salzburgern sind namentlich Jos. Ant. Greissing, Anton Linckh, Stephan
Platzer, Anton Singer usw. vertreten.

3*

Besonders zu nennen:

L ö f f e l h a l t e r, runde Scheibe mit gepunzter Ornamentierung und rautenförmigen Durchlochungen. Marken von 1605. Aus dem Walsertal stammend.

Ferner G a r t e n g i t t e r t o r, aus Schmiedeeisen mit einfachen Blattranken und Tressen. Anfang des XVIII. Jhs. Aus Mauterndorf stammend.

Fig. 30. Im Garten B r u n n e n f i g u r in Gestalt eines Tritons aus Untersberger Marmor, beide Hände auf den Kopf legend, im Munde Pipe (Fig. 30). Um 1700, verwandt mit

Fig. 30 Brunnenskulptur bei Herrn F. W. Gielow
(S. 20)

dem Relief an der Stiegenwange des Karabinersaals in der Residenz (Kunsttopographie XIII, Fig. 15).

Fig. 31 Hl. Katharina, Sammlung Grein
(S. 20)

Sammlung Ernst Grein
Westbahnstraße Nr. 4.

Große Sammlung von Bildern, Skulpturen und kunstgewerblichen Gegenständen aller Art, die zur Einrichtung der Wohnräume verwendet sind.

G e m ä l d e:

1. 93 × 32 cm; Tempera auf Holz. Auf der einen Seite die hl. Katharina mit Schwert und Rad (Fig. 31), zum Teil modern übermalt, auf der Rückseite die hl. Margareta, intakt, aber beschädigt. Flügel eines gotischen Altars. Ende des XV. Jhs. Stammt aus Salzburg.

2. 53 × 75 cm; Holz. Der reiche Prasser und der arme Lazarus. Deutsch. Anfang des XVII. Jhs.
3. 44 × 36 cm; Porträt; Brustbild. Erzherzog Leopold, mit großer Mühlradkrause. Beischrift: *Leopold. arch. Austriae.*
4. Pendant, seine Gemahlin. Beischrift: *Claudia Ar. D: Aust: et nata Ducissa Hetroriae.*
5. 59 × 45 cm; Brustbild. Weißbärtiger Greis mit breitem Spitzenkragen. Beischrift: *Martin Lerperger seines Alters bey 76 Jar. Anno 1658.* Deutsch unter niederländischem Einfluß.
6. 43 × 34 cm; Holz. Maria mit dem Jesusknaben, dem kleinen Johannes und Elisabeth. Johannes von der alten Elisabeth gehalten, sitzt auf einem Lamm, welches das Händchen des auf dem Schoße Mariens sitzenden

Fig. 32 Miniaturporträt
von Weichselbaum,
Sammlung Grein (S. 23)

Fig. 33 Miniaturporträt
von K. Herm,
Sammlung Grein (S. 23)

Fig. 34 Miniaturporträt
von H. Ferstler,
Sammlung Grein (S. 23)

Fig. 35 Miniaturporträt
von H. Ferstler,
Sammlung Grein (S. 23)

Jesukindes leckt. Von einem niederländischen Glattmaler nach einem Stich von Schelte a Bolswert nach einem dem Rubens zugeschriebenen Bild. Vgl. Antiquitäten-Zeitung 1910, Nr. 39.
7. 87 × 114 cm; Leinwand. Kampf eines Stieres mit zwei Bären. Der eine Bär liegt getötet auf dem Boden, der zweite packt den Stier am Genick. Gutes Bild. Signiert: *J. M. Roos Pinxit 1699.*
8. Gegenstück. Ein Schimmelhengst, von einem Löwen und einer Löwin angefallen. Signiert: *J. M. Roos Pinxit 1699.*
9. 66 × 77 cm; Öl auf Leinwand. Vorne zwei Hirten mit Rindern, Schafen, Ziegen. Im Hintergrunde eine italienische Stadt mit einer der Trajanssäule nachgebildeten hohen Säule in der Mitte. Gutes italienisches Bild in der Art des Roos. Ende des XVII. Jhs. Rückwärts aufgeklebt ein Ex libris mit einem Wappen, der Nr. 77 und der Jahreszahl 1799.

10. Pendant dazu. Vorne eine Schafherde und drei Rinder. Im Hintergrund ein an einem Bache sitzender Hirt und eine Ruine. Von der gleichen Hand wie das vorige.

11. 27 × 36 cm. Die hl. Susanna vor ihrer Höhle betend. Ende des XVIII. Jhs. Sehr schön geschnitzter vergoldeter Rankenrahmen mit drei Cherubsköpfchen. Um 1700.

12. 44 × 34 cm; Holz. Zwei Gegenstücke. Auf jedem ein Mädchen am Küchentisch. Deutsch, mit Anlehnung an niederländische Vorbilder. Um 1700. In Oberösterreich erworben.

13. 93 × 77 cm; Leinwand. Halbfigur des hl. Hieronymus, in einem Buche lesend. Salzburgisch. Anfang des XVIII. Jhs.

14. 108 × 146; Öl auf Leinwand. Die hl. Familie. Maria, Josef und Anna umgeben das Christkind. Stammt aus Rovereto. Italienisch, Anfang des XVIII. Jhs.

15. 108 × 131 cm; Öl auf Leinwand. Der Mannaregen. Links sitzt neben einem mit Manna ge-füllten großen Becken eine Frau, rechts steht Moses mit dem Stabe in der Hand, vor ihm zwei

Fig. 36 Buchsrelief, Hl. Hieronymus, Sammlung Grein (S. 25)

Putti, von denen der eine eine Schale mit Manna hält. Im Hintergrunde eine junge Frau, die das Himmelsbrot auffängt, und eine alte. Stammt aus Rovereto. Oberitalienische Arbeit vom Anfange des XVIII. Jhs.

16. 57 × 87 cm; Leinwand. Tafelstilleben. Signiert: *Burgau Pinxit 1730*. In schönem, vergoldetem, ge-schnitztem Rahmen.

17. 27 × 118 cm; Holz. Zwei Supraporten, Hirschhetze und Eberjagd, nach Stichen von Ridinger.

18. Holz; 19 × 25 cm. Ein Hirsch. Von Enzinger.

19. Holz; 15 × 22 cm. Auerochs, von drei Hunden angefallen. Von Enzinger.

20. Holz; 20 × 26 cm. Zwei Hunde, Hase und Fasan. Von Enzinger.

21. Öl auf Leinwand. Kleine Barockskizze, Tod eines hl. Bischofs, rechts ein Priester mit Buch. Aus Graz. Österreichisch, Mitte des XVIII. Jhs.

22. 19 × 29 cm. Zwei Aquarelle, eine steirische Holztrift, Gasthaus an der Landstraße. Signiert: *Fr. Barbarini*. Steirisch, erste Hälfte des XIX. Jhs.

23. 19 × 22 cm; Aquarell. Drei Römerinnen mit Rosen in einer Pergola. Signiert: *G. Perlberg*. Mitte des XIX. Jhs.

P o r t r ä t m i n i a t u r e n auf Kupfer, oval: 1. 7 × 5·5 cm. Schwarzhaariger Mann mit schwarzem
Schnurrbart und Fliege, mit breitem, weitem Kragen. Erste Hälfte des XVII. Jhs.
2. 4 × 3·5 cm. Brünetter Herr mit Spitzbart, in Mühlradkragen. Bezeichnet: Aetatis 32 159 . .
3. 4 × 3·5 cm. Blonder Herr mit rothblondem Henriquatre, mit weißem Spitzenkragen. Anfang des XVII. Jhs.
4. Auf Elfenbein: 5·5 × 4·5 cm. Brustbild. Schwarzlockiger bartloser Mann in schwarzem Rock. Signiert:
Speth 1809.
5. 6 × 5 cm. Brustbild. Hellblonder glattrasierter Herr in blauem Frack. Signiert: Weixlbaum. Anfang
des XIX. Jhs. (Fig. 32).
6. 7·5 × 6 cm. Brustbild. Glattrasierter brünetter Herr in blauem Rock, weißer Weste. Signiert: K. Herm
1827 (Fig. 33).

Fig. 37 Buchsrelief, Sammlung Grein (S. 25)

7. 6·5 × 5 cm. Brustbilder zweier Schwestern in weißen Kleidern. Der Tradition nach Gräfinnen Potocka.
Aus Graz stammend.
8. 3 × 2·5 cm. Winzige kolorierte Bleistiftzeichnung auf Papier; Brustbild einer jungen Dame in weißem
Kleide. Signiert: L. C. Laudon. Erste Hälfte des XIX. Jhs. Goldbronzemontierung und Samträhmchen.
9. 7 × 6 cm. oval. Zwei Gegenstücke. Glattrasierter Greis in braunem Rock; Frau mit gelber Haube, in
schwarzer Jacke; Brustbilder. Signiert: Ferstler Heinrich 1827. Rückwärts alte Inschriften auf Papier:
Matthias Moschitz von Saifnitz gebohren den 14. September 1759 an einem Freytag Heiligen Kreiz erhöhung.
Wurde abgezeichnet den 28sten Oktober 1827 im 68ten Jahr seines Alters von Heinrich Ferstler von Wien. —
Anna gebohrne Schmaus k. k. Bergkassierstochter in Raibl gebohren den 15. November 1777, verehelicht mit
Matth(ias) Moschitz den 11. Jänner 182 ... Fest, wurde abgezeichnet den 28. Oktober 1827 im 50 Jahr
ihres Alters (Fig. 34 u. 35).
10. 9 × 8 cm. Brustbild. Salzburger Bürgersfrau in schwarzem Kleide mit weißem Spitzentuch. Signiert:
Hauser. Um 1830.

Fig. 34 u. 35.

11. 8·5 × 7 *cm*. Brustbild. Junge blonde Dame in ausgeschnittenem weißem Kleide. Gute Arbeit. Signiert: *W. Fest.* Um 1830.

Glas-malereien.   Glasmalereien: Wappenscheibe, 14·5 *cm* Durchmesser. Eine Bäuerin, ein Bauer mit Dudelsack. Im Hintergrunde eine Landschaft. Beischrift: *Sumer.* Unten Wappen mit Beischrift: *Franciscus Wech Körherr zno Bischoffzell 1666. W. S. P.*

Skulpturen.   Skulpturen: 1. Zwei Appliken von Altarpilastern, Holz, geschnitzt, durchbrochen und vergoldet, 80 *cm* hoch; Ranken mit einer Maske in der Mitte, unten Trauben. Bei der einen oben St. Martin und der Bettler, bei der anderen St. Georg. Mitte des XVII. Jhs. Stammen aus Graz, von einem Altar aus dem Mausoleum Kaiser Ferdinands.

Fig. 38   Buchsrelief, Sammlung Grein (S. 25)

2. Reliefintarsia aus buntfarbigem Holz, 19 × 23 *cm*. Zwei Reiter auf der Hirschjagd. Böhmische Arbeit. Mitte des XVII. Jhs.

3. 19 × 13 *cm*. Zwei Gegenstücke, in gleicher Technik. Ein Schütze mit Hund, Treiber mit zwei Hunden. Böhmisch. Mitte des XVII. Jhs.

4. Kruzifix. Elfenbeinkruzifix an schwarzem Holzkreuz mit Postament. Zweite Hälfte des XVII. Jhs.

5. Kleines ovales Elfenbeinmedaillon, auf beiden Seiten in Relief Johannes der Täufer bezw. hl. Anna selbdritt. Bezeichnet: *C. D. S. 1681.*

6. Kruzifix und schmerzhafte Mutter Gottes, Lindenholz. Salzburgisch, Ende des XVII. Jhs.

7. Hochrelieffigur der sitzenden Madonna mit dem Jesuskinde, aus Alabaster, 24 *cm* hoch, auf schwarzem Holze, in braunem Birnholzrahmen mit vergoldeten geschnitzten Rocaillen. Italienisch, erste Hälfte des XVIII. Jhs. (?) Stammt aus Graz.

8. Gegenstück in gleicher Art. Die hl. Maria neben dem im Wiegenkorb schlafenden Jesukinde, rechts der kleine hl. Johannes.

9. 15 × 12 cm; Buchsbaumholz, Hochrelief. Der hl. Hieronymus in seiner Höhle vor Büchern sitzend, Tintenfaß,
Totenkopf, Kruzifix. Unten der kauernde Löwe und zwei
Putten mit dem Kardinalshute. Deutsche Arbeit, erste
Hälfte des XVIII. Jhs. In München gekauft (Fig. 36).
10. Wachsbossierung. Brustbild (6·5 cm hoch) einer jungen
Frau in Verzückung. XVIII. Jh.
11. 7 × 14 cm; Buchsbaumholz. Hochrelief mit frei gearbeiteten
Figuren. Vor dem Postamente einer abgebrochenen Säule sitzt
auf einer Säulentrommel die Madonna. Vor ihr der Jesusknabe,
welcher sein Händchen gegen den vor ihm knienden kleinen
Johannes ausstreckt. Im Hintergrunde Baumlandschaft mit
dem wandernden hl. Josef. Deutsche Arbeit des XVIII. Jhs.
nach einem italienischen Bilde des XVII. Jhs. In Wien gekauft.
12. 28 × 22 cm; Buchsbaumholz, mit rundplastisch geschnitzten Figuren auf Reliefgrund. Links unten vor einer
Palme ein kleines Mädchen mit einem Lilienstengel und
einem Blumenkorb in den Händen (Maria). Oben die Taube,
aus deren Schnabel ein Strahl mit dem Worte *AVE* auf
Maria fällt; um die Taube drei Cherubsköpfchen und zwei
Putten auf Wolken. Unten drei mit Blumen spielende
Putten. Deutsch, Mitte des XVIII. Jhs. (Fig. 37).
13. Gegenstück. Der kleine hl. Johannes küßt den Fuß des
Christkindes. Links oben auf Wolken vier Putten mit einem
großen Kreuze (Fig. 38). Im Gegensinn nach einem Stich von
Corn. Galle. Stammen beide aus Salzburg.

Fig 36.

Fig. 37.

Fig. 38.

Fig. 39 Reliefporträt, Sammlung Grein (S. 25)

14. 32 cm hoch. Auf Postament Statuette der Immakulata aus Buchsbaumholz, Kopf und Hände aus Elfenbein. Zweite Hälfte des XVIII. Jhs. In Graz gekauft.
15. 13·5 × 10·5 cm. Hochrelief in Kehlheimerstein.
Brustbild eines jungen Mädchens in Profil. Um 1830.
Signiert: *JH*. Stammt aus Wien, in Salzburg erworben
(Fig. 39).

Fig. 39.

S i l b e r : 1. Vergoldetes Silber; Buchbeschläge, in den
Ecken acht Cherubsköpfe aus gegossenem Silber, in
der Mitte zwei Kartuschen mit Infel und Pastorale.
In der einen graviertes Wappen (Panther mit *S* in den
Pranken, darüber *M. P. S. A.*), auf der andern Doppelwappen mit Buchstaben *C. S. A.* und der Jahreszahl
1679.
2. Silberrelief, 20 cm hoch, getrieben, mit der applizierten Figur des hl. Franz von Assisi vor Landschaftshinter-
grund. Marken: Augsburger Beschau. Meisterzeichen: *III.*
Augsburger Arbeit vom Anfange des XVIII. Jhs. (Fig. 40). Fig. 40.
3. Zylindrischer Becher mit Deckel, 18 cm hoch, verziert mit graviertem Bandwerk und Ranken. Marken:
Beschauzeichen: *L* in Oval (Leipzig?). Meisterzeichen:
$\frac{W\,S}{P}$ in Schild. Anfang des XVIII. Jhs.
4. Taufanhänger, getrieben und durchbrochen. Kartusche mit applizierter kleiner Madonnenfigur. Auf der
Rückseite: *Maria Josepha Margaretha Heirin nata die
12 July 1741. IIG.*
5. Tafelaufsatz, 19 cm hoch, mit vier geschwungenen
Füßen, einer kleineren und einer größeren durchbrochenen Schale. Augsburger Beschau. Meisterzeichen:
LB in Rechteck. XVIII. Jh. Vielleicht Lorenz Biller
(s. Rosenberg [2] 450 ff.).

Fig. 40
Silberrelief, Hl. Franz, Sammlung Grein (S. 25)
XVI

4

6. Becheranhänger. Schön getriebene vergoldete Rocaillenkartusche mit der Inschrift: *Johannes Etzestorfer Herbergs Vater 1756 den 17ten Juny*. Beschauzeichen: Tod. Meisterzeichen: *FY*.

7. Gebetbuch mit getriebenem Silberbeschlage (Ranken und Blumen). 1818.

8. Kleines rundes Salzfaß, 10 cm hoch, mit drei getriebenen, geflügelten Sphinxen als Füßen. Marken: Wiener Beschauzeichen von 1837(?). Undeutliches Meisterzeichen.

Fig. 41 Kaselkreuz, Sammlung Grein (S. 29)

9. Zwei Kreuzpartikelmonstranzen, zum Teil vergoldet: *a)* 28 cm hoch. Am Fuß graviertes Bandwerk und applizierte Cherubsköpfchen. Ober dem Griff Sebastiansreliquie, darüber Kreuzpartikel in Kartuschenrahmen mit Strahlenkranz. Davor in getriebenem Relief oben Gott-Vater, an den Seiten zwei Putti, vier Trauben mit emaillierten Blättern. Gute Arbeit vom Anfange des XVIII. Jhs. Alte Marken fehlen. *b)* 28 cm hoch. Klassizistische Form. Schein mit getriebenen Lorbeerpyramiden und Rosen. Marken: Wiener Beschauzeichen von 1783. Meisterzeichen: $\frac{A(?)}{ID}$.

Weitere Metallarbeiten.   W e i t e r e M e t a l l a r b e i t e n : 1. Bronzetintenfaß mit drei geflügelten Sphinxen als Füßen. Italienisch, XVI. Jh.

2. Kleines liegendes Bronzepferd (Fuß eines Tintenfasses). Italienisch, XVI. Jh.

Fig. 42 Geschnitzter Kasten, Sammlung Grein (S. 30)

3. Briefbeschwerer, Messing. Rechteckige Platte mit Griff. Eingraviert: *2 Pfd 16 Loth. Jesu Nazareni zelotem ago gloriam huius intendo I. A. G. V. H. V. I. Grätz 9 January 1693.* Wappen. Grazer Beschauzeichen.
4. Messingetui mit gravierten Moresken, Wappen mit der Jahreszahl *1591. SG.*
5. Kleine Nürnberger Kassette, Messing, vergoldet, verziert mit gravierten Figuren (Soldaten). Anfang des XVII. Jhs.
6. Bügeleisen mit Messingplatte, auf der eine Kartusche mit dem Sündenfall graviert ist; herum Putten und Rocaille. Um 1770.
7. Becher, 10 *cm* hoch, aus Horn mit glatter Silbermontierung. Als Bekrönung ein (nicht zugehöriger) Steinbock. Ende des XVI. Jhs. Wahrscheinlich Goldschmiedemodell.
8. Stempelpresse, 62 *cm* hoch, aus geschmiedetem Eisen. An der Schauseite große durchbrochene Messingplatte, reich graviert mit dem Wappen des Salzburger Domkapitels in Rocailleumrahmung. Salzburger Arbeit um 1760.

Z i n n : Große Sammlung von Gegenständen aus Edelzinn und Grobzinn, darunter: Zinn.

1. Innungskrug. Als Füße drei Cherubsköpfchen. Auslaufhahn aus Messing. Geschwungener Henkel. Am Deckel zweischwänziger Greif mit ergänztem Wappenschild. Vorne die eingravierte Inschrift: *Antoni Blanckh. Michael Berger der Zeit Alt Geselen.* Undeutlicher Grazer Stempel (Panther). XVII. Jh.
2. Konischer Krug, 34 *cm* hoch, mit geschwungenem Henkel, Drücker mit Maske und gedrehtem Knauf. Gestanzte Palmettenbordüren. Stamm reich graviert mit Ranken und zwei Figuren, ein geigenspielender Junker und ein Edelfräulein mit Fächer. Am Deckel gravierte Ranken. Zwei Marken. Alt eingraviert Monogramm *TCA.* Augsburger Arbeit um 1630.

4*

Fig. 43 Kleiner Prunkschrank, Sammlung Grein (S. 31)

3. Zwei bauchige Schweizer Henkelkannen mit geraden, geschnäbelten Auslaufrohren, die von einem langen Arme gehalten werden. Niedriger Deckel mit Knauf und Drücker. Einfache Gravierung. *a)* Auf einem eingraviertes Besitzermonogramm *M Z 1708*. Berner Marke mit *I G*. *b)* Berner Marke, darüber: *... DLIN*.

4. Zylindrische Kanne, 27 *cm* hoch, mit S-Henkel und Drücker. Gravierter Stamm: Rankenornamente, zwei Figuren, eine Dame und Herr im Modekostüm, dazwischen Kartusche mit dem Monogramm *C K* und *1651*. Marke: Dreitürmiges Tor, darüber *C Z?*

5. Vier kleine Zinnteller mit gestanzten Figuren und Ornamenten. *a)* In der Mitte Kaiser Ferdinand III., am Rande sechs Kurfürsten, alle zu Pferde. — *b)* In der Mitte Kaiser Ferdinand II., am Rande elf Kaiser von Rudolf I. bis auf Matthias I. — *c)* In der Mitte König Gustav Adolf von Schweden (*G. A. R. S.*), am Rande sechs seiner Feldherren, alle zu Pferde. — *d)* In der Mitte Opfer Noah (*Noe gieng aus der Arch getrost opferdt Gott 1619*. Am Rande vier Szenen aus der Genesis.

6. Pitsche, 20 *cm* hoch. Prismatisch, mit Einschraubdeckel. Reich graviert. Inschriften: *PAVLVS ZIERLER ZVEGEHÖRIG Z. Z. 1617*. — *MLR 1653*. — *ML 1727. GKP*.

7. Zwei große Schüsseln, 45 *cm* Durchmesser. Salzburger Marke. Besitzerinitialen: *G. K. P. 1701*.

8. Taufschüssel mit breitem, achteckigen Rande (38 *cm* Durchmesser) und runder Vertiefung. Am Boden in Relief Taufe Christi. Am Rande graviert: *Gott zu Ehren, der christlichen Gemein zu Themahaussen zum freindtlichen Angedencken verehret von H: Magister Johann Conradt Meyer Pfarrherr daselbsten*.

9. Innungskrug, 47 *cm* hoch. Als Fuß drei Cherubsköpfe. Am Drücker gemodelte Marke. Am Deckel stehende Figur der Eva. Eingraviert: *Dise Khandt hat anchen lasen ein ehrsambes Handtwerch der Stainmö*z, *Maurer und Zimmerleith.* Stammt aus Radkersburg in Steiermark. Marke fehlt. XVII. Jh.

Stickerei.
S t i c k e r e i : Rest einer Kasel. Seidenstickerei auf altem Samt neu montiert. Kruzifix mit drei Frauen zu Füßen des Kreuzes; vier Medaillons mit den Halbfiguren der Evangelisten mit Schriftbändern. Ende des XV. Jhs. (Fig. 41).
Fig. 41.

Glas.
G l a s : 1. Flasche mit Glasstöpsel (26·5 *cm* hoch) und vier zylindrische Trinkgläser (9·5 *cm* hoch). Sehr fein verziert, mit eingeschliffenen Ornamenten, Landschaften, Jagdszenen. Um 1740.

Fig. 44   Lehnstuhl, Sammlung Grein (S. 31)

2. Becher mit achtseitiger Kuppa (17·5 *cm* hoch); schön verziert mit eingeschliffenen Ornamenten und dem Wappen des Fürsten Dietrichstein. Erste Hälfte des XVIII. Jhs.
3. 43 *cm* hoch. Fuß in Silberfassung des XIX. Jhs. *CK* An der (gebrochenen) Kuppa eingeschliffene Jagdszenen (Hirschhetze, Sauhatz) und Ruine mit Sonne. Am Deckel eingeschliffene Rankenbordüre. Ende des XVII. Jhs.
4. 30 *cm* hoch. An der Kuppa geschliffene Ornamente und Wappen. Goldrand. Erste Hälfte des XVIII. Jhs.
5. 23 *cm* hoch. An der Kuppa geschliffene Ornamente, Blumen und Vögel. XVIII. Jh.
6. Flasche, 19 *cm* hoch. Eingeschliffenes Wappen. Erste Hälfte des XIX. Jhs.
7. Flakon, 16 *cm* hoch. Eingeschliffen ein unbekanntes Wappen in reicher Kartusche. XVIII. Jh.
8. Großer Pokal (23 *cm* hoch) mit eingeschliffener Empirebordüre und der Inschrift: *Lange lebe die ganze Gesellschaft.* Um 1800.

9. Großer zylindrischer Becher, 15 *cm* hoch. Biedermeierform. Eingeschliffen: Flüchtiger Hirsch, von einem Hunde verfolgt, zwei Vögel, spazierender Jäger. Große Rosette. Um 1820.

Möbel.   M ö b e l : 1. Himmelbett, Fichte, an der Vorderseite Nuß; mit zwei Rundbogen. Oben Inschrift: *Antre Letmar Anna Letmarin.* Aus Graz. Ende des XVI. Jhs.

2. Bett aus Nuß mit Intarsiabandwerk und reich geschnitztem schwarzen Rocailleaufsatz. Um 1750.

Fig. 45 Spiegelrahmen, Sammlung Grein (S. 31)

3. Zweitüriger Kasten, reich geschnitzt und mit Intarsien. Nuß, Esche und Eiche. An den Seiten zwei Hermen, in der Mitte Pilaster, dazwischen zwei rundbogige Tore in reichgeschnitzter Rahmung, in dem einen Justitia, in dem andern Veritas in Intarsia. Stammt aus der Umgebung von Wels. Ende des XVI. Jhs.; Fuß und Gesims neu, eine Herme ergänzt.

4. Zweitüriger großer Kasten, 2·12 *m* hoch; Nuß, schön geschnitzt, mit vier Feldern und zwei mehrgeschossigen Pilastern, Sockelgeschoß. Salzburgisch, Anfang des XVII. Jhs.

5. Eintüriger Kasten mit Aufsatz, geschnitzt mit Intarsien, Nuß. Anfang des XVII. Jhs. Aus Meran.

6. Zweitüriger großer Schrank, Nuß, mit drei gedrechselten Pilastern und vier Feldern in Leisten mit geflammtem Hobel. Salzburgisch, XVII. Jh.

Fig. 42.   7. Zweitüriger niedriger Kasten, Nuß, mit schön geschnitzter Vorderwand, drei Pilaster, dazwischen zwei Felder mit geschnitzten Kartuschen; unten Sockel. Salzburgisch, Mitte des XVII. Jhs. (Fig. 42).

8. Großer zweitüriger Schrank, massiv Nuß, reich geschnitzt. Am Sockel drei Kartuschen, an den Seiten geschnitzte Fruchtgehänge, in der Mitte Pilaster. In den vier Feldern oben zwei in Relief geschnitzte

Doppeladler, unten zwei geschnitzte Kartuschen. Oben zwei geschnitzte Fruchtgehänge. Stammt aus Wels. Salzburgisch, Ende des XVII. Jhs.

9. Großer zweitüriger Schrank, Nuß, mit Intarsiahandwerk und geschnitztem Rankenaufsatz. Anfang des XVIII. Jhs.

10. Kredenz mit altem Unterteil, Esche, mit architektonischer Gliederung, hoher Sockel, vier Pilaster, in der Mitte torartiges Feld. Salzburgisch, um 1600.

11. Kleiner Schubladenkasten mit Untersatz, Esche, sehr reich mit Intarsiaornament verziert, am Oberteil die Vordertür gegliedert durch drei Pilaster, dazwischen zwei Rundbogenfelder. Tirolisch, um 1560.

12. Kabinett mit Schubladen. Die beiden Türflügel und die Vorderteile der Schubladen mit schönen Intarsiaornamenten verziert. Geätzte Beschläge. Stammt aus Graz. Ende des XVI. Jhs.

13. Kabinett mit Schubladen und altem Beschläge. Hartholz, schwarz poliert, mit Leisten aus geflammtem Hobel. Salzburgisch, um 1650.

14. Kleiner Prunkschrank, Ebenholz; als Untersatz Tisch mit vier mit Band- und Rankenornament geschnitzten Füßen, die Verspreizung in einen Blumenkorb auslaufend. Aufsatz mit zwei Türen, acht seitlichen Schubladen und Mittelnische mit zweisäuliger Portaltür (innen Spiegelgalerie), aufs reichste verziert, mit geflammten Hobelleisten, Schildkrotauflagen und vergoldeten getriebenen Messingakanthusbeschlägen. Stammt aus Graz. Um 1670/80, der Tisch um 1715 (Fig. 43).   Fig. 43.

15. Große Truhe, 105 cm hoch; Vorderseite mit reicher Intarsia. Sockel: Drei nach unten verjüngte Pilaster, dazwischen zwei rundbogige Tore mit architektonischen Durchblicken. Aus dem Pinzgau. XVII. Jh.

16. Große eiserne Truhe mit alter Bemalung und kunstvoll gearbeitetem Schloß. Stammt aus Trient. Anfang des XVIII. Jhs.

17. Kommode, dreiladig, Nuß, mit Intarsia und vergoldetem Messingbeschläge. Ende des XVIII. Jhs.

18. Verglaster Schrein mit geschnitzten vergoldeten Akanthusranken, zwei Cherubsköpfchen. Um 1700.

19. Tisch mit zwei Füßen, zur Hälfte ergänzt, am Fußbrett Holzintarsia, in der Platte Beineinlagen. Um 1700.

20. Sekretär mit Schubladenaufsatz, Nuß, mit Schnitzerei und Intarsia. Salzburgisch, um 1730.

21. Sekretär mit Schubladenaufsatz und Kommode, Nuß, mit Intarsia. Um 1730.

22. Sekretär, Nußholz, mit zwei Karyatiden. Salzburgisch, Anfang des XIX. Jhs.

23. Holzlehnsessel, an der Rückwand geschnitztes Knorpelwerk in Form einer Maske. Salzburgisch, Mitte des XVII. Jhs. (Fig. 44).   Fig. 44.

24. Schmiedeeiserner Lehnstuhl. Stammt aus Graz. Um 1700.

25. Betstuhl, Nuß, mit Intarsiabandwerk. Anfang des XVIII. Jhs.

26. Stockuhr mit Schildpattbelag, getriebenem vergoldetem Aufsatz mit Griff, Messing. Vier vergoldete Bronzefüße mit Cherubsköpfchen. Werk bezeichnet: Christoff Schöner fecit Augustae. Ende des XVII. Jhs., Füße später.

27. Kleiner Spiegel in geschnitztem vergoldetem Bandwerkrahmen. Um 1710/20 (Fig. 45).   Fig. 45.

28. Großer Rahmen mit schön geschnitztem und vergoldetem Rokokoaufsatz. Um 1750.

29. Rahmen aus vergoldetem Messing, mit getriebenem Rocaille. Um 1760.

30. Türaufsätze, geschnitzt und vergoldet. 1. Gitter und Rankenwerk, in kartuschenförmigem Feld. Ölbild des Erzbischofs Hieronymus Colloredo von 1772. Rahmen um 1725. 2. Sehr reiche Rocaille mit Blumen und asymmetrischen Muscheln. Porträt des Erzbischofs Sigismund von Schrattenbach von 1754. Von zwei weiteren Aufsätzen sind nur mehr die Porträts Firmian und Liechtenstein von 1745 vorhanden. Aus Tittmoning stammend.

Sammlung Landesregierungsrat Felix Freiherr von Hasslinger

Fürberggasse Nr. 4.

Die Sammlung von Bildern geht größtenteils auf den Oheim des gegenwärtigen Besitzers, Franz Chimany, zurück, der hauptsächlich zwischen 1840 und 1850 sammelte. Die andern Gegenstände sind sonstiger Familienbesitz, einige vom jetzigen Besitzer geammelt.

Gemälde: Gemälde.

1. Öl auf Holz; 30·5 × 41 cm; Bildnis eines Herrn in ganzer Figur stehend in schwarzer Kleidung mit Spitzenkragen und Manschetten, rechts im Hintergrunde ein Wasserschloß. Bezeichnet: Aetatis suae 25 ao 1635. Dem Hendrik Gerrits Pot zugeschrieben.

2. Pendant dazu; Kopf eines hartlosen Herrn. Bezeichnet: Aetat. suae 27 ao 1635.

3. Öl auf Leinwand; 34·5 × 24 cm; Fruchtstück, Zitrone mit abgelöster Schale, Weintrauben und Austern. Bezeichnet: G. van Deh. Dem Jan de Heem zugeschrieben.

4. Öl auf Holz; 18·5 × 21·5 cm; Genreszene, rauchender Bauer, an einem Wirtshaustisch sitzend, einen Krug in der rechten Hand haltend. Hinten stopft ein zweiter Bauer von seinem Tabak eine Pfeife, während ein dritter hinten seine Notdurft verrichtet. Bezeichnet: D. Teniers fe. (Fig. 46).

Fig. 46.

5. Öl auf Holz; 17·75 × 22·5 cm; Landschaft mit einem Bauernhaus, vor dem ein Bauer und eine Bäuerin mit einem Hunde stehen. Bezeichnet: D. T. Dem David Teniers dem Älteren zugeschrieben.

6. Öl auf Leinwand; 19·5 × 38·5 cm; baumreiche Landschaft, im Hintergrund ein Schloß, rechts ein Bauernhaus; Kühe als Staffage. Rechts unten bezeichnet: G. H. Vielleicht Gillis de Hondecoeter.

Fig. 46 Raucherszene von D. Teniers, Sammlung Freih. v. Hasslinger (S. 32)

7. Öl auf Leinwand; 114 × 78 cm; Stilleben, auf einem Tisch Zinnschüssel mit Fischstücken, ein Weinpokal, eine Schale mit Birnen, ein blauweißer Steinguthumpen, eine Zinnschüssel mit gesottenen Krebsen, ein Brotleib, eine Zinnschüssel mit Rettichen. Niederländisch. XVII. Jh.

8. Öl auf Holz; 32 × 38·5 cm; eine im Rücken gesehene Dame mit großem Spitzenkragen an einem offenen Spinett sitzend, neben dem ein Cello lehnt, dessen Hals mit einem schwarzen Schleier bedeckt ist. Gutes holländisches Bild um die Mitte des XVII. Jhs. Vielleicht von Verspronck (Fig. 47).

Fig. 47.

9. Öl auf Leinwand; 88 × 101 cm; Landschaft mit baumbewachsenen Felsen und einem Wasserfalle, als Vordergrundstaffage Hirten und Herden, darunter eine Frau auf einer Kuh sitzend. Italienisierender Niederländer in der Richtung des Berghem. Das Bild stammt aus der Wiener Sammlung Carl Jäger.

10. Öl auf Holz; 48 × 67 cm; Brustbild eines jungen Mannes in schwarzem Gewande mit Spitzenkragen, die Handschuhe in der Hand haltend. Niederländisch. XVII. Jh.

11. Öl auf Leinwand; 26·5 × 20·5 cm; Kuh an einem Gewässer stehend. Bezeichnet: F. G. (Friedrich Gauermann).

12. Öl auf Leinwand; 26 × 21 cm; eine Herde von einem Hirten in blauem Gewand getrieben. Bezeichnet: F. G. (Friedrich Gauermann); der Tradition nach im Alter von 14 Jahren, also 1821 gemalt.

13. Öl auf Leinwand; 33 × 41 cm; Brustbild eines lockigen Knaben in braunem Gewand (römischer Hirtenknabe). Von Friedrich von Amerling.

14. Öl auf Leinwand; 33 × 41 cm; Halbfigur eines Herrn, der in der rechten Hand ein Buch hält (Sir Robert Peel?). Bezeichnet: *Henry Wyatt*. Zirka 1830.

15. Öl auf Leinwand; 50 × 66 cm; Brustbild des Stephan Andreas von Hasslinger. Bezeichnet: *Franz Linder*. 1784.

16. Pendant dazu; Porträt der Gattin des vorigen, Pauline von Hasslinger. Von demselben.

Fig. 47 Dame am Spinett. Sammlung Freih. v. Hasslinger (S. 32)

17. Öl auf Leinwand; 44 × 53 cm; Porträt eines Herrn von Hasslinger, Brustbild mit Vatermörder und weißer Halsbinde, gelber Weste mit roter Einlage. Wienerisch. Um 1800.

18. Öl auf Leinwand; 76 × 95 cm; Halbfigur der Madonna, das sitzend schlafende Kind haltend. Bezeichnet: *Von Josef Redl*. Anfang des XIX. Jhs.

19. Öl auf Leinwand; 45 × 51 cm; Kopie der Ruysdaelschen Landschaft Budapest, Nationalgalerie Nr. 515, von F. G. Waldmüller (Fig. 48). Aus der Sammlung Carl Jäger stammend.

Fig. 48.

H a n d z e i c h n u n g: Sepia; großer Engel auf einen Stab gestützt; Nachahmer des Rembrandt. XVIII. Jhs.

Ferner eine große Anzahl kunstgewerblicher Gegenstände, Altwiener und Schlaggenwalder Porzellan, deutsches Steinzeug, Glas, Silber, Zinn, Waffen, Möbel. Besonders zu nennen sind:

Geschnitzter H o l z r a h m e n mit durchbrochenem Aufsatz. Um 1710.

S c h r ä n k e: 1. Mit drei geschnitzten Säulen, die Türfelder in Leisten mit geflammtem Hobel. XVII. Jh. Mit geschnitztem durchbrochenen Aufsatz vom Anfang des XVIII. Jhs.

Möbel.

XVI

5

Fig. 49.

2. Ganz bemalt, auf den Flügeltüren große bunte Blumen in Urnen. Im geschnitzten Aufsatz bekränztes Flammenherz; datiert 1804 (Fig. 49). Ländliche Arbeit, sog. Hochzeitskasten, zusammengehend mit einem Schrank im Museum, Zimmer XXXVII. Siehe unten.

S t a n d u h r in Turmform aus Messing, vergoldet, mit graviertem Riemenornament; vierseitiger mit Balustrade und vier Spitzpyramiden abgeschlossener Unterbau und runder Aufsatz mit Kuppeldach; zuoberst Putto. Deutsch. Ende des XVI. Jhs.

Fig. 48 Kopie von Waldmüller nach Ruysdael, Sammlung Freih. v. Hasslinger (S. 33)

M e ß g l o c k e, vergoldet, in üppigen schweren Barockformen ornamentiert. Um 1720. Aus Schloß Gutenbrunn in Niederösterreich V. U. W. W. stammend.

R a d s c h l o ß g e w e h r mit verbeintem Schaft und Kolben, an der Anschlagseite ein eingelegter Perlmutterschild von Putten umgeben, herum vier Tiere aus Perlmutter. XVII. Jh.

B e c h e r, 16 cm hoch; Silber; runder Glockenfuß mit drei Ranken in die gebuckelte Cuppa übergehend. Salzburger Beschauzeichen, Meistermarke: $\begin{smallmatrix} A\,C \\ A \end{smallmatrix}$? Ende des XVI. Jhs. Das Mittelstück vielleicht etwas jünger.

S i l b e r k a n n e mit Laubranken auf gerauhtem Grund, Wiener Beschauzeichen von 1814; Meistermarke: FK. Vorratstempel.

Deutscher S t e i n g u t k r u g mit blauweißem Dekor, an vier Seiten Wappen Sayn-Wittgenstein mit Jahreszahl 1676. Zinnschraubenverschluß.

T r i n k g l a s mit ovalem Medaillon in Unterfangtechnik, darin Monogramm *B. H.* (Benedikt von Hasslinger). Bezeichnet: *Mildner fecit a Gutenbrunn 1802* und Widmungsinschrift.

Fig. 49 Hochzeitskasten von 1804, Sammlung Freih. v. Hasslinger
(S. 34)

Sammlung Dr. Richard Heller

Mirabellplatz Nr. 5.

G e m ä l d e: 1. Öl auf Leinwand; zirka 100 × 110 *cm*; rund, architektonische Umrahmung, innerhalb derer allegorische Figuren. Skizze von Daniel Gran zu dem Deckengemälde des Kuppelsaales im Palais Schwarzenberg in Wien; abgebildet bei A. Ilg, Das Palais Schwarzenberg, Wien, Taf. VIII—X (Fig. 50).   *Gemälde*
2. Eine Folge von Blättern, Aquarell auf Papier, zirka 19 × 34 *cm*; sehr sorgfältig ausgeführte Blumenstudien in natürlicher Größe. Mehrere bezeichnet: *Konstantin Gerstenberger*. Um 1800 (Fig. 51). Einzelne   *Fig. 50.*
Blätter auch bezeichnet: *Joseph Peristori, Skribanek*. Mit den Drechslerschen Arbeiten für die Wiener   *Fig. 51.*
Porzellanfabrik verwandt.
3. Aquarell; 26 × 18 *cm*; Ansicht des Parthenon. Bezeichnet: *Th. Ender.* Zirka 1830.
4. Miniatur auf Elfenbein; 5½ × 7 *cm*; Brustbild einer Dame in weißem Gewand, mit weißer Haube, einer Frau Schulz geb. Rattenschlag. Bezeichnet: *Adalbert Suchy.* Um 1820.
5. Aquarell; 26 × 26 *cm*, Kniestück der Frau Antonie Weyer geb. von Orocz in blauem Gewande mit Perlenhalsband. Bezeichnet: *Gaupmann 1832.*

5*

Fig. 50   Skizze Grans zum Deckenfresko im Kuppelsaal des Palais Schwarzenberg (S. 35)

6. Folge von 19 Studienblättern, Bleistift oder leicht aquarelliert, zumeist Porträts, drei Landschaften darstellend. Zum Teil bezeichnet *Steinrucker* mit verschiedenen Daten aus den Dreißiger- und Vierzigerjahren
des XIX. Jhs.

7. Öl auf Holz; 24 × 32; Brustbild eines Mannes in schwarzem Rock und weißem Hemd mit Umlegekragen. Porträt von Franz Danhauser, gemalt von Josef Danhauser 1844. (Vgl. dessen Porträt von 1840 bei
A. Rössler, Josef Danhauser, Wien, S. 49.)

Holz, polychromiert, zwei stehende Engel. Mitte des XVII. Jhs.

Holz, modern polychromiert, stehender Bischof. Mitte des XVIII. Jhs.

Holz, polychromiert, 70 *cm* hoch. Maria am Betpult kniend, von einer Verkündigung. Bayrisch,
um 1725.

Kleine Sammlung von Berliner, Schlaggenwalder und Neuwiener Porzellan.

Kleine Sammlung volkskundlicher Gegenstände.

Sammlung Exzellenz Baronin Pauline Henikstein

Schwarzstraße Nr. 11.

G e m ä l d e: 1. Pastell, Brustbild der Frau von Henikstein, Gemahlin des Adam von Henikstein. Österreichisch. Um 1780. Art der Gabriele Beyer.

2. 78 Aquarellporträts auf Papier, Brustbilder von Herren und Damen, deren Namen beigeschrieben sind, alle von Henriette von Brévillier geb. Baronin Henikstein, von zirka 1820 bis zu ihrem Tode, 28. Jänner 1843 (Fig. 52).

3. Ferner sechs ovale Miniaturporträts auf Elfenbein, von derselben; 10·5 × 14·5 cm; ihre nächsten Verwandten darstellend. 1823—1827 gemalt.

4. Eine Anzahl von Aquarellbildern auf Papier, ursprünglich zu einem Album gehörig; darunter:

Österreichisches Militär auf dem Marsch. Bezeichnet: *Habermann F. 1836.*

Mädchen mit einer Katze spielend. Bezeichnet: *Ranftl 1835.*

Kleines Mädchen, am Bachrande sitzend und mit Steinen

Gemälde.

Fig. 52.

Fig. 51
Blumenstudien, Aquarell von K. Gerstenberger.
Sammlung Dr. Heller (S. 35)

spielend, hinter ihm ein großer Schutzengel kniend. Bezeichnet: *Fendi 1834* (Fig. 53).

Ansicht vom Paß Lueg mit dem Schloß Werfen. Bezeichnet: *Th. Ender.* Um 1835.

Gasthausszene. Bezeichnet: *Ramelet 1835.*

Ansicht der Markuskirche in Venedig mit Staffage. Bezeichnet: *Rudolf Alt 1835.*

Ansicht des Klosters in Amalfi. Bezeichnet: *Jac. Gigante.* Um 1835.

Ansicht von Wildalpen, von Zahradnicek. Um 1835.

Ansicht des Naßfeldes bei Gastein, von Th. Ender. Um 1835.

Blick auf eine englische Dorfkirche. Bezeichnet: *Sheperd.* Um 1835.

Blick auf Girgenti, von C. Werner. Um 1835.

Ansicht von Velletri. Bezeichnet: *Müller und Heidecker.* Um 1835.

Weidende Kühe, von Wilhelm von Kobell. Um 1835.

Mönch und Knabe in einer Kirche. Bezeichnet: *Peter Sokolof.* Um 1835.

Fig. 53.

Fig. 52
Aquarellporträt von Henriette von Brévillier,
Sammlung Baronin Henikstein (S. 37)

Fig. 13   Kind mit Schutzengel, Aquarell von P. Fendi, Sammlung Baronin Henikstein (S. 37)

Sammlung Baron Carl Hiller-Schönaich

Marcus-Sitticus-Straße Nr. 3.

Gemälde.

Fig. 54.

G e m ä l d e : 1. Öl auf Holz; 65 × 86 cm; Madonna mit dem Kinde und dem kleinen Johannes; Kniestück, links Durchblick in eine verblauende Landschaft. Florentinisch, Richtung des Bacchiacca, Mitte des XVI. Jhs. (Fig. 54). Der Tradition nach dalmatinisch. Ziemlich abgerieben und übermalt.

Fig. 55.

2. Öl auf Holz; 31 × 40 cm; zwei Pendants, Nußhäher beziehungsweise ein Grünspecht mit Äpfeln. Bewölkter Himmel als Hintergrund. Frühe Arbeiten von F. G. Waldmüller (Fig. 55).

3. Ferner einzelne Bilder von Johann Ender und Pettenkofen, Porträtminiaturen von Rungaldier und Decker.

Möbel.

M ö b e l aus der zweiten Hälfte des XVIII. und vom Anfang des XIX. Jhs.

Sammlung Regierungsrat Dr. Josef Hinterstoisser

Giselakai Nr. 37.

Gemälde.

G e m ä l d e , M i n i a t u r e n usw.: 1. Ölminiatur auf Kupfer, 5 × 7 cm, Brustbild des Erzbischofs Wolf Dietrich en face. Um 1590. Aus dem Gigerhof an der Aignerstraße stammend.

2. Gouache auf Schwanenhaut, Rundmedaillon. Reiterschlacht in Landschaft mit Brücke. Signiert: *O.*
(Ein ähnliches Stück im Kunsthandel soll nach Angabe des Besitzers als *F.* Oetinger Lösing 1779 bezeichnet gewesen sein.)

3. Öl auf Holz, 11·5 × 14 *cm*, Brustbild eines braungekleideten Mannes, ein Relief modellierend. Nach
Angabe an der Rückseite Porträt des Bildhauers Johann Hagenauer.

4. Aquarellierte Zeichnung: Ansicht von Perchtoldsdorf mit Fußgängern und einem Wagen als Staffage.
Bezeichnet: *P. Eisenlohr.* Anfang des XIX. Jhs.

Fig. 54 Madonna mit dem Kinde und dem hl. Johannes,
Sammlung Baron Hiller-Schönaich (S. 38)

5. Aquarell auf Papier, 25 × 34 *cm*; Erdbeerstudien, darunter eine Blaumeise. Rahmen unten bezeichnet: *Waldmüller* (Fig. 56).

6. Öl auf Holz, Blumenstück. Bezeichnet: *Franz X. Petter 1853.*

Fig. 56.

S k u l p t u r e n : 1. Leonhardifigur aus Eisen, Votivgabe, einen Gefangenen im Block darstellend. Am
Ohr eine Schlagmarke. Mittelalterlich? (Fig. 57). Aus Straßwalchen stammend. Vgl. André, Votivgaben des
katholischen Volkes in Deutschland, S. 48, Taf. III, Fig. 4.

Skulpturen.
Fig. 57.

2. Buchsstatuette der Immakulata auf der Weltkugel. Bayrisch, zweite Hälfte des XVIII. Jhs.

3. Wachsbossierung; bartloser alter Mann in Stoffanzug auf einem Holzpferd reitend. XVIII. Jh.

Großer H o l z s c h r a n k , von zwei gedrehten Säulen eingefaßt. Die Türfelder mit reich geschnitzten
Füllungen, deren oberer Teil abermals von zwei gedrehten Säulen flankiert wird. Aufgelegtes spätes
Rollwerkornament, das in Bänder und Blätter auszugehen beginnt. Um 1670/80. Aus Mattsee stammend.
Ferner eine Sammlung von Münzen, von prähistorischen Fundstücken (besonders aus Salzburg); Möbel,
Kacheln usw.

Schrank.

Sammlung Franz Holter

Steingasse Nr. 1.

Weihwasserkessel aus Silber, halbrunde, gebuckelte Schale mit Perlstab besetzt, vor einer Rückwand, die JHS in Strahlenglorie enthält und reich mit getriebenen Blumen und stachligen Ranken versehen ist. An der Rückseite Würzenzeichen, Augsburger Beschau und Meistermarke $\frac{H\ F}{S}$ (R² 505) und

Fig. 58.

gravierte Inschrift: *Andenken von deinem Bruder Alois und Familie 1831.* Um 1700 (Fig. 58).

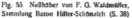

Fig. 55 Nußhäher von F. G. Waldmüller,
Sammlung Baron Hiller-Schönaich (S. 38)

Fig. 56 Erdbeerstudien von F. G. Waldmüller,
Sammlung Dr. Hinterstoisser (S. 39)

Sammlung Frau Hupfauf und Fräulein Ruperta Spängler

Ludwig-Viktor-Platz Nr. 2.

Ererbter Familienbesitz der seit der Mitte des XVIII. Jhs. in Salzburg ansässigen, mit verschiedenen Salzburger Patriziergeschlechtern verschwägerten Familie Spängler.

Gemälde: 1. Öl auf Leinwand; 38×59 *cm*; Porträt eines kleinen Mädchens in ganzer Figur, Annaliese
Heilmayr, mit einem Blumenkorb in der Hand. Anfang des XVIII. Jhs.

2. Öl auf Leinwand; Halbfigur des Herrn Georg Spängler im Alter von 55 Jahren mit einem Brief mit seiner
Adresse in Bruneck in der Hand. Bezeichnet: *1736.*

3. Öl auf Leinwand; 65 × 86 *cm*; Halbfigur des Franz Anton Spängler in grünschwarzem Rock und roter
Weste mit Silberborte, in der Hand einen Brief mit seiner Adresse haltend. Bezeichnet: *1756.*

4. Pendant dazu, seine dritte Gattin Maria Theresia in blauem ausgeschnittenem Kleid.

5. Öl auf Leinwand; Brustbild der Frau Anna Auer geb. Elixhauser, einer jungen Dame mit schwarzer Haube, eine Rose in der erhobenen Hand haltend. Um 1760—1770. In Holzrahmen mit geschnitzter Rocaille.

6. Ölminiatur auf Holz; Brustbild eines jungen Herrn aus der Familie Elixhauser in geschnitztem Rähmchen. Um 1760.

7. Pendant dazu; Porträt seiner Frau.

8. Öl auf Leinwand; 47 × 61 cm; Brustbild des Herrn Franz Joseph Spängler in schwarzem Rock, mit gestickter Weste in geschnitztem, vergoldetem Holzrahmen mit Flechtband und Rosetten und einem

Fig. 57 Leonhardifigur,
Sammlung Dr. Hinterstoisser (S. 39)

Aufsatz aus einer von einem Band gewundenen Lorbeerschnur. Um 1780.

9. Pendant dazu; seine Gattin Maria Theresia geb. Metzger, in blumengesticktem Kleid, mit weißem Schal um den Ausschnitt.

10. Öl auf Leinwand; 45 × 60 cm; Brustbild des Herrn J. Auer. Um 1790. Von F. X. Horneck (Fig. 59).

11. Pendant dazu; Brustbild seiner Gattin.

Fig. 58 Weihwasserbecken, Sammlung Holter (S. 40)

12. Öl auf Leinwand; 20 × 26 cm; Kniestück eines Herrn aus der Familie Elixhauser in braunem Rock und roter Weste, an einem Tische sitzend. Ende des XVIII. Jhs.

13. Pendant dazu; Bildnis seiner Frau, mit einem Blumenbusch in der Hand. Ende des XVIII. Jhs.

14. Miniatur auf Papier; oval; Halbfigur des Herrn Knosp. Bezeichnet: 1754 und Pendant dazu, Porträt seiner Frau; beide in grün geschnitztem Rähmchen mit vergoldeter Vase und Blattschnüren. Zirka 1790.

15. Öl auf Holz; 62 × 45 cm; Gesellschaftsszene, Herren und Damen an einem gedeckten Tisch. Bezeichnet: D j Ffranck in (Fig. 60).

16. Pendant dazu, auf Kupfer; Herren und Damen tanzend, rechts Musikanten. Kopie des XVIII. Jhs. nach einem Bild ähnlichen Ursprunges wie das vorige. Beide in schwarzen Holzrahmen, mit geschnitzten, vergoldeten Ornamenten.

S k u l p t u r e n : 1. Holz, polychromiert; zirka 70 cm hoch; Figur der Madonna mit dem Kinde, stehend. Tiroler Figur des XV. Jhs. in der Art des Altöttinger Gnadenbildes.

XVI

Fig. 59.

Fig. 60.

Skulpturen.

6

Fig. 59
.... von F. X. Hornöck, Sammlung Hupfauf-Spangler (S. 41)

2. Zwei polychromierte Holzfigürchen, die Hl. Virgil und Rupert; Erste Hälfte des XVIII. Jhs.
3. Kruzifixus aus dunkelbraunem Holz; der ganze Körper zerfleischt und zerfetzt. XVII. Jh.
4. Hausaltar, Holz, vergoldet; tabernakelförmig. In einer mittleren Rundbogennische Kruzifixus zwischen Maria und Johannes, seitlich je zwei Nischen mit Figürchen der vier Evangelisten. Oben zwei Gewandengel als Kerzenträger. Oben als Abschluß eine reiche Balustrade, auf der Putten sitzen. Darüber ein Holzkruzifixus unter vergoldetem und geschnitztem Baldachin. Erste Hälfte des XVIII. Jhs.

K r e u z p a r t i k e l, Blech; zum Teil vergoldet; breitovaler Fuß mit getriebenen Ornamenten, ebensolche um den kartuscheförmigen Behälter. Um 1760.

Verschiedenes.

U h r, Kupfer, vorn vergoldete Umrahmung des Zifferblattes; die Uhr läuft als ihr eigenes Gewicht wirkend an einer Säge herunter. Innen bezeichnet: *Bendele 1736*. Holzunterlage mit Lorbeerschnur. Um 1780.

Fig. 60 Gesellschaftsszene von F. Francken d. J., Sammlung Hupfauf-Spängler (S. 41)

E l f e n b e i n k r u z i f i x u s, an schwarzem Holzkreuz mit vergoldeten Rosetten, auf schwarzem, vierseitigem Postament, das auf vier vergoldeten Tatzen steht; an dessen Vorderseite Blumengehänge um einen runden Reliquienbehälter. Kruzifixus zweite Hälfte des XVII. Jhs., Postament um 1780.

S a l z f ä ß c h e n aus Silber, oval; auf vier kantigen Füßen, mit Blumen behängt. Feingehaltszeichen 13. Meistermarke G. A. Um 1790.

S a l z f a ß aus Silber, in Form eines durchbrochenen, oben von einem Fries von Löwenmasken abgegrenzten Korbes auf einem runden Fuß. Wiener Beschauzeichen 18.. (durchgeschnitten), Meistermarke unkenntlich. Anfang des XIX. Jhs.

D o s e, innen vergoldet, außen flachgetriebene Blumen und Blattranken auf gekörntem Grund. Beschauzeichen und Meistermarke unkenntlich. Mitte des XVIII. Jhs.

G l a s k a s t e n aus hellbraunem, poliertem Holz, mit ornamentaler Intarsia und geschnitzten Aufsätzen in Form eines Obstkorbes in der Mitte und von Blumenvasen seitlich. Schöne Messingbeschläge. Um 1780.

Zwei K o m m o d e n mit Aufsatzkästen aus braunem Holz mit ornamentaler Intarsia und Messingbeschlägen in Form von Draperien. Um 1780. Zugehörig zwei Tische und Spiegel. Der Tradition nach von dem Salzburger Tischlermeister Wessiken gearbeitet.
Kleiner geschweifter Kommodekasten mit Glasaufsatzkasten und Rollfach. Zweite Hälfte des XVIII. Jhs. Im Aufsatz ein Nymphenburger Kaffeegeschirr.

Außerdem eine kleine Sammlung von Fayencekrügen, Glas, Zinn, Porzellan und Porträtsilhouetten aus der Familie.

6*

Sammlung Kasseroller

Sigmund-Hafner-Gasse Nr. 14.

S t a n d u h r; braunes, unten ausgebauchtes Holzgehäuse mit ornamentaler Intarsia. Auf dem geschwungenen Gebälk vergoldete Holzfiguren des Chronos und zwei Putten mit Attributen. Das erneute Zifferblatt mit getriebenen Ranken und Rocaille auf vergoldetem Messinggrund. Oben auf einem Schildchen bezeichnet: *Jakob Bendele in Salzburg*. Mitte des XVIII. Jhs.

Fig. 64 Zeichnung von Joh. M. Schmidt, fol. 1, Sammlung Kerner
(S. 46)

S p i e g e l in vergoldetem Holzrahmen mit Flechtband und hängendem Festons; als Bekrönung Trophäe aus Musikinstrumenten. Ende des XVIII. Jhs.

G n a d e n b i l d, Öl auf Leinwand; Halbfigur der Madonna, die sich über das eingewickelte Kind beugt; beide mit Kronen. Dedikationsinschrift von 1656 und Renovierungsdatum von 1692 (*durch mich A. S.*). Deutsch, unter niederländischem Einfluß.

Sammlung Fräulein Annaliese Kerner

Marcus-Sitticus-Gasse Nr. 3.

U n t e r g l a s b i l d ; 23 × 33 cm; Vertumnus und Pomona; rechts unten bezeichnet: *K V E*. Variante einer Komposition von Netscher, die von James Watson geschabt ist.
Öl auf Leinwand; 55 × 72 cm; zwei Pendants, Blumen und Fruchtstücke, eines bezeichnet: *Denner fec.*
U n t e r g l a s m a l e r e i, 11 × 14,5 cm; Brustbild des Johann Martin Schmidt mit dem von Haubenstricker radierten Porträt völlig übereinstimmend.

Fig. 63 Zeichnung von Joh. M. Schmidt, fol. 5. Sammlung Kerner (S. 44)

Fig. 62 Zeichnung von Joh. M. Schmidt, Nr. 3. Sammlung Kerner (S. 46)

Öl auf Holz; 9·5 × 12 cm; Brustbild einer Frau Herzog in Rossatz, dem J. M. Schmidt wohl mit Recl zugeschrieben.

Ein Papierheft; 22 × 33·5 cm; Kohlen-, Sepia- und Bleistiftzeichnungen von Johann Martin Schmidt; zum Teil auf blauem, zum Teil auf grauem Papier. Früher im Besitz des Abgeordneten Paul Schürer, Bürgermeisters von Stein. (Anton Mayer, Der Maler Martin Johann Schmidt, Wien 1879, S. 86.)

Fig. 64 Zeichnung von Joh. M. Schmidt, fol. 9,   Fig. 65 Zeichnung von Joh. M. Schmidt, fol. 9,
Sammlung Kerner (S. 46)   Sammlung Kerner (S. 47)

f. 1. Ein alter Mann neben einem altarartigen Aufbau, darauf die Worte: *Martin Johann Schmidt Mahl Fig. 61. lec. A. 1742* (Fig. 61).
f. 2. Halbfigur eines Mannes in reichem Kostüm, mit einem Stock in der Hand.
Fig. 62. f. 3. Halbfigur einer Frau mit einem Kind im Arm (Fig. 62).
f. 3'. Frauenstudie nach Rembrandt (?).
f. 4. Zwei Kopfstudien.
Fig. 63. f. 5. Junger Herr auf einen Stock gestützt; an Rembrandtsche Typen erinnernd (Fig. 63).
f. 6. Stehender Mann.
f. 7 und 8. Je ein Triton mit einem Meerroß.
f. 9. Studie nach einer Figur von W. Beyer, die in dessen „Neue Muse". Wien 1784, T. 19, gestochen i
Fig. 64. (Fig. 64).
f. 10. Hexenmeister, der einen Skorpion in den Kessel wirft.
f. 11. Studie nach einer Satyrskulptur (nach Beyer?).
f. 12. Schmiede des Vulkans.
f. 13. Studie nach dem Cincinatus in Schönbrunn (nach Beyer?).
f. 14. Predigt Johannes des Täufers.
f. 15. Lesender alter Mann, Art des Rembrandt.
f. 16. Eine Schar von Putten, miteinander spielend.

f. 17. Kreuzigung Christi mit Reitern und viel Gefolge. Bezeichnet: *1775* (Fig. 65).

Fig. 65.

f. 18. Enthauptung eines Heiligen; mit der Komposition des Katharinenbildes in Dürnstein im wesentlichen übereinstimmend (Fig. 66).

Fig. 66.

f. 19. Studie nach einer Skulptur der Ariadne.

f. 20. Versuchung eines Heiligen durch Dämonen.

f. 21. Mädchen in antiker Tracht bekränzen eine Herme; daneben ein Jüngling.

Fig. 66 Zeichnung von Joh. M. Schmidt, fol. 18,
Sammlung Kerner (S. 47)

f. 22. Sepiaskizze zu einem Altarbild. Marter einer Heiligen, die in einen Kessel geworfen wird.

Kleines Papierheft mit Aufschrift: *Divers ajustements et usages de Russie . . . dédiés à Monsieur Boucher s . . . von Le Prince Dessinés en Russie et gravés etc.*

Fig. 67 Zeichnung nach Le Prince,
Sammlung Kerner (S. 47)

Auf dem Umschlagblatt Datum *1796*. Sepiazeichnungen in verschiedener Größe nach den Stichen von Le Prince (Fig. 67). Provenienz wie das vorige. Papierheft mit Aufschrift: *Recueil de toutes Sortes de têtes qui sont inventées par M. Martin Schmid et*

Fig. 67.

dessinées par J. Mat. Schramm 1762. Studien nach Stichen, Zeichnungen und Bildern von J. M. Schmidt, darunter der Taufe Christi in Hundsheim (Kunsttop. I, 321, Fig. 212) und einer Dreifaltigkeit. Ferner nach der Bettlerfamilie, die sich auch unter den Lambacher Zeichnungen befindet; Studien nach den Söhnen des Rubens in der Liechtensteingalerie in Wien.

Sammlung Oberst Johann Freih. von Koblitz

Paris-Lodron-Straße Nr. 2.

Eine Anzahl von Bildern von Anton Einsle, größtenteils Familienbesitz, da Einsle der Großvater der Gattin des Besitzers war. Darunter:

1. Miniatur auf Elfenbein; 7 × 8·5, oval; Madonna mit dem Kinde nach Mengs. Bezeichnet: *Einsle pinxit 6. April 1816.*
2. Wie oben; 67 *cm*; oval; Brustbild eines alten Herrn in schwarzem Rock mit weißer Halsbinde. Bezeichnet: *Einsle pinxit 1817.*
3. Öl auf Leinwand; 47 × 57 *cm*; oval; Brustbild von Beatrix Einsle. Um 1830.
4. Wie oben; 24 × 31 *cm*; Kinderporträt von Marie von Teltscher. Um 1840.

5. Wie oben; zirka 70 × 50 cm; kleiner Amor, auf einem Lager einen Vorhang zur Seite ziehend, neben ihm eine Frau. Um 1840.

6. Wie oben; 38 × 50 cm; Brustbild, Marie von Teltscher als Kind. Bezeichnet: 1815.

7. Wie oben; 50 × 65 cm; weiblicher Studienkopf mit Turban. Um 1850.

8. Wie oben; 44 × 66 cm; oval; Marie von Teltscher. Um 1855.

Die übrigen aus den Sechziger- und Siebzigerjahren.

Ferner eine Anzahl von Studienblättern, Aquarellstudien und Lithographien von Josef Eduard Teltscher aus den Jahren 1825—1828, außerdem ein Heft mit Aufzeichnungen des Malers Anton Einsle über die von ihm in den Jahren 1825—1840 gemalten Bilder.

Sammlung Exzellenz Graf Gandolph Kuenburg

Arenbergstraße 12.

Familien-
porträts.

Familienporträts: 1. 89 × 68 cm; in gemaltem Ovalrahmen; Brustbild. Christoph Siegmund Graf Kuenburg. Reifer Mann mit aufgedrehtem dünnem Schnurrbart, mit langem dunklem Haar, in schwarzem Gewand, mit breitem weißem Kragen. Links oben das Kuenburgsche Wappen. Am Rahmen bezeichnet: C. S. C. A. K. B. I. K. (Christophorus Sigismundus, comes a Kuenburg, baro in Kuenegg). — Incurrit annum 55.˙Anno 1672.

2. 73 × 55 cm; In drei kleinen ovalen Lorbeerrahmen die Porträts der drei Salzburger Erzbischöfe aus dem Hause Kuenburg, links Michael (1554—1560), in der Mitte Max Gandolph (1668—1687), rechts Georg (1586—1587). Daneben die Halbfiguren einer gewappneten Frau mit Schwert und Wage (Justitia) und einer Frau mit zwei Kindern am Arm, von denen sie das eine stillt (Caritas). Oben dreimal das Kuenburgische Wappen. Unten entsprechende Inschriften. Gutes Bild. Auf der Rückseite datiert: 1687. Stammt aus Tamsweg.

3. 85 × 68 cm; Brustbild. Ernst Graf von Kuenburg, Oberstleutnant im Regimente Harrach. Junger glattrasierter Mann mit langer brauner Allongeperücke, im Panzer und gelben, rot gefütterten Mantel, vor einem orangegelben Vorhang. Rückwärts auf der Leinwand alte Inschrift: Illmus Dnus Ernestus S: R: J: Comes de Khünburg, S: C: Regiaeque Majt. Caroli VI. Camer: et Incliti Regim: Harrach Supr(em)us Loco-tenens. Um 1720.

4. 84 × 67 cm; Halbfigur. Antonie Gräfin Czernin, geborene Gräfin Kuenburg. Dame in spitzenbesetztem graugrünem Kostüm mit rotem, gelb gefüttertem Mantel, mit grauer Allongeperücke. Rückwärts auf der Leinwand alte Inschrift: Illma ac Excelma Dna Antonia S: R: J: Comsa de Tzernin et Chudenitz, nata Comsa a Khünburg. Um 1730.

5. 83 × 69 cm; Halbfigur. Josefa Gräfin Kuenburg, geborene Gräfin Harrach. Dame mit grauer Lockenperücke, in dekolletiertem rotem Kleide, mit Ohrringen und Kollier aus großen Perlen, die linke Hand zeigend erhoben. Mitte des XVIII. Jhs. Rückwärts auf der Leinwand alte Inschrift: N: 30. Illma ac Excellma Dno Josepha S: R: J: Comsa Khünburg nata Comsa ab Horrach.

Sammlung Graf Leopold Kuenburg

Siegmund-Haffner-Gasse Nr. 16.

Gemälde.

Kleine Anzahl von Familienporträts und ererbten Bildern:

Gemälde: 1. Öl auf Leinwand; oval 67 × 84 cm; zwei Pendants, Verkündigungsengel und Jungfrau Maria als Halbfiguren. An der Rückseite bezeichnet: M. C. Hirt fec.1691.

2. 94 × 155 cm; Hafenlandschaft. Links ein Tor und hoher runder Turm. Im Hafen mehrere Segelschiffe, darunter ein holländisches. Vorne Staffage. Italienisch, Ende des XVII. Jhs.

3. Öl auf Leinwand; 90·5 × 70 cm; spielende Amoretten mit Bogen und Fackeln, einer mit verbundenen Augen. Österreichisch, um 1700.

4. Öl auf Holz; 37 × 49 cm; zwei Pendants, Stilleben, totes Geflügel mit verschiedenem Beiwerk, Muscheln, Pfeifengefäße, usw. Bezeichnet: J. G. Beitler 1708 beziehungsweise 1709.

5. Öl auf Leinwand; 43 × 74 cm; ein Ritter hebt eine halbentblößte Frau auf ein Roß; stark nachgedunkelt. Deutscher Rembrandtnachahmer des XVIII. Jhs.

Fig. 68.

6. Öl auf Kupfer; 34 × 28 cm; Landschaft mit einem Kornfeld·und einem großen Baum vorn und einem von Bäumen umgebenen Haus im Hintergrunde; Staffage von Bauern, die unter dem Baume essen, einen Wagen mit Garben beladen usw. Bezeichnet: J. Bruegel. Von einem etwas späteren Nachfolger des Jan Breughel (Fig. 68) Vgl. das Bild der Münchener Pinakothek bei Heidrich, Vlämische Malerei, Abb. 28.

7. Öl auf Holz; 74 × 51 *cm*; zwei Pendants, tiefe Baumlandschaften mit blauen Bergen im Hintergrunde und bäuerlicher Staffage vorn. Deutsch, XVIII. Jh.

8. Öl auf Holz; 41·5 × 31; zwei Pendants, Bärenhatz und Eberjagd, mit Hunden, in Landschaft. Bezeichnet: A. E. (Enzinger) (Fig. 69). Fig. 69.

9. Öl auf Leinwand; 56·5 × 48 *cm*; Landschaft mit Brücke, vorn ein kosendes Liebespaar und eine Rinderherde unter einem Baume. Links unten bezeichnet: *Joh. von Dallinger fec.*

10. Öl auf Leinwand; zwei Pendants, weibliche Halbfiguren, als Sibilla Sarmia und Sibilla Cumaea bezeichnet. Anfang des XIX. Jhs.

11. Öl auf Leinwand; 32 × 40 *cm*; Genrebild, mehrere Jäger und ein Musikant um einen Wirtshaustisch, an dem auch eine junge Frau sitzt, neben der ein Mädchen steht. Bezeichnet: *G. Durand 1844.*

Fig. 68 Landschaft mit Ernte von Jan Breughel, Sammlung Graf Leopold Kuenburg (S. 48)

Porträts: 1. Öl auf Leinwand; Halbfigur eines Herrn in schwarzem Gewande mit Goldkette und Mühlsteinkragen. Links Wappen der Rehlingen und Inschrift: *Aetatis suae 47 anno 1629.* Sehr schadhaft. Porträts.

2. 83 × 65 *cm*; in gemaltem ovalem Rahmen; Brustbild. Erzbischof Max Gandolph Graf von Kuenburg (1668—1687) als reifer Mann, mit Schnurrbart und Fliege, langer schwarzer Perücke in roter Rochette. Um 1670.

3. 94 × 74 *cm*; Halbfigur. Unbekannter Bischof, glattrasiert, mit langer weißer Allongeperücke, in Spitzenchorhemd und rotgefütterter graublauer Mozette, mit edelsteingeschmücktem Pektorale. Anfang des XVIII. Jhs.

4. Öl auf Leinwand; oval; Halbfigur eines Kardinals. Anfang des XVIII. Jhs.

5. 95 × 72 *cm*; Brustbild in gemaltem Ovalrahmen. Unbekannter Domherr, glattrasiert, mit weißer Allongeperücke, grünlichblauer Mozette, Pektorale. Anfang des XVIII. Jhs.

6. 88 × 70 *cm*; Halbfigur. Unbekannter Aristokrat, glattrasiert, mit halblanger weißer Perücke, in goldgesticktem blauem Frack, mit der rechten Hand zeigende Gebärde machend. Um 1730.

7. Öl auf Leinwand; Halbfigur der Maria Anna Theresia Adelheid Freiin von Gepöck auf Sulzemos 1735 aet. 15 — laut Aufschrift. Bezeichnet: *J. Winter fecit München.*

8. Öl auf Leinwand; Halbfigur einer Dame in ausgeschnittenem Hofkleide. Auf der Rückseite Aufschrift: *Kopiert 1740 und gemahlen Maria Anna Rehlingen geb. Geböckh Maller Wenetic* (Benedikt Werkstätter).

Fig. 69 Bärenhatz von A. Enzinger,
Sammlung Graf Leopold Kuenburg (S. 49)

9. 90 × 69 cm; Halbfigur; Porträt eines Grafen Kuenburg. Junger glattrasierter Herr, mit weißer Zopfperücke, in goldgesticktem rotem Frack, mit hermelingefüttertem, blauem Mantel. Rechts das Wappen der Kuenburg. Mitte des XVIII. Jhs.

10. Pastell; 22 × 27 cm; Brustbild eines Herrn in blauem Rock und mit gepudertem Haar, ein Buch in der Hand haltend. An der Rückseite bezeichnet: *Angelica Kauffmann fecit anno 1762.*

11. 88 × 68 cm; Halbfigur; junge Dame mit grauer Perücke, in ausgeschnittenem braunem Kostüm. Am

Fig. 70 Porträt eines Grafen Kuenburg von della Croce,
Sammlung Graf Leopold Kuenburg (S. 51)

Fig. 71 Miniaturporträt von E. Peter,
Sammlung Graf Leopold Kuenburg (S. 51)

Mantel weißer Pelzbesatz. Rückwärts alte Inschrift auf der Leinwand: *Madame La Comtesse Antoinete de Khüenburg Chanoinesse de Münsterpilsen.* Darunter von anderer Hand: *La quelle est partie de Salzbourg le 22 du moi de may pour fair sa premiere residence a Münsterpilsen. Agée 16 année. 1766.*

12. Öl auf Leinwand: Halbfigur der Gräfin Walburga Kuenburg. Bezeichnet: *M. G. 1767.* (Michael Greitner?) Sehr schadhaft.

13. Öl auf Leinwand; 20 × 25 *cm*; zwei Pendants, Brustbild eines jungen Herrn in rotem Rock und gepudertem Haare und einer jungen Dame in ausgeschnittenem hellblauem Kleide mit Spitzenbesatz. Deutsch, um 1780. In gleichzeitigem braunem Holzrahmen mit geschnitztem Flechtbande und Rosetten in den Ecken.

14. 68 × 53 *cm*: Brustbild; glattrasierter Geistlicher mit Zopfperücke mit rotem Kragen. Rückwärts signiert: *A. Zeller p. 1786.*

15. 66 × 52 *cm*; Brustbild; glattrasierter Geistlicher mit Perücke, in ähnlicher Tracht. Wohl ebenfalls von Zeller. Um 1786.

Fig. 72 Altwiener Porzellanvase,
Sammlung Graf Leopold Kuenburg (S. 52)

16. Öl auf Leinwand; Halbfigur eines jungen Herrn in schwarzem Rock mit Silberknöpfen. Bezeichnet: *Della Croce 1792.*

17. 83 × 62 *cm*; Halbfigur; wohl ein Graf (Karl?) Kuenburg. Offizier mit weißer Zopfperücke, in weißem Waffenrock mit roten Aufschlägen, mit Hut und Degen in den Händen. Im Hintergrunde Landschaft. Rückwärts signiert *1792* (Fig. 70).

18. 60 × 50 *cm*; Brustbild; Karl Graf Kuenburg. Glattrasierter Herr mit grauer Zopfperücke, in weißem Waffenrock mit roten Aufschlägen. Ende des XVIII. Jhs. In flechtbandbesetztem Rahmen.

19. Pendant dazu; Halbfigur; Dame mit weißer Perücke, roter Mütze, in dekolletiertem rotem Kleide, mit einem weißen Hündchen am Arm.

20. 88 × 60 *cm*; das Kind der beiden Obigen, in ganzer Figur, in rotem Kleid, mit einem Vogel auf der Hand. Ende des XVIII. Jhs.

21. 80 × 67 *cm*; Halbfigur; älterer glattrasierter Herr mit weißer Zopfperücke in grünem Frack mit Büchse und Jagdhund. Ende des XVIII. Jhs. Wohl ein Graf Kuenburg von der Ende des XVIII. Jhs. ausgestorbenen Tamsweger Linie.

22. Miniaturporträt auf Papier; 18 × 22 *cm*; junge Dame. Gräfin Klementine Künburg geb. Welsersheimb, in blauem ausgeschnittenem Kleide, sitzend, mit einem Fächer in der Hand. Bezeichnet: *Em. Peter* (Fig. 71).

23. Lavierte Tuschzeichnung auf Papier, zirka 5 *m* hoch, auf Leinwand aufgezogen; Stammbaum der gräflichen Familie Kuenburg *Arbor genealogica ... Khuenburgianae familiae ... ex diversis autoribus* usw. An

Fig. 70.

Fig. 71.

7*

beiden Seiten je eine Bordüre mit Bildnissen der Familie, herum Putten. Lange Unterschrift: .... *sedule collecta et in hanc formam redacta singulari studio ... Dominici Francisci Calin de Marienberg ... Anno red. mundi MDCLXXXI.*

Porzellan.
Fig. 72.

Porzellan. Kleine Deckelvase mit Steilhenkeln. Blauer Grund mit hellblauen und Goldranken; zwei rautenförmige Felder mit Triton und Genius in Grisaillemalerei. Wiener Blaumarke. *98. 3.* (Fig. 72).

Fig. 73 Hausaltärchen, Kölnisch, Sammlung v. Legay (S. 54)

Sammlung Frau von Legay und Frau von Pacher
Giselakai Nr. 45.

Die Sammlung stammt größtenteils vom Urgroßvater der jetzigen Besitzerin, der die Objekte teils auf größeren Reisen, teils in Mainz erwarb.

Gemälde.

Gemälde: 1. Hausaltärchen, Triptychon, Mittelschrein, 34 × 55·5 *cm*, und zwei halb so breite Flügel; um die Mitteltafel und um die freien Seiten der Seitenflügel läuft zwischen zwei Leisten eine Rahmung, die abwechselnd quadratische Vertiefungen (zum Teil noch mit Reliquien) und eingeblendete Vierpässe enthält. Die Bildtafeln Tempera auf Holz; Mittelbild: Maria in blauem Kleide und rotem, weiß gefüttertem Mantel sitzt und hält mit beiden Händen das sich ihr anschmiegende Kind, um dessen Unterkörper ein grauviolettes Tuch geschlungen ist. Maria mit reicher, steinbesetzter Krone. Der Grund besteht in der unteren Hälfte aus einem bunten Teppichmuster, die obere hat Goldgrund mit gepunzten Wolken und adorierenden Engeln.

Fig. 74 Kreuzabnahme, Westfälisch, Sammlung v. Legay (S. 54)

In den Außenflügeln je ein stehender jugendlicher Heiliger mit Schwert und Buch, einer im Diakonengewand, der andere in rotem Kleide und grünem, pelzverbrämten Mantel. Die Außenseiten der Flügel mit Rosettenmuster auf schwarzem Grunde (Fig. 73). Kölnisch, um 1400, verwandt mit dem fälschlich Meister Wilhelm genannten Bilde der Sammlung Hölscher (Auktion 1767 bei Lepke, Berlin, Nr. 38).

Fig. 73.

Fig. 75 Rückseite der Kreuzabnahme Fig. 74, Sammlung v. Legay (S. 54)

2. T e m p e r a auf Holz, 29·5 × 62 *cm*; Kreuzabnahme: zwei bärtige Männer auf Leitern heben den Leichnam Christi vom Kreuze. Unten Maria, zusammengesunken, von zwei Frauen und Johannes gestützt. und fünf Männer in reicher Tracht. Goldgrund (Fig. 74). Die Rückseite der Tafel ist durch ein rotes Querband geteilt, oben auf Rasenboden Christus in einer Dominikanerkutte, das Kreuz tragend, hinter ihm eine Dominikanerin, gleichfalls ein Kreuz auf der Schulter tragend. Goldgrund (Fig. 75). In der unteren Hälfte in Kursiv 16 vierzeilige Strophen eines Gebetes. Die erste lautet:

Fig. 74.

Fig. 75.

> *Hebe uff din crutze und gange nach mir*
> *O Her gange vor ich volgen dir*
> *Ich nuss dich zebingen und lemen*
> *Du bist wilde ich nuss dich zemen.*

Westfälisch, um 1420. Die merkwürdige Kreuztragung der Rückseite stammt aus dem Gedankenkreis der „Nachfolge Christi".

TAFEL IV ABRAHAM VAN BEYEREN, STILLEBEN
Sammlung v. Legay (S. 55)

69

3. Tempera auf Holz, 25·5 × 39·5 cm; auf Goldgrund Halbfigur der hl. Barbara in rotbraunem, gold-gesticktem Gewande und blauem Ärmelkleide, in den Händen den Kelch haltend; über dem gelösten Haar Krone und Glorie mit Umschrift: *St. Barbra virgo ora pro no(bis)*. Kölnisch, Richtung des Meisters des Marienlebens (Fig. 76).

Fig. 76.

4. Tempera auf Holz, 31 × 40 cm; Maria sitzend, ein Schleier über dem gelösten Haar und der Stirne, mit beiden Händen hält sie in ihrem Schoße das nackte Christkind, das die Rechte segnend erhebt. Links der kleine Johannes adorierend. Hintergrundslandschaft mit einer Burg auf Felsen. Rechts oben Signatur *Lucas Cranachs* und das Datum *1514*. Verwandt mit dem Bilde im Breslauer Dome (Flechsig, Tafelbilder Cranachs, XIII).

5. Öl auf Holz, 37 × 49 cm; die hl. Jungfrau steht bis zu den Knien sichtbar hinter einem Tische, auf dem über einem grauweißen Tuch ein illuminiertes Gebetbuch liegt. Maria in blauem Unterkleide mit grauem Aufschlage und Seidentuche, weinrotem Mantel hält im linken Arm das Christkind, das sich von der Brust zum Beschauer wendet. Niederländisch, um 1525, Nachfolge des Meisters der weib-lichen Halbfiguren (Fig. 77).

6. Öl auf Holz, 30·5 × 39·5 cm; Brustbild einer jungen Frau in rotem, pelzverbrämtem Kleide mit weißem Hemd-einsatze, ein graues Schleiertuch über dem welligen, gold-blonden Haar. Sie hält den Kopf im Dreiviertelprofil, der Blick ist sinnend. Graublaue Tapete mit Granatapfel-muster. Niederländisch, um 1535; Richtung des „Meisters mit dem Papagei" (Fig. 78).

7. Öl auf Leinwand, 32·5 × 24 cm; Amorett mit brennen-der Fackel in der erhobenen Rechten, auf einem Hunde reitend in Landschaft. Monogrammiert *J. Z.* (Januarius Zick).

8. Pendant dazu; Amorett, auf einem Hunde sitzend und einen Pfeil herausschießend. Bezeichnet *Zick* (Fig. 79).

9. Öl auf Leinwand, 66·5 × 86 cm; reichgekleideter römi-scher Krieger mit gefesselten Händen tritt vor einen blinden Greis, der einen Stab im Arme hält und mit der Linken nach der Fessel des Kriegers greift. Neben dem Greise steht ein Knabe; zwei weitere Krieger, einer mit Lanze, scheinen die Begleiter des Gefesselten zu sein. Rechts hinten mehrere Krieger, links ein von Kriegern umgebener, mit zwei Schimmeln bespannter Wagen. Große antikisierende Architektur, links Durchblick in Landschaft mit einem Turme. Vielleicht Belisar und Narses. Charak-teristisches Bild von Januarius Zick (Fig. 80).

Fig. 76 Hl. Barbara, Sammlung v. Legay (S. 55)

Fig. 77.

Fig. 78.

Fig. 79.

Fig. 80.

10. und 11. Öl auf Holz, 40 × 51 cm; Brustbilder des Frei-herrn von Marschall, Staatsministers und Hofmarschalls in Coblenz, und seiner Gattin geb. Kniep, beide in historisierenden, schwarzen Kostümen mit weißen Spitzenkragen. Als Werke von Januarius Zick überliefert.

12. und 13. Öl auf Kupfer, 42 × 35·5 cm; zwei Pendants, Blumen- und Fruchtstilleben über grauer Stein-platte. Bezeichnet *Johann Daniel Bager fecit 1781* (Fig. 81).

Fig. 81.

14. Öl auf Holz; 17 × 12·5 cm; Schlachtenbild in Landschaft, dem Wouwerman zugeschrieben.

15. Öl auf Leinwand; 70 × 55 cm; zwei Pendants, Landschaften mit Staffage von Bauern und Badenden. Dem Van Bloemen zugeschrieben.

16. Öl auf Holz; 49 × 65 cm; Stilleben, Obst, Weinglas usw. auf grüner Decke. Dem Abraham van Beyeren wohl richtig zugeschrieben (Taf. IV).

Tafel IV.

17. Öl auf Holz, 36 × 25 cm; Landschaft mit einem reichverzierten Haus in der Mitte, vorn ein Boot auf einem Kanal, als Hintergrund eine Stadt in verblauender Ferne. Bezeichnet: *P. Gysens f.* Ende des XVI. Jhs.

18. Öl auf Holz; oval, 6·5 × 8 cm; Brustbild der hl. Maria Magdalena. Dem Adriaen van der Werff zu-geschrieben.

19. Öl auf Leinwand; 52 × 78 cm; greiser Heiliger (Josef) mit dem Kinde im Schoß. Österreichisches Barock-bild. Drittes Viertel des XVIII. Jhs. Richtung des Troger.

Skulpturen. **S k u l p t u r e n**: 1. Elfenbein; 18 *cm* hoch; Madonna, das bekleidete Kind auf dem Arm haltend, stehend.
Fig. 82.   Rückseite flach gearbeitet. Rheinisch. Anfang des XIV. Jhs. (Fig. 82).
2. Elfenbein; zirka 14 *cm* hoch; Kruzifixus, sehr stark bewegt und gekrümmt, ziemlich langer Schurz, drei
Nägel. Rheinisch. Erste Hälfte des XIV. Jhs. (?)
3. Triptychon; 34 *cm* hoch; Mittelschrein und zwei Seitenflügel in einen Spitzgiebel endend, schwarzes Holz
mit Elfenbeineinlagen. In der Mitte Kreuzigung Christi zwischen Maria und Johannes, zu Füßen des Kreuzes

Fig. 77 Hl. Jungfrau mit dem Kinde. Sammlung v. Legay (S. 55)

Magdalena. In den Flügeln innen Paulus und Petrus in ganzer Figur stehend. Um diese Darstellungen Umrahmung aus einem bunten Flechtbandmuster mit Email und Perlmutter. An der Außenseite stark schad-
hafte Temperamalerei: Verkündigung. XIV. Jh. (?)
4. Lindenholz, naturfarben; 47 *cm* hoch; Vermählung Mariä, die von einem Gewandengel begleitet ist; links
Fig. 83.   und rechts je zwei Männer und Frauen als Teilnehmer. Niederrheinisch. Zweite Hälfte des XV. Jhs. (Fig. 83).
5. Kruzifixus aus Elfenbein, an schwarzem Holzkreuz auf geschwungenem Postament. XVII. Jh.
6. Pokal, aus Elfenbein geschnitzt; 16 *cm* hoch; Aktäon überrascht die Diana mit den Nymphen. Vergoldete Silbermontierung am Fuß und ebensolcher Deckel mit gedrehtem Knauf; Henkel aus Drachen
gebildet. Beschauzeichen: L über einem Pferd. Meistermarke $\frac{CF}{S}$ in Dreipaß. Erste Hälfte des XVII. Jhs.

Fig. 78 Weibliches Brustbild, Sammlung v. Legay (S. 55)

Fig. 84.

Fig. 85.

Porzellan.

Fig. 86.

Fig. 80 Antike Szene (Belisar und Narses) von Jan. Zick, Sammlung v. Legay (S. 55)

7. Crucifixus aus Elfenbein; 31 *cm* hoch; mit wehendem Schurz an schwarzem Holzkreuz, mit durchbrochenem verzierten Sockel. Zweite Hälfte des XVII. Jhs.

8. Relief aus Lindenholz; 11 × 15 *cm*; Madonna mit dem Kinde sitzend, daneben hl. Anna, dem Kinde eine Birne reichend, oben zwei fliegende Putten mit einem Kranz. Mitte des XVII. Jhs. Gleichzeitiger schwarzgerippter Rahmen mit Goldleiste.

9. Pokal, aus Elfenbein geschnitzt, Putten mit Trauben spielend. XVII. Jh. Niederländisch. Goldbronzemontierung mit Palmettenfries und Schlangenhenkeln. Anfang des XIX. Jhs.

10. Elfenbein; 30 *cm* hoch; hl. Sebastian an einen Korallenbaum befestigt. Anfang des XVIII. Jhs. (Fig. 84).

11. Holz, entpolychromiert; zirka 25 *cm* hoch; Gott-Vater von einer Schar von trauernden Engeln umgeben. Wohl von einer Pietà herrührend. Salzburgisch. Zweites Viertel des XVIII. Jhs. (Fig. 85).

Porzellan.

Aus der großen und reichen Porzellansammlung, die Figuren und Service der Fabriken Meißen, Höchst, Frankenthal und Ludwigsburg enthält, sind einzelne Stücke hervorzuheben.

1. Höhe 16 *cm*. Schäferin und Schäfer mit Blumengirlanden, nebeneinander sitzend, vorne zwei Lämmchen, rechts ein Pfeiler. Blaumarke Meißen, um 1740 (Fig. 86).

2. Höhe 24·5 *cm*. Über weißem, mit Blümchen bestreutem Sockel Kaiserin Elisabeth von Rußland in Herrentracht (weißer Rock mit violettem Revers und Dreispitz), auf einem Schimmel reitend, neben

dem ein Mohr läuft. Blaumarke Meißen. Um 1742 von Kaendler modelliert. Weitere Exemplare bei Berling, Festschrift zur 200jährigen Jubelfeier von Meißen, 1910, Taf. XII, bei Brüning, Eur. Porzellan, Taf. XVIII, und in Les arts, 1908, Nr. 84 (Taf. V, oben).

Tafel V.

3. Höhe 19·5 *cm*. Über blumenbestreutem Sockel steht ein Schäfer, die Hirtenflöte blasend, in grünem Rocke mit Pelzverbrämung und hellgelber Weste vor einem Baume, neben ihm ein Hund sowie mehrere Ziegen und Schafe. Blaumarke Meißen, um 1740 (Fig. 87).

Fig. 87.

4. 13 *cm* hoch. Gärtnerin in geblümtem Kleide und Strohhut, mit einem Rechen stehend; neben ihr liegt ein Gärtnerbursche mit Sense und Rotweinglas. An der Vorderseite des Sockels Kartusche mit 69. Marke Ludwigsburg.

5. 15 *cm* hoch. Junge Dame in geblümtem Kleide und gelbem Pelzmantel, beide Hände im Muffe. Geschweifter Sockel. Blaumarke Frankenthal und Blindmarke *AB* (Adam Bergdold, Direktor 1762—1770); Modell von Fr. Lück. Weitere Exemplare bei Fr. Hofmann, Frankenthaler Porzellan, Taf. LXV, Nr. 279, und Brüning, Europäischer Porzellan, Nr. 888.

6. 18 *cm* hoch. Über Rocaillesockel, der an der Oberseite als naturalistischer Grasboden gestaltet ist, steht ein gedeckter Tisch; daran sitzt in einem Lehnstuhle eine junge Dame, die sich einem neben ihr stehenden jungen Mädchen zuneigt, ihr gegenüber ein Knabe,

Fig. 81 Stilleben von J. D. Bager, Sammlung v. Legay (S. 55)

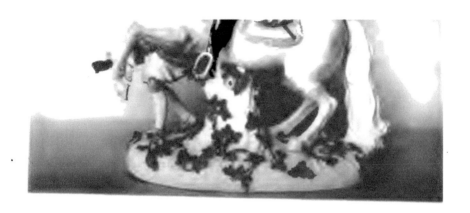

TAFEL V PORZELLANGRUPPEN. Oben KAISERIN ELISABETH ZU PFERD,
MEISSEN; Unten FRÜHSTÜCKSTISCH, FRANKENTHAL.
Sammlung v. Legay (S. 58 und 59)

an der vierten Tischseite eine Magd, die eine Schüssel bringt. Blaumarke Frankenthal, Goldmarke De (wie Hofmann 41, unbekannt) und Blindmarke F V I. Modell wohl von Karl Gottlieb von Lück, von dem zwei sehr ähnliche Stücke: „Geburtstag des Kindes" und „Geburtstag des Vaters" sich in der Sammlung Wurz in Mannheim befinden. Siehe Hofmann, a. a. O. II, Taf. 101 und 102 (Taf. V, unten).

7. 27·5 cm hoch. Über breitem, leicht geschwungenem Sockel steht ein Jünglingsgenius mit blumengestickter Draperie um die Lenden und lehnt sich an eine große Vase mit Lorbeergewinden und Steißhenkeln über

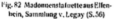

Fig. 82 Madonnenstatuette aus Elfenbein, Sammlung v. Legay (S. 56)

Fig. 83 Vermählung Mariens, Sammlung v. Legay (S. 56)

Bocksmasken. Blaumarke Frankenthal und 74. Modell wahrscheinlich von Konrad Link. Vgl. dessen mythologische Gruppe bei Hofmann, Taf. 73 (Fig. 88).

8. 17 cm hoch. Frau in blau gestreiftem Rocke, geblümtem Leibchen und Schürze und weißem Kopftuche trägt auf dem Kopfe einen Korb, aus dem drei Gänse die Köpfe strecken. Blaumarke Frankenthal, violett B.

9. 18·5 cm hoch. Herr in pelzverbrämtem, grünem Mantel, pelzgefütterter Mütze und gelben Stiefeln (Winter), an der Brust ein großes Medaillon mit Monatszeichen des Steinbocks; in der Rechten hält er ein Kohlenbecken, in das er bläst. Blaumarke Frankenthal.

10. 22 cm hoch. Auf Rocaillesockel steht auf einem Tischchen ein Guckkasten, daneben ein bunt gekleideter Mann, die Kurbel drehend; vorne ein Mädchen, das in den Kasten schaut, neben ihr ein herankommender Knabe. Blaumarke Frankenthal und 79. Ein anders bemaltes Exemplar aus dem Kunstgewerbemuseum Leipzig bei Hofmann, Taf. 66, Nr. 283 (Fig. 89).

Fig. 89.

Fig. 84   Hl. Sebastian, Elfenbein, Sammlung v. Legay (S. 58)

11. 21.5 cm hoch. Das eiserne Zeitalter. Über braunem Sockel Trophäen aus Morgensternen, Armbrusten, Streitkolben, Rüstungen usw.; dabei sitzt ein Putto mit Helm und geblumtem Mantel, der einem anderen, mit Helm und Hermelinmantel in stolzer Pose stehenden Putto das Schwert aus der Scheide ziehen hilft. Blaumarke Frankenthal und 73; blind Z (Hofmann 39, unbekannt). Modell von Konrad Link. Siehe Hofmann, Taf. 75, Nr. 314 (Fig. 90).

Fig. 90.

12. 29 cm hoch. Durchbrochener Rocaillesockel, auf dem über Postament eine Bacchusherme steht; auf einer Rasenbank sitzt eine Jägerin in blaugrauem, geblümtem Kleide mit einer Flinte; an der anderen Seite

Fig. 85 Gott-Vater in Engelsglorie, Sammlung v. Legay (S. 58)

ein Herr in seladongrünem Rocke mit Dreispitz und Jagdstiefeln, ins Jagdhorn stoßend. Blaumarke Frankenthal. Modell von Joh. Fr. Lück. Vgl. Hofmann, Taf. 48 und 49.

Fig. 86 Rokokoszene, Meißner Porzellan, Sammlung v. Legay (S. 58)

13. 16 cm hoch. Zwei zusammengehörige Stücke. Violett gekleideter Bettler, einen Schlauch über der Schulter und in der Rechten einen Fruchtkorb tragend. Blaumarke Ludwigsburg. Goldmarke *S B* (ligiert, wie Balet, Ludwigsburger Porzellan, S. V, 32), blind *U M* 30, 52.

Fig. 87 Schäfergruppe, Meißner Porzellan,
Sammlung v. Legay (S. 58)

Fig. 88 Genius mit Urne, Frankenthaler Porzellan,
Sammlung v. Legay (S. 59)

Fig. 89 Guckkasten,
Frankenthaler Porzellan,
Sammlung v. Legay S. 60)

Fig. 90 „Das eiserne Zeitalter", Frankenthaler Porzellan,
Sammlung v. Legay (S. 60)

Fig. 92 Husar, Meißner(?) Porzellan,
Sammlung v. Legay (S. 65)

Fig. 91 Frau mit Wickelkind,
Höchster Porzellan,
Sammlung v. Legay (S. 64)

Pendant dazu. Frau in hellviolettem Kleide, ein Kind mit der linken Hand führend; auf dem Rücken ist ihr ein zweites Kind aufgebunden, das sich über ihre Schulter beugt und aus ihrer Brust trinkt. Marken wie oben, nur blind *U. M. 32.*

14. Zwei Pendants, Tänzer und Tänzerin in Rokokotracht, neben einem Baumstrunk, beide in Tanzstellung, mit ausgestreckten Händen. Blaumarke Ludwigsburg, blind *J E o n*, rot *HE* (ligiert). Art des Franz Ant. Pustelli. Siehe Balet, S. 133/134.

Fig. 93 Silberkanne, Sammlung v. Legay (S. 65)

Fig. 91.

15. 19 *cm* hoch. Über Rasensockel und Holzbrettern steht ein grüner Sitz, darauf eine junge Frau, die einem Wickelkinde mit einem Löffel Brei reicht; daneben ein Schemel mit einem Reindel, auf der anderen Seite eine Katze. Blaumarke Höchst, blind *O W 98 J M* (ligiert). Modell von J. P. Melchior, um 1780. Ein zweites Exemplar abgebildet bei Brüning, Europäischer Porzellan, Nr. 843 (Fig. 91).

16. 17 *cm* hoch. Auf einer Rasenbank sitzt eine junge Frau mit antikisierender Haartracht und Gewandung und hält in der Rechten das Medaillon eines Jünglings, das sie betrachtet. Blaumarke Höchst, blind Nr. 208, *V S* (ligiert) *p.*

17. 19·5 *cm* hoch. Kerzenträger; sitzende junge Dame in goldgeblümtem Rocke und violettem Leibchen; Blumen über dem Sockel und an den ornamentierten Düllen. Blaumarke Meißen.

18. 21 *cm* hoch. Bacchus, stehend, mit Weinlaub gegürtet und bekränzt, eine Traube zum Munde führend; in der Rechten hält er einen Becher. Hinter ihm Baumstrunk. Blaumarke Meißen; *N* über *L*; am Sockel blind Nr. 780.

19. 23 *cm* hoch. Über breitem Rocaillesockel auf einem Grauschimmel ein Reiter in violetter Hose und gelben Stiefeln, grüngelbem, verschnürtem Rocke mit weißrotem Gürtel und hoher Mütze, mit Säbel und

Fig. 92.

umgehängtem Gewehre ausgerüstet. Blaumarke *F*. Vielleicht Meißen? Ein ähnlicher Paukenschläger von Kändler bei Berling, Das Meißner Porzellan, 1900, Fig. 91 (Fig. 92).

Ferner zahlreiche figurale Stücke aus buntem und weißem Porzellan sowie Service aus den genannten Fabriken und Wien; besonders ein reiches Service mit violettem Streumuster und plastischen Früchten, Frankenthal, Geschenk des Erzbischofs Clemens August von Trier an den Freiherrn von Marschall. Weiters Böttcher Porzellan und chinesische Schalen mit christlichem Dekor; deutsches Steinzeug (Apostelkrug von 1669). Glas usw.

U h r e n : 1. Turmuhr, Kupfer, vergoldet; das Gehäuse mit Säulchen auf hohen Postamenten besetzt, mit getriebenen und gravierten Blatt- und Blütenranken geschmückt. Auf dem kuppelförmigen Deckel Putto. Um 1560.

2. Standuhr, grüner Lack mit schweren Goldbronzebeschlägen, als Hauptmotiv ein Pfau auf einem Felsen, sonst sehr langgezogene Rocaille. Bezeichnet: *Baillon à Paris.* Um 1760.

Fig. 93.

K a n n e aus Silber; 21 *cm* hoch; Henkel und Ausguß astförmig gebildet; der übrige Körper der Kanne in kleine Felder geteilt, die japonisierende Pflanzenmotive enthalten. Knauf in Form einer durchbrochenen Blüte. Anfang des XVIII. Jhs. Meistermarke unkenntlich (Fig. 93). Den Arbeiten von Frederick Kendler in London verwandt; vgl. dessen Kannen in den Kunstgewerbemuseen in Köln und Berlin; beide von 1739.

Großes B e c k e n aus Silber, dessen Wand, Füße und Henkel mit reicher Rocaille bedeckt sind. Beschauzeichen Augsburg, Jahresbuchstabe *M*, Meistermarke *S D*. 1757. (Vielleicht R² 542, Salomon Dreyer 1762.)

E ß b e s t e c k , Silber, vergoldet; mit Muschel und graviertem Rankenwerk verziert. Augsburger Beschauzeichen, Meistermarke: *P. G.* Mitte des XVIII. Jhs.

T e e s e r v i c e , Meißener Schalen und vergoldete Silbermontierung mit Rocailleschmuck. Augsburger Beschauzeichen, Jahresbuchstabe *F*, Meistermarke: *G. E. Oe.* Um 1745.

Zwei E m p i r e k a n n e n ; die Knäufe als ägyptisierende Köpfe, die Knäufe als Vogelköpfe gebildet. Beschauzeichen Mainz (?), Meistermarke: *SCHOTT*. Anfang des XIX. Jhs.

H e f t n a d e l , Silber, vergoldet; der Kopf aus reich verschlungenem Rankenwerk gebildet, in dessen Blüten Perlen eingesetzt sind. Zweite Hälfte des XV. Jhs.

K a s s e t t e aus Messing, rechteckig; 17 *cm* lang, 12·5 *cm* breit, 12 *cm* hoch; der untere Rand ausgezackt, oben Abschlußgebälk. In den Wänden auf aufgerauhtem Grund gravierte Blattranke, oben in großen gotischen Buchstaben *Maria Muter und Magid Ceynt*. An dem an der Vorderseite angebrachten Schloß eine einen Narren darstellende Gravierung. Auf dem Deckel gravierte Darstellung eines Schlosses, neben dem ein Baum steht. Rheinisch. XV. Jh.

W a n d k ä s t c h e n aus braunem Holz mit eingelegten Bandornamenten und Elfenbeinintarsia; Blätter und Blüten. Gittermuster und Baldachin mit reichem Wappenschild der Kesselstadt zwischen zwei Schmuckvasen. Um 1725.

T i s c h p l a t t e , in schwarzem Marmor, darin in flachem Relief Wappen der Freiherren von Fuchs (?) und Umschrift: *Ist gemacht im ano 1582, ist renovirt anno 1696, renofadum anno 1761.*

Ferner zahlreiche Servicegegenstände aus Silber, vielfach aus Koblenz, aus der ersten Hälfte des XIX. Jhs.

Sammlung Dr. Hans Mark

Sigmundsplatz Nr. 1.

Kleine Sammlung teils ererbter, teils erworbener Einrichtungsstücke aus Salzburg und aus dem Leechtal in Tirol stammend.

In einer Serie von Ansichten von Dresden und Umgebung (kolorierte Kupferstiche) ein Aquarell auf Papier, Ansicht des Amselfalles. Bezeichnet: *Adrian Richter*. Frühe Arbeit.

Sammlung Dr. Franz Martin

Nonnberg-Gasse Nr. 3.

Gemälde. G e m ä l d e :

1 und 2. (92 : 52 cm): Öl auf Leinwand. Hl. Vital und Virgil, letzterer mit Modell des Domes mit nicht ausgebauten Türmen und Kuppellaterne. Schwache Arbeit. Wahrscheinlich um 1628.

3—16. Porträts der Erzbischöfe von Salzburg, von Max Gandolf bis Hieronymus (1668—1803), alle Öl auf Leinwand, darunter:

Fig. 94. Franz Anton Fürst Harrach, oval (95 : 72 cm) (Fig. 94).
Jakob Ernst Graf Liechtenstein (115 : 90 cm), von Peter Paul Perwanger.

Fig. 94 Porträt des Erzbischofs Franz Anton Grafen von Harrach,
Sammlung Dr. Martin (S. 66)

Hieronymus Graf Colloredo (64 : 51 cm), von Gandolf Ernst Steinhauser von Treuberg. Vgl. Kunsttopographie, Bd. XII, S. 127, Nr. 5.

17. (15:57 cm): Erzherzog Ferdinand (von Toskana), Kurfürst von Salzburg. Signiert: *Joh. Baptist Löxhaller Pinxit.*

18. (83 : 62 cm): Siegmund Christoph Graf Zeil, Fürstbischof von Chiemsee. Signiert: *Xavier Hornöck 1801.*

19. (53 : 40): Vinzenz Graf Schrattenbach, Bischof von Lavant im Domherrnmozett. Um 1780.

20. (126 : 100 cm): Leopold Anton Graf Podstatzky, Domherr von Salzburg und Olmütz. Um 1750.

Fig. 95. 21. (45 : 31 cm): Abschied der Apostel Petrus und Paulus vor dem Martertode. Skizze. Signiert: *P. Paul Troger inv.* (Fig. 95). Eine Variante dieser Skizze kam aus der Sammlung Dr. Fröhlichs in den Besitz der Österreichischen Staatsgalerie.

22. (10 : 8 cm): Taufe Christi. Aus dem Sextenertale stammend. Wahrscheinlich von Troger.

23. (77 : 60 cm): Verspottung Christi. Rückwärts: *Johan Michal Rottmayr 1693.*

24. (91 : 69 cm): Ruhe auf der Flucht nach Ägypten. Links unten gräflich Wolkensteinsches Wappen, darunter: *F. F. G. Z. W. 1697* (Friedr. Franz Graf zu Wolkenstein, Domherr von Augsburg, † 1721). Aus der Schule des Simone Cantarini da Pesaro oder des Francesco Albani.

25. (53 : 34 cm): Hl. Thomas von Villanova. Skizze zu dem Kredenzbilde in Mülln (Kunsttopographie, Bd. IX, S. 210). Von Peter Anton Lorenzoni, 1751.

26. (20 : 27 cm): Tierstück, Hund. Von Anton Enzinger.

27. (51 : 71 cm): Schlafende Hirtin. Rückwärts: *Jos. Schöpf Tyrol. pinxit 1815.*

Fig. 95 Skizze zu einer Aposteltrennung von Paul Troger,
Sammlung Dr. Martin (S. 66)

28. Öl auf Holz; 12 × 14 cm; Darstellung eines Grabmales mit Aufschrift: *Frau Anna Poschinger*; davor eine trauernde Frauengestalt. Gemalt von Joh. Mich. Sattler. Zugehörig ein ausführlicher, auf die Entstehung des Bildes bezüglicher Brief ohne Datum. Um 1820.

29. (47 : 36 cm): Feuerofen in Sinnhub. Signiert: *Seb. Stief 1819.* Wiederholung eines Bildes im Museum (Zimmer der wissenschaftlichen Apparate).

30. (44 : 30 cm): Der Wasserfall in Lend. Signiert: *Seb. Stief 1819.*

Silhouetten:

Unterglasmalerei auf Goldgrund: Augustin Gruber. Erzbischof von Salzburg (1823—1835); Friedrich Fürst Schwarzenberg. Erzbischof von Salzburg (1835—1850).

Skulpturen:

Gipsmedaillon (Durchmesser 15 cm): Erzbischof Andreas Jakob Graf Dietrichstein, koloriert, mit Münzumschrift. Signiert: *J. A. Pfaffinger.* Brustbild (Fig. 96).

9*

Varia.

Varia:

Reliquienkasten: Holz, versilbert, mit Rocailleverzierung, innen Reliquien mit der Legende: *Reliquiae S. Rudolphi archiepiscopi Salisburg. e Suevorum familia de Hoheneckh, vixit anno 1290.* (Nicht kanonisiert!) Um 1760.

Zwei Rötelskizzen: Der hl. Bartholomäus (26 : 15 *cm*) und „Der Abscheu" (25 : 19 *cm*). Von einem Lederwasch. Um 1700.

Fig. 96 Reliefporträt des Erzbischofs Andreas Jakob von J. A. Pfaffinger,
Sammlung Dr. Martin (S. 67)

Sammlung Fräulein Zita Mayburger

Erhartgäßchen Nr. 2.

Gemälde.

Gemälde: 1. Öl auf Leinwand; 5 Bilder in Breitformat, die Geschichte der keuschen Susanna und die Verurteilung ihrer Verleumder darstellend. Deutsch. Erste Hälfte des XVIII. Jhs.

2. Öl auf Leinwand; 17 × 22 *cm*, oval; Brustbild eines etwa fünfzehnjährigen Knaben in schwarzgrünem Rock mit gelbem Aufschlag und weißer Halsbinde. Einem La Hire (Jean L. C. Lair 1781—1828?) zugeschrieben (Fig. 97). Französisches Bild vom Ende des XVIII. Jhs.

Fig. 97.

Ferner eine Anzahl von eingelegten Möbeln von der Mitte des XVIII. bis zum Anfang des XIX. Jhs. Vgl. auch die Objekte in der Hauskapelle, Kunsttopographie XIII, S. 250.

Sammlung Frau Mittermayer

Getreidegasse 27.

Gemälde.

Gemälde:

1. Öl auf Leinwand, 23 × 31 *cm*; Halbfigur des P. Joachim Hofer (Bruder Andreas Hofers) in Vollbart, mit breitkrempigem Hute. Anfang des XIX. Jhs.

2. Öl auf Leinwand, 70·5 91 cm; Halbfigur einer jungen Frau mit einem turbanartigen Kopftuche, die in der Linken eine Laute hält und die Rechte auf ein Notenblatt legt; wohl eine Sybille oder Muse darstellend. Bolognesisch, 2. Hälfte des XVII. Jhs., von Dominichino, noch mehr von G. Reni abhängig.

3. und 4. Kohle und Kreide (38 50 cm), Studienköpfe eines bartlosen Mannes und einer Bäuerin in Kopftuch. Bezeichnet *Hubert Sattler 1830.*

Fig. 97 Brustbild eines Knaben, Sammlung Mayburger (S. 68)

Sammlung Frau Cäcilie M.

Getreidegasse Nr. 11.

Hausfrauenbesteck aus Silber, zum Teil vergoldet; das Gehäuse ganz mit getriebenen großen Blumen und Ranken bedeckt. Augsburger Beschauzeichen, Meistermarke H. Mitte des XVII. Jhs. (Fig. 98).

„Koch" (Gemüseschüsselchen), Silber, vergoldet; runde flache Form mit drei Kugelfüßen und Deckel mit zwei flachen Griffen. Würxenzeichen, Augsburger Beschau, Meistermarke ähnlich wie R^2 506.

Gewürzständer; Silber, vergoldet; Rundscheibe mit drei vertieften Behältern, die übrige Fläche mit gravierten Moresken verziert. In der Mitte steht eine

Verschiedenes.
Fig. 98.

Fig. 98 Hausfrauenbesteck, Sammlung Cäcilie M. (S. 69)

Gemälde.

Fig. 99 Madonnenbild (Porträt) von J. N. de'a Croce,
Sammlung Orthofer (S. 70)

geflügelte Frau und hält in der Rechten ein Löffelchen, in der Linken ein Schild m't gravlertem Wappen (Steinbock mit herzförmigen Blättern in den Vorderpranken). Dre' aus Cherubsköpfen gebildete Füße. Beschauzeichen undeutlich (vielleicht Straubing). Meistermarke w!e R² 3586. Ende des XVI. Jhs.

B e c h e r , rund, nach unten !eicht verjüngt; Silber, der obere Rand vergoldet. Gravlerte Ranken und Riemenornament. Salzburger Beschauzeichen; unkenntliche Meistermarke. Anfang des XVIII. Jhs.

S a l z f a ß, Silberkorb auf vier senkrechten Ständern die durch hängende Festons mit Maschen miteinander verbunden sind. Wiener Beschauzeichen; Meistermarke G. V. in ovalem Feld. An der Rückseite die Initia'en: T. G. V. W. Anfang des XIX. Jhs.

Sammlung Orthofer

Imbergstraße Nr. 16.

In neuerer Zeit aus dem Handel erworbene Gegenstände.

G e m ä l d e : Öl auf Leinwand:

1. 47 × 63 cm: Brustbild der Frau Elisabeth Staniek in schwarzem Kleid und Goldhaube. Bezechnet: *J. N. de!a Croce 1807.*

2. 160 × 103 cm; Familienporträt, Herr Staniek mit seiner Gattin, einem Knaben und einem Mädchen auf einer Terrasse; im Hintergrund eine Bleiche und eine Fa berei. Bezeichnet: *J. N. dela Croce gemalen 1804.*

3. Oval, mit gemaltem, rechteckigem Rahmen. Kniestück einer sitzenden Frau, die ein mit einem Hemde bekleidetes

Fig. 99.

Kind im Schoße hält. Wohl eher Bildnis als Madonnendarstellung. Rechts unten bezeichnet: *Johan Nep. dela Croce invenit et pinxit 1817* (Fig. 99).

4. 72 × 60 cm; Magdalena im Hause des Simon, dem Heiland die Füße salbend. Dem Johann M. Schmidt zugeschrieben; österreichisch. Zweite Hälfte des XVIII. Jhs.

5. Alter Mann, die beiden Hände auf einen Stock gestützt, zwei Kinder in einem Rückenkorb tragend; ein weiteres Kind geht daneben her und ißt ein Brot. XVII. Jh.; italienisch, von e'nem Nachahmer des Caravaggio.

Fig. 100.

6. 52 × 39 cm; Ausschnitt aus einer Brotvermehrung. Aus einer abweichenden Skizze zum großen Bilde Mart. Altomontes i.n Refektorium in Heiligenkreuz (Fig. 100).

7. Öl auf Holz; 26 × 36 cm; zwei Knaben in braunen Röcken mit weißen Kragen, Seifenblasen machend. Bezeichnet: *R. 1836.* Nachahmung eines niederländischen Vorbildes.

8. 72 × 57 cm; Bauerntanz, mit Musikanten und sich übergebenden Bauern. Dem Jan Lys zugeschrieben.

Aquarelle auf Papier.

A q u a r e l l e a u f P a p i e r :

1. 4 19 cm; Ansicht des Kajetanertores in Salzburg mit der Festung. Bezeichnet: H. nan 1835.

2. 49 19 cm; Blick von Mülln auf Salzburg. ezeichnet: *J. B. Mentz Fecit. 8. März 4.*

Fig. 100 Brotvermehrung, Ausschnitt aus einer Skizze von M. Altomonte, Sammlung Orthofer (S. 70)

3. 38·5 × 27·5 cm; Ansicht von Gmunden. Bezeichnet: l., Ridler 1850.

4. 39 × 49 cm; zwei junge Frauen bei einer Kartenschlägerin, seitlich eine Magd und ein Soldat, der die Türe von außen öffnet. Der Tradition nach Frau Lenormant und Josephine Beauharnais. Um 1795 (Fig. 101). Aus der Sammlung Lanna stammend.

Skulpturen, aus Holz, polychromiert:

1. Etwas unterlebensgroß. Hl. Anna selbdritt, sitzend, die beiden Kinder auf dem Arm tragend. Salzburgisch. Anfang des XVI. Jhs.

2. Zirka 50 cm hoch; Christus als Schmerzensmann. XVIII. Jh.

3. Hl. Vitus im Kessel. Tirolisch. XVII. Jh.

4. Zirka 1 m hoch. Maria stehend, mit Krone auf dem offenen Haar, die beiden Hände auf die Brust gelegt; im Unterleib rechteckige Öffnung, darinnen Figürchen des segnenden Christkindes (sog. Adventmaria). Anfang des XVIII. Jhs. (Fig. 102). Aus dem Lungau stammend.

5. Zirka 45 cm hoch. Hl. Anna selbdritt, sitzend, die beiden Kinder auf den Knien haltend, Maria in einem Buche blätternd. Salzburgisch. Anfang des XVI. Jhs.

Fig. 101.

Skulpturen.

Fig. 102.

Fig. 101 Josephine Beauharnais bei Frau Lenormant, Sammlung Orthofer (S. 71)

Alte, zum Teil abgeblätterte Bemalung, die Gesichter übermalt (Fig. 103).

Fig. 103.

6. Zirka 60 cm hoch; zum Teil vergoldet. Madonna mit dem Kinde, thronend, von großen und kleinen Engeln umgeben; Strahlenglorie. Zweite Hälfte des XVIII. Jhs.

7. Zirka 70 cm hoch. Rosenkranzmadonna. Um die stehende Maria mit dem Kinde ein Kranz von 14 Rundmedaillons mit Darstellungen aus der Passion. XVIII. Jh.

8. Zirka 70 cm hoch. Maria mit dem nackten Kinde, aufrecht stehend. Etwas beschädigt, mit modernen Kronen. Um 1430.

9. Zirka 80 cm hoch. Hl. Stefanus, stehend, als Applique gearbeitet. Anfang des XVI. Jhs. (Fig. 104).

Fig. 104.

10. Zirka 80 cm hoch. Maria mit dem Kinde, stehend; von einem Rosenkranz umgeben, Medaillons mit den Werkzeugen der Passion; als Bekrönung Halbfigur Gott-Vaters. XVII. Jh.

11. 91 cm hoch. Hl. Anna selbdritt, sitzend, die beiden Kinder auf den Knien haltend. Salzburger Arbeit vom Anfange des XVI. Jhs.; aus dem Wiestal stammend.

12. 100 cm hoch. Maria mit dem Kinde, über der Mondsichel stehend. Stark gotisierende Arbeit aus der Spätzeit des XVI. Jhs. Aus Hallein stammend.

13. 110 cm hoch. Maria, stehend, mit dem Kinde auf dem linken Arme, in der rechten Hand einen Apfel haltend; auf dem Kopfe eine durchbrochene Krone. Bayrische Arbeit aus der zweiten Hälfte des XV. Jhs.; der Art des Meisters von Rabenden nahestehend. Aus Traunstein stammend (Fig. 105).

Fig. 105.

14. Zirka 69 cm hoch. Gott-Vater, thronend, beide Arme emporhebend. Erste Hälfte des XVIII. Jhs. Aus der Krimml stammend.

15. Nackter Putto, sitzend. Zweites Viertel des XVIII. Jhs. Aus Adnet stammend.

Kleines Hausaltärchen; hl. Jungfrau in einer von Säulen eingefaßten Rundbogennische. An den Innenseiten der Tür Kirche mit den hl. Kassian, Virgil, Augustin, Nikolaus. Mitte des XVII. Jhs.

Salz- und Pfeffergefäß aus bunter Fayence. Frau mit doppelter Front, jederseits ein Gefäß in Händen haltend. Bezeichnet: 1792. Gmunden.

Ferner eine Anzahl von Möbeln, Uhren, Porzellan.

Fig. 102 Adventmaria, Sammlung Orthofer (S. 71)

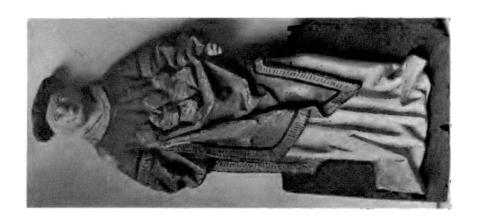

Sammlung Kaiserlicher Rat Max Ott, Bürgermeister von Salzburg

Chiemseegasse Nr. 6.

Verschiedenes.

Einrichtung aus alten Möbeln und Einrichtungsstücken in dem Kunsttopographie XIII, S. 248 beschriebenen Zimmer mit den Stuckreliefs. Hervorzuheben:

S t a t u e t t e aus Holz, polychromiert, 67 cm hoch. Immakulata, auf der Weltkugel mit zwei Cherubsköpfchen vor Gewölk stehend, die Hände auf die Brust gelegt und emporblickend. Erste Hälfte des XVIII. Jhs.

Ein K o m m o d e n s e k r e t ä r mit linearer Intarsia und schweren Goldbronzebeschlägen in Rocailleform. Um 1760.

U h r , Holz, vergoldet, rundes Gehäuse über einem Säulenaufbau mit Lorbeergehänge. Davor Figürchen eines stehenden rauchenden Türken. Als Bekrönung Blumenvase zwischen seitlichen Urnen. Ende des XVIII. Jhs.

K r e u z p a r t i k e l , Silber zum Teil vergoldet; mit getriebener Rocaille am Fuß und an der Umrahmung des ovalen Behälters. In einem geschnitzten Schrein, verglast (Marken deshalb nicht zu konstatieren). Um 1760.

W e i h w a s s e r k e s s e l , Silber zum Teil vergoldet, 12 cm hoch, halbrunde Schale, gleich der Rückwand mit Blumengehängen und Blattranken verziert, von einer Flammenurne bekrönt. Die Mitte der Rückwand nimmt eine Medaille von Maria Plain von 1758 ein (Fig. 106). An der Rückseite drei Marken.

Fig. 106.

Kleine Sammlung von Salzburger Bauernkrügen und Zinn; größtenteils aus dem Fuschertal.

Sammlung Ernst Ritter von Pachmann

Elisabethstraße Nr. 41.

Kleine Sammlung von Gegenständen — namentlich Bauernfayence, Zinn, Glas, Waffen — meist volkskundlichen Interesses, größtenteils im salzburgischen Gebirge gesammelt. Besonders zu erwähnen:

Fig. 105
Madonna mit dem Kinde,
Sammlung Ortlwier (S. 71)

Zwei „F r a u e n t r a g e r" - B i l d e r , d. i. Maria mit dem Kinde unter dem Herzen und mit dem hl. Josef von einem Wirt bei der Tür abgewiesen. XVIII. Jh. Aus dem Pinzgau stammend.

S k u l p t u r : Aus Lindenholz; Gruppe der Kreuzigung Christi zwischen Maria und Johannes mit Magdalena zu Füßen des Kreuzes; darüber ein von vier gewundenen Säulchen getragener durchbrochener Baldachin; das Postament enthält einen offenen Behälter. Anfang des XVIII. Jhs.

Große zylindrische M i l c h p i t s c h e aus glasiertem Ton mit Schloßansichten und Schäferfiguren. Zinnschraubenverschluß mit einem in zwei Drachenköpfe ausgehenden Griff. XVIII. Jh.

Sammlung Franz von Pausinger

Fürbergstraße Nr. 2.

Fig. 106 Weihwasserbecken,
Sammlung Ott (S. 73)

XVI

Kleine Sammlung von eingelegten und geschnitzten Möbeln des XVII. und XVIII. Jhs., größtenteils Augsburger und Münchener Provenienz, zur Ausstattung der Wohnung verwendet.

Im Atelier des Besitzers (Künstlerhaus) große Tapisserie, Bordüre aus Fruchtgehängen und Vögeln, innen Gartenlandschaft mit spielenden Putten. Rechts unten bezeichnet: Cura Simonis Bonrens. Erste Hälfte des XVII. Jhs. Wohl mit der in der Residenz noch vorhandenen Tapisserie (Kunsttopographie XIII, 41) und den in St. Peter befindlichen (Kunsttopographie XII, 99, 107) Stücken zusammengehörig.

S k u l p t u r : Holz polychromiert, Putto in sitzender Stellung, jetzt als Lusterfigur verwendet. Gute österreichische Arbeit. Um 1725.

10

Sammlung Dr. Anton Pilsack

Imbergstraße Nr. 14.

Familienporträts und Familienbesitz aus der ersten Hälfte des XIX. Jhs.

Gemälde.

Gemälde: 1. Öl auf Leinwand; 82 × 97 cm; Stilleben, an einem Lauf aufgehängter Hase, herum verschiedenes Geflügel, rechts Durchblick in einen Garten. Dem J. B. Weenix zugeschrieben.

Fig. 107.

2. Öl auf Leinwand; 72 × 94 cm; zwei Pendants, Prinz Eugen von Savoyen auf galoppierendem Pferde, zu dessen Füßen türkische Soldaten niederstürzen (Fig. 107). Prinz Carl von Lothringen, allegorische Gestalten

Fig. 107 Porträt des Prinzen Eugen, Sammlung Dr. Pilsack (S. 74)

mit Fackeln, Schlangen usw. besiegend. Österreichisch. Anfang des XVIII. Jhs. Richtung des Schuppen. Vgl. das Bild in Turin, Nr. 5 und die zugehörige Skizze in der Sammlung Henriette Dux in Wien (Th. v. Frimmel, Lexikon der Wiener Gemäldesammlungen 1913, I, S. 295, Fig. 49).

3. Öl auf Leinwand; 18 × 22 cm; oval; Brustbild einer alten Dame in schwarzer Taille mit weißen Spitzenhalstuch und Häubchen. Österreichisch. Um 1800.

Fig. 108.

4. Öl auf Leinwand; 99 × 126 cm; Porträt der Frau Brants geb. Pilsack, Kniestück in rotem Kleid mit weißen Ärmeln, an einem Tisch mit grüner Decke sitzend, ein Miniaturporträt ihres ersten Gatten in der Hand haltend. Rechts unten bezeichnet: C. Leybold pinx. 1816 (Fig. 108).

Fig. 109.

5. Öl auf Leinwand; 95 × 75 cm; Brustbild zweier Kinder (Anton und Marie Pilsack), die einander umfangen, in Gartenlandschaft mit Durchblick in die Ferne. Bezeichnet: C. Leybold pinx. 1818 (Fig. 109).

6. Miniaturporträt auf Karton; 8·5 × 9·5 cm; Brustbild des Herrn Brants in blauem Rock mit weißen Vatermördern und Halsbinde. Goldbronzemontierung. Um 1820.

7. Öl auf Leinwand; 61 × 79 cm; Blumenstück, reicher bunter Blumenstrauß in einem Gefäß, vorn ein Trauermantel. Rechts unten bezeichnet: Franz Gruber prof.

8. Öl auf Blech; 16 × 20 cm; Brustbilder des Herrn Ratzky und seiner Gattin. Österreichisch (schlesisch). Um 1825.

9. Öl auf Kupfer; 43 × 32 cm; Ansicht von Grinzing mit der Kirche. Links unten bezeichnet: *Scheyrer 823*.
10. Öl auf Holz; 12 × 15 cm; zwei Pendants, Rinder und Ziegen in bergiger Landschaft. Richtung des Gauermann. Zirka 1830.

Fig. 108   Damenporträt von C. Leybold, Sammlung Dr. Pilsack (S. 74)

S t a n d u h r aus Goldbronze; rundes Gehäuse, von zwei Füllhörnern getragen, die nach unten in je zwei Widderköpfe ausgehen; als Bekrönung kleiner Bacchus mit einem Lorbeerkranz. Außenseiten und Zifferblatt reich gouillochiert. Innen bezeichnet: *Martin Böck M. 217*. Wien? Um 1820.

Zwei L e u c h t e r aus Bronze, zum Teil vergoldet; zum Teil brüniert. Runder Fuß mit schlanken Schäften, die nach oben in drei Kerzenarme übergehen. Als Verzierung Blattranken, Adler usw. Zirka 1825.

Kleine Sammlung von böhmischen Gläsern und Wiener Porzellan; darunter eine urnenförmige Vase mit gemaltem Landschaftsbild in goldfarbiger Umrahmung. Zirka 1825.

10*

Fig. 109 Kinderporträt von C. Leybold, Sammlung Dr. Pilsack (S. 74)

Sammlung Hofrat Eugen Pillwein

Marcus-Sitticus-Straße Nr. 17.

Kleine Anzahl außerordentlich reicher Möbel mit eingelegter ornamentaler Intarsia und gravierten Darstellungen (Kreuzigung Christi, Taufe einer schwarzen Prinzessin) und vergoldeten Messingbeschlägen.

Weiter eine S t o c k u h r in ebenso verziertem Gehäuse mit einer mythologischen Darstellung. Reich getriebenes Zifferblatt. Mitte des XVIII. Jhs.
Alle diese aus dem seinerzeit gräflich Tattenbachschen Schloß Aurolzmünster in Ober-Österreich stammend.

S t a n d u h r mit reichgeschnitzten und vergoldeten angesetzten Ornamenten. Auf dem Zifferblatte bezeichnet: *Melchior Zimmerle, Linz.* Zweites Viertel des XVIII. Jhs.

Ferner mehrere Empiresalzfässer aus Silber (eines München, Meistermarke *G. K.*; eines Augsburg, Meistermarke *M I.*) und Schöpfkellen aus Silber (Salzburg, Meistermarke *W*; erste Hälfte des XVII. Jhs.; dann Ingolstadt (?), Meistermarke *S. T.*, XVII. Jh.) und mehrere jetzt an neueren Büchern angebrachte Silberbeschläge vom Ende des XVII. Jhs.; eines um 1725 (Fig. 110).

Drei Rosenkränze aus Bernstein- bezw. Korallen-, bezw. Holzperlen mit Perlmutterinlagen, alle mit Fassung und Medaillons aus Silberfiligran. Einer laut Medaillon mit dem Namen Innozenz X. um 1630, der zweite XVII., der dritte XVIII. Jh.

Sammlung weiland des Herrn Hofrates
Adolph Ritter von Plason de la Woestynie
Fürbergstraße Nr. 12.

Über das Schlößchen Fürberg (jetzt im Besitz der Tochter des Verstorbenen, Frau von Tončić-Sorini) dessen Räume mit den Kunstgegenständen malerisch ausgestattet sind, siehe Kunsttopographie XIII, S. 252 f., Fig. 333 ff. Diese Sammlung besteht demgemäß mehr aus Stücken, die zu dem ganzen Milieu passen, als aus eigentlichen Sammlungsgegenständen. Den Hauptteil stellen die Glasmalereien dar, die der frühere Besitzer — gleich den übrigen Objekten — im Laufe der letzten Jahrzehnte gesammelt hat. Die Scheiben stammen aus verschiedenen Sammlungen; ihre Provenienz ist nur in einzelnen Fällen feststellbar. Eine zusammengehörige Partie stammt aus der ehemaligen Wellenkampschen Sammlung in Lüneburg; eine Anzahl von Erwerbungen wurden durch Herrn Tewes (in Hannover?) vermittelt. Eine technische Prüfung der großenteils durch Schutzglas gedeckten Scheiben konnte nicht vorgenommen

Fig. 110 Silberbeschlag eines Gebetbuches,
Sammlung Hofrat Pillwein (S. 76)

werden. In der nachfolgenden Beschreibung sind zunächst die Scheiben und sonstigen Objekte im Hauptgebäude, sodann die in dem angebauten Nebenhaus, dem sogenannten Feyertagsstöckl, und in dem Park stehenden Fremdenturm, endlich in der älteren, 1626 wiederhergestellten, 1893 erneuten Kapelle beschrieben; bei dieser sind auch die kirchlichen Geräte angeführt. Die Bezeichnung der Räume folgt der gegenwärtigen Verwendung.

Speisezimmer:

Über die noch vom ursprünglichen Bau stammende Ausstattung siehe Kunsttopographie XIII, a. a. O.

Glasmalereien: 1. Ovale Wappenscheibe, 12×17 cm; steigender Steinbock nach links, braunweiß in umgekehrt tingiertem Feld. Oben Schriftband: Victrix omnium (?) patientia. Um 1600.
2. Runde Figurenscheibe (Durchmesser 11 cm), mit einem in Landschaft stehenden Mann. Zusammengesetzte Bordüre, zu oberst Halbfigur eines Mannes. Mitte des XVI. Jhs.
3. Runde Wappenscheibe (Durchmesser 11 cm), zwei weiße Vierblattrosetten in blauem Feld; zusammengesetzte Bordüre, oben Halbfigur eines Landsknechtes. XVI. Jh.

Speisezimmer.

Fig. 111 Glasmalerei (Nr. 20) im Salon,
Sammlung Hofrat v. Plason (S. 80)

Fig. 113 Wappenscheibe (Speisezimmer Nr. 24),
Sammlung Hofrat v. Plason (S. 80)

Fig. 112 Wappenscheibe (Speisezimmer Nr. 28),
Sammlung Hofrat v. Plason (S. 80)

4. Scheibe, rund, 29 *cm*; Wechslerbude mit einem bebrillten schreibenden Mann an einem Tisch; links ein Krieger, der Geld vom Tisch in seinen Beutel rafft. Als Bordüre Blattschnur. Mitte des XVI. Jhs.
5. Bunte Wappenscheibe, 24 × 26·5 *cm*.
6. Wappenscheibe, 20 × 25 *cm*; Dreipaß, in der Mitte Wappen, herum Namensaufschrift: *Otto Westrum*. Ende des XVI. Jhs.
7. Pendant zu 6. Aufschrift: *Josth Westrum der olde vogel.*

Fig. 114   Delfter Vase und Flöte, Sammlung Hofrat v. Plason (S. 81)

8. Wappenscheibe, rechteckig, 16 × 18·5 *cm*.
9. Figurenscheibe, 23 × 32 *cm*; Geißelung Christi durch zwei Schergen in einer Rundbogenarchitektur.
10. 23 × 36 *cm*; Halbfigur Christi als Schmerzensmann. Rechts bezeichnet: *1480* (zweifelhaft).
11. 20 × 23 *cm*; Halbfigur eines blonden, bärtigen Mannes. Oberdeutsch. Um 1500.
12. 22 × 29 *cm*; Frau einen Reiter begrüßend, darunter Schild mit Inschrift: *Remigia van Hoeite Frour zu Asbecke 1595.*
13. Runde Scheibe, Durchmesser 37·5 *cm*; Kaiser und Papst von geistlichem und weltlichem Gefolge umgeben nebeneinander thronend. Datum MXDLIX. Umschrift: *Eneas Pius Babst Frideri arder III romischer Kaiser*. Fälschung nach einem Holzschnitt. ·

14. 32 × 62 *cm*; Christus am Ölberg vor dem Kelch kniend; vorn die drei schlafenden Jünger. Architektonische Umrahmung mit zwei Putten in den Zwickeln. Unten Schriftband: *Anno domini 1526.*

15. Rund, Durchmesser 38 *cm*; Kreuzigung Christi zwischen Maria und Johannes, die schmerzerfüllt unter dem Kreuze stehen. Landschaft mit einer Stadt. Oberdeutsch, Anfang des XVI. Jhs.

16. 22 × 29 *cm*; Reiter mit Pokal zu Pferd, unten ornamentale Verzierung. Ende des XVI. Jhs.

17. 17·5 × 22 *cm*; rundbogig geschlossen. Anbetung des Kindes durch Maria, Josef und drei Hirten unter einer strohgedeckten Architektur.

18. Wappenscheibe, 14·5 × 18 *cm*; oval. XVI. Jh.

19. Wappenscheibe, 13·5 × 17 *cm.*

Fig. 111. 20. 32 × 47 cm. Innerhalb einer aus Baumstämmen gebildeten Umrahmung vor grünem Vorhang hl. Matrone in rotem Gewand und blauem Mantel mit gefalteten Händen kniend. Deutsch. Um 1500 (Fig. 111). Von Tewes stammend; stark überarbeitet.

Fig. 115 Wappenscheibe im Damenzimmer,
Sammlung Hofrat v. Plason (S. 82)

21. 27·5 × 33 *cm*; Kruzifixus, stark gekrümmt an Holzkreuz. Herum perlenbesetzte Bordüre. Mitte oder Anfang des XVI. Jhs.

22. Durchmesser 22 *cm*; Wappenscheibe, rund, mit Umschrift: *Cristoph von Pelham zu Oberech, Weinpuch, Dhumber zu Treiling 1528.*

23. Wappenscheibe, rund, Durchmesser 20 *cm*; Wappen in Lorbeerschnur. Um 1525.

Fig. 112. 24. Wappenscheibe, 21 × 29·5 *cm*; Medaillon mit Hausmarke und Schrifthand: *Claues Kreybe 1531* oder *Krepher* (Fig. 112).

25. Pendant zu 24; mit Inschrift: *Herme Korner.*

26. Rundscheibe, Durchmesser 22 *cm*; Thisbe findet den Pyramus mit dem Schwert im Leib; hinten der Löwe. Oberdeutsch. Um 1525.

Fig. 113. 27. Pendant zu 6, 7. *Erlche Desemsse* (Fig. 113).

28. Pendant zu 27. *Wyllem Ledebur.*

S c h r ä n k e : 1. Aus braunem Holz; Hauptfront durch drei auf Volutenkonsolen stehende gedrehte Säulen gegliedert; Sockel, ausladendes Abschlußgebälk über Zahnschnitt. In den Türen Rundbogenfelder, gleichfalls vor gedrehten Säulen eingefaßt mit Rankenwerk über Attika. Ulm. Ende des XVI. Jhs.

2. In Ober- und Untergeschoß geteilt, deren jedes von gedrehten Säulen gegliedert ist; ähnliche Säulen fassen die Rundbogenischen der Türflügel ein. Ulm. Ende des XVI. Jhs.

T i s c h : aus dunkelbraunem Eichenholz; die beiden Stollen mit großen Volutenranken geschnitzt mit Wappenschild in der Mitte; die Mittelleiste als eine mit Schuppen besetzte Volutenranke gebildet. Oberitalienisch, Mailand, Anfang des XVI. Jhs.

O f e n aus Ton, bunt glasiert. Vierseitig mit Unterbau und leicht verjüngtem Aufsatz mit späterem Abschlußgebälke; an den Kanten des Untergeschosses Schildchen mit Marke M. Im Sockel schmaler Fries von Putten, die Scheite zu einem offenen Feuer tragen. Die Kacheln des Unterhauses enthalten in architektonisch gerahmten Rundbogennischen Halbfiguren Christi als guten Hirten, Joh. Hus, Rhetorica, Luther, St. Paulus, Geometria; schmale Seitenkacheln mit allegorischen Frauengestalten. Die Kacheln des Obergeschosses enthalten in Rundbogennischen Kreuzigung, Christus als Hirte, Sarah, Christus und die Samariterin, Sibylla, Kurfürstin, Parabelszenen.
In Nürnberg erworben; wohl nürnbergisch um 1525, zum Teil erneut.

S c h l a f z i m m e r :

Holz, vertäfelt mit einfacher Balkendecke mit verschiedenen Feldern in Perlstabrahmung. Um 1630.

O f e n aus Ton, bunt glasiert, mit dreiseitigem Unter- und ebensolchem, etwas verjüngtem Obergeschoß. Bunte stilisierte Blumensträuße in großen Rundbogenkacheln, an den Kanten stehende Putten. Bekrönung durch einen von Imperatorenbüste gesprengten Flachgiebel. Salzburgisch. Mitte des XVII. Jhs.

G l a s m a l e r e i e n : 1.—5. Wappenscheiben, 20·5 × 30 cm.

Fig. 116 Jonas, Glasmalerei,
Sammlung Hofrat v. Plason (S. 82)

Fig. 117 König, Glasmalerei,
Sammlung Hofrat v. Plason (S. 82)

Dreipaß mit hängender Tresse, Pendants zu den Hannoveraner Scheiben im Speisezimmer. Mit Namensaufschriften: *Heinrich Stapel, Josth Westerüm der junger, Gert Bredemer, Andreas Tacken 1560;* die letzte mit drei weißen Rosetten in blauem Feld ohne Namen.
6. Wappenscheibe; 21 × 31 cm; Wappen mit reicher Helmzier und Zaddelwerk. *Anna Schachen obiit 1565.*
7. Wappenscheibe; 32 × 33 cm.
8. Pendant zu 7.
9. Wappenscheibe, rund; Durchmesser 30 cm. Um 1500.
10. Wappenscheibe, rund; Durchmesser 39 cm. XVI. Jh.
11. Wappenscheibe, rund; Durchmesser 32 cm. XVI. Jh.
12. Wappenscheibe, rund; Durchmesser 31 cm. Wappen von zwei Löwen gehalten, darüber Schriftband 1498.

Garnitur von fünf Delfter V a s e n : drei Mittelstücke mit kuppelförmigen von einem Löwen bekrönten Deckeln (68 cm), zwei Flütes mit wenig eingezogenen Seiten (49 cm). Alle mit blauweißem Dekor, große Felder mit Schäferszenen und Liebespaaren in sehr reichen Rahmungen. Mitte des XVIII. Jhs. (Fig. 114).

Fig. 114.

Zwei große Delfter V a s e n von gebauchter Form (zirka 70 cm hoch), mit Marinebildern in ornamentaler Rahmung. Anfang des XVIII. Jhs.

D a m e n z i m m e r :

O f e n, aus grün glasiertem Ton: vierseitiger Unterbau, über Abschlußgebälke sechsseitiger Aufsatz mit profiliertem Abschlußgesimse. Die Kacheln enthalten ganze und Halbfiguren von Engeln, allegorischen Figuren usw. nach Stichen, eine Justitia nach H. S. Beham, eine andere Frau *L. S.* bezeichnet. XVI. Jh., stark erneut.

XVI   11

Fig. 115.

S c h e i b e; 30 × 20·5 cm. Doppelwappen in architektonischer Umrahmung, mit Durchblicken in Landschaften mit Staffage. Schriftband: *Fr. Herzog, Bürger der löbl. Statt Lucern* und *Fr. Maria Anna, ein gebohrne Schniderin, sein Ehegmahel 1675* (Fig. 115).

Pendant dazu; Doppelwappen in ähnlicher Umrahmung. *Fr. Dominicus Schnider, Bürger der Statt Süsßee* und *Fr. Anna Maria Honeggerin, sein Ehegmahlin. Ao 1675.*

W a p p e n s c h e i b e, rund, 22 cm.

S c h e i b e, rund, Durchmesser 21 cm; Brustbild einer Frau im weißem Häubchen. Umschrift: *Elisab Krelerin het ich die gesthalt.* Um 1525.

Fig. 118 Wappenscheibe mit Horatius Cocles   Fig. 119 Wappenscheibe mit Hochzeit von Kana
(Herrenzimmer Nr. 4), Sammlung Hofrat v. Plason (S. 83)   (Vorzimmer, I. Stock, Nr. 3), Sammlung Hofrat v. Plason (S. 83)

H e r r e n z i m m e r :

S c h e i b e n : 1. 22 × 23 cm; Bruststück. Jonas unter der Kürbisstaude, mit Beischrift: *S. Jonas.* XIV. Jh. (Fig. 116).

2. Pendant dazu; Halbfigur eines Königs (David); am Ende des sonst erneuten Spruchbands liest man noch: *ex* (Fig. 117). Wie das Pendant teilweise ergänzt.

3. 21 × 30 cm. Ein bärtiger Mann in reicher Rüstung im Gespräch mit einer jungen Frau, die ihm einen Pokal reicht. Architektonische Umrahmung, oben zwei kleine Szenen aus der Parabel vom verlorenen Sohn; unten Wappen mit Schere und Stern und Inschrift: *Nichklaus Werlin zu (U)fflingen und sin husfrow. Anno domini 1695.* Schweizerisch.

4. 21 × 30·5 cm; Horatius Cocles am Brückenkopf mit den Feinden kämpfend; weiter hinten ein zweites Mal unter der abgebrochenen Brücke mit seinem Roß schwimmend. Hinten Rom. Sehr reiche architektonische Umrahmung mit Kaisermedaillons in den oberen Zwickeln, unten zwei Wappen in Lorbeerkranz. Oben Inschrift: ;

Der kün Horacius Cocles
Dess Manheit stadt nit unvergess
Er bhiell dem fyend brugen vor
kam zletst darvon mit großer glor.

Unten: *Haus Hinrich Leman und Vinczenz Stuber von Zürich 1508* (Fig. 118). XVI. Jh.   Fig. 118.

5. Wappenscheibe, rund, Durchmesser 25 cm; Wappen mit Renaissanceranke als Rahmen. Anfang des XVI. Jhs.

6. Rund, Durchmesser 22 cm; Enthauptung Johannes des Täufers, daneben eine Frau, das Haupt auf der Schüssel tragend; hinten in Renaissancearchitektur Herodes tafelnd. Schweiz. Zweite Hälfte des XVI. Jhs.

Fig. 120 Scheibe mit dem auferstandenen Christus,
Sammlung Hofrat v. Plason (S. 85)

7. Wappenscheibe, rund, Durchmesser 12 cm. XV. Jh.
8. Pendant zu 7.

Vorzimmer, I. Stock:

Scheiben: 1. 8 × 14 cm; ein Mädchen in gelbem Gewand mit Spruchband, stehend auf schwarzem Grund. Oberdeutsch. Erste Hälfte des XV. Jhs.

2. 25·5 × 23 cm; oberster Teil der Maßwerkarchitektur einer gotischen Scheibe. XV. Jh.

3. 20 × 30·5 cm; Hochzeit von Kana, in reicher architektonischer Umrahmung; in den beiden oberen Zwickeln, die eine Kartusche mit der Textstelle flankieren, zwei kleine Szenen, einen Sensenhandel und eine Hutmacherwerkstatt darstellend. Unten zwischen zwei bürgerlichen Wappen Inschrift: *Petter Plämar und Küngolt Kindling sin Egmahel und Mr. Jacob Rufly und Barbra Adam sin Egmahel.* A. 1616 (Fig.119).   Fig. 119.

4. 27 × 36 cm; der auferstandene Christus vor dem Sarkophag stehend, neben dem ein bärtiger Mann in weißem Mantelkragen mit einem Kreuz daran mit gefalteten Händen kniet. Bergige Landschaft mit einem

11*

Fig. 122 Glasmalerei (Speisezimmer, Nr. 1),
Sammlung Hofrat v. Plason (S. 85)

Fig. 121 Wappenscheibe (Vorzimmer, 1. Stock, Nr. 5),
Sammlung Hofrat v. Plason (S. 85)

Fluß; von rechts treten die drei Marien durch ein Gittertor ein. Rechts oben Rad und Schwert. In den Zwickeln über dem kielbogigen Bildfeld Anbetung der Könige. Süddeutsch, schweizerisch? Anfang des XVI. Jhs. (Fig. 120). Von der Firma Schwarz und Steiner in Wien erworben.

5. Wappenscheibe; 31 × 46 cm; Landsknecht neben einem Wappen stehend. Reiche architektonische Umrahmung. Oberdeutsch. Mitte des XVI. Jhs. (Fig. 121).

6. 31 × 58 cm; Johannes der Täufer mit einem Buche in der Hand in ganzer Figur stehend; zu seinen Füßen das nimbierte Lamm mit der Kreuzfahne. Violetter, gemusterter Grund; Rundbogenarchitektur. Deutsch. Zweite Hälfte des XV. Jhs.

S p i e g e l r a h m e n : Dunkelbraunes Holz, reich geschnitzt; Bordüre aus einer Fruchtschnur, an die außen durchbrochenes Blattwerk angesetzt ist. Zweite Hälfte des XVII. Jhs.

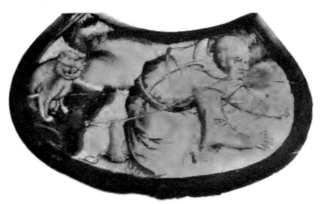

Fig. 123 Schwarz- und Gelblothmalerei auf Glas, Sammlung Hofrat v. Plason (S. 86)

Kollektion von G l ä s e r n , geschliffen und geätzt.

Große S c h ü s s e l , aus Fayence, in Blau-Weiß, mit Vertiefungen im Rande; in diesen und in der Mitte großes Fruchtbukett. Marke Holitsch. Anfang des XVIII. Jhs.

W a n d b r u n n e n , aus Untersberger Marmor; gebuckelte Schale, rundbogige von Säulen eingefaßte Wandnische mit Löwenmaske; profiliertes Gebälk. Zweite Hälfte des XVI. Jhs.

Speisezimmer, I. Stock:

O f e n wie im Herrenzimmer.

S p i e g e l r a h m e n , Holz, geschnitzt, mit Resten der Vergoldung. Krautiges Rankenwerk. Ende des XVII. Jhs.

S c h e i b e n : 1. 22 × 30 cm; flachbogig abgeschlossen. Ein bärtiger Mann mit Turban und Krone in rotem Mantel über dem gelben Untergrund steht aufrecht in tiefer Landschaft mit einem Gebäude. Daneben drei klein gebildete nackte Jünglinge; auf der andern Seite ein großer Drache. Oberdeutsch. Um 1500 (Fig. 122).

2. 23·5 × 28 cm. In ovalem Mittelfeld Halbfigur eines sehr starken bärtigen Herrn mit blauem Wams und Federbarett. In den vier Zwickeln der Rollwerkumrahmung je eine allegorische Frauengestalt.

3. Rund, Durchmesser 10 cm; Gelblothmalerei. Maria mit dem Kinde auf dem Arme, über der Mondsichel stehend, in Strahlenkranz. Oberdeutsch. Anfang des XVI. Jhs.

4. Rund, Durchmesser 16 cm; Gelblothmalerei. Maria mit dem Kinde auf dem Arme, in Strahlenglorie stehend. Deutsch. Ende des XV. Jhs.

5. Wappenscheibe, 22·5 × 32 cm; reiches Wappen in architektonischer Umrahmung. Unterschrift: *Gryffensee Winterthur.* Schweizerisch. Um 1500.

6. Wappenscheibe, 27 × 30 cm; Wappen zwischen zwei mit Köpfchen endenden Pilastern. Bruchstück einer Inschrift. Ende des XVI. Jhs.

Fig. 120.
Fig. 121.

Speise-
zimmer,
I. Stock.

Fig. 122.

Fig. 123.

7. 17 × 8 *cm*; Schwarzlothmalerei. Ein Mönch zieht, auf allen Vieren kriechend, ein Wägelchen, auf dem ein Affe und ein Schuh sind. Satirische Darstellung vom Anfang des XVI. Jhs. (Fig. 123).

8. Wappenscheibe, 21 × 28 *cm*; reiche architektonische Umrahmung. Unterschrift: *Johannes Freiherr zu . . . burg d. Ertz. Ferdinand zu Österr. gehaimer radt und oberster Cantzler 1579.*

Salon:

S c h e i b e n : 1. Rund, Durchmesser 12·5 *cm*; Brustbild des Phil. Melanchthon mit Namensunterschrift. XVI. Jh.

2. Rund, Durchmesser 14 *cm*; nackte Frau, auf einer Mauer sitzend und ihr blondes Haar kämmend. Deutsch. Um 1530.

Fig. 124 Glasmalerei, Johannes d. T. (Salon, Nr. 4),
Sammlung Hofrat v. Plason (S. 86)

3. 20·5 × 32 *cm*; Landsknecht ein Banner schwingend, Architekturumrahmung, rechts unten Wappenschild. Inschrifttafel: *Rudolf Egg, dißer Zeit quatier Fendrich etc. 156.* (zum Teil ergänzt).

4. 21 × 28·5 *cm*; hl. Johannes der Täufer, in ganzer Figur stehend, das Lamm auf dem Buche tragend; landschaftlicher Hintergrund mit einer Kirche. Links Abteiwappen, rechts kniender Stifter mit Kreuz auf dem Mantel. Um 1530. Richtung des Meisters von Meßkirch (Fig. 124).

5. und 6. Durchmesser 10·5 *cm*; zwei kleine Wappenschilde mit je einem Lamm. XVI. Jh.

7. Wappenscheibe, 20 × 32 *cm*; Doppelwappen mit der Devise: *Angst und Nott wärtt biss in Thodt;* über der Rahmung Schlacht, im Fußvolk gerüstete Reiter in die Flucht schlägt. Unterschrift sehr verblichen (Fig. 126).

8. Wappenscheibe, 23 × 32 *cm*; das Wappen von den Gestalten von „Victoria" und „Pax" flankiert. In den oberen Zwickeln eine Hirschjagd und eine Sauhatz; unten zwischen zwei Jägerknaben Inschriftkartusche: *H . . . Ludwig vonn Andlauv der Elter unndt H. Röm. Reichs Erb Ritter 1600* (Fig. 125).

9. und 10. Durchmesser 10 *cm*; zwei Schildchen mit einem fischschwänzigen gelben Tier auf rotem Grund. XV. Jh.

Fig. 124.

Fig. 126.

Fig. 125.

11. 21 × 31 *cm*; Landsknecht und Frau mit Pokal, dazwischen Wappen; oben Streifen mit Rinderherde und pflügendem Bauer. Unterschrift: *Aderion Jäggl und Elßbet Fürst. sin Efrow 1602.*

12. 22 × 35 *cm*; Herr und Dame, einen Trinkbecher fassend; in den oberen Zwickeln der Rahmung Inneres einer Mühle und Reiter und Bäurin, Getreide zur Mühle bringend. Schweizerisch. Um 1600.

13. und 14. Rund, Durchmesser 12·5 *cm*; je ein bunter Vogel auf einem Zweiglein sitzend. XVII. Jh.

15. 20 × 31·5 *cm*; zwei Landsknechte in ganzer Figur, ihre Wappen zu ihren Füßen; im obern Streifen Darstellung: ein Wagen wird vor einer Mühle abgeladen. Verstümmelte Unterschrift: *Fridlin S..enn und Hans Jo... 1590* (Fig. 127).

Fig. 127.

16. 22·5 × 32 *cm*; gerüsteter Krieger und Frau mit Trinkpokal in architektonischer Umrahmung; oben Wirtshausszene mit Kartenspielern. *Adam Zuber. Anno domini 1632.*

Fig. 125   Wappenscheibe (Salon, Nr. 8),
Sammlung Hofrat v. Plason (S. 86)

Zwei Spiegelrahmen, aus Holz, reich geschnitzt und vergoldet; stachliges Rankenwerk und Muscheln. Ende des XVII. Jhs.

Biskuitgruppe: Psyche vor Juno kniend, der sie die Schale überreicht. Wien. Anfang des XIX. Jhs.

Porzellan, 17 *cm* hoch, weiß; Herkules den Löwen erwürgend. Unter der Glasur bezeichnet: *Jo. Jos. Nidermayr in.* Wiener Blaumarke. Um 1760 (Fig. 128). Das gleiche Stück auch im German. Museum in Nürnberg. Mit anderen Herkulestaten Nidermayrs zusammengehend. Braun-Folnesics, Wiener Porzellanfabrik, S. 171.

Fig. 128.

Kleine, durchbrochene Jardinière mit naturalistischem Blumengehänge, Meißen. Um 1760.

Aufsatz; auf Sockel zwei Putten, die eine Schale stützen. Meißen. Um 1760.

Zwei Leuchter, Schalen, in deren Mitte sitzende Putten den Leuchter halten. Delft. XVII. Jh. (Fig. 129).

Fig. 129.

Eine Sammlung von S c h a l e n, Berlin, Ludwigsburg, Sèvres, Wien, darunter eine grüne Schale mit dem Kaiserlied, 1821.

Fig. 130. U h r, aus weißem Alabaster mit Goldbronzemontierung. Zwei Pilaster, an deren Vorderseite zwei Wedgewoodmedaillons, Göttinnen, weiß auf Blau, angeheftet sind und die Urnen tragen; eine ähnliche Urne auf dem Goldbronzebehälter. Bezeichnet: à Paris. Französisch. Ende des XVIII. Jhs. (Fig. 130). Der Familientradition nach von einer Urgroßtante anläßlich der Revolution aus Frankreich gebracht.

Zwei K o m m o d e n, aus dunkelbraunem Holz, mit Marmorplatten und reichen Goldbronzebeschlägen mit Rocaille um die Schlüssellöcher und mit Lorbeerschnüren und Maschen an den Zughenkeln. Französisch. Um 1770.

Fig. 126 Wappenscheibe (Salon, Nr 7),
Sammlung Hofrat v. Plason (S. 86)
        Fig. 127 Wappenscheibe (Salon, Nr. 15),
Sammlung Hofrat v. Plason (S. 87)

Kleine K o m m o d e, mit Marmorplatte, reichen Goldbronzebeschlägen und einfacher Intarsia. Französisch. Mitte des XVIII. Jhs.

Fig. 131. Eine G a r n i t u r — drei Mittelstücke und zwei Flûtes — Blaumalerei, rote Blüten, Medaillon, mit einer Dame mit Schmetterlingsnetz. Als Deckel Papagei, der an einer Frucht pickt (Fig. 131).

Fig. 132. Eine G a r n i t u r — drei Mittelstücke, zwei Flûtes — weiß, mit locker zerstreuten Blumenzweigen, rot und grün. Japonisierend, holländisch? (Fig. 132).

G l a s p o k a l, in teilweise vergoldeter Silbermontierung; getriebene Ranken und Blüten auf dem Glockenfuß. Meistermarke IW. Anfang des XVIII. Jhs.

Vorzimmer (unten).
V o r z i m m e r (u n t e n):

S c h e i b e n: 1. 20·5 × 32 cm; Wappenscheibe mit Umrahmung, in der Caritas und Fides stehen; oben Hirschjagd. Unterschrift: *Antonius Schermar des Raths, Gerichts und Stattrechner zu Ulm, seine Ehefrawen Agata Rentherin und Magdalena Fabrin 1589.*

106

Fig. 129 Delfter Fayenceleuchter,
Sammlung Hofrat v. Plason (S. 87)

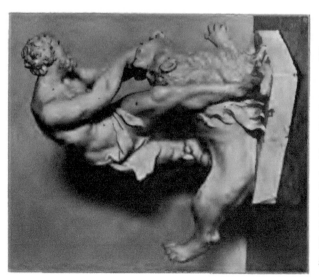

Fig. 128 Herkules mit dem Löwen, Biskuitgruppe von Nidermayr,
Sammlung Hofrat v. Plason (S. 87)

2. 28 × 38 *cm*; Wappenscheibe in steinfarbener Maßwerkrahmung: *Balthazar graff und her zu Swartzburg XII. 1502.*

R e l i e f , Holz polychromiert, 136 × 46 *cm*; letztes Abendmahl; Christus und die Jünger sitzen an beiden Langseiten des gedeckten Tisches, zum Teil in lebhaft bewegten Gruppen. Bayrisch. Ende des XV. Jhs.

Fig. 133. (Fig. 123).

R e l i e f , Holz, mit Resten der Polychromie, 80 × 83 *cm*; Gott-Vater mit dem Leichnam Christi im Schoß, links und rechts je drei große Engel. Nach Dürers Gnadenstuhl B. 122. Bayrisch. Um 1520.

Fig. 130 Standuhr aus Alabaster mit Goldbronzemontierung.
Sammlung Hofrat v. Plason (S. 88)

Mädchen-
zimmer.

M ä d c h e n z i m m e r :

S c h e i b e n : 1. 12 × 13 *cm*; Darstellung der Sintflut mit ertrinkenden Menschen und Tieren. XVII. Jh.

2. 29 × 42 *cm*; Madonna mit dem Kinde, auf der Mondsichel stehend, auf einen adorierenden, knienden Ritter herabblickend, dessen Wappen rechts lehnt. Architektonische Umrahmung mit zwei allegorischen Frauengestalten; oben Schlacht zwischen zwei Haufen Fußvolk. *H. Cristyan Bircher 1579.* Schweizerisch.

3. 32 · 39 *cm*. Reiche architektonische Umrahmung mit kleinem Wappen in der Mitte. Unten landschaft-lich . . . Durchblick mit Wunder des Moses. Um 1600.

4. . . . Durchmesser 19·5 *cm*; Brustbild Papst Pauls II. mit Umschrift: *Paulus II. Venetus Pont. Max.* 1 . . . zt.

5. . . . *cm*; Auferstehung Christi, der über dem Sarkophag, an dem zwei Wächter schlafen, schwebt.

TAFEL VI KNIEENDE STIFTERIN, GLASMALEREI
Sammlung Hofrat v. Plason (S. 91)

TAFEL VII KNIEENDER STIFTER, GLASMALEREI
Sammlung v. Plason (S. 92)

Skulptur, Holz, modern polychromiert.
Zwei Pendants, die Hl. Johannes der Täufer und Johannes Ev. in ganzer Figur stehend. Salzburgisch. Ende des XV. Jhs.

Kasten, aus dunkelbraunem Holz, geschnitzt. Von gewundenen Pilastern eingefaßt, in den Türen vier vertiefte Felder mit geschnitzten Tieren.
Im Attikagebälke: *1793. J. N.*

Fig. 131 Mittelstück, Fayence,
Sammlung Hofrat v. Plason (S. 88)

Fig. 132 Mittelstück, Fayence,
Sammlung Hofrat v. Plason (S. 88)

Feiertagstöckel, ebenerdig:

Feiertag-
stöckel,
ebenerdig.

Scheiben: 1. 53·5 × 54 *cm*; eine Frau in blauem Kleid und schwarzem Matronenmantel mit gefalteten Händen kniend; Säulenarchitektur und Durchblick in ferne Landschaft mit einem Wasserschloß. Links oben in einem Medaillon Wappenschildchen mit einem Hammer auf weißem Grunde. Oberdeutsch, nürnbergisch. Richtung des Hans von Kulmbach. Um 1520. (Taf. VI).

Tafel VI.

12*

Skulptur, Holz, modern polychromiert.
Zwei Pendants, die Hl. Johannes der Täufer und Johannes Ev. in ganzer Figur stehend. Salzburgisch. Ende
des XV. Jhs.

Kasten, aus dunkelbraunem Holz, geschnitzt. Von gewundenen Pilastern eingefaßt, in den Türen
vier vertiefte Felder mit geschnitzten Tieren.
Im Attikagebälke: *1793. J. N.*

Fig. 131 Mittelstück, Fayence,
Sammlung Hofrat v. Plason (S. 88)

Fig. 132 Mittelstück, Fayence,
Sammlung Hofrat v. Plason (S. 88)

Feiertagstöckel, ebenerdig:

Feiertag-
stöckel,
ebenerdig.

Scheiben: 1. 53·5 × 54 cm; eine Frau in blauem Kleid und schwarzem Matronenmantel mit gefalteten
Händen kniend; Säulenarchitektur und Durchblick in ferne Landschaft mit einem Wasserschloß. Links oben
in einem Medaillon Wappenschildchen mit einem Hammer auf weißem Grunde. Oberdeutsch, nürnbergisch.
Richtung des Hans von Kulmbach. Um 1520. (Taf. VI).

Tafel VI.

12*

Fig. 133 Abendmahl, Holzrelief, Sammlung Hofrat v. Plason (S. 90)

Tafel VII.   2. Pendant zu 1. Männlicher Stifter kniend; das Wappenschildchen beschädigt und unkenntlich (Taf. VII).
3. Wappenscheibe, rund, Durchmesser 9 cm; Gestalt eines bärtigen Heiligen mit Buch und einem unkenntlichen Attribut und Umschrift aus dem Credo. XVI. Jh.
4. 39 × 41 cm; Männlicher Heiliger betend, neben ihm ein Hirte, der mit Schrecken auf den herabfallenden Hagel blickt; rechts eine Herde von Pferden, über dem Heiligen fliegt ein Vogel. Oberdeutsch. Um 1500.
5. 30 × 38 cm. Ein vornehm gekleideter Herr steht neben einer Frau in reichem Gewand, die ihm einen

Fig. 134 Wappenscheibe (Feiertagstöckel, ebenerdig, Nr. 5), Sammlung Hofrat v. Plason (S. 93)

Fig. 135 Glasmalerei, St. Stephanus (Feiertagstöckel, ebenerdig, Nr. 6), Sammlung Hofrat v. Plason (S. 93)

Trinkbecher reicht. Architektonische Umrahmung; in den oberen Zwickeln Seelandschaft mit einem mit Fässern beladenen Boot. Zwischen den beiden Personen Hauszeichen mit N und Unterschrift: *Baschy Neusch von Lindow*. 1513 (Fig. 134).

6. 25·5 × 39 *cm*. Hl. Diakon (Stefanus) mit Palme und Anker, auf steinigem Boden stehend; rotschwarz gemusterter Grund. Deutsch. Anfang des XVI. Jhs. (Fig. 135).

7. Wappenscheibe, rund, Durchmesser 8·5 *cm*; Mann und Frau um ein kleines Wappen. *Hans Munck 1583*.

8. 18·5 × 22·5 *cm*. Aktäon mit dem Hirschkopf vor den drei Nymphen, die im Wasser stehen; landschaftlicher Hintergrund. Ende des XVI. Jhs.

9. 15·5 × 20·5 *cm*. Anbetung des Kindes unter einer Hüttenarchitektur. Spätes XVI. Jh.

10. Rundscheibe, Durchmesser 15·5 *cm*. Jüngstes Gericht, Gelbloth. Anfang des XVI. Jhs. Stark fragmentiert.

11. 40 × 74 *cm*. Unter Spitzbogenrahmung, die in Blattranken endet, Moses mit der spitzen Judenmütze in braunem Gewande und gelbgrünem Mantel vor dem Bann kniend, in dessen Krone die Halbfigur Gott-Vaters sichtbar ist. Zum Teil ergänzt. XIV. Jh. (Fig. 136).

12. 39·5 × 41. Männlicher Heiliger im Gespräch mit Bauern, die Pferde führen; im oberen Teil ergänzt. Zusammengehörig mit 4.

13. 28 × 22 *cm*. Maria das auf Stroh liegende Kind anbetend, herum stehen unter reicher Renaissancearchitektur, die in der Mitte den Durchblick auf die Verkündigung an die Hirten gestattet, David, Moses, Micheas, Daniel, Jesaias, Salomon und halten Schrifttafeln mit typologischen Textstellen. Schweizerisch. Art des Lindmair. Zweite Hälfte des XVI. Jhs. (Fig. 137).

14. 15 × 21 *cm*. Viergeteilt mit Darstellungen der Hölle, der Hoffart, des Geizes und Wappen von Nideck. Unten in Lorbeermedaillon Wappen und Inschrift: *Peter Linder zu Oberhoffen und Anna Baur sein Ehegm. 1703*. Sehr zurückgeblieben.

15. 29·5 × 42 *cm*. Madonna mit dem Kinde zwischen zwei Leuchter tragenden, schwebenden Engeln, unter Architektur stehend. Um 1700. Nach einem Gnadenbild.

16. 31 × 45 *cm*. Pietà, Madonna mit dem Leichnam Christi im Schoß. Die Gestalt Christi stark ergänzt. Anfang des XVI. Jhs.

Fig. 136 Glasmalerei, Moses vor dem Dornbusch (Feiertagstöckel, ebenerdig, Nr. 11). Sammlung Hofrat v. Plason (S. 93)

Feiertagstöckel, I. Stock:

Grünglasierter T o n o f e n; viereckiger Unterbau; einspringender, aus dem Achteck konstruierter Aufsatz mit profiliertem Abschlußgebälk. Die Kacheln des Unterbaus enthalten Halbfiguren von Engeln, die des Aufsatzes olympische Gottheiten oder Musen. Auf einem Bacchus Monogramm. Zweite Hälfte des XVI. Jhs. Erneut.

K o m m o d e s c h r a n k mit reicher ornamentaler Intarsia in zwei Farben; durch abwärts verjüngte Pilaster gegliedert und mit stark ausladendem Gebälke abgeschlossen. Ende des XVI. Jhs.

S c h r a n k, mit kartuscheförmig geschnitzten Türfeldern, die krautiges Rankenwerk, in dem Vögel spielen, umgibt. Anfang des XVIII. Jhs.

S p i e g e l, in geschnitztem, vergoldetem Rahmen aus reichen Blattranken, die ein Baldachin bekrönt. Anfang des XVIII. Jhs.

S c h e i b e n: 1. Rund, Durchmesser 20 *cm*. Kampf zwischen zwei Scharen von gerüsteten Fußsoldaten auf einer Eisdecke, durch die mehrere Krieger durchgebrochen sind. Landschaftlicher Hintergrund mit Burg an einem von Bergen umgebenen See. Oberdeutsch. Erstes Viertel des XVI. Jsh.

2. und 3. Zu der Serie der „Ditmarschen" Scheiben gehörend. *Jeorgius Eysendyck und Rodolff Westrüm*.

4. Rundbogige Lünette, 61 × 40 *cm*. Hl. Eligius in vollem Ornat, auf einer Bank sitzend, daneben ein Tisch, auf dem ein angefangenes Kreuz und Goldschmiedgeräte liegen. Österreichisch. Mitte oder drittes Viertel des XV. Jhs. (Fig. 138).

Fig. 134.

Fig. 135.

Fig. 136.

Fig. 137.

Feiertagstöckel, I. Stock.

Fig. 138.

2. Scheibe, rund, Durchmesser 21 *cm*, Halbfigur der Madonna mit dem Kinde, weiß auf blauem Grunde. Rote Bordüre: *Sancta Maria ora pro nobis*.

3. Scheibe, rund, Durchmesser 23 *cm*; Hl. Georg, den Drachen tötend. XVI. Jh. Bordüre modern.

4. Scheibe, rund, Durchmesser 30 *cm*; Wappen, rotes Pferdebein auf weißem Grund. XVI. Jh.

5. Wappenscheibe, rund, Durchmesser 34·5 *cm*; Wappen mit reicher Helmzier und Schriftband: *Wilh. Lampe Burger*.

Im anstoßenden Vorraume Wandbrunnen aus rotem Marmor mit flacher gebuckelter Schale und einem von Voluten bekrönten Wandteil mit zerstörter Löwenmaske. Um 1600.

Fig. 140 Wappenscheibe mit Sturz des Paulus,
Sammlung Hofrat v. Plason (S. 96)

Fig. 141 Wappenscheibe von 1613,
Sammlung Hofrat v. Plason (S. 96)

Im oberen Stock im Vorraum Wandbrunnen aus rotbraunem Marmor. Halbrunde Schale, Wandteil mit Maskeron in Rundbogennische; über ausladendem Gebälkhalbrunde Lünette mit Wappenschild S. W. *1625*.

Glasmalereien: 1. Scheibe, 20 × 30 *cm*; Aposteltrennung in tiefer, bergiger Landschaft in reicher Rahmung mit Genien, Putten, Inschriftkartuschen usw. Links Wappenschild mit weißer Katze auf gelbem Grund und Initiale *W. G.*, rechts Goldkrone auf Blau. Datiert: *1641*. Schweizerisch (Fig. 139).

2. Scheibe, 20 × 30 *cm*; Sturz des Paulus, reiche architektonische Umrahmung. Inschrift: *Hans Volrich v. Silberschum, Bürger zu Liechtensteig und Catharina Bluwer, sein Ehegmahell. Anno D. 1641* (Fig. 140).

3. Scheibe, 20 × 30 *cm*; Wappen in architektonischer Umrahmung mit den hl. Johannes Ev., Jakobus (?), Ulrich und Benedikt und Darstellung der Verkündigung in den oberen Zwickeln: *Joannes Jodocus von Gottes Gnaden Abbte des Würdigen Gotzhuß Muri 1613* (Fig. 141).

4. Wappenscheibe, 21 × 28·5 *cm*; mit architektonischer Umrahmung, in den oberen Zwickeln Totengeripppe schießend, ein zweites mit Hut, Mantel und Schwert stehend. *Thoma Schmid derzeit Landaman zu Glarus 1581*.

Schrank mit reichen Eisenbeschlägen an Angeln und Schloß, in Blattranken ausgehend. Zweite Hälfte des XV. Jhs.

Fig. 142 Anbetung des Kindes, Relief in der Kapelle, Sammlung Hofrat v. Plason (S. 98)

XVI 13

Kapelle.

Fig. 142.

Fig. 143 Reliquienmonstranz,
Sammlung Hofrat v. Plason (S. 98)

K a p e l l e :

Im Park gelegen, rechteckiger Putzbau. 1628 wiedererbaut, 1893 restauriert. Über geringem Sockel Pilastergliederung, ausladendes hart profiliertes Gebälk. In der Hauptfront rechteckige Tür in profilierter Marmorrahmung mit Ohren, seitlich je zwei Fenster. Über gestutztem Flachgiebel vierseitiger Dachreiter mit jederseits rundbogigem Schallfenster und mit blechgedecktem Spitzdach mit Knauf und Kreuz über gekehltem Abschlußgebälk.

I n n e r e s : Einfache, flache Holzbalkendecke; die Wände modern mit Marmor verkleidet. In den vier zweiflügeligen, rechteckigen Fenstern Glasmalereien (Kopien).
Bei den beiden Emporenaufgängen Scheiben, Kreuzblumen von einer größeren Architekturrahmung. XV. Jh. Angeblich aus der Wiener Stephanskirche stammend.

A l t a r : In modernem Marmoraufbau Holzrelief, 89 × 160 cm, vergoldet und polychromiert, die unteren Figuren frei, aber stark verkürzt, gearbeitet.
Anbetung des Jesukindes, das auf einem Zipfel des von einem Engel ausgebreiteten Gewandes der knienden und adorierenden Maria liegt. Rechts zwei bärtige Männer, einer eine Lampe tragend, der andere die Arme über der Brust gekreuzt, dahinter eine Gruppe weiterer Männer. Über Maria ein strohgedecktes von Stämmen getragenes Dach, unter dem auch die Köpfe von Ochs und Esel sichtbar werden. Dahinter steil ansteigende Felsenlandschaft, darauf links die knienden, emporblickenden Hirten unter ihren Schafen, rechts der Zug der drei Könige, deren Gefolge — Männer mit Kamelen und Pferden — einen langen Zug bildet. Zu oberst zwei Männer, eine große Traube an einer Stange auf den Schultern tragend. Am Kleide der Madonna die Buchstaben D. E. Aus einer Kapelle bei Pegli stammend.
Oberitalienisch, vielleicht piemontesisch, Ende des XV. Jhs. (Fig. 142). Ein naheverwandtes Stück, eine von einer Anbetung herrührende Madonna, befindet sich — aus einer Kirche bei Como stammend — im Kunstgewerbemuseum in Hamburg.

R e l i e f : Außen über der Tür, aus Kalkstein, sehr verstümmelt. Auferweckung des Lazarus, figurenreiche Komposition in einem von Renaissancearchitekturen umstandenen Hof, hinter dem eine turmreiche Stadt auf einem Hügel zu sehen ist. Deutsch, Ende des XVI. Jhs., vorzügliche Arbeit; übereinstimmend mit dem Relief der Fußwaschung auf dem Sebastiansfriedhof (Kunsttopographie IX, Fig. 182). Aus der Dopplerschen Steinmetzwerkstätte erworben.

K e l c h : Kupfer, vergoldet, 15·5 cm hoch; Sechspaßfuß mit breitem, schrägem Rand, darauf gravierte Inschrift: *Jesus, Maria hilf uns aus aller not 1525.* Darüber gehen die sechs Blätter, in die Maßwerk graviert ist, in einen sechskantigen Schaft über, den ein runder, flachgedrückter gebuckelter Nodus unterbricht. An den beiden Hälften des Schaftes die Buchstaben von Maria und Jesus. Die einfache glatte Cuppa Silber, vergoldet, mit Repunze.

K e l c h : Silber, vergoldet; 26 cm hoch; der Fuß Kupfer, vergoldet. Einfach gedrehter Fuß, glatte Cuppa; Mitte des XVIII. Jhs.

R e l i q u i e n m o n s t r a n z ; Silber; 41 cm hoch; Sechspaßfuß mit flachem Rande, die sechs Blätter gehen direkt in den Schaft über, den ein gedrückter, gekerbter Sechspaßnodus unterbricht. Der Schaft endet mit einer runden Scheibe, deren Rand nach unten und oben mit Kreuzblumenfries besetzt ist. Auf dieser Scheibe stehen an zwei Seiten je drei miteinander verbundene gotische Pfosten auf, die nach oben in Fialen enden. Die obere Verbindung dieser Pfosten bildet ein Ring, der gleich der unteren Scheibe gebildet ist und ein mit Kruzifix bekröntes, sechsseitiges Spitzdach trägt. Zwischen Scheibe und Ring runder flacher Reliquienbehälter aus Glas. XV. Jh. (Fig. 143). Aus Hannover stammend.

T a s s e und zwei K ä n n c h e n ; Silber, vergoldet, mit getriebenem Riemenwerk und Blumen. Innerhalb

Kapelle.

Fig. 142.

Fig. 143.

der Perlschnurführung die Monogramme: *Jesus* und *Maria*. Beschauzeichen und Meistermarke unkenntlich. An der Rückseite zwei gravierte Wappen und die Jahreszahl *1724*.

T a s s e mit zwei K ä n n c h e n, aus Zinn, einfache Barockform mit Marke des Salzburger Meisters *Anton Singer* (Radinger, T. I., 24).

Fig. 144 Vortragskreuz, Vorderseite, Sammlung Hofrat v. Plason (S. 100)

Zwei L e u c h t e r, Silber, 25·5 *cm* hoch; runder Fuß mit flachem Rande und hochgetriebenen großen Blumen. Schlanker, zylindrischer Schaft, flache Traufschale mit getriebenen Blumen.   Marke: *S. R.* unter Krone. Mitte des XVII. Jhs.

Zwei L e u c h t e r, Silber, 27·5 *cm* hoch; der runde Fuß, der in einen runden Knauf übergeht, der gewundene, vom Nodus unterbrochene Schaft und die flache Traufschale ganz mit hochgetriebenen, naturalistischen Blumen bedeckt. Augsburger Beschauzeichen, Meistermarke: *A. M.* Mitte des XVII. Jhs.

V o r t r a g s k r e u z; Kupfer, vergoldet, 55 *cm* hoch; runde Hülse (zur Befestigung an einen Schaft), runder Knauf, aus dem das Kreuz aufsteigt, dessen Balken in Vierpässe enden. Beide Seiten sind mit ge-

13*

121

triebenem, mit Stiften befestigtem Kupferblech bedeckt; einerseits in der Mitte Kruzifixus, in den seitlichen Balkenenden Halbfiguren von Maria und Johannes, oben und unten Pelikan und Engel mit Buch; ander-seits in der Mitte Christus mit Buch und Segensgebärde thronend, in den Balkenenden die Evangelisten-symbole. Deutsch. XIV. Jh. (Fig. 144 u. 145). Aus Hannover stammend.

Fig. 144
u. 145.

Fig. 145 Vortragskreuz, Rückseite, Sammlung Hofrat v. Plason (S. 100)

W e i h r a u c h g e f ä ß , aus Messing; Achtpaßfuß mit eingezogenen Seiten; kesselförmiges Gefäß, Deckel in Form eines durchbrochenen Spitzdaches, dessen Bekrönung eine menschliche Gestalt zwischen Fialen bildet. Deutsch. XV. Jh.

W e i h w a s s e r e i m e r , aus Zinn, sechsseitig mit gliederndem Gesims und Traghenkel. Gravierte Haus-marke in Kranz und Datum 1642. Salzburger Marke wie die des Lorenz Hentz (Radinger, T. I., 6, 5), nur mit Monogramm G. H., wahrscheinlich des 1634 nachweisbaren Görg Hentz (Radinger S. 4).

A m p e l , aus Silber, sehr reich durchbrochenes Gefäß mit Rankenwerk; großen Früchten und Vögeln; an drei Henkeln mittels Kette befestigt. Freistempel, Repunzen. Mitte des XVII. Jhs.

R e l i q u i a r , Zink, zum Teil vergoldet; 31 cm hoch, breitovaler Vierpaßfuß mit flachgetriebenem Rankenwerk, birnförmigem Modus und breiter Draperie um den kartuschenförmigen Reliquienbehälter; zu oberst Krone. Um 1700.

R e l i q u i e n t a f e l; dichtes Geflecht aus Silberblüten und Pailletten, darin eingelassene Aquarellbildchen

Fig. 146 Detail von einer italienischen Kasel,
Sammlung Hofrat v. Plason (S. 101)

auf Pergament, die Hl. Maria Magdalena, Barbara und Katharina und zwei Jesuitenheilige und vier Wachs-reliefs von Heiligen. Ende des XVII. Jhs.

K a s e l; grüner Seidenrips, um 1800, darauf beiderseits Spiegel, einer kreuzförmig, einer in Form eines Streifens. Darinnen auf reichem Goldgrund Gestalten stehender Apostel unter je einem von Säulen und Kuppeldach gebildeten Portikus. Italienisch, wohl römisch. Zweite Hälfte des XV. Jhs. (Fig. 146). An- Fig. 146. geblich aus S. Pietro in Vincoli stammend.

Sammlung des Grafen Josef Plaz
Reichenhallerstraße Nr. 1.

Die Gegenstände sind Familienbesitz und rühren großenteils von der Großmutter des gegenwärtigen Besitzers, Fürstin Rosenberg geb. Gräfin Brandis, her.

· Gemälde, Miniaturen, Zeichnungen: 1. Öl auf Holz; 50 × 65 cm; der Leichnam Christi von Maria und Johannes gestützt, Kniestücke. Teilweise schadhaft; Kopie des XVIII.(?) Jhs. nach einem Original um 1500.

Fig. 147. Ecce Homo von L. Kupelwieser, Sammlung Graf Plaz (S. 102)

2. Öl auf Holz; 69 × 49 cm; Turmbau von Babel; phantastische Architektur mit hoher Zufahrtsbrücke und sehr figurenreicher Staffage. Dem Mathis Cock wohl richtig zugeschrieben.
3. Öl auf Leinwand; 60 × 43 cm; drei Studienköpfe von bärtigen Männern (Aposteln); sehr breit gemalt unter Einfluß des Rubens. Vielleicht von Fromiller. Aus Kärnten stammend.
4. Öl auf Leinwand; Porträt einer Gräfin Manderscheid; die junge Dame in Pelzkleid und -barett, neben ihr ein Kessel mit Kohlenfeuer. Wohl als „Winter" maskiert. Mitte des XVIII. Jhs.
5. Zeichnungen der Gräfin Josephine Brandis, geb. Trauttmansdorff, nach englischen Schabblättern und Farbstichen. Bezeichnet und datiert von 1787. 1791 usw.
6. Ölminiatur auf Holz; Brustbildporträt des Grafen Hieronymus Plaz. An der Rückseite ein Zettel mit Aufschrift: Gemalen von G. Steinhauser von Treuberg 1793.
7. Öl auf Holz; Christus als Schmerzensmann, Brustbild, von L. Kupelwieser. In zugehörigem Rahmen mit goldfarbig gemaltem, gotisierendem Blattornament (Fig. 147).

Fig. 147.

TAFEL VIII   J. B. VON LAMPI, BRUSTBILD DES BARONS JOHANN BAPT. PUTHON
Sammlung Exzellenz v. Puthon (S. 103)

S k u l p t u r e n : 1. Zwei Bronzemedaillons; Brustbilder Kaiser Josefs II. und Papst Pius VI. auf weißem Marmorgrund in perlkranzbesetztem Bronzerahmen. Um 1786.
2. Elfenbein; Karikaturstatuette Napoleons, dessen Hut als Wippe für einen Russen und einen Preußen (Blücher) gebildet ist; unter dem Hute die Inschrift: *Moskau, Lützen*. An der Fußplatte Signatur: *E. R.* Um 1813.

S e r v i c e aus Porzellan, seladongrün mit Goldbordüren; ovale Medaillons mit verschiedenen Tieren; in der Platte großes Medaillon mit einem Jäger, der neben seinem Pferde stehend, sein Gewehr ladet. Wiener Blaumarke und Jahresziffern 99 und 800; an der Platte überdies Marke *P*. Altes Lederetui. Geschenk der Herzogin von Sachsen-Teschen an die Gräfin Jos. Brandis geb. Trauttmansdorff.

Fig. 148   Damenporträt in der Art des George Chinnery,
Sammlung Freih. v. Puthon (S. 103)

Exzellenz Victor Freih. von Puthon, k. k. Statthalter a. D.

Mirabellplatz Nr. 4.

G e m ä l d e : 1. Öl auf Holz; Halbfigur der Madonna und dem stehenden nackten Christkind. Italienisch. Ende des XV. Jhs. Stark übermalt.
2. Miniaturporträt auf Porzellan; Halbfigur des Generals Forbes. Bezeichnet: *Levêque*. Ende des XVIII. Jhs.
3. Öl auf Leinwand; 54 × 67 *cm*; Brustbild des Barons Johann Bapt. Puthon, Urgroßvaters des Besitzers. Auf der neuen Leinwand der Rückseite Kopie der alten Signatur: *Eques de Lampi pinxit 1803* (Taf. VIII).   Tafel VIII.
4. Öl auf Leinwand; 20 × 28 *cm*; Brustbild einer jungen Dame mit weißem Schleiertuch auf dem blonden Haar und einem Blumenkorb in den Händen. Dem Füger zugeschrieben. Vielleicht eher von George Chinnery, vgl. Revue de l'Art Ancien et Moderne, 1911, 2, 256 (Fig. 148).   Fig. 148.
5. Öl auf Leinwand; oval; Porträt der Gräfin Maria Theresia Bombelles. Bezeichnet: *Schrotzberg 1847*.
Ferner eine Anzahl von Porträtminiaturen und kleinen Porträtreliefs in Wachs und Gips aus dem Ende des XVIII. und aus dem XIX. Jh.

Sammlung Fräulein Katharine Rehle

Residenzplatz Nr. 4.

Kleine Sammlung von eingelegten Möbeln mit Messingbeschlägen, zumeist aus der zweiten Hälfte des XVIII. oder dem Anfang des XIX. Jhs.

G e m ä l d e: Öl auf Leinwand; zwei Pendants, Breitbilder mit kleinfiguriger Staffage, Christus mit den Jüngern auf dem Wege nach Emaus. Bezeichnet: *Christus mit der Samariterin am Brunnen*. Bei beiden Landschaft mit Ruinenarchitektur. Salzburgisch. Zweite Hälfte des XVIII. Jhs.

2. Öl auf Leinwand; kartuscheförmiges Aufsatz- oder Supraportebild, Anbetung der hl. drei Könige mit zahlreichen Gefolgsleuten, die Kisten auspacken. Charakteristisches Bild in der Art des Zanusi.

Manuskript „Collection d'une partie des différentes monnoyes de l'Europe" mit französischer Dedikation des Verfassers Marquis de Moians an Erzherzog Carl, Passau, 1801; mit leicht lavierten Zeichnungen von Münzen und zum Teil aquarellierten, ornamentalen Umrahmungen.

Sammlung Landesgerichtsrat Karl Roll

Waagplatz Nr. 2.

G e m ä l d e: 1. Zwei lünettenförmige Bilder, Öl auf Holz; Christus als Kind segnend, mit Schriftband und Datum *1734*, das andere mit dem Gnadenbilde von Maria Plain, das von zwei Engeln gehalten wird. An der Rückseite des einen Bildes Monogramm *AR*; wohl richtig dem Rensi zugeschrieben.

2. Öl auf Leinwand; 127 × 63 *cm*; Kopie des Abendmahles von Lionardo da Vinci von Nesselthaler. Ende des XVIII. Jhs.

3. Guache auf Papier; 16 × 11 *cm*; vier zusammengehörige Bilder, Landschaften mit Staffage, die vier Jahreszeiten darstellend. Eines bezeichnet: *Christian Fonteine*. Drittes Viertel des XVIII. Jhs.

4. Pastell; 46 × 56 *cm*; zwei Pendants, Brustbild des Herrn Metzger in grauem Rock mit roter goldgestickter Weste und seiner Gattin in buntem Kleide mit weißem Schal. Um 1780.

5. Öl auf Leinwand; 41 × 53 *cm*; Brustbild des Bürgermeisters Späth und Pendant dazu, Porträt seiner Gattin Maria Susanna. Um 1800. Art der Barbara Krafft.

6. Aquarell auf Papier; 48 × 35 *cm*; eine Anzahl von Salzburger Herren an einem Wirtshaustische, die sogenannte Kassuppengesellschaft in Maxglan. Bezeichnet: *Paul Schellhorn fec*. Um 1820.

Ferner eine Anzahl von eingelegten Möbeln, Zinn, Glas und Porzellan, endlich eine bedeutende Sammlung Salzburger Münzen und Medaillen.

Sammlung Wilhelm Slama

Residenzplatz Nr. 2.

Sammlung von Salzburger Ansichten und Büchern; unter jenen eine lavierte Zeichnung, Aufnahme des Doms mit zwei Grundrissen, verschiedenen Schnitten, Fassadenstudie und Details. Anfang des XIX. Jhs. Ferner:

Pastell; Halbfigur der Madonna mit dem schlafenden Kinde im Arm. Der Tradition nach von Laktanz Grafen Firmian gemalt.

Holz, modern polychromiert; Statuette der sitzenden Madonna mit dem Kinde im Schoß; sehr tiefe Falten in der Draperie. Mitte des XVI. Jhs.

Holz, polychromiert; Kruzifixus mit neuerer Magdalena vor gemalte Hintergrundslandschaft gesetzt. Von Bindel. Anfang des XIX. Jhs.

Sammlung Frau Margarete Sperl

Getreidegasse Nr. 46.

K r e u z p a r t i k e l; Silber, 25 *cm* hoch; Achtpaßfuß, dessen Steilrand mit Rautenmuster graviert ist, in einen vierseitigen kantigen Schaft übergehend, darüber das Kreuz, das an beiden Seiten graviert ist. Einerseits und den Behälter mit der Reliquie Inschrift: *Jhesus* und *JNRJ* auf aufgerauhtem Grunde; unten ein Schildchen mit nielliertem Lamm. Anderseits gravierte Figur des hl. Christoph, das Christkind tragend. Am Fuß eingraviertes Datum: *1450* (Fig. 149).

Fig. 149.

Sammlung Philipp Strasser

Rudolfskai Nr. 54.

Sammlung von Salzburger Ansichten, darunter eine hervorragende Serie der kolorierten Naumannschen Kupferstiche.

A q u a r e l l; 60 × 36 cm; Ansicht von S. vom Klausentor. Bezeichnet: *Jaschke 1837.*

Sammlung Regierungsrat Richard Ritter von Strele

Dreifaltigkeitsgasse Nr. 18.

G e m ä l d e : 1. Öl auf Leinwand; 14 × 19 cm; Brustbild des Gabriel de Ferrari, Generals der barmherzigen Brüder. Tirolisch. Um 1620.

2. Öl auf Leinwand; Breitbild. Halbfigur des Hans Kembter, Bürgers von Brixen, mit Totenkopf und Kerze, links hinten das von ihm gestiftete Kirchlein in Zinken. Deutsch. Um 1630. Rechts Wappen und Inschrift der Lebensdaten.

3. Öl auf Leinwand; 77 × 98 cm; alte Frau eine Kerze haltend, deren Schimmer sie mit der Hand schützt; neben ihr ein Knabe, der eine Kerze an der ihren anzünden will. Aus Reutte stammend. Einem der Zeiller zugeschrieben.

4. Öl auf Leinwand; 59 × 76 cm; der Watzmann, von Berchtesgaden aus gesehen, vorn bäurische Staffage. Rechts unten bezeichnet: *D. Mahlknecht 1849.*

S k u l p t u r : Holz, Rückseite ausgehöhlt, 65 cm hoch; modern polychromiert, Maria trauernd, von einer Kreuzigung stammend. Tirol. Anfang des XVI. Jhs. Durch die moderne Übermalung stark verändert.

Ferner Möbel, darunter ein reich geschnitzter Südtiroler oder italienischer Kasten des XVII. Jhs., aus Tratzberg stammend, und Zinn von Tiroler und Salzburger Provenienz. Unter den Büchern tadellos erhaltenes Exemplar des überaus seltenen Christlichen Seelenschatzes mit den ornamentalen Stichen von L. F. Kaukol 1729.

Fig. 149   Kreuzpartikel, Sammlung Sperl (S. 104)

Sammlung Graf Franz Thun

Schrannengasse Nr. 8.

Möbel, Fayencen, Zinn usw., größtenteils aus der Umgebung Salzburgs, als Wohnungseinrichtung verwendet. Außerdem zu nennen:

G e m ä l d e : 1. Öl auf Holz; 19 × 25 cm; Madonna mit dem Kinde und dem kleinen Johannes in Halbfigur. Österreichisches Werkstattbild aus der Nachfolge des Lucas Cranach. Erste Hälfte des XVI. Jhs.

2. Öl auf Leinwand; zwei quadratische Pendants, den Verkündigungsengel und hl. Jungfrau darstellend. Venetianisch. Ende des XVI. Jhs.

3. Gute Kopie von Raffaels Belle jardinière. XVII. Jh.

XVI   14

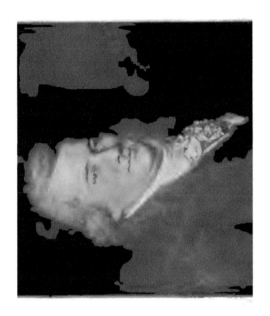

Sammlung Frau Elise Tomaselli

Großenteils aus Familienbildern und aus Objekten bestehend, die in der Stadt Salzburg gesammelt wurden. Gebrauchsglas und -porzellan, zumeist aus der ersten Hälfte des XIX. Jhs.

G e m ä l d e: Öl auf Leinwand: 1. 54 × 68 cm; Brustbild des Herrn Hoftenoristen Giuseppe Tomaselli, an einem Klavier sitzend. Sichere Arbeit von Carl Rahl. Um 1830 (Fig. 150).

Fig. 150.

Fig. 152   Porträt der Frau Franziska Weiser von Barbara Krafft,
Sammlung Tomaselli (S. 107)

2. 55 × 70 cm; Brustbild desselben in schwarzem Rocke mit Spitzenjabot; von Barbara Krafft. Um 1815 (Fig. 151).

Fig. 151.

3. Pendant zu 2; Brustbild seiner Gattin Antonia in ausgeschnittenem Kleide. Von derselben.

4. 47 × 59 cm; Brustbild der Frau Franziska Weiser geb. Bamberger, en face in braunem Kleide, mit Spitzenhäubchen. Ebenfalls von Barbara Krafft. Um 1808 (Fig. 152).

Fig. 152.

5. 45 × 57 cm; Brustbild des Handelsmannes Matthias Fuchs in braunem Rock, mit gestickter Weste und Spitzenjabot.

14*

6. Pendant zu 5; Brustbild seiner Gattin in schwarzem Kleid, das mit kleinen Blüten gestickt ist, mit Goldhaube. Bezeichnet: *Barbara Krafft, nata Steiner pinxit 1810.*

7. 75 × 110 *cm*; Kopie des Abendmahles von Lionardo von Barbara Krafft.

8. 41 × 50 *cm*; Brustbild des Hofkochs und -konditors Carl Tomaselli, in schwarzem Rocke, gelber Weste und Vatermördern. Bezeichnet: *C. Rahl 830.*

Fig. 153   Miniaturporträt
von Wolfgang und Marianne
Mozart.

Sammlung Tomaselli (S. 108)

9. 43 × 55 *cm*; Brustbild der Sängerin Katharina Tomaselli, Mutter der Sängerin Josefine Gallmeyer; in dunkelviolettem, ausgeschnittenem Kleide. Wohl gleichfalls von Rahl. Um 1830.

10. 55 × 88 *cm*; Brustbild des Ignaz Tomaselli, im grünen Rock, schwarzer Weste und Halsbinde. Bezeichnet: *Zorn. pinxit 1846.*

11. 44 × 57 *cm*; Brustbild eines Herrn Landauer, in schwarzem Rock. Von F. X. Hornöck. Um 1840.

12. 56 × 70 *cm*; Halbfigur der Frau Franziska Weiser in schwarzem Kleid, mit weißem Spitzenkragen und weißer Haube. Um 1840.

13. 70 × 89; Halbfigur der Frau Martha Weiser geb. Brentani, in reich gesticktem, mit Spitzen besetzten Kleide mit blauem, rotgefüttertem Mantel. Um 1735. Geschnitzter, vergoldeter Rahmen aus derselben Zeit.

14. Aquarell auf Papier; 11 × 14 *cm*; Brustbild des Herrn Ignaz Tomaselli, vor einer Mauer sitzend, auf der *aetatis 56* steht. Bezeichnet: *Psenner 840.*

15. 17 × 22 *cm*; Porträt des Notars Thomas Neuhofer in Uniform eines Magistratsrates. Bezeichnet: *Daekelman 831.*

16. Pendant zu 15; Porträt der Frau Rosina Neuhofer, geb. Krugelhuber. Von demselben.

Fig. 153.

17. Aquarell auf Elfenbein; 3·4 × 4 *cm*; Brustbild von Wolfgang und Marianne Mozart, er in rotem Rock mit blauem Besatz, sie in einem violetten Kleid mit einem Notenblatt in den Händen. Als Brosche montiert. Französisch. Um 1764 (Fig. 153).

18. 5·4 × 6·6 *cm*; Halbfigur des Anton Leiler als dreizehnjährigen Knaben, in blauem Rock mit weißen Umschlagkragen. Bezeichnet: *Knieschek pinx.* Um 1826.

19. 6 × 7·2 *cm*; Brustbild des Herrn Giuseppe Tomaselli in blauem Rock, mit weißer Halskrause. Bezeichnet: *Fahrlander.* Um 1825.

20. 5·2 × 6 *cm*; Brustbild des Kaisers Franz in Uniform. Die Rückseite in Eglomisé, Obelisk mit angelehntem Schilde, mit Inschrift: *Zum Andenken 1822.*

21. Pastell. Drei ovale Bilder; Brustbilder von Mädchen mit gepuderten Haaren, eine in schwarzem Kleide, eine mit einer Schokoladetasse, eine mit einer Mausefalle und einer Katze. Die drei Mädchen sind der Tradition nach die Kinder des Bürgermeisters Weiser. Um 1780.

W a c h s, vergoldete kleine Nachbildung des Erentrudhauptes in Nonnberg (siehe Kunsttopographie VII, Taf. XV), auf einem Sockel, der als Reliquienbehälter dient. XVIII. Jh. (?)

Sammlung Baron Alexander Warsberg

Brunnhausgasse Nr. 10.

Sammlung von Bildern und kunstgewerblichen Gegenständen, die zu dekorativer Verwendung bestimmt sind, speziell von Porzellantassen, ferner auch von Glas (besonders venetianisches), javanischen Waffen, griechischen und etruskischen Altertümern, antiken Bronzen, Zinn (darunter zwei Edelzinnteller), Porzellan (Meißen, darunter Böttcher, Wien, Nymphenburg, Rudolstadt, Fulda, Zürich, Paris usw.). Unter den Antiken ist die schöne Bronze-Chimaira hervorzuheben, die R. v. Schneider in der Festschrift für Th. Gomperz (Wien 1902), S. 479, veröffentlicht hat.

Dickbauchiger K r u g mit Reliefdekor, blau auf Grau, mit zwei Medaillons mit

Fig. 154   Porzellanfigürchen.

Sammlung Baron Warsberg

(S. 109)

Wappen der Freiherren von Warsberg und Umschrift: *Fridericus Lotharius Freiherr von W. 1733.* Über dem einen Medaillon ein musizierender Page. Niederrheinisch. Westerwald?

Zwei S t i c k e r e i e n auf gelbem Seidenstoff, kleine Blumen und Blütenzweige. Italienisch, japonisierend. Zweite Hälfte des XVIII. Jhs.

D e g e n , Klinge mit Marke des Tomaso Ajala; vergoldeter Korb mit reicher Rocaille. Um 1750.

S t a h l k ä s t c h e n , vergoldet, rechteckig; mit gravierten Darstellungen von türkischen Kriegern in ovalen Medaillons. Innen bezeichnet: *M. M.* XVI. Jh. Wohl von Michael Mann.

T i n t e n f a ß , quadratische Untertasse und quadratischer Untersatz mit Limosiner Email bedeckt; Darstellungen von Grotesken, Maskerons und Federzacken auf schwarzem Grunde. Um 1600.

Byzantinisches K r e u z mit geschnitzten, durchbrochenen Darstellungen aus der Passion Christi in Filigranmontierung. Der Griff mit kleinen Perlen und Emailblüten besetzt. Daran Ring mit Inschrift von 1759. Aus Korfu stammend.

G e m ä l d e : 1. Öl auf Leinwand, 115 × 145 *cm*; großräumige Architekturhalle, darin orientalisch gekleidete Personen bei einem Mahle; bewaffnete Krieger dringen ein, gegen die mehrere der ersteren zu den Waffen greifen. Italienisch, florentinisch; Mitte des XVII. Jhs.

2. Öl auf Leinwand, Christus mit den Jüngern in Emaus, Halbfiguren. Italienisch, Nachfolger des Carlo Dolce.

3. Öl auf Leinwand, Landschaft mit antiker Tempelruine; mehrere Personen als Staffage. Oberitalienisch. Zweite Hälfte des XVIII. Jhs.

Fig. 155 Wiener Porzellan-
figürchen,
Sammlung Baron Warsberg
(S. 109)

Fig. 156 Porzellanfigürchen,
Kloster Weildorf.
Sammlung Baron Warsberg
(S. 109)

P o r z e l l a n f i g u r e n : 1. Knabe mit einem zu seinen Füßen liegenden Hund. Blindmarke *J. H.* (J. Hannong?) (Fig. 154).   **Fig. 154.**

2. Juppiter, den Blitz zückend, neben ihm der Adler. Wiener Blindmarke (Fig. 155). Der Art des Niedermayr nahestehend. Vgl. den Neptun bei Frau Hofrat Zuckerkandl in Wien; Folnesics-Braun, Gesch. d. Wiener Porz.-Man., 1907, S. 191, Fig. S. 170.   **Fig. 155.**

3. Felssockel, auf dem eine große Vase steht; daran lehnt ein Flöte blasender Jüngling (Fig. 156). Kloster Weildorf, um 1780. Ein zweites Exemplar im Kunstgewerbemuseum in Leipzig; abgebildet bei Graul-Kurzwelly, Altthüringer Porzellan, Leipzig 1909, Taf. XXXIV, 2.   **Fig. 156.**

S c h l a g u h r , aus Messing. Im Inneren gravierte Ornamente vom Ende des XVI. Jhs. und Signatur: *Georg Chr. L...nberger.* Das Zifferblatt mit rot eingelassener, gravierter Mittelrosette und Zwickelfüllungen. Um 1700.

Sammlung Exzellenz Franz Freiherr von Wimpffen

Schwarzstraße Nr. 19.

Kleine Sammlung von Familienminiaturen und Souvenirs an Erzherzog Johann und Erzherzog Ludwig Viktor.

G e m ä l d e : 1. Porträtminiatur auf Elfenbein, oval; Brustbild des Freiherrn Christ an von Wimpffen als junger Offizier. Bezeichnet: *Vinc. Nasti f. 1827.*

2. Sechs Aquarellbilder, auf Papier; 15 × 22 *cm*; je ein ganzfiguriges Porträt in Jagdkostüm enthaltend. Und zwar: Kaiser Franz Josef I., König Albert von Sachsen, Prinz Ludwig und Karl Theodor von Bayern, Prinz Wasa und Prinz Max Taxis. Um 1855.

Fig. 160 Knabenportrat von Georg Schmet von Saar,
Sammlung Hofrat Dr. Wodickh (S. 112)

Fig. 159 Portrat des Botanikers Nikolaus Jaquin,
Aquarell von Lieder, Sammlung Hofrat Dr. Wodickh (S. 112)

3. Aquarell auf Papier; acht verschieden große Ansichten (Außenansichten und Interieurs) des Jagdschlosses Brandhof bei Aflenz in Steiermark. Um 1830. Art des Ender.

B ü s t e , aus weißem Marmor, Kaiser Augustus. Italienisch. Anfang des XIX. Jhs.

Sammlung Hofrat Dr. Wodickh

Giselakai Nr. 51.

Kleine Anzahl guter Familienbilder, vornehmlich aus der Familie von Jacquin, aus deren Besitz auch die Mehrzahl der übrigen Bilder stammt.

G e m ä l d e : 1. Öl auf Leinwand; 32 × 43 cm; Tod des hl. Franz Xaver in schwarzem Habit, der ein Kruzifix in den Händen hält; neben ihm zwei Engel, oben zwei weitere, die Blumen streuen. Links Durchblick auf Seelandschaft. Österreichisches Barockbild. Mitte des XVIII. Jhs. Unter Einfluß Tiepolos (Fig. 157).

2. Öl auf Leinwand; 60 × 61 cm; Brustbild des Botanikers Nikolaus Baron Jacquin in olivgrünem Rock mit schwarzen Aufschlägen, gelber Weste und weißer Binde. Links unten bezeichnet: Füger pinxit 1811 (Taf. IX).

3. Öl auf Leinwand; 58 × 72 cm; Halbfigur der hl. Maria Magdalena in grünem Gewande mit Goldborten, die Hände an die Brust gelegt. Dem Friedr. Heinr. Füger zugeschrieben (Fig. 158).

4. Öl auf Blech; 17 × 21 cm; Brustbild der Isabella Jacquin, nachmals Hofrätin von Schreibers, in weißem Kleide mit blauem Schal. Österreichisch. Anfang des XIX. Jhs.

5. Aquarell auf Papier; 14 × 19 cm; Brustbild des Nikolaus Baron Jacquin in blauem Rock mit türkischem Halstuch. Unterschrift: Auf Stein gezeichnet von F. Lieder (Vorzeichnung für die Lithographie). Um 1820 (Fig. 159).

Ferner mehrere Porträts von Saar, darunter ein Brustbild des Barons Joseph Jacquin um 1840 und viele Miniaturporträts, Aquarell auf Papier von demselben, darunter eine Kopfstudie eines Knaben (Georg Schmer, des nachmaligen Adjutanten Haynaus) (Fig. 160), um 1840 und Brustbild der Hofrätin von Schreibers als ältere Dame, um 1850.

6. Miniaturporträt auf Elfenbein; 5·5 × 7 cm; Brustbild der Isabella Baronin Jacquin. Bezeichnet: Stubenrauch. Um 1810.

Sammlung Frau Anna Zeller

Westbahnstraße Nr. 2.

P o k a l , Silber, vergoldet, 59 cm hoch; Fuß, Cupa und Deckel gebuckelt; gedrehter Fuß, aus dem über eine Platte ein Baumstamm herauswächst, an dem ein Mann hinaufklettert. Darüber der Kelch, in dessen Rand sich die Zähne und Buckel des Deckels einfügen. Auf dem Deckel Pelikan mit Jungen, zu oberst als Bekrönung eine Dülle, aus der eine Blume herauswächst. Nürnberger Beschau, Meistermarke PS (nach R² 3162 Peter Schutzing oder Peter Sigmund). Würzenzeichen. Zweite Hälfte des XVI. Jhs. (Fig. 161). Aus dem Besitz der Familie Rubinig stammend.

Fig. 157.

Tafel IX.

Fig. 158.

Fig. 159.

Fig. 160.

Fig. 161.

Fig. 161 Pokal,
Sammlung Zeller (S. 112)

TAFEL IX   HEINRICH FÜGER, BRUSTBILD DES BARONS NIKOLAUS JACQUIN
Sammlung Hofrat Dr. Wodickh (S. 112)

Taufmedaille, aus Silber, 4 × 4·5 cm; Wappen der Rubinig mit Umschrift: *Sigmundt Rubinnig in Festonfassung.* An der Rückseite Inschrift: *geboren 27. Aprills Anno 1760 z. Salzbg. J. H. S.*

Ovale Medaille; 5 × 6 cm; Silber, vergoldet; in steilem Rand; Taufe Christi mit Engeln in Landschaft. Unterschrift: *G. Pru S ca* (unleserlich). An der Rückseite Inschrift: *Aø 1678 den 12. September ist gebohr. Anna Magdalena Maria Ursula Buxbomin etc.,* in graviertem Kranz.

Gürtelschließe, aus Silber; kartuscheförmig, mit getriebenem Wappen der Rubinig, in reicher Einfassung aus Blattschnüren. Zweite Hälfte des XVIII.·Jhs.

Kabinett, aus Ebenholz; mit gravierten Beineinlagen, und zwar zum Teil figuralen Darstellungen (Landsknechten), zum Teil reichem Rankenornament. Kleine Schubladen hinter Flügeltüren. Anfang des XVII. Jhs.

Fig. 162 Tongruppe, Salzburger Stierwascher, Sammlung Hofrätin Eberle (S. 113)

Nachträge

Sammlung Hofrätin Bertha Eberle
Haydnstraße 10.

Alter Familienbesitz.

Gemälde: Öl auf Leinwand, 47 × 60·5 cm. Halbfigur eines schlafenden jungen Mädchens, dessen Kleid rechts von der Brust herabgeglitten ist, in einem reichen Empirelehnstuhl. An der Rückseite bezeichnet: *Peint par A. L. Gruber.* Der Name ist teilweise getilgt; nach der Tradition ist das Bild von J. B. Lampi d. Ä., dessen Richtung es folgt.

Tongruppe, bunt bemalt, 18 cm. „Salzburger Stierwascher"; ein junger Mann in Hemdärmeln wäscht einen schwarzen Stier mit einem Stück Seife, daneben kniet eine Frau neben einem Wassergefäß. Dabei steht ein Bauer und deutet mit einer sprechenden Gebärde auf seine Stirn. Um 1770, wohl Salzburgisch (Fig. 162).

Fig. 162.

„Tantalus", zirka 20 cm hoch; korbartiger verschließbarer Behälter aus weiß lackiertem Holz, in der oberen Abschlußplatte eingelassene Aquarellminiatur „Die Sophienbrücke" beziehungsweise „Mahlknecht". Darinnen Flasche aus Rubinglas mit Golddekor. Um 1830.

XVI   15

Sammlung Baronin Marie Stockart

Lassergasse 35.

Bilder aus Familienbesitz.

1. Öl auf Leinwand, 71 × 55·5 cm. Zwei rotblonde musizierende Putten, mit grün und grünroten Draperien. Scheinbar Ausschnitt aus einem großen Altarbild. Mailändisch, um 1530, Richtung der Spätzeit des Gaudenzio Ferrari.

Fig. 163 Porträt des Barons Alexander Nelfzen, Sammlung Baronin Stockart
(S. 114)

2. Öl auf Leinwand 57·5 × 70 cm. Brustbild des Barons Alexander von Nelfzen in schwarzem goldgesticktem Magnatenkostüm. Breitgemaltes Bild, um 1840, Richtung des F. Amerling (Fig. 163).

3. Öl auf Leinwand, 41 × 51 cm. Brustbild der Baronin Eleonore Nelfzen in schwarzem ausgeschnittenen Kleid, ihren kleinen Sohn in den Armen haltend. Bezeichnet *Josephin Götzl*. Um 1840.

K. k. Studienbibliothek

Über die Geschichte der Bibliothek siehe Foltz, Geschichte der Salzburger Bibliotheken, Wien 1877, S. 75 ff., 99, 105, und H. Tietze, Die illuminierten Handschriften in Salzburg, Leipzig 1905 (Wickhoff, Beschreibendes Verzeichnis der illuminierten Handschriften in Österreich, II. Band). In diesem Werke auch die ausführliche Beschreibung der Miniaturhandschriften, die im folgenden nur kurz charakterisiert werden.

1. [V I A I] Gregorii IX Papae Decretales, lateinisch. Perg., 288 × 459 mm, fol. 264; Miniaturen, Initialen, Randleisten. Holzdeckel mit Lederüberzug. Oberitalienische Arbeit aus der zweiten Hälfte des XIII. Jhs. (Salzburger Miniaturenkatalog Nr. 37).

2. [V I A 2] Archidiaconum super decretalium…, lateinisch. Perg., 259 × 439 mm, fol. 330; Miniaturen, Zierleisten, Initialen. Abgewetzter Lederband mit Metallschließen; unter Hornplättchen der Titel. Italienische, wohl bolognesische Arbeit aus der zweiten Hälfte des XIV. Jhs. (Salzburger Miniaturenkatalog Nr. 38).

3. [V I A 6] Joannis Andree additiones super speculo Durandi, lateinisch. Pap., 296 × 406 mm, fol. 217; Initialen. Holzdeckel mit beschädigtem Lederüberzug; abgerissene Metallschließen. Florentinische Arbeit von 1433/35 (Salzburger Miniaturenkatalog, Nr. 39).

4. [V I A 8] Baldus de Perusio. Lectura super libro VI Codicis, lateinisch. Pap., 280 × 408 mm, fol. 414; Initialen, Zierleisten. Gepreßter Lederband von zirka 1642. Oberitalienische Arbeit von 1419 (Salzburger Miniaturenkatalog Nr. 40).

5. [V I A 9] Rationale divinorum officiorum, lateinisch. Perg., 265 × 405, fol. 261; Initialen. Lederband. Italienische Arbeit vom Ende des XIII. Jhs. (Salzburger Miniaturenkatalog Nr. 41).

6. [V I A 11] Missale, lateinisch. Perg., 291 × 391 cm, fol. 231; Initialen, Randleisten, Kanonblatt. Gepreßter Schweinslederband mit Metallecken und -schließen. Salzburger Arbeit aus dem dritten Viertel des XV. Jhs. (Salzburger Miniaturenkatalog Nr. 42; Hacker in Salzburger Landeskunde IX, 245 ff.).

7. [V I A 12] Missale, lateinisch. Perg., 277 × 390 mm, fol. 245; Miniaturen, Initialen. Gepreßter Lederband mit Metallbeschlägen und -schließen. Salzburger Arbeit um 1460/70 (Salzburger Miniaturenkatalog Nr. 43; Hacker in Salzburger Landeskunde IX, 248).

8. [V I A 13] Novella Domini Johannis Andree super libro secundo decretalium, lateinisch. Pap., 288 × 410 mm, fol. 215; Initiale. Beschädigter Lederband mit abgerissenen Metallbeschlägen. Deutsche Arbeit des XV. Jhs. (Salzburger Miniaturenkatalog Nr. 44).

9. [V I B 18] Tractatus Hieronymi de libro psalmorum, lateinisch. Perg., 257 × 368 cm, fol. 138; Initialen. Lederband mit gepreßtem Rautenmuster, Metallschließen. Fränkische Arbeit vom Anfange des IX. Jhs. (Salzburger Miniaturenkatalog Nr. 45; Foltz a. a. O. 9, 36).

10. [V I B 19] Expositio beati Brunonis, lateinisch. Perg., 266 × 365 mm, fol. 192; Fleuronné-Initialen. Einfacher, stark beschädigter Lederband. Süddeutsche Arbeit des XIV. Jhs. (Salzburger Miniaturenkatalog Nr. 46; Hacker in Landeskunde IX, 247; Vierthaler, Reisen durch Salzburg, 1799, p. 105).

11. [V I B 20] Psalterauslegung des Nicolaus von Lyra; deutsch-lateinisch. Perg., 255 × 365 mm, fol. 270; Randleisten, Initialen. Lederband mit Hornplättchen und abgerissenen Schließen. Böhmische Arbeit um 1400 aus dem Kreise König Wenzels (Salzburger Miniaturenkatalog Nr. 47; J. v. Schlosser im Jahrbuch der kh. Sammlungen des Allerhöchsten Kaiserhauses XIV, p. 256; Hacker in Landeskunde IX, 249; Vierthaler, Reisen durch Salzburg, 1799, p. 106 ff.

12. [V I B 21] Breviarium Romanum, lateinisch. Perg., 275 × 359 mm, fol. 402; Initialen, Randleisten. Reich gepreßter Lederband mit Metallbeschlägen. Salzburger Arbeit in der Art des Ulrich Schreier, vor 1475 (Salzburger Miniaturenkatalog Nr. 48; Hacker in Landeskunde IX, 248; Eichler, Die deutsche Bibel des Erasmus Stratter, Leipzig 1908, S. 130, 138 f; H. Tietze im Kunsthistorischen Jahrbuch der Zentral-Kommission 1908, S. 11, Anm.).

13. [V I B 23] Missale, lateinisch. Perg., 297 × 385 mm, fol. 340; Initialen, Zierleisten. Leinwandbezogene Holzdeckel mit Metallbeschlägen. Oberdeutsche, vielleicht Augsburger Arbeit aus der ersten Hälfte des XV. Jhs. (Salzburger Miniaturenkatalog Nr. 49; Hacker in Landeskunde IX, 248 f.).

14. [V I B 22] Ordo missalis, lateinisch. Perg., und Pap. 285 × 365 mm, fol. 97; Initialen, Randleisten. Gepreßter Lederband mit Metallschließen. Süddeutsche Arbeit um 1500 (Salzburger Miniaturenkatalog Nr. 50).

15. [V I B 24 (2)] Summa Gofredi super libros decretalium, lateinisch. Perg., 240 × 296 mm, fol. 158; Initialen. Lederband mit Metallschließen. Italienische Arbeit um 1200 (Salzburger Miniaturenkatalog Nr. 51; Hacker in Landeskunde IX, 245; Foltz, Geschichte der Salzburger Bibliotheken 39 f.).

16. [V I B 33] Novella Bonifacii VIII super eins lib. VI. decret., lateinisch. Pap., 300 × 404 mm, fol. 242; Initialen. Lederbände mit Metallbeschlägen. Deutsche Arbeit des XV. Jhs. (Salzburger Miniaturenkatalog Nr. 52).

17. [V I B 36/8] Sermones postillares Antonii Parmensis. — Admonitiones S. Bonaventurae ad sacerdotes de celebratore. — Albertus Magnus, Signa, Calendaria; lateinisch. Pap., 281 × 407 mm, fol. 320; Miniaturen, Initialen. Holzdeckel. Süddeutsche, vielleicht bayrische Arbeit aus dem zweiten Viertel oder der Mitte des XIV. Jhs. (Miniaturenkatalog Nr. 53).

15*

18 [V 1 C 40] Antiphonarium chorale, lateinisch. Perg., 232 × 334 *mm*, fol. 48; Initialen. Lederband mit Metallschließen. Deutsche Arbeit des XV. Jhs. (Salzburger Miniaturenkatalog Nr. 54).

19. [V 1 C 44] Altertümer von Rom und Verona, italienisch. Pap., 240 × 345 *mm*, fol. 33. Architektonische Aufnahmen. Pergamentband (Salzburger Miniaturenkatalog Nr. 55).

20. [V 1 D 47] Breviarium maioris Ecclesiae Salisburgensis, lateinisch. Perg., 220 × 314 *mm*, fol. 170; Initialen, Randleisten. Lederband mit Metallschließen. Salzburger Arbeit vom Anfange des XII. Jhs. (Salzburger Miniaturenkatalog Nr. 56).

20. [V 1 D 50 (2 vol.)] Biblia sacra, lateinisch. Perg., 242 × 334 *mm*, fol. 424; Fleuroné-Initialen, Zierleisten. Ledereinband mit teilweise abgerissenem Metallbeschlag. Deutsche Arbeit des XIV. Jhs. (Salzburger Miniaturenkatalog Nr. 57).

21. [V 1 E 52] Meßzeremoniale, lateinisch. Perg., 264 × 368 *mm*, fol. 30; Initialen, Randleisten. Holzdeckel mit schwarzem Leinenüberzug. Österreichische Arbeit vom Beginn des XV. Jhs. (Salzburger Miniaturenkatalog Nr. 58).

22. [V 1 E 55] Summa Goffredi super libris decretalium, lateinisch. Perg., 241 × 358 *mm*, fol. 111; Initialen, Randleisten. Glatter Lederband mit abgerissenem Metallbeschlag. Italienische Arbeit aus der ersten Hälfte des XIII. Jhs. (Salzburger Miniaturenkatalog Nr. 59).

23. [V 1 E 56] Mesne, Johannis Grabadini, liber medicinalis, lateinisch. Pap., 236 × 340 *mm*, fol. 302; Initialen, Randleisten. Gepreßter gemusterter Lederband. Salzburger Arbeit in der Art des Ulrich Schreier von 1469 (Salzburger Miniaturenkatalog Nr. 60; H. TIETZE im Kunsthistorischen Jahrbuch der Zentral-Kommission 1908, S. 11, Anm; F. EICHLER, Die deutsche Bibel des Erasmus Stratter, Leipzig 1908, S. 146.

24. [V 1 E 57] Epistolae apostolorum, lateinisch. Perg., 268 × 361 *mm*, fol. 15; Initialen. Salzburger Arbeit vom Anfange des XV. Jhs. (Salzburger Miniaturenkatalog Nr. 61).

25. [V 1 E 59] Missale, lateinisch. Perg., 261 × 355 *mm*, fol. 436; Fleuroné-Initialen. Miniaturen. Gepreßter Lederband. Salzburger Arbeit vom Anfange des XIV. Jhs. (Salzburger Miniaturenkatalog Nr. 62; HACKER in Landeskunde IX, 249 f.).

26. [V 1 E 60] Breviarium romanum, lateinisch. Perg., 225 × 322 *mm*, fol. 493; Initialen. Randleisten. Miniaturen. Gepreßter Lederband. Österreichische Arbeit aus dem Anfange des XV. Jhs. (Salzburger Miniaturenkatalog Nr. 63; HACKER in Landeskunde IX, 250).

27. [V 1 F 97] Leo Belgicus, opera M. Joannis Burggraff, lateinisch. Pap., 199 × 292 *mm*, 162 pag.; Miniatur. Wappen. Salzburger Arbeit von 1674 (Salzburger Miniaturenkatalog Nr. 64).

28. [V 1 C 110] Missale, lateinisch. Perg., 230 × 282 *mm*, fol. 39; Initialen. Randleisten. Gepreßter Lederband mit Metallbeschlägen. Österreichische Arbeit. Mitte des XV. Jhs. (Salzburger Miniaturenkatalog Nr. 65).

29. [V 1 C 117] Nicolaus de Dünkelsbühl, Tractatus varii de poenitentia etc., lateinisch. Pap., 215 × 298 *mm*, fol. 229; Initialen. Lederband mit Metallbeschlägen. Süddeutsche Arbeit aus der Mitte des XV. Jhs. (Salzburger Miniaturenkatalog Nr. 66).

30. [V 1 H 131] Calendarium ecclesiae Salisburgensis, lateinisch. Pap., 190 × 275 *mm*, fol. 41; Miniaturen. Goldgepreßter Pergamentband. Salzburger Arbeit von 1630/31 (Salzburger Miniaturenkatalog Nr. 67).

31. [V 1 H 139] Famiglie più antiche e nobili Romane, italienisch. Pap., 186 × 255 *mm*, fol. 80; eine Kartusche. Wappen. Pergamentband mit eingeprägtem Wappen des Erzbischofs - Franz Anton Harrach. Genealogisches Werk von 1689 (Salzburger Miniaturenkatalog Nr. 68).

32. [V 1 H 149] Computus cyrometralis maior per manus Johannis Reysoldi, lateinisch und deutsch. Pap., 149 × 209 *mm*, fol. 108; Miniaturen. Salzburger Arbeit von 1402 (Salzburger Miniaturenkatalog Nr. 69).

33. [V 1 H 153] Eusebii Epistola ad Damasum de Vita Hieronymi. — Epistola beati Augustini ad s. Cyrillum. — Liber Soliloquiorum beati Isidori episcopi. Pap., 167 × 237 *mm*, fol. 140; Initialen. Gepreßter Lederband mit Metallschließen. Salzburger Arbeit von 1470 (Salzburger Miniaturenkatalog Nr. 70).

34. [V 1 H 154] Liber visionum fratris Johannis; liber florinus celestis doctrine. Liber apparitionum vel visionum B. Mariae, lateinisch, Perg., 184 × 243 *mm*, fol. 86; Miniaturen. Initialen. Lederbände mit einfachem Metallbeschlag. Salzburger Arbeit von 1410 (Salzburger Miniaturenkatalog Nr. 71; FOLTZ, Geschichte der Salzburger Bibliotheken, 55).

Fig. 164. 35. [V 1 H 162] Opusculum de fructu carnis et spiritus; lateinisch. Perg., 154 × 237 *mm*, fol. 81; Miniaturen (Fig. 164). Lederdeckel. Metallschließen. Süddeutsche Arbeit aus der Mitte des XII. Jhs. (Salzburger Miniaturenkatalog Nr. 72; FOLTZ a. a. O. 39).

36. [V 1 H 164] Speculum ecclesiae Honorii papae, lateinisch. Perg., 162 × 233, fol. 156; Initialen. Gepreßter Lederband mit Metallschließen. D eutsche Arbeit des XII. Jhs. (Salzburger Miniaturenkatalog Nr. 73).

37. [V 1 H 167] Sieben medizinische Schriften, lateinisch. Pap., 174 × 236 *mm*, fol. 274; Initialen. Gepreßter Lederband mit Metallschließen. Salzburger Arbeit von 1475/78 (Salzburger Miniaturenkatalog Nr. 74; TIETZE im Kunsthistorischen Jahrbuch der Zentral-Kommission 1908, S. 11 Anm.; EICHLER, a. a. O., S. 130).

38. [V 1 H 170] Ceremoniale seu Pontificale, lateinisch. Perg., 174 × 238 *mm*, fol. 45; Initialen. Glatter roter Lederband. Italienische Arbeit vom Anfange des XIV. Jhs. (Salzburger Miniaturenkatalog Nr. 75).

39. [V 1 H 172] Modus procedendi in Sermones de Sacramento Corporis Christi, lateinisch. Perg., 174 × 251 *mm*, fol. 200; Initialen, Zierleisten. Gepreßter Lederband mit Metallbeschlägen. Österreichische Arbeit unter französischem Einfluß von 1386 (Salzburger Miniaturenkatalog Nr 76)

40. [V 1 J 200] Psalterium, lateinisch. Perg., 95 × 125 *mm*, fol. 236; Initialen. Gepreßter Lederband. Salzburger Arbeit vom Anfange des XV. Jhs. (Salzburger Miniaturenkatalog Nr. 77).

41. [V 1 J 201] Liber precum, lateinisch.[Perg., 75 × 113 *mm*, fol. 84; Initialen. Lothringische (?) Arbeit vom Ende des XIV. Jhs. (Salzburger Miniaturenkatalog Nr. 78).

42. [V 1 J⁸ 224] Lamspring, Libellus de lapide philosophico; lateinisch und deutsch. Pap., 166 × 188 *mm*, fol. 83; Miniaturen. Deutsche Arbeit von 1607 (Salzburger Miniaturenkatalog Nr. 79).

43. [V 1 J S₂ 237] Kiurze Beschreibung der Bischöfe und Erzbischöfe von Salzburg, deutsch. Pap., 144 × 179 *mm*, fol. 43 ; Wappen. Salzburger Arbeit von 1622 (Salzburger Miniaturenkatalog Nr. 80).

44. [V 2 A 1] Gregorii papae liber moralium in librum Job, lateinisch. Perg., 324 × 490 *mm*, fol. 177; Miniaturen, Randleisten, Initialen. Gepreßter Lederband mit Metallschließen. Deutsche Arbeit unter italienischem Einfluß von der Wende des XIV. zum XV. Jh. (Salzburger Miniaturenkatalog Nr. 81; Hacker in Landeskunde IX, 247).

45. [V 2 A 2 (2)] Johannis Andreae Bononiensis liber de sexto Decretalium, lateinisch. Perg., 302 × 485 *mm*, fol. 103; Miniaturen, Initialen. Einfacher Lederband. Bologneser Arbeit in der Richtung des Pseudo-Niccolò (Salzburger Miniaturenkatalog Nr. 82; Hacker in Landeskunde IX, 251).

46. [V 2 A 5] Baldus de Perusio, Lectura super IX. libro codicis, lateinisch. Pap., 295 × 436 *mm*, fol. 172; Initialen. Beschädigte Holzdeckel mit abgerissenen Schließen. Italienische Arbeit vom Anfange des XV. Jhs. (Salzburger Miniaturenkatalog Nr. 83).

47. [V 2 A 6] Nicolaus abbas Siculus super libris decretalium, lateinisch. Pap., 296 × 431 *mm*, fol. 261; Initialen. Holzdeckel. Österreichische Arbeit vom Anfange des XV. Jhs. (Salzburger Miniaturenkatalog Nr. 84).

48. [V 2 A 10] Decretales Gregorii IX. papae, lateinisch. Perg., 287 × 452 *mm*, fol. 54; Initialen. Lederdeckel mit Metallbeschlag. Deutsche Arbeit des XIV. Jhs. (Salzburger Miniaturenkatalog Nr. 85).

49. [V 2 A 11] Baldus de Perusio, Lectura super quarto libro Codicis, lateinisch. Pap., 243 × 428 *mm*, fol. 301; Randleiste, Initiale. Holzdeckel. Deutsche Arbeit von 1430 (Salzburger Miniaturenkatalog Nr. 86).

50. [V 2 B 19 (1)] Montignano, Consilia medicinalia, lateinisch. Pap., 239 × 339 *cm*, fol. 420; Initialen, Randleiste. Gepreßter Lederband mit reichem Metallbeschlag. Salzburger Arbeit in der Art des Ulrich Schreier von 1471; für Bernhard von Rohr geschrieben (Salzburger Miniaturenkatalog Nr. 87; Tietze, a. a. O., S. 11, Anm.; Eichler, a. a. O., S. 145 f.).

Fig. 161 Darstellung der Todsünden aus der Handschrift V 1 H 162 (Nr. 35) der Studienbibliothek (S. 116)

51. [V 2 B 20] Lectionar, lateinisch. Perg., 228 × 334 *mm*, fol. 519; Initialen. Holzdeckel. Süddeutsche Arbeit von 1388 (Salzburger Miniaturenkatalog Nr. 88; Hacker in Landeskunde IX, 247).

52. [V 2 B 21 (2)] Bertruccio, Liber medicinalis, lateinisch. Pap., 239 × 344 *mm*, fol. 483; Initialen, Zierleisten. Lederband mit reichen Metallbeschlägen. Salzburger Arbeit von 1476, in der Art des Ulrich Schreier; für Erzbischof Bernhard von Rohr verfertigt (Salzburger Miniaturenkatalog Nr. 89).

53. [V 2 B 23] Medicinarum simplicium liber, lateinisch und deutsch. Pap., 233 × 388 *mm*, fol. 473; Initialen, Randleisten. Gepreßter Lederband mit reichem Metallbeschlag. Salzburger Arbeit von 1470/71 in der Art des Ulrich Schreier; für Bernhard von Rohr geschrieben (Salzburger Miniaturenkatalog Nr. 90; Tietze, a. a. O., S. 11, Anm.; Eichler, a. a. O., S. 145).

54. [V 2 E 33] Fratris Richardi de Mediavilla liber quartus de IVᵒ Summae, lateinisch. Perg., 237 × 336 *mm*, fol. 279. Beschädigter Lederdeckel mit Metallschließen. Italienische Arbeit vom Anfange des XIV. Jhs. (Salzburger Miniaturenkatalog Nr. 91).

55. [V 2 E 51] Missale Romanum, lateinisch. Perg., 239 × 328 *mm*, fol. 207; Miniaturen, Initialen. Gepreßter Lederband mit reichem Metallbeschlag. Prager Arbeit um 1300 oder Anfang des XIV. Jhs. (Salzburger Miniaturenkatalog Nr. 92).

56. [V 2 F 61] Rituale Romanum, lateinisch. Perg., 201 × 295 *mm*, fol. 126; Miniatur, Initialen. Gepreßter Lederband mit abgerissenen Metallschließen. Deutsche Arbeit der ersten Hälfte des XIV. Jhs. (Salzburger Miniaturenkatalog Nr. 93).

57. [V 2 G 79] Breviarium decretorum, lateinisch. Pap., 221 × 293 *mm*, fol. 285; Initialen. Holzdeckel mit Pergamentüberzug und Metallschließen. Anfang des XV. Jhs. (Salzburger Miniaturenkatalog Nr. 94).

58. [V 2 H 92] Summa viciorum, lateinisch. Perg.,162 × 233 *mm*, fol. 264; Initialen. Lederdeckel. Deutsche Arbeit vom Anfange des XIV. Jhs. (Salzburger Miniaturenkatalog Nr. 95).

59. [V 3 B 15] Gregorii IX. papae decretales, lateinisch. Perg., 255 × 386 *mm*, fol. 252; Initialen, Zierleiste, Miniatur. Beschädigter Lederdeckel. Deutsche (?) Arbeit von Anfang oder aus der Mitte des XIII. Jhs. (Salzburger Miniaturenkatalog Nr. 96).

60. [V 3 B 20] Missale dioec. Salisburgensis, lateinisch. Perg., 245 × 339 *mm*, fol. 242; Initialen. Gepreßter Lederband mit reichem Metallbeschlag. Salzburger (?) Arbeit aus der ersten Hälfte des XIV. Jhs. (Salzburger Miniaturenkatalog Nr. 97).

61. [V 3 H 132] Missale, lateinisch. Perg., 223 × 304 *mm*, fol. 333; Initialen. Gepreßter Lederband mit abgerissenen Metallschließen. Deutsche Arbeit aus der ersten Hälfte des XV. Jhs. (Salzburger Miniaturenkatalog Nr. 98).

62. [V 3 H 133] Missale, lateinisch. Perg., 204 × 300 *mm*, fol. 355; Initialen. Beschädigter Lederband mit Metallschließen. Süddeutsche Arbeit vom Anfange des XIII. Jhs. (Salzburger Miniaturenkatalog Nr. 99).

63. [V 3 H 168] Missale, lateinisch. Perg., 207 × 290 *mm*, fol. 206; Initialen. Gepreßter Lederband mit reichem Metallbeschlag. Salzburger Arbeit aus der zweiten Hälfte des XIV. Jhs. (Salzburger Miniaturenkatalog Nr. 100).

64. [V 4 F 123 (1)] Bruchstück der Postille des Nicolaus de Lyra, lateinisch. Pap., 219 × 293 *mm*, fol. 283; Initialen. Gepreßter Lederband mit Metallschließen. Österreichische Arbeit aus der zweiten Hälfte des XV. Jhs. (Salzburger Miniaturenkatalog Nr. 101).

65. [V 4 F 128 (2)] Bruchstück der Postille des Nicolaus de Lyra, lateinisch. Pap., 219 × 293 *mm*, fol. 149; Initialen. Beschädigter Lederband mit Metallschließen. Österreichische Arbeit aus der zweiten Hälfte des XV. Jhs.; mit der vorigen Handschrift zusammengehörig (Salzburger Miniaturenkatalog Nr. 102).

Die Einzeldrucke der Bibliothek sind beschrieben bei G. Gugenbauer.

Ferner befinden sich in der Studienbibliothek drei Sammelbände, in die Handzeichnungen eingeklebt sind.

I. Klebeband in braunem Ledereinband, 51 × 68 *cm*, mit goldgepreßtem erzbischöflichem Wappen und Initialen H. D. G. A. S. S. A. L. G. P. 1772.

Fol. 1. Rötelzeichnungen. 1. Mädchenkopf und skizzierter Frauenkopf; auf der Rückseite Handstudien. Gering, XVIII. Jh. 2. Zeus mit dem Adler; Rückseite Figurenskizzen, XVIII. Jh. 3. Putto. Gering, XVIII. Jh. 4. Figurenstudien. Rückseite: ein aus Venedig 27. Jänner 1662 datierter Briefausschnitt des Giov. Battasgara. Oberitalienisch, XVII. Jh. 5. Putten, XVIII. Jh. 6. Kinderhandstudie, XVIII. Jh.

Fig. 165.
Fol. 2. Rötelzeichnungen. 1. und 2. Putten, wie fol. 13. 3. 19 × 58·2 *cm*; Bleistiftzeichnung auf braunem Papier; einen Jupiter schmeichelnd (?). Oberitalienisch, Ende des XVI. Jhs. (Fig. 165). 4. Geringe gehöhte Kohlenzeichnung eines gekrönten weiblichen Genius. 5. Rötel, 19 × 13·5 *cm*; Skizzen von Jägern mit Hunden. XVIII. Jh. Deutsch.

Fol. 3. Vier Rötelaktstudien, XVIII. Jh. Ferner eine stark lädierte Sepiaskizze zu einem Petrus Martyr, XVIII. Jh.

Fig 166.
Fol. 4. 1. Rötelzeichnungen, 14·2 × 20·5 *cm*; Kompositionsstudien (nach Michelangelo?). Auf der Rückseite in Bleistift geringer Frauenkopf, XVIII. Jh. 2. Geringe Kompositionsskizze, XVIII. Jh. 3. In Bleistift mit Kreide 14·7 × 22·6 *cm*; vor architektonischem Hintergrunde sitzender bärtiger Mann (Moses) mit Griffel (?) und Tafel. Venezianisch, Ende des XVI. Jhs. (Fig. 166).

Fol. 5. Bleistift mit Kreide; König David, die Harfe spielend. XVIII. Jh.

Fol. 6. 1. Federzeichnungen, 3 × 13·7 *cm*; sechs verschiedene Studien, Entwürfe zu einem breitovalem Bild mit Halbfigur des hl. Lukas. Auf der Rückseite italienischer Brief von 1614. Oberitalienisch. 2. Rötelzeichnung nach der Galatheengruppe im Palazzo Rospigliosi. 3. Rötelstudien. Deutscher Manierist um 1600.

Fol. 8. Weiß gehöhte Bleistiftzeichnung. Antike Gebälktrümmer über Kapitälen. XVIII. Jh.

Fol. 10. Rötel auf gelbem Papier, 29 × 43 *cm*; stehender männlicher Akt. Auf der Rückseite Aktstudie in Bleistift. XVII. Jh.

Fol. 11. Rötelskizzen auf einem Briefumschlag an ... Pio Fabio Paulini, Venezia etc. XVII. Jh.

Fig. 167.
Fol. 12. Kohle, weiß gehöht; 42·5 × 43·7 *cm*; die Apostelfürsten über Wolken thronend, darüber eine von zwei Putten getragene, mit den päpstlichen Insignien gekrönte Wappenkartusche. Italienisch, zweite Hälfte des XVII. Jhs. (Fig. 167).

Unnumeriert. Sepiazeichnung, 56·5 × 30·2; Entwurf zu einem Schrein, dessen Hauptteil von sechs kurzen, von Laub umwundenen Säulchen gegliedert ist, denen im Untersatz geschuppte Volutenkonsolen entsprechen. Mitte des XVII. Jhs.

Unnumeriert. Federzeichnung, 24·8 × 37 *cm*; Vorzeichnung zu einem Schubladenkasten mit Ladenuntersatz, mit Türen geschlossenem Mittelteil und Uhraufsatz. Beischriften. Anfang des XVII. Jhs.

Fol. 13. Bleistiftzeichnung; zwei einander küssende Nymphen (der Diana), Halbfiguren (Zeus und Callisto?). Venezianisch, Ende des XVI. Jhs. (Fig. 168).

Fig. 168.

Fol. 14. Zwei kaum kenntliche Rötelskizzen. Auf der Rückseite italienischer Brief des XVII. Jhs.

Fol. 15. Weiß gehöhte Kohlenzeichnung, 27·5 × 42·7 cm; männlicher Rückenakt. Auf der Rückseite dreimal variierter Kompositionsentwurf zu einem Heiligenbild; oben in Wolken die hl. Familie thronend, unten mehrere Heilige hinaufblickend. Bolognesisch, Anfang des XVII. Jhs.

Fol. 18. In Sepia. Ornamentdetail. XVII. Jh. 2. In Bleistift. Der Raub der Europa. Französisch, Anfang des XVIII. Jhs.

Fol. 19. Rötelzeichnung, 13·5 × 21 cm; männlicher Akt, dem Bocksperger zugeschrieben. Wohl nordisch, Anfang des XVII. Jhs.

Fig. 165 Mythologische Szene, Bleistiftzeichnung, Studienbibliothek (S. 118)

Fol. 20. 1. Bleistift mit Kreide, 42·5 × 28 cm; Maria mit dem Kinde, das mehrere männliche und weibliche Mönchsheilige adorieren. Auf der Rückseite Studien. XVIII. Jh. 2. Rötel; drei weibliche antikisierende Gewandfiguren. Zweite Hälfte des XVIII. Jhs.

Fol. 21. Zwei Rötelzeichnungen; Aktstudie und Kopfskizzen. XVIII. Jh. Eine Sepiazeichnung; antikisierende Architekturtrümmer. XVIII. Jh.

Fol. 22. Fünf Rötelzeichnungen, eine Bleistiftzeichnung; männliche Aktstudien. Eine davon 18·7 × 13·3 cm, dem Parmigianino zugeschrieben. Ferner in Bleistift mit Kreide: Halbfigur eines betenden Mönches. XVIII. Jh.

Fol. 23. Geringe weibliche Aktstudie; Bleistift mit Kreide. XVIII. Jh.

Fol. 24. 1. Bleistift mit Kreide; männliche Aktstudie. XVIII. Jh. 2. Lavierte Tuschzeichnung; Architekturtrümmer; auf der Rückseite Entwurf zu einer Schmiedeeisenarbeit (Türklopfer?). XVII. Jh.

Fol. 25. Bleistift mit Kreide; männlicher Akt. XVIII. Jh.

Fol. 26. 1. Rötel; männlicher Akt; Rückseite figuraler Entwurf. XVIII. Jh. 2. Rötel, 27 × 20 cm (Entwurf zu einem Stich?); rechts Tafel in architektonischer Umrahmung, links Flußgott (Tiber?) über einem Postament gelagert, vor dem die Wölfin mit den beiden Kindern Romulus und Remus liegt; Waffentrophäen. XVIII. Jh.

Fol. 27, 30, 31 und 32. Aktstudien. XVIII. Jh.

Fig. 167 S. Petrus und Paulus, Kohlenzeichnung, Studienbibliothek (S. 118)

Fig. 166 Drapierte Figur, Stift- und Kreidezeichnung, Studienbibliothek (S. 118)

Fol. 32. 2. Sepiazeichnung, 29·2 × 21·7 cm; auf vergilbtem braunem, teilweise beschädigten Papier. Flüchtige Kompositionsskizze; links erklettern Männer in wildem Getümmel eine wallartige Erhöhung, auf der sich das Menschengedränge fortsetzt, rechts eine Galeere mit sitzenden und stehenden Männern. Neben dieser ein mit dem übrigen nicht zusammengehöriger großer Pferdekopf. Auf der Rückseite nackte Gestalt mit emporgestreckten Armen, darüber ein Putto. Italienisch. XVII. Jh.

Fol. 33, 34, 35. Aktstudien. XVIII. Jh.

Fol. 35. Eine Rötelzeichnung, 19 × 12·7 cm; zwei Varianten zu einem Petrus-Martyr-Bild. Italienisch, XVIII. Jh. Auf der Rückseite italienische unleserliche Schrift.

Fol. 36. Studien. XVIII. Jh.

Fol. 37. 1. und 2. Rötelzeichnungen. Männliche und weibliche Studie. XVIII. Jh. 3. Bleistift mit Kreide gehöht, schwebender Genius (Engel?), einen Balken (Kreuz?) tragend. XVII. Jh. 4. Kohle; Handstudien. 5. Lavierte Federzeichnung, 21 × 29 cm; hl. Florian mit der Fahne in der Linken, gießt aus einem Kruge mit der Rechten Wasser auf ein brennendes Gebäude. Oben Aufschrift: S° *Floriano* usw. (unleserlich). unten über dem Gebäude: *adi esto una anesia*. Der Art des Luca Cambiaso verwandt (Fig. 169). Fig. 169.

Fol. 38. Große männliche Aktstudie. XVIII. Jh.

Fig. 168 Bleistiftzeichnung, Studienbibliothek (S. 119)

Fol. 39. 1. Rötelzeichnung. Details eines Prunkschiffes (Bucentoro, XVIII. Jh.?). 2. Bleistiftzeichnung; Putten aus einer Kiste Musikinstrumente nehmend. XVII. Jh. 3. Bewegungsskizzen.

Fol. 40. Männliche und weibliche Aktstudien. XVIII. Jh.

Fol. 41. 1. Kopf- und Handstudien. XVIII. Jh. 2. Engel und Putten, ein großes Kreuz durch die Luft tragend; skizzenhafte, breitovale Komposition. Auf der Rückseite Puttenstudien. XVIII. Jh.

Fol. 42. 1. Männliche Aktstudie, XVIII. Jh. 2. Rötelzeichnung nach einem Porträtstich eines Jünglings. Anfang des XVII. Jhs.

Fol. 43. 1. Rötelzeichnung: männliche Aktstudie. XVIII. Jh. 2. Sepiazeichnung; Ruine eines polygonalen Tempels über Subkonstruktion. XVII. Jh. 3. Lavierte Federzeichnung, 15·2 × 11; variierte Entwürfe zu einem knorpeligen Volutenornament (Kartusche) mit bekrönendem Putto mit Kardinalshut. Mitte des XVII. Jhs.

Fol. 44. 1. Rötelzeichnung, 25·2 × 25·8 cm; Kompositionsentwurf; große Versammlung stehender und sitzender Personen, von denen nur die vorne sitzenden deutlicher ausgeführt sind. Art des Sacchi. 2. Rötelzeichnung; Kinderkopf- und Handstudien. XVII. Jh.

Fol. 45. Geringe Landschaftsskizzen.

Fol. 46. Kohlenzeichnung, 28·2 × 42·4 cm; Aktstudie eines Mannes, der über hinaufgezogenen Beinen auf einer Bank sitzt, auf deren Lehne er den rechten Arm gelegt hat; sein linker greift nach oben, das Gesicht überschneidend. Rechts kaum angedeutete Skizze einer Frau (?) mit Kragen und hohem Hut. Vlämisch, Mitte des XVII. Jhs. (Fig. 170). 2. Rötelzeichnung; über Volute weibliche Karyatide ein Kapitäl tragend, auf dem ein Bogen aufsitzt. Anfang des XVII. Jhs. 3. Studien nach Tierkopfskeletten. Fig. 170.

Fol. 47. 1.—3. Akt- und Gewandstudien. 4. Federzeichnung, 20·7 × 30·3 cm; Kompositionsskizze zu einem Heiligenbild; oben schwebend hl. Jungfrau, unten ein hl. Mönch und zwei hl. Priester, von denen der eine durch den Gesichtstypus als hl. Karl Borromäus gekennzeichnet ist. Italienisch, XVII. Jh.
Fol. 48. Kopf- und Draperiestudien.
Fol. 49—53. Akt- und geringe Kompositionsskizzen.
Fol. 53. Rötelzeichnung, 27·5 × 20·5 cm; zwei Sirenen halten ein steilovales Porträtmedaillon, dahinter Breitpfeiler mit Flachgiebelabschluß. XVII. Jh.
Fol. 54, 55. Akt- und Gipsstudien.
Fol. 55. Bleistiftzeichnung; Hermes den Argus durch sein Flötenspiel einschläfernd, links hinten die Kuh. XVII. Jh.
Fol. 56—69. Zum größten Teil zusammengehörige Akt- und Gipsstudien des XVIII. Jhs.

Fig. 169 Hl. Florian, lavierte Federzeichnung,
Studienbibliothek (S. 121)

Fig. 170 Aktstudie, Kohlenzeichnung,
Studienbibliothek (S. 121)

Fol. 70. 1. Kompositionsskizze in Bleistift einer Himmelfahrt Mariä; unten angedeutet der offene Sarkophag. XVIII. Jh. 2. Braun und rot gehöhte Bleistiftzeichnung einer großen Equipage. Anfang des XVIII. Jhs.
Fol. 70—95. Studien wie oben 56—69.
Fol. 96. Federzeichnung, 29·5 × 41 cm; Vorhalle des Pantheon. Durchblick durch eine Pfeiler- und Säulenarchitektur auf eine antikisierende Tür. Vorne Friesdetail und Säulenschnitte mit italienischen Beischriften. Auf der Rückseite Architekturzeichnung aus Rom (Cestiuspyramide, Engelsburg). Ende des XVI. Jhs. Kopie einer in der Raffaelschule sehr beliebten Zeichnung, siehe GEYMÜLLER, Raffaël étudié comme architecte, Tav. II (Fig. 171).
Fol. 97—103. Studien wie oben.
Fol. 104. 1. Variante zu fol. 70 I. 2. Variante zu fol. 12.
Fol. 105—116. Studien wie oben.
Fol. 116. Variante zu 12.

Fig. 172 Deckenskizze, Tuschzeichnung,
Studienbibliothek S. 125)

Fig. 171 Vorhalle des Pantheon, Federzeichnung,
Studienbibliothek (S. 122)

16*

Fol. 117—123. Studien.

Fol. 124. Federzeichnung, 41·3 × 28·5 cm; Wand bis zur angedeuteten Kassettendecke des Pantheon mit Aufschrift *Pannon*. Auf der Rückseite Ansicht einer italienischen Stadt, darüber Details einer Palastfassade. Ende des XVI. Jhs. Zusammengehörig mit der Zeichnung fol. 96, Kopie nach einem Original (Raffaels?), von dem noch weitere Kopien bekannt sind. S. H. EGGER, Der Codex Escurialensis, fol. 30.

Fol. 125. Variante zu fol. 20, 1.

Fol. 126. 1. Rötelzeichnung; Lilienstudie. 2. Kompositionsstudie in Bleistift (leicht weiß gehöht), zirka 43 × 28 cm; drei Gestalten in wehenden Mänteln tragen einen Leichnam; Draperiestudien. Auf der Rückseite Rückenakt. Zweite Hälfte des XVIII. Jhs.

Fol. 127. Kompositionsskizzen (Madonna mit dem Kinde in Halbfigur, hl. Mönch vor dem Kruzifix.

Fol. 128. 1. Rötelzeichnung, 32 × 32·5 cm; Kompositionsentwurf; links unter Bäumen schlafende Amazonen, rechts trägt eine Frau ein Kind weg. Auf der Rückseite Porträtskizzen; Halbfigur einer Dame in reicher Kleidung. Anfang des XVIII. Jhs. 2. Kompositionsskizze in Bleistift, weiß gehöht; hl. Bischof legt die Hand auf den Kopf eines (toten?) Knaben, den eine kniende Frau hält. Ende des XVII. Jhs.

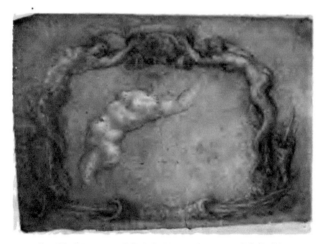

Fig. 173 Rahmenentwurf, Bleistiftzeichnung, Studienbibliothek (S. 126)

Fol. 129 und 130. Studien, Kompositionsskizzen. XVIII. Jh.

Fol. 131 und 132. Zwei Kohlenskizzen zu einem Bilde; zirka 30 × 46 cm; Madonna mit dem Kinde über Wolken thronend mit hl. Katharina und einem Mönchsheiligen. Österreichisch, XVIII. Jh.

Fol. 133. Kompositionsskizze, zirka 27 × 38 cm; Himmelfahrt Mariä. Auf der Rückseite Posaune blasender Engel. Österreichisch, XVIII. Jh.

Die folgenden Blätter (bis 180) Aktstudien, Landschaftsstudien, Zeichnungen nach Antiken und Gemälden. Österreichisch, XVIII. Jh.

Hervorzuheben fol. 144, Kohlenzeichnung, 27 × 43 cm; Draperiestudie. Kniender Mönch, dem M. Altomonte zugeschrieben.

Fol. 148. Bleistiftskizze, 19·5 × 13 cm; hl. Dreifaltigkeit über Wolken, Christi Leichnam mit dem Oberkörper zwischen den Knien Gott-Vaters. Eigenartige österreichische Komposition aus der Mitte des XVIII. Jhs.

Fol. 160. Kompositionsskizze in Feder mit Rötel, 9 × 12·5 cm; männliche Figur (Adam?) auf einem Steine sitzend und nach einem Apfel an einem Baume greifend. Österreichisch, Mitte des XVIII. Jhs.

II. Klebeband wie der vorige, zumeist mit eingeklebten Stichen (es fehlen viele Blätter). Von den Zeichnungen sind hervorzuheben:

Fol. 14. Tuschzeichnung, zirka 38 × 46 cm; italienische Bäuerin auf einem Esel durch eine Furt reitend, neben ihr Hirte mit einem Lamm im Arm, herum noch mehrere Tiere. Bezeichnet: *Michael von Beruff* und *Passo di Napoli*. Anfang des XIX. Jhs.

Fol. 75. Zwei Aquarelle, zirka 34·5 × 27 *cm*; Rosen darstellend. Auf einem Aufschrift 1 f. von *Reindl mahler von Wien den 10 Sept. 1788.*

Fol. 121. Tuschzeichnung, 26·5 × 28·4 *cm*; Skizze zu einem Deckenbild? Drei allegorische Figuren über Wolken sitzend, eine Frau mit Wassergefäß, ein Mann mit Fruchtgefäß und darüber eine Frau mit Lanze und Schild. Römisch (?), XVII. Jh. (Fig. 172).   Fig. 172.

Fol. 136. Rötelzeichnung; Jünglingsakt. Anfang des XIX. Jhs.

Fig. 174 Tuschzeichnung (Vorzeichnung für ein Thesenblatt)
von J. M. Rottmayr, Studienbibliothek (S. 126)

Fol. 148. Rötelzeichnung; großer, stehender, weiblicher Akt. Auf der Unterlage (dazugehöriges?) Datum 1807.

Fol. 139. Federzeichnung, 22 × 20·5 *cm*; über Wolken fliegende nackte Frau, in der Rechten ein Bogen; ein Amoretto hält sie am Arm. Österreichisch, Anfang des XVIII. Jhs.

III. Klebeband wie die vorigen.

Enthält zumeist männliche und weibliche Aktstudien aus der zweiten Hälfte des XVIII. Jhs., wenige Landschaftsstudien oder Nachzeichnungen italienischer Bilder oder Skulpturen; geringe Kompositionsskizzen. Hervorzuheben:

Fol. 66. Bleistiftzeichnung, zirka 45 × 27 cm; Entwurf zu einem Rahmen mit maritimen Abzeichen und zwei doppelt geschwänzten Wasserfrauen, die einen Kronreif halten. XVIII. Jh. (Fig. 173). Auf der letzten Seite Bleistiftskizze, Variante zum 1. Band, fol. 53.

Eingelegte Blätter, darunter hervorzuheben:

1. 49 × 75 cm; Tuschzeichnung, mit Rötel und Kreide gehöht; Immakulata von Putten und Erzengeln umgeben, über Dämonen triumphierend. Unten Wappen der Grafen Thun. Bezeichnet: *Jo Michael Rottmayr invent è delin. 1697.* Rechts in Bleistift: *Sim. Benedict Faistenberger* (Fig. 174). Vorzeichnung für einen Stich.

Fig. 175 Bleistiftporträt Leopold Mozarts von L. Firmian,
Mozart-Museum (S. 128)

2. Vier zusammengehörige, drei Rötelzeichnungen. 1. Madonna, sitzend (Kniestück), das nackte Kind im Schoß, oben Cherubsköpfchen. 2. Hl. Jungfrau mit Kelch und Kreuz. 3. Weibliche Figur in biblischer Tracht; bezeichnet: *1726.* 4. Bleistiftzeichnung, Kruzifixus. Auf der Rückseite Handstudien.

3. Bleistiftzeichnung, weiß gehöht, 28·5 × 59 cm; nach moderner Aufschrift Studie nach dem Hanibal von Beyer im Park zu Schönbrunn in Wien. Bezeichnet: *Anton Hornöck 1806.*

4. Sechs zusammengehörige Rötelzeichnungen; hl. Bischof mit dem Bären, hl. Jungfrau, Herkules usw. Alle wohl österreichisch, um 1730.

5. Drei zusammengelegte Blätter. 1. Tuschskizze, zirka 20·5 × 31 cm; hl. Johannes Nepomuk, vor dem Kruzifixus kniend, den ein großer und kleiner Engel halten; rechts Ausblick auf die Brücke. Auf der Rückseite (etwas spätere) Aufschrift: *Skizze des Paul Troger* usw. 2. Gering. 3. Drei Skizzen (Federzeichnungen) zu zwei stehenden und einer liegenden Frau. Mitte des XVIII. Jhs.

6. Federzeichnung, 22·5 × 35 cm; Felspartie mit Wasserfall. Bezeichnet: *W. Oberlechner, Dezember 1818.* Geringe Zeichnung.

7. und 8. Große männliche Aktstudie und Zeichnung nach dem Herkules Farnese. Beide bezeichnet: *Nesselthaler.*

Mozart-Museum

Getreidegasse Nr. 9.

Über die Geschichte des Hauses und sämtlicher Schaugegenstände siehe Katalog des Mozart-Museums, herausgegeben von Joh. Ev. Engl, 4. Auflage, Salzburg 1906. Die folgende Aufzählung berücksichtigt nur die vom kunstgeschichtlichen Standpunkt erwähnenswerten Objekte.

Fig. 176 Porträt der Frau Konstanze Mozart von Hannsen, Mozart-Museum (S. 129)

1. Öl auf Leinwand; 64 × 84 cm; Halbfigur der Frau Anna Maria Mozart geb. Pertel, zirka 1700. Salzburgisch (Kat.-Nr. 1).
2. 70 × 89 cm; oval zum Rechteck ergänzt; Halbfigur des Herrn Joh. Georg Leopold Mozart, die rechte Hand auf seine Musikschule gestützt. Um 1760 (Kat.-Nr. 2).
3. 186 × 140 cm; Gruppenbild der Familie Mozart. Wolfgang und Marianne am Klavier, neben dem Leopold Mozart, die Violine in der Hand, horchend sitzt. An der Wand ovales Brustbild der bereits verstorbenen Mutter. Im Hintergrund in Nische Statuetten von Minerva und Apoll. Von Joh. Nep. della Croce im Februar oder März 1781 gemalt (Kat.-Nr. 3).

4. 62 × 81 cm; Kniestück des Wolfgang Mozart als siebenjähriger Knabe, im Galakleide neben dem Klavier stehend; 1762 in Wien gemalt. Schule des Meytens (Kat.-Nr. 4).

5. Pendant dazu; Marianne Mozart in gesticktem Galakleide (Kat.-Nr. 5).

6. 57 × 69 cm; Brustbild des Wolfgang Amadeus Mozart junior. Bezeichnet: *Karl Schweikart 1825* (Kat.-Nr. 11).

7. 56 × 70 cm; Brustbilder von Wolfgang Amadeus junior und Karl Mozart als Kinder; 1802 von Hans Hansen in Wien gemalt (Kat.-Nr. 12). Von Sophie Haibl, der Schwester der Konstanze Mozart, dem Mozarteum vermacht.

8. 46 × 65 cm, oval; Brustbild des Herrn Karl Mozart, zirka 1820; wahrscheinlich in Mailand gemalt (Kat.-Nr. 14).

Fig. 177 Porträt W. A. Mozarts von Lange,
Mozart-Museum (S. 129)

9. Bleistiftzeichnung auf gelblichem Papier, 15 × 19 cm; Brustbild des Leopold Mozart, Violine spielend. Auf der Rückseite bezeichnet: *Mozart vice Maestro di capella.* (Fig. 175). Zirka 1765. wohl sicher von Laktanz Firmian gezeichnet (Kat.-Nr. 15).

Fig. 175.

10. Bleistiftzeichnung, 15 × 19 cm; Halbfigur der Marianne Thekla Mozart („Bäsle") im 20. Lebensjahr, einen Blumenkorb haltend. Bezeichnet: *1778*. (Kat.-Nr. 16).

11. Öl auf Leinwand, 73 × 89 cm; W. A. Mozart als Knabe, am Klavier sitzend. Auf dem Notenblatt bezeichnet: *Thaddäus Hebling inv. et pinx.* Zirka 1765. Das Bild wurde aus der Verlassenschaft des Kaufmannes Hagenauer in das Eigentum des viel späteren Geschäftsnachfolgers Angelo Saullich übernommen. (Kat.-Nr. 21).

12. Miniaturporträt auf Elfenbein, 5 × 7 cm; Brustbild der Frau Konstanze v. Nissen, Witwe Mozarts. 1826 von Thomas Spitzer in Salzburg gemalt. Goldbronzemontierung (Kat.-Nr. 23).

13. Pendant dazu; Porträt des Herrn Georg Nikolaus v. Nissen (Kat.-Nr. 24).

14. Öl auf Leinwand; 55 × 68 cm; Halbfigur der Frau Konstanze Mozart. Bezeichnet: *Hansen* (Fig. 176) p. 1802 (Kat.-Nr. 26).

Fig. 176.

15. Öl auf Holz; 25 × 31 cm; Porträt der Frau Maria Theresia Hagenauer geb. Schuster in ganzer Figur, stehend. Bezeichnet: *1769.* (Kat.-Nr. 28). Geschenk des Herrn T. G. Carajan, Kustos der k. k. Hofbibliothek.

16. Öl auf Leinwand; 28 × 32 cm; Halbfigur W. A. Mozarts im Profil; unvollendet (Fig. 177). 1791 von Mozarts Schwager, Hofschauspieler Lange, gemalt (Kat.-Nr. 36).

Fig. 177.

17. Öl auf Leinwand; 47 × 59·5 cm; Brustbild der Frau Aloisia Lange geb. v. Weber, Schwägerin Mozarts, in schwarzem Kleide. Um 1830 (Kat.-Nr. 42).

18. Öl auf Leinwand; 41 × 52 cm; Brustbild des Etatsrates Nikolaus v. Nissen. Um 1810 (Kat.-Nr. 44).

19. Reliefmedaillon aus Buchs; zirka 5 × 7 cm; Brustbild Mozarts im Profil nach rechts (Fig. 178). 1789 von Leonhard Posch in Berlin gearbeitet (Kat.-Nr. 46).

Fig. 178.

20. Öl auf Leinwand; 57 × 70 cm; Marianne Mozart als Reichsfreiin Berchthold zu Sonnenburg. Brustbild in ausgeschnittenem schwarzem Kleid, mit Spitzen an Corsage und Ärmeln. Um 1790 (Kat.-Nr. 53). Das Bild wurde vom Verein am 31. Oktober 1904 aus Wien angekauft.

21. Relief aus rotem Wachs auf schwarzem Grund; Profilkopf Mozarts, 1820 von Posch für Mozarts jüngsten Sohn Wolfgang Amade modelliert (Kat.-Nr. 50).

22. Öl auf Leinwand; 74 × 94 cm; Porträt des Dr. Franz v. Hilleprandt, Gründers des Mozarteums. Bezeichnet: *Gemalt v. Seb. Stief 1847* (Kat.-Nr. 1).

Fig. 178 Buchsrelief W. A. Mozarts von Leonh. Posch, Mozart-Museum (S. 129)

23. Aquarell auf Papier; 25 × 16·5 cm; Ansicht der Rauhensteingasse mit dem Sterbehause Mozarts. Bezeichnet: *J. Wolmuth.* Um 1840 (Kat.-Nr. 7). Geschenk des Dr. Oskar Berggruen in Wien, 1881.

24. Aquarell auf Papier; 20·5 × 16·5 cm; Sterbehaus Mozarts in der Rauhensteingasse in Wien. Von demselben (Kat.-Nr. 8). Geschenk des Dr. Oskar Berggruen in Wien, 1881.

25. Aquarell auf Papier; 18 × 14 cm; Mozarts Sterbezimmer. Darunter Grundriß des Mozarthauses. Bezeichnet: *J. P. Lyser 16. September 1847* (Kat.-Nr. 9). Geschenk des Herrn Dr. August Silberstein.

26. Öl auf Leinwand; 93 × 137 cm; die hl. Cäcilia, neben einem Spinett sitzend. Bezeichnet: *Engerth.* 1826 oder 1827 gemalt (Kat.-Nr. 53).

27. Öl auf Kupfer; 7·5 × 8 cm; Brustbild Leopold Mozarts. Um 1760 (Kat.-Nr. 80).

28. Aquarellminiatur auf Elfenbein; 5·7 × 7·5 cm; Halbfigur der Henriette Sontag vereheliten Gräfin Rossi in weißem ausgeschnittenem Kleide mit blauem Gürtel. Links unten bezeichnet: *Le Chev.ᵈᵉʳ Augustin Paris 1828.* In granulierter Goldbronzemontierung (Kat.-Nr. 58) (Fig. 179). Legat des 1897 zu Prag verstorbenen k. k. Obersten i. R. August Sontag, des Bruders der Dargestellten.

Fig. 179.

Fig. 179 Miniaturporträt von Henriette Sontag von Augustin, Mozart-Museum (S. 129)

29. Taschenuhr, Silber, zum Teil vergoldet; an der Rückseite des Gehäuses Brustbild der Kaiserin Maria Theresia in rautenbesetztem Rahmen unter Blattschnurgirlande. Bezeichnet: *L'Epenie.* 1771 von Kaiserin Maria Theresia Mozart geschenkt.

40. Miniatur auf Elfenbein, rund; Durchmesser zirka 5 cm; Brustbild Mozarts als Knabe. Zirka 1772 in Italien gemalt.

Städtisches Museum Carolino-Augusteum.

Franz-Josefs-Kai Nr. 17.

Über das Gebäude und seine ältere Geschichte siehe Kunsttopographie XII 214.

Die Gründung des städtischen Museums reicht in das Jahr 1833 zurück. In diesem Jahre begann der damalige städtische Steuer- und Kassieramtskontrollor (nachmals Leihhausverwalter) VINZENZ MARIA SÜSZ einige im Besitz der Gemeinde befindliche Geschütze, Fahnen und Rüstungen und weitere ähnliche Gegenstände in dem städtischen Magazin am Untern Gries zu vereinigen und zunächst für persönliche Freunde aufzustellen. Dieses vom Bürgermeister LERGETPORER geförderte Unternehmen fand so viel Erfolg, daß die Sammlung am 13. August 1835 dem allgemeinen Besuch des Publikums eröffnet wurde. Aus diesem ursprünglichen städtischen Arsenal, dem bald eine Sammlung von Salzburger Münzen und salzburgischen Mineralien einverleibt wurde, erwuchs dank dem tätigen patriotischen Eifer des Begründers bald ein eigentliches, der Geschichte der Stadt und des Landes gewidmetes Museum, das sich rasch vermehrte und seit 1845 durch die Heranziehung regelmäßige Beiträge zahlender Unterstützer und die Übergabe an die Stadtgemeinde Salzburg — die allerdings erst 1849 völlig vollzogen worden zu sein scheint — eine gesicherte Grundlage gewann. Gleichzeitig wurde das Museum durch die Heranziehung von Fachreferenten für einzelne Abteilungen und die Einführung periodischer Jahresberichte vervollständigt. Im Jahre 1850 übernahm Ihre Majestät, die Kaiserin Carolina Augusta, das Protektorat über die Anstalt, die seit damals den Namen Carolino-Augusteum führt.

Die Jahresberichte gestatten, das Anwachsen der Sammlungen einigermaßen zu verfolgen, deren Neuaufstellung in den um das erste Stockwerk des städtischen Magazins erweiterten Lokalitäten 1856 durchgeführt wurde. Sie blieb unter der Leitung von Süsz, bis der Tod (am 5. Mai 1868) dem unermüdlichen Schaffen des verdienstvollen Mannes ein Ende setzte. Nun wurde die Leitung einem zur Hälfte vom Gemeinderat, zur Hälfte von der Gesellschaft für Salzburger Landeskunde gewählten zwölfgliedrigen Verwaltungsrat übergeben, der als ersten Direktor den Hauptmann i. R. JOHANN RIEDL bestellte. Seine Tätigkeit dauerte nur bis 1870. Ihm folgte der Maler JOST SCHIFFMANN, dessen Werk die Aufstellung der Sammlung zu historisch-malerischen Interieurs ist; die gewölbten Räume des Baumagazins wurden zum Teil nach Salzburger, zum Teil nach fremden Mustern so ausgestaltet und ausgestattet, daß dem Beschauer ein einheitliches Kulturbild vermittelt werden sollte. So entstanden das Rokokostübchen, die Renaissancehalle, die Küche, Studierstube, Jägerstube, das Prunkzimmer, das Schlafzimmer, der Speisesaal, die Kapelle und die Zunftstube, die dem Museum seinen eigentümlichen Charakter geben. Diese dekorative Art der Aufstellung erregte mannigfachen Widerspruch, zu dessen Wortführer sich in erster Linie ALBERT ILG machte (vgl. Beilage zur „Allgemeinen Zeitung", 11. und 12. November 1879; „Allgemeine Kunstchronik", V, Nr. 10, 9. Dezember 1880; „Neue Freie Presse", 21. Jänner 1881; „Salzburger Zeitung", 25. April 1881; „L'Art", 1. Mai 1884). Der Streit, dem der Gegensatz zwischen historischer und ästhetischer Auffassung der Museumszwecke zugrunde lag, endete mit dem vollem Erfolge SCHIFFMANNS, da seine Schöpfung auch in der Folgezeit im wesentlichen erhalten geblieben ist, veranlaßte ihn aber, am 3. April 1881 von seiner Stellung zurückzutreten. Sein Nachfolger wurde DR. ALEXANDER PETTER, der das Museum von 1881 bis 1902 leitete; er ersetzte teilweise die von seinem Vorgänger zu dekorativen Zwecken verwendeten Imitationen durch echte Stücke, schuf die historisch-topographische Abteilung und bemühte sich, dem unaufhörlich wachsenden Reichtum der Sammlung durch Angliederung und Adaptierung neuer Räume gerecht zu werden. Seit 1902 ist die Museumsleitung, an deren Spitze Professor EBERHARD FUGGER steht, hauptsächlich um die Konservierung und Katalogisierung der vorhandenen Gegenstände bemüht. Eine letzte umfangreiche Erweiterung fand 1908 statt; der Gemeinderat kaufte das in der Griesgasse an das Museum anstoßende Haus und vereinigte es mit diesem. Trotzdem scheint die Frage seiner Unterbringung noch nicht definitiv gelöst zu sein; eine Aufstellung des Museums in den Räumen von Hohensalzburg scheint manchen Freunden der Anstalt wünschenswert (vgl. „Kunstchronik", 1916, Nr. 38; „Salzburger Volksblatt", 1916, Nr. 151, 156, 164 etc.; Zeitschrift des Verbandes Österr. Kunstgewerbemuseen, Brünn, 1917, Nr. 5).

Literatur: SÜSZ, Das städtische Museum in Salzburg, 1844; Jahresbericht des städtischen Museums Carolino-Augusteum in Salzburg, 1845 ff.; Führer durch die Sammlungen des städtischen Museums Carolino-Augusteum, viele Auflagen; seine Geschichte am ausführlichsten in Das Museum Carolino-Augusteum in Salzburg. 1833—1908.

Eine vollständige Inventarisierung der Museumsgegenstände ist hier keineswegs geplant. Eine solche wäre um so weniger die Sache der Kunsttopographie, als ohnedies bereits begonnen wurde, genaue Inventare einzelner Fachabteilungen zu veröffentlichen. So erschienen: ALPHONS HAUPOLTER, Die Sonnenuhren des Salzburger städtischen Museums, 1908; KARL V. RADINGER, Verzeichnis der Zinngegenstände des städtischen Museums, 1910; HANS FREIHERR V. KOBLITZ, Verzeichnis der antiken Münzen des städt. Museums, 1912; DR. FRANZ MARTIN, Die archivalischen Bestände des städt. Museums, 8. A. aus den Mitt. des k. k. Archivrates, II², 1916. Weitere Hefte sind in Vorbereitung. So wurden hier nur jene Gegenstände aufgenommen, die kunstgeschichtlich besonders bemerkenswert sind und das Gesamtbild der Salzburger Kunst ausfüllen helfen.

Die hier beschriebenen Gegenstände sind in folgender Reihenfolge angeführt:

    I. Gemälde.   A. Porträts (Tempera, Öl, Aquarell).
                    B. Pastellporträts.
                    C. Porträtminiaturen.
                    D. Sonstige Bilder.
   II. Glasmalereien.
  III. Miniaturhandschriften.
  IV. Handzeichnungen.
   V. Skulpturen.   A. Holz.
                    B. Metall.
                    C. Stein.
                    D. Stuck, Ton, Gips.
                    E. Elfenbein.
                    F. Wachs.
                    G. Porzellan.
  VI. Öfen und Kacheln.
 VII. Goldschmiedearbeiten.
VIII. Verschiedene kirchliche Einrichtungsstücke.
  IX. Möbel.
   X. Textilien.
  XI. Varia und Gesamteinrichtungen.
 XII. Waffen.

I. Gemälde.

A. Porträts.

1. Öl auf Holz; 25 × 39 *cm*; Porträt, Halbfigur eines bartlosen Mannes in schwarzem Kleid und Käppchen, eine Nelke haltend; Ausblick in Landschaft mit Reiter und Fußgänger. Oben Datum *1491*, rechts Wappen Hohenheims, darunter Schriftband: *anno etatis sue 34*, links Wappen mit Ochsenmaul. Porträt des Vaters des Theophrastus Paracelsus (Got. Halle). (Vgl. ABERLE in Mitteilungen für Salzburger Landeskunde, XVIII, 178, 189, 219.)
2. Öl auf Leinwand; 71·5 × 93·5 *cm*; Halbfigur des Erzbischofs Matthäus Lang mit Aufschrift: *Matthaeus Lang 50* (hist.-top. Halle.)
3. Öl auf Leinwand; 92 × 192 *cm*; Porträt Kaiser Karls V. in ganzer Figur, stehend, in reichem, weißen, goldgestickten Hofkleid, das goldene Vlies an einer Halskette. Die Linke hält eine Dogge an dem Halsbande. Rechts oben bezeichnet: *C. V. 1532.* An der Rückseite: *Caspar Guetrater. E. K. 1732.* Aus der Galerie in Leopoldskron stammend. Alte Kopie nach dem Porträt von Jakob Seisenegger im Wiener Hofmuseum. Vgl. OTTO FISCHER in Jahresbericht 1906, S. 84 f., Taf. II.
4. Pendant dazu; Porträt der Kaiserin Isabella, Gemahlin Karls V., in ganzer Figur stehend. In braunem, reich mit Gold gestickten Kleid mit weißem, golddurchwebten Hemdsattel und weißen Ärmelpuffen. Die Rechte hält eine vom Gürtel herabfallende Goldkette. Wie 3 aus Leopoldkron stammend, 1849 von Ritter v. Mertens geschenkt (Jahresbericht 1849). (Ren.-Halle.) Möglicherweise stammte das Original auch dieses Bildes von Seisenegger.
5. Öl auf Leinwand; 106·5 × 205 *cm*; Porträt König Ferdinands I., in ganzer Figur stehend, in schwarzem Kleid mit hermelinbesetztem Rock und dem Goldenen Vlies an der Brustkette, in der Rechten Handschuhe.

17*

die Linke am Degengriff. Im Hintergrunde gelber Vorhang. Kopie nach einem Bilde aus der Richtung des Seisenegger (Familienstube).

6. Öl auf Leinwand; 104 × 205 *cm*; Porträt der Königin Anna, Gemahlin Ferdinands I., in ganzer Figur, stehend; in rosa Kleid mit Goldstickerei und schwarzem Überhang und rundem, flachen Hut; reicher Schmuck. Sie hält in der Rechten Taschentuch und Handschuhe; im Hintergrunde gelber Vorhang. Kopie eines Bildes aus der Richtung des Seisenegger. Vgl. O. Fischer, Jahresbericht 1906, S. 88 (Familienstube).

7. Öl auf Leinwand; 70 × 99 *cm*; Halbfigur des Herzogs Ernst v. Bayern, Erzbischofs von Salzburg. Um 1550 (hist.-top. Halle).

8. Öl auf Holz; oval zum Rechteck ergänzt; 71 × 94·5 *cm*; Halbfigur eines graubärtigen Herrn in schwarzem, pelzverbrämtem Gewande mit goldenen Brustketten und schwarzem Barett. Drittes Viertel des XVI. Jhs. Stark übermalt (Ahnenhalle).

9. Öl auf Leinwand; 77 × 93 *cm*; Halbfigur eines graubärtigen Herrn in schwarzem Gewande mit kleinem, weißen Kragen und Goldkette. Links oben Wappen der Rehling und Aufschrift: *Aetatis suae LXIII anno domini MDLXXII.* Deutsch. Gleich Nr. 25 ff. 1854 von Karoline Freiin v. Freyberg anläßlich des Verkaufes des Rehlingschen Schlosses Eisenheim dem Museum geschenkt. Jahresbericht 1854 (Speisesaal).

10. Öl auf Leinwand; 90 × 108·5 *cm*; Porträt, Kniestück eines Herrn aus der Familie Alt, mit langem braunen Bart, Halskrause und Manschetten und pelzverbrämtem Rock; er steht, ein Papier in der Rechten haltend, vor einem Tisch. Rechts oben Altsches Wappen und Aufschrift: *Aetatis suae 60 anno 1586* (Ahnenhalle).

11. 85·5 × 108 *cm*; Kniestück einer jungen Dame in schwarzem Kleide mit rosa Aufschlägen und grünen gestickten Ärmeln, einem spitzen schwarzen Hut mit Brillantagraffen und Goldschmuck — Emailmedaillon: antikisierender Schmied am Amboß, neben ihm ein Putto —; sie trägt reichen Goldschmuck unter dem weißen Spitzenkragen mit Medaillon: hl. Georg (?). In der rechten Hand eine Goldkette. Rechts rosa Vorhang, links Pfeilerpostament, daneben gemaltes Wappen der Familie Alt und Aufschrift: *Año 1589 aetatis 30* (Ahnenhalle).

12. Öl auf Leinwand; 77·5 × 95·5 *cm*; Halbfigur eines Herrn in schwarzem Gewande mit weißem Mühlsteinkragen, Schwertgriff und Handschuhe in den Händen. Bezeichnet: *Aetatis suae XXXXX Anno 1594.*

13. Pendant dazu: Porträt einer schwarzgekleideten Dame mit weißem Mühlsteinkragen und Häubchen. Bezeichnet: *Aetatis suae XXXIX Anno 1594* (Zimmer XXXV).

14. Auf Leinwand; 59·5 × 72·5 *cm*; Porträt, Halbfigur einer sehr vornehm gekleideten jungen Dame. Die dunklen gebauschten Ärmel und der Leib mit Goldborten, Schmuck am schwarzen Hut und ein Medaillon mit einer Eule am Hals. Sie hält in den Händen ein sehr kleines graues Hündchen mit spitzem Kopf. Sehr übermalt. Ende des XVI. Jhs.? (Gelehrtenstube).

15. Öl auf Leinwand; 104·5 × 111·5 *cm*; Kniestück, Porträt des Erzbischofs Wolf Dietrich, in einem Fauteuil an einem Tischchen sitzend, auf dem Glocke, Rosenkranz, Kruzifixus usw. stehen. Neben dem Wappen Aufschrift: *Aetatis suae XXX*, also 1589. 1855 geschenkt (Jahresbericht 1855) (hist.-top. Halle).

16. Gemälde, Öl auf Leinwand; 51 × 64 *cm*; Brustbild des Erzbischofs Wolf Dietrich in schwarzem Gewande mit roten Ärmeln und weißem Spitzenkragen. Landschaftlicher Hintergrund. Rentoiliert. Um 1590. Vielleicht identisch mit dem 1847 von Herrn Schatz geschenkten Bild (Jahresbericht 1847). (Wolf-Dietrich-Zimmer).

17. Öl auf Leinwand; 42·5 × 57 *cm*; Porträt des Erzbischofs Wolf Dietrich, an einem mit verschiedenen Gegenständen bedeckten Tische in einem Lehnstuhl sitzend; er hält in der Linken einen Brief mit der Aufschrift: *Ad Sac^m. Caes^m. Mattem.* Rechts oben das Wappen der Raittenau. Angeblich während der Gefangenschaft des Erzbischofs gemalt (Zimmer XXXVIII).

18. Verschließbares Diptychon, zwei Bilder, Öl auf Leinwand, in rotem Rahmen mit Goldleisten; an der einen Außenseite Holztafel mit gemaltem Doppelwappen und Schriftband: *Georg Paumann — 1605 — Elisabeth Paumanin.* Die inneren Bilder, 48 × 58·5 *cm*, enthalten die Porträts, Brustbilder der Genannten, der Herr in schwarzem Rock mit weißem Kragen mit Spitze daran, die Frau in schwarzem Kleid mit weißer Haube und plissiertem Kragen. Aufschrift: *Aetatis suae 50.* Beim Bilde der Frau rechts oben noch überdies Hausmarke. Niederländisch? Sehr übermalt. Kam 1859 als Geschenk des Fräuleins v. Feiertag ans Museum (Gelehrtenstube).

19. Öl auf Leinwand; 72·5 × 85 *cm*; Porträt, Halbfigur einer jungen Dame in schwarzem Kleid mit weißem Spitzenkragen und geschlitzten Ärmeln mit weißen Bauschen. Neben sich ein Gebetbuch. Links oben gemaltes Wappen der Gutrat. Stark nachgedunkelt. (Catharina Gutrat, Witwe Moni, Gattin des Hofapothekers Chr. Mayr.)

20. Pendant zum vorigen; Halbfigur eines Herrn (Hofapotheker Chr. Mayr) in schwarzem Gewand mit Spitzenkragen und -manschetten; in der Rechten die Handschuhe, in der Linken eine Glaskugel haltend. Anfang des XVII. Jhs. (Ahnenhalle).

21. Öl auf Leinwand; 41 × 53 *cm*; zwei Pendants, Brustbilder eines Herrn und einer Dame mit Wappen der Pauernfeind von 1611. Stark beschädigt (Kunst- und Gewerbehalle).

22. Öl auf Leinwand; 43·5 × 54·5 *cm*; Brustbild des Hans Christoph von Freising auf Aichach, Pflegers zu Werfen, mit rötlichem Schnur- und Knebelbart, stehender Spitzenkrause und Goldmedaillon mit Brustbild des Erzbischofs Markus Sitticus. Aufschrift: *Aetatis suae 40, Ao Dni 1627* und Wappen mit den Initialen *H. C. V. F.* (Prunkzimmer).

23. Pendant zum vorigen. Seine Gemahlin Maria Anna von Neuching mit breitem Spitzenkragen und Brokatkleid. Beischrift: *Aetatis suae XXXII, Ao Dni 1628* und Wappen mit *M. A. V. N.* (Prunkzimmer).

24. Öl auf Leinwand; 68·5 × 86 cm; Halbfigur einer Dame in goldgesticktem, braunen Kleid mit steifem Spitzenkragen und -manschetten und reichem Schmuckstück an dicker, goldener Kette. Links Doppelwappen. Deutsch, erste Hälfte des XVII. Jhs. (Speisesaal).

25. Öl auf Leinwand; 79·5 × 97 cm; Halbfigur eines Herrn in schwarzem Gewande mit weißem Spitzenkragen und -manschetten, schwerer Goldkette um den Hals, Degen und Handschuh in den Händen. Links Wappen der Rehling, darunter Inschrift: *Aetatis suae XXXXVII 1629.* Deutsch, unter niederländischem Einfluß. Gleich den folgenden sechs Bildnissen von Mitgliedern der freiherrlichen Familie Rehlingen aus dem Schloß Elsenheim stammend. In die Wandfelder des Speisesaales eingelassen.

26. Öl auf Leinwand; 73·4 × 94·5 cm; Kniestück eines Knaben in orangerotem, schwarzgemustertem Wams mit Spitzenkragen und -manschetten und weißem Spitzenkragen und Inschrift einer Armbrust in der Rechten haltend. Rechts oben Wappen der Rehling und Inschrift: *Reymundus Sitticus Rechlinger 1629. Aetatis XI an. X mens.* Von demselben Maler wie Nr. 25 (Speisesaal).

27. Pendant dazu; Kniestück eines Mädchens in grünem, goldgesticktem Kleid mit roten Ärmeln, weißem Spitzenkragen und -manschetten, ein Tuch in der gesenkten Linken haltend. Links oben Wappen der Rehling und Inschrift: *Maria Ludovica Rehlingerin 1629. Aetat. suae XV an. VI. men.* (Speisesaal).

28. Pendant dazu; Kniestück eines Mädchens in grünem, goldgesäumtem Kleid mit roten Ärmeln und Mieder, Spitzenkragen und -manschetten, die Handschuhe in der gesenkten Linken haltend. Links oben Wappen der Rehling und Aufschrift: *Amalia Friderika a Rechlingerin 1629 aetatis suae XIII an. III. mens.* (Speisesaal).

29. Öl auf Leinwand; 67 × 94 cm; Kniestück eines Knaben in ähnlichem Gewand wie 26, ein Eichhörnchen auf dem rechten Arme tragend. Rechts oben Wappen der Rehling und Aufschrift: *Ludovicus Franciscus Rechlingen 1629 Aetatis IX an. III mens.* (Speisesaal).

30. Pendant dazu; Kniestück eines Knaben in ähnlichem Gewand wie 26, einen Vogel an einem Faden haltend. Rechts oben Wappen der Rehlingen und Aufschrift: *Joannes Paris a Rechlingen 1629 Aetatis V. an. VI. mens.* (Speisesaal).

31. Pendant dazu; Vollfigur eines Knaben in ähnlichem Gewand, neben ihm ein Hündchen. Rechts oben Wappen der Rehlingen und Aufschrift: *Carolus Henricus a Rechlingen 1629* (Speisesaal).

32. Öl auf Leinwand; Kniestück eines Mädchens in grünrotem Gewand mit weißem Mühlsteinkragen und Spitzenmanschetten; auf einem Tischchen neben ihr Figur des Jesuskindes. Links oben Wappen der Rehlingen und Aufschrift: *Joanna Francisca a Rechlingen 1629 aetatis IV an. VIII mens.,* nachmals Äbtissin des Stiftes Nonnberg (Speisesaal).

33. Pendant dazu; Kniestück eines Mädchens in ähnlichem Kostüm, auf dem Tischchen ein Blumenstrauß in Vase. Links oben Wappen der Rehling und Aufschrift: *Sara Magdalena a Rehlingen 1629 aetat. VII an. VI mens.* (Speisesaal).

34. 88·5 × 113 cm; Kniestück eines bärtigen Herrn in schwarzem Kleid mit Spitzenkragen und -manschetten, die Rechte auf einem Brief, der auf rot gedecktem Tischchen liegt. Rechts oben Wappen und Aufschrift: *Sebaldt Lieb seines Alters XXXIII iar.* Um 1630. 1858 als Geschenk der Erben des Herrn Lieb v. Liebenheim ans Museum gekommen (Jahresbericht 1858). (Ahnenhalle.)

35. Pendant dazu; Porträt; Kniestück einer jungen Dame in schwarzem Kleid mit weißen Borten, Spitzenkragen und -manschetten, einem Diadem im Haar, in der Linken ein Taschentuch, in der Rechten die Handschuhe haltend. Links oben Wappen und Aufschrift: *Elisabetha Liebin geborne Castnerin ires Alters XXVIIII iar.* Datiert links unten: *Anno 1630* (Ahnenhalle).

36. Öl auf Leinwand; 125 × 191 cm; Porträt eines Herrn in ganzer Figur, stehend, mit schwarzem Schnurrbart und Fliege, in schwarzem Kleid mit geschlitzten Ärmeln, breitem, weißen Spitzenkragen und -manschetten. Lichte Strümpfe, gelbe Schuhe mit schwarzen Rosetten. Er hält in der Linken die Handschuhe; neben ihm auf einem rosa gedeckten Tischchen liegt der schwarze hohe Hut und mehrere Briefe, auf einem ein Hauszeichen. Rechts oben Wappen der Freysauff und Aufschrift: *1640 Aetatis suae 33* (Ren.-Halle).

37. 61 × 87 cm; Halbfigur einer Dame in Goldbrokatkleid mit geschlitzten Ärmeln, stehendem, reichen Spitzenkragen und Taschenuhr an Perlenkette; in der Linken ein Gebetbuch haltend, im Haar eine Agraffe mit *IHS.* Rechts oben Wappen und Aufschrift: *Aetatis 22. Anno 1640.* Deutsch (Speisesaal).

38. Öl auf Leinwand; 105 × 125·5 cm; Porträt, Kniestück des Herrn Thomas Perger auf Emslieb in schwarzem Gewand mit weißem Umlegkragen und Manschetten. Um 1640 (Zimmer XXXV).

39. Öl auf Leinwand; 75 × 95 cm; Halbfigur eines blonden Herrn mit Schnurrbart und Gustav-Adolf-Bart, in lichtgrünem Rock mit geschlitzten Ärmeln, weißem Spitzenkragen und -manschetten. Links oben Aufschrift: *Francis. Duckher Aetat XXXIII, Anno 1642.* (Ren.-Halle.)

40. Pendant; Porträt, Halbfigur der *Maria Clara Dückherin Geborne spindlerin Aº 1640 aeta 23,* in rosa goldgesticktem Kleid mit schwarzem Überhang und stehendem, weißen Spitzenkragen. An schwerer Goldkette reicher Schmuck mit emailliertem Putto. Die Linke hält das Taschentuch, die Rechte liegt auf grün gedecktem Tischchen. Rechts oben Aufschrift, darunter Rosette (Ren.-Halle).

41. 29 × 41·5 cm; Brustbild eines bärtigen Mannes mit einfältigem Gesicht, en face, in rot ausgeschlagenem Rock mit weißer Halskrause, ein Weinglas in der Rechten haltend. Lange Legende, nach welcher das Bild den *einfaltigen Menshen, der nirmahls instandt gewessen zu beichten,* Thomas Poldt von Ahren in Tirol darstellt. XVII. Jh. (Raum XXXIII).

42. 68 × 93·5 cm; Wickelkind auf Kissen liegend. Rechts oben Wappen der Rehling und Aufschrift: *Maria Magdalena a Rehlingen Nata 28. Sept A. 1662 vixit tantum 38 horis* (Speisesaal).

43. Öl auf Leinwand; 84·5 × 111 cm; Halbfigur eines jungen Mannes in grünem goldgestickten Phantasiekostüm mit Spitzen an Brust und Ärmeln und roter Schärpe; er hält in der Rechten einen Speer und hat Schwert und Hifthorn umgehängt. Hintergrundslandschaft mit einem Jagdhund und Draperie. Mitglied der Familie Rehlingen. Deutsch, zweite Hälfte des XVII. Jhs. Gestiftet von Herrn Oberlandesgerichtsrat Max Freiherr von Seiller 1914 (Prunkzimmer).

44. Pendant zum vorigen. Junge Dame in rotem, mit großen weißen Blumen gestickten Kleid und gelbrotem Mantel; sie hält ein Hündchen, auf dessen Halsband die Buchstaben *F. V. R.* geschrieben sind (daselbst).

45. Öl auf Leinwand; 88 × 113 cm; Kniestück des Magistratsrats Christian Pauernfeind in schwarzem Gewand mit Nähspitzenkragen; hinten rote Draperie und Aufschrift: *Aetatis suae 25 a. 1681* (Zimmer XXXV).

46. Öl auf Leinwand; 69 × 86·5 cm; Porträt, Halbfigur einer Dame in schwarzem Kleid mit weißem Spitzenkragen und schwarzer Haube, in der Linken eine Rose haltend. Links oben Wappen und Aufschrift: *Rosina Elexhaußerin 24 Jahr alt; Ao 1676* (Ren.-Halle).

47. Pendant dazu; Halbfigur des *Johann Elexhaußer seines alter 54 Jahr Ao 1686* in schwarzem Kleid mit weißem Spitzenkragen, eine rote Nelke in der Rechten. Rechts oben Wappen und Aufschrift (Ren.-Halle).

48. Öl auf Leinwand; 71 × 96 cm; Halbfigur eines Herrn Tomaso in schwarzem Gewand mit weißem Kragen und Manschetten, neben ihm ein Knabe, der einen Apfel hält. Inschrift: *Aetatis suae 38, 1686* (Ahnenhalle).

48 a. Pendant dazu; Halbfigur einer Dame in schwarzem Kleid mit Spitzenbesatz am Ausschnitt und weißen Ärmeln, die Hand auf die Schulter eines Mädchens legend. Mitte des XVII. Jhs. (Ahnenhalle).

49. Öl auf Leinwand; 65 × 88 cm; ins Oval komponiertes Brustbild des Herrn Johann Martin Weckherlin von Adlstätten in blonder Perücke, grünem, gold- und silbergesticktem Mantel mit roten Maschen; in den oberen Bildzwickeln Wappen und Aufschrift: *Aetatis suae 41 P. 1691* (Raum XXVIII).

50. Pendant dazu; Brustbild eines jungen Herrn in blonder Perücke, atlasblauem, rosagefütterten Mantel (Raum XXVIII).

51. Öl auf Leinwand; 48·5 × 60·5 cm; Porträt, Brustbild des Erzbischofs Max Gandolf mit langem schwarzen Haar, Schnurbart und Fliege, in rotem Kleid mit weißem Kragen. Ende des XVII. Jhs. (Ren.-Halle).

52. Öl auf Leinwand; 58 × 65 cm; oval zum Rechteck ergänzt. Brustbild eines alten Herrn mit graubraunem Bart, in schwarzem Rock mit weißem Bäffchenkragen, einen Rosenkranz mit Medaille haltend. Um 1700. (Ren.-Halle). Der Dargestellte dürfte ein Mitglied der Familie Kaserer, Besitzer des Gutes Hinterkasern zu Kasern bei Radeck sein (handschriftliche Aufzeichnungen des Direktors Süsz).

53. Öl auf Leinwand; 51 × 60 cm; Halbfigur eines Knaben in schwarzgrünem Gewand mit Spitzenkragen und -manschetten, beide Hände auf den Tasten eines Spinetts; neben diesem ein Regal mit lateinischen Klassikern. Rechts oben Aufschrift: *AE XVII.* Deutsch, Mitte des XVII. Jhs. (Speisesaal).

54. Öl auf Leinwand; 148 × 234 cm; Erzbischof Paris Lodron in ganzer Figur, stehend, 1650 gemalt (hist.-top. Halle).

55. Öl auf Leinwand; 56 × 82 cm; Halbfigur eines alten Mannes mit weißen Haarbüscheln über den Schläten, in gelbem Rock, mit weißem Hemd mit Krause, in den Händen ein Schwert mit der Bezeichnung *Azot* haltend. Links gemaltes Wappen, oben Aufschrift: *Philippus Theophrastus Pärocelsus von Hochenheim zu Einßidelu geborn 1493 starb in disem Hauß Ao 1541.* Rückwärts Attest von Dr. Aberle von 1826. Mittelmäßiges Bild des XVII. Jhs. Das Bild stammt aus dem Wohnhaus des Paracelsus (Gelehrtenstube).

56. Öl auf Leinwand; 81 × 98 cm; Porträt eines kleinen Mädchens in ganzer Figur stehend, es trägt ein dunkelgrünes Kleid mit geschlitzten Ärmeln, weißem Spitzenkragen und Schürze; an langer Silberkette eine ovale Kapsel mit Darstellung des Kruzifixus zwischen Johannes und Maria, eine goldene Münze und ein Kreuz, grün mit Goldmontierung, lichte Schuhe mit roten Bändern. In der Linken eine Nelke, die Rechte spielt mit einem kleinen Foxhund, der auf einem teppichbedeckten Tische sitzt und Pfötchen gibt. Rosa Vorhänge, gemaltes Wappen und Aufschrift: *Aetatis suae 2 1665. C. S. S.* (Ren.-Halle).

57. Öl auf Leinwand; 47 × 66·5 cm; Brustbild des Erzbischofs Max Gandolph Khuenburg. Um 1670 (hist.-top. Halle).

58. Öl auf Leinwand; 55 × 72·5 cm; Porträt, Halbfigur eines Herrn mit schwarzem langem Haar, kleinem Schnurrbart und Fliege, in schwarzem Kleid mit weißen Spitzen besetztem Kragen. Rechts oben Wappen und Aufschrift: *Aetatis suae 38 Anno 1676* (Ren.-Halle).

59. Öl auf Leinwand; 62 × 82 cm; oval zum Rechteck ergänzt. Porträt, Brustbild eines alten Herrn mit schwarzem Käppchen auf den grauen Locken und grauem Gustav-Adolf-Bart; in schwarzem Kleide mit weißem bäffchenartigen Kragen, in der Rechten einen Brief an: *Titl. Herrn Sin . . . ner Titt*(moning). (beschädigt und übermalt) haltend. Links oben Wappen und Aufschrift: *1702 Aet. 76* (Ren.-Halle).

60. Öl auf Leinwand; 56 × 70 cm; oval in steinfarbenem Rahmen. Brustbild des Hofjuweliers Ferd. Sigm. Amende. Anfang des XVIII. Jhs.

61. Pendant dazu; Porträt seiner Gemahlin. Beide Bilder 1848 von Frau Machtlinger geschenkt (Jahres-, bericht 1848). (Hist.-top. Halle.)

62. 73 × 92 cm; oval; Brustbild eines Grafen Kuenburg (?, vielleicht Johann Josef) in grauem gold-gestickten Mantel mit Pelzverbrämung, dem Franz Stampart zugeschrieben, aus dem Langen Hof stammend. RADINGER, Gemälde, 126 (Prunkzimmer).

63. Öl auf Leinwand; oval, zirka 74 × 91 cm; Brustbild des Grafen Ferdinand Bonaventura Harrach mit Allongeperücke und reichem goldgesticktem schwarzen Hofkleid mit Spitzenjabot. In vergoldetem ge-schnitzten Rahmen mit Blattranken und Palmettenornament. Dem Franz Stampart zugeschrieben; viel-leicht eine Kopie des Bildes 331 der Harrachgalerie in Wien, das von Hyac. Rigaud gemalt wurde. 1894 von Frau Sedlitzky gekauft (Protokoll 1894, Nr. 2334). RADINGER, Gemälde, 124 (Prunkzimmer).

64. Öl auf Leinwand; 65 × 91·5 cm; Brustbild des Grafen Anton Montfort in Allongeperücke und reich-gesticktem Hofkleid. An der Rückseite bezeichnet: F. Stampart pinx. ad vivum 1709 (Fig. 180). RADINGER, Gemälde, S. 121 (Zimmer XXVIII).

Fig. 180.

65. Öl auf Leinwand; 136 × 215·5 cm; Porträt, in ganzer Figur, des Johann Siegmund Graf v. Kuenburg, Bischofs von Chiemsee. Um 1710 (Stiegenhaus).

66. Öl auf Leinwand; 105·5 × 125·5 cm; Porträt des Grafen Friedrich v. Schönborn als zweieinhalbjähriges Kind, in ganzer Figur, in gesticktem Kleidchen ste-hend, in der Linken ein Stöckchen haltend, die Rechte auf den Kopf eines Hundes gelegt. 1724 gemalt (Raum XXVIII).

67. Öl auf Leinwand; 39·5 × 49 cm; Brustbild, Por-trät einer jungen Frau in blauem Kleid mit Gold-brokatappliken. An der Rückseite bezeichnet: Rensi (Zimmer XXXVIII).

68. Unterglasmalerei; 20·5 × 24·5 cm, oval; Brustbild des Erzbischofs Firmian. Um 1730 (Rokokostübchen).

69. Öl auf Leinwand; 62 × 79 cm; Halbfigur des Simon Schuchögger, „gebohren ao 1673, gemalt 1731" (Depot III).

70. Öl auf Leinwand; 75 × 97 cm; Porträt, Halbfigur der „Maria Antonia Josepha B. de Boedigheimb Stüfftdame und Seniorisse in Oberminster zu Regens-purg 1733" in schwarzem Kleid mit weißer Haube, Kragen und Ärmeln; sie hält in der Linken ein rot gebundenes Buch, die Rechte zeigt ein Ordenszeichen an weißgelber Schleife. Rechts oben Wappen und Aufschrift (Ren.-Halle).

71. Öl auf Leinwand; überlebensgroßes, ganzfiguriges Porträt des Grafen Josef Franz v. Arco, Bischofs von Chiemsee, 1729—1746 (Stiegenhaus).

Fig. 180 Porträt des Grafen Anton Montfort von F. Stampart (Porträt Nr. 64) (S. 135)

72. Öl auf Leinwand; 80·5 × 92 cm; Porträt, Halbfigur des Herrn Franz Dietrich Popp, Brauer in Stein: in rotbraunem Rock, einen Grundriß nebst Zirkel und Lineal vor sich auf dem Tisch. Durchblick auf die Steingasse (?). Unter dem Wappen Aufschrift: aetatis suae 46—1742 (Zimmer XXVIII).

73. 32 × 41·5 cm; Brustbild des Friedrich v. Birckig, kaiserlichen Dragonerlentnants. An der Rückseite be-zeichnet: Benedict Werckstötter fecit 1744 (Waffenhalle).

74. Öl auf Leinwand; 38 × 45·5 cm; Brustbild eines im Profil gesehenen Herrn in graugrünem Rock mit Jabot, der ein Weinglas emporhebt. An der Rückseite bezeichnet: Lact. Firmian pinx. Aus Leopoldskron stammend (hist.-top. Halle).

75. Öl auf Leinwand; 40·5 × 50 cm; Brustbild eines Herrn in Schwarz mit kleinem weißen Umlegkragen, angeblich Christian IV., Herzog von Pfalz-Zweibrücken. An der Rückseite bezeichnet: Lact. Firmian pinx (Zimmer XXXV).

76. Öl auf Leinwand; 68·5 × 53 cm; Lactanz Graf Firmian als Jüngling, an der Staffelei sitzend, auf der das Porträt seines Vaters steht. Links sitzt der Vater an einem Tischchen, rechts die Mutter auf einem Sofa. Aus Leopoldskron stammend. Wohl von Lact. Firmian (hist.-top. Halle).

77. Öl auf Leinwand; 44·5 × 49 cm; Porträt, Brustbild eines unbekannten Herrn mit stark gerötetem, vollen Gesicht und weiß gepuderter Haarbeutelfrisur, in grünlichblauem Rock mit Spitzenjabot. Von Lactanz Firmian gemalt, aus Leopoldskron stammend (Musikhalle).

78. Öl auf Leinwand; 67·5 × 89 cm; Halbfigur einer Dame in schwarzem Kleid mit breitem Spitzenkragen und einem roten Buch in der Hand. XVIII. Jh. (Raum XXXIV).

79. 59 × 48·5 cm; Profilbild des Bauernanführers Matthias Stöckl, mit gezogenem Schwert auf einem Schimmel reitend; herum Stangenwaffen und Holzkanonenrohre. Rechts oben Hohensalzburg. XVIII. Jh. (Waffenhalle).

80. Öl auf Leinwand; 56·5 × 68 cm; Halbfigur des Paracelsus mit Blick von seinem Hause auf die Stadt Salzburg. XVIII. Jh., stark beschädigt (Zimmer der wissenschaftlichen Apparate).

81. Öl auf Leinwand; 49 × 61 cm; Brustbild des salzburgischen Hofkammerrates Franz Enkh von der Burg. Zirka 1750.

82. Pendant dazu; Porträt seiner Gattin Maria Eva (hist.-top. Halle).

83. Öl auf Leinwand; 53·5 × 71·5 cm; Porträt eines unbekannten Herrn in schwarzem Gewand mit offenem Kragen, angeblich Io. Mich. Rottmayr darstellend. Gutes Bild von Johann Georg Edlinger. 1887 als Geschenk des Antiquars Schwarz erworben. RADINGER, Gemälde, 129 (hist.-top. Halle).

84. Öl auf Leinwand; 42·5 × 58 cm, oval; Porträt des Goldschmiedes Anton Riedlechner. Um 1750 (Fig. 181).

85. Pendant dazu; Frau Riedlechner geb. Amende. Beide Bilder 1848 von Frau Machtlinger geschenkt (Jahresbericht 1848) (hist.-top. Halle.)

86. Öl auf Leinwand; 45 × 48·5 cm; Brustbild Kaiser Franz' I. in Brustharnisch.

87. Pendant dazu; Maria Theresia, dem Maurer zugeschrieben (hist.-top. Halle).

88. Öl auf Leinwand; überlebensgroßes, ganzfiguriges Porträt des Franz Karl Eusebius Grafen v. Fridberg und Trauchburg, Bischofs von Chiemsee, 1746—1772 (Stiegenhaus).

89. Öl auf Leinwand; 108·5 × 143 cm; Kniestück des in einem Lehnstuhle sitzenden Erzbischofs Sigismund Grafen von Schrattenbach in reicher Kleidung mit dekorativ gebauschtem Mantel. Im Hintergrunde Säule und wehender Vorhang. Überaus prunkvoller, geschnitzter und vergoldeter Rahmen mit flamboyanter Rocaille; an der Abschlußseite Pastorale, Schwert, Kreuz und Legatenhut; unten Inschriftkartusche mit mehrzeiliger, den Erzbischof feiernder Strophe vom 18. November 1755 (Musikhalle).

90. Öl auf Leinwand; Halbfigur des Zimmermeisters Ragginger; ein Blatt mit dem Riß des Turmes von St. Peter — außen und innen — in der Linken, in der Rechten einen Zirkel haltend. Rechts oben Wappen. Um 1756 (Raum XXXV).

91. 65 × 83 cm; Brustbild des Franz Anton Rauchenbichler im 53. Lebensjahre. An der Rückseite bezeichnet: F. Xaveri Span pinxit 1760 (Raum XXX).

92. Öl auf Leinwand; 77·5 × 113 cm; Porträt, in ganzer Figur, des Johann B. Hagenauer in reichem Gewande, neben einem Tischchen stehend, auf dem eine Büste steht. Gutes Bild, vielleicht von Hagenauers Frau Rosa geb. Barducci gemalt. Um 1760 (hist.-top. Halle).

93. Öl auf Leinwand; 37·5 × 52·5 cm; Brustbild des Leopold Mozart in salzburgischer Hofkapellmeisteruniform. Um 1760 (Musikhalle).

94. Öl auf Leinwand; 115 × 193 cm; Porträt des Erzbischofs Sigismund Grafen von Schrattenbach, in ganzer Figur, stehend (hist.-top. Halle).

95. Öl auf Leinwand, oval; 67 × 84·5 cm; Brustbild des Erzbischofs Sigismund Grafen von Schrattenbach. Um 1760 (Musikhalle).

96. Öl auf Leinwand; 58·5 × 71 cm; Brustbild einer jungen Dame in ausgeschnittenem weiß und blauen Atlaskleid mit ebensolchem Kopfputz auf dem hochfrisierten gepuderten Haar. Porträt der Freiin Marie Margarete Berchtold zu Sonnenburg geb. Polis v. Moulin, geboren 25. April 1746, gestorben 10. November 1779, vermählt 10. Juli 1769 mit Joh. B. Franz Freiherrn zu Sonnenburg. Um 1769. Geschenk des Baronin Josephine Sonnenburg. Siehe ENGL, Studien über W. A. Mozart, 1898, p. 16, und Museumsjahresbericht 1878, p. 16 (Rokokostübchen).

97. Öl auf Leinwand; 16 × 22 cm; Brustbild (Selbstporträt) eines Malers in reichem phantastischen Kostüm. Österreichisch, Mitte oder drittes Viertel des XVIII. Jhs. (Prunkzimmer).

98. Öl auf Leinwand; 61·5 × 73·5 cm; Porträt des Don Pedro Rodriguez Conte de Campomanes(?) in rotem Wams mit weißem Spitzenkragen und -manschetten. Von A. R. Mengs wohl zwischen 1761 und 1769 gemalt; 1780 in Spanien nachweisbar, 1823 (nach Taschenbuch „Aglaia", Wien 1823) in der Sammlung des Malers A. Braun in Wien, dann bei Hubert Sattler, der es 1871 dem Museum schenkte (Fig. 182). Gestochen von Ignaz Weiß (NAGLER XXI, S. 250, 13) und von Friedrich John („Aglaia", a. a. O.), RADINGER, Gemälde, 127 ff. (hist.-top. Halle). Eine Wiederholung dieses Bildes, als Porträt des Dichters Gianni bezeichnet, war in der Sammlung Otto Messinger (Auktionskatalog von Helbing, München, 1918, Taf. XXX).

99. Öl auf Leinwand; 64 × 78·5 cm; Halbfigur eines unbekannten Herrn (Juwelier Mayer?) mit weißem Haarbeutel, in weißer, mit Goldborten und -knöpfen besetzter Weste und lichtblauem Rock, mit einem Brillantschmuck in der Rechten, bei einem Tischchen stehend, auf dem noch einige Schmuckstücke liegen. Links oben Wappen (Löwe mit roter Kugel in der erhobenen Vorderpranke). Darunter: Aetatis suae 37. Glatt gemaltes Bild. Um 1770 (Musikhalle).

Fig. 181.

Fig. 182.

100. Öl auf Leinwand; 24 × 32 *cm*; Halbfigur eines Herrn mit weißer Haarbeutelperücke, in blauem Rock mit Goldknöpfen, in der Linken ein Notenblatt haltend. Auf der Rückseite moderne Aufschrift: *Porträt von de la Croce aus Burghausen.* Um 1770 (Musikhalle).

101. Öl auf Leinwand; 38 × 50 *cm*; Porträt, Brustbild eines unbekannten Herrn mit gepudertem Haar, gelbem Rock mit blauem Band und weißem, am Hals offenem Hemd. Dem Maulpertsch zugeschrieben. Um 1770 (Musikhalle).

102. 42·5 × 48 *cm*; Brustbild des Kaisers Josef II. von Hubert Maurer. Um 1770 (Raum XXX).

Fig. 181 Porträt des Goldschmiedes Anton Riedlechner (S. 136)

103. Öl auf Leinwand; 55 × 68 *cm*; Brustbild, Selbstporträt von Hubert Maurer in jungen Jahren.

104. Pendant dazu; Porträt seiner Gattin (hist.-top. Halle).

105. Öl auf Karton, oval zum Rechteck ergänzt; 10 × 13·5 *cm*; Brustbild eines jungen Herrn in Uniform mit gepudertem Haar; in geschnitztem und vergoldetem Rocaillerahmen. Zweite Hälfte des XVIII. Jhs. (Rokokostübchen).

106. Öl auf Leinwand; 27 × 32·5 *cm*; Halbfigur des Dr. Anton Agliardis, Salzburgischer Hofmedicus 1772. Auf der Rückseite Namensaufschrift (Zimmer der wissenschaftlichen Apparate).

107. Öl auf Leinwand; 14·5 × 19·5 *cm*; Kniestück. Porträt des Erzbischofs Colloredo, in einem Stuhl sitzend, die Rechte mit einem Buche (auf dem das erzbischöfliche Wappen gemalt ist) auf einem grüngedeckten Tisch. Hinten gelber Vorhang und Säule, auf deren Postament: *I. M. G. pinxit 1775* (Greiter)

XVI   18

geschrieben ist. Geschenk von Dr. Widovitsch, 1846, oder des Herrn Späth, 1859 (Jahresbericht 1859). In geschnitztem, modern polychromierten und vergoldeten Rahmen mit Rocailleornamenten (Rokokozimmer).

108. Öl auf Papier; 20 ⨯ 28 cm; Halbfigur des Dr. Johann Prex. Um 1780 (Zimmer der wissenschaftlichen Apparate).

109. Vier sehr geringe Porträtbilder des Herrn Christoph Nepom. Ferd. v. Pichl (1747—1831) und seiner Gemahlin Anna Barbara geb. Lasser v. Zollheim. Zirka 1780. Ferner des Herrn Siegmund Maria v. Pichl (1782) und nochmals desselben und seiner Gattin Maria Antonia. Anfang des XIX. Jhs. (Depot).

110. Öl auf Leinwand; 70 ⨯ 79·5 cm; Halbfigur des Johann B. Freiherrn v. Berchtold zu Sonnenburg, in grüngrauem pelzverbrämten Gewand, neben einem Tischchen sitzend, auf dem eine Tasse Schokolade steht. Um 1780. (1918 dem Mozarteum als Leihgabe überlassen.)

Fig. 182 Porträt des Don Pedro Rodriguez Conte de Campomanes (?)
von A. R. Mengs (Porträt Nr. 98) (S. 136)

111. Öl auf Leinwand; 50 ⨯ 63 cm; Brustbild des Herrn Thaddäus Anselm Lürzer v. Zehendthal, in grauem Rock mit Goldborte und goldgestickter Weste mit Spitzenjabot. Links oben Wappen. An der Rückseite bezeichnet: *Verfertigt von dem akademischen Kunst- und Portraitmaler Peter Wagner 1786*.

112. Pendant dazu; Marie v. Lürzer; von demselben (Zimmer XXXV).

113. Öl auf Leinwand: 76 ⨯ 93·5 cm; Kniestück des Herrn Philipp Rothbauer aus Passau in grauem, blau emaillierten Rock mit weißer Halskrause, schreibend an einem Tischchen sitzend. Bayrisch, um 1780 (II. Stock).

Leinwand, steiloval; 53·5 ⨯ 92 cm; zwei kleine Mädchen in weißen ausgeschnittenen Kleidern mit Bändern im weißgepuderten Haar; das eine trägt ein Hündchen, das andere hält 1780 (Rokokostübchen).

und; 120 ⨯ 198 cm; Porträt des Erzbischofs Hieronymus Colloredo, in ganzer Figur, geist.-top. Halle).

116. 45 × 62 cm; Brustbild des Erzbischofs Hieronymus Colloredo mit weißen Schläfenlocken und verziertem Pektorale (Raum XXXVI).

117. Öl auf Leinwand; 29 × 37 cm; Brustbild des Erzbischofs Colloredo mit dem roten Käppchen auf der weißen Perücke, in schwarzem Rock mit schwarzem Kollar und rotem Band. Ende des XVIII. Jhs. (Raum XXVI).

118. Öl auf Leinwand; 97 × 144; Porträt, Kniestück; Erzbischof Graf Hieronymus Colloredo, sitzend. Ende des XVIII. Jhs. (Stiegenhaus).

119. Öl auf Leinwand; 65 × 82 cm; Halbfigur der Maria Antonia v. Pichl geb. Staudacher v. Wispach, aet. 32 A° 1782 (Depot III).

120. 43 × 48·5 cm; Brustbild eines Herrn mit Spitzbart in rotem (Kardinals-?) Kleid. Von Maurer. Ende des XVIII. Jhs. Kopie nach Van Dycks Kardinal Bentivoglio im Pal. Pitti (Ahnenhalle).

121. Öl auf Karton, oval; 12·5 × 16 cm; Pendant zu 105; Brustbild einer Dame in rötlichem halsfreien Kleide mit Spitzenkragen und hohem gepuderten Haar. Rahmen mit hängender Lorbeerschnur an vergoldeter Masche. Um 1790 (Rokokostübchen).

122. 32·5 × 38·5 cm; Porträt; Halbfigur des 1762 geborenen Ign. Maria Freiherrn v. Imsland. Bezeichnet: *1791 P:* Gering (Waffenhalle).

123. Öl auf Leinwand; 45 × 58 cm; Halbfigur des Herrn Georg Hospodsky, Stiftsverwalters in Mattsee, in rotem Rock, weißer Weste mit Goldborte und Spitzenjabot. Gemalt von J. N. de la Croce 1792.

124. Pendant dazu; Frau Th. Hospodsky, Gattin des vorigen; auch von de la Croce gemalt (Zimmer XXXV).

125. 63·5 × 81·5 cm; Halbfigur, Porträt eines unbekannten Herrn in graugrünem Rock, lichtblaugrauer Weste und Spitzenjabot; weißer Ohrlockenperücke. Bezeichnet: *Barbara Krafft nata Steiner pinx. Anno 1796* (Raum XXXV).

126. Öl auf Leinwand; 31 × 38 cm; Porträt einer älteren Dame in rotem Kleide mit weißem Brusttuch und einem Fächer in der Hand. Bezeichnet: *F. V. Degle(?) pinxit Anno 1797.* In braunem, eingelegtem Rahmen mit vergoldeten Eckrosetten und Goldleiste (Zimmer XXXIV). Erworben aus der Sammlung Unterholzer in Hallein.

127. Öl auf Leinwand; 51·5 × 66 cm; Brustbild, Selbstporträt von Andreas Nesselthaler. Kam 1859 als Geschenk des Dr. Ulrich ans Museum (hist.-top. Halle).

128. Öl auf Leinwand; 45·5 × 60 cm; Brustbild des Herrn Siegmund Triendl. Bezeichnet: *Barbara Krafft nata Steiner pinxit.* Ende des XVIII. Jhs. (hist.-top. Halle).

129. Öl auf Leinwand; 54·5 × 79 cm; Brustbild des Herrn Franz Thaddäus Kleinmayr. Ende des XVIII. Jhs. (hist.-top. Halle).

130. Öl auf Leinwand; 51 × 66 cm; Brustbild des Hofstukkateurs Pflauder. Ende des XVIII. Jhs.

131. Pendant dazu; seine Gattin im Bürgerkleid mit schwarzer Haube (hist.-top. Halle).

132. Öl auf Leinwand; 60 × 72 cm; oval zum Rechteck ergänzt. Brustbild eines jungen Mannes in blauem Gewand und braunem Mantel. Bezeichnet: *Lampi* (d. Ä.) *pinxit.* Ende des XVIII. Jhs. (Fig. 183). 1892 aus dem Nachlaß von Frau Karoline Freiin v. Hell erworben. Protokoll 1892, Nr. 2275. RADINGER, Gemälde, 130 (Zimmer XXVIII).

Fig. 183.

133. Öl auf Leinwand; 63 × 79 cm; oval zum Rechteck ergänzt. Halbfigur eines Herrn, der mit dem Finger nach hinten deutet, wo Männer bei Fässern beschäftigt sind (Joh. Ambros Elixhauser, Stieglbräu in der Gstätten). Ende des XVIII. Jhs. (Depot).

134. Öl auf Leinwand; 65 × 84 cm; Halbfigur einer älteren Dame in schwarzem Gewand mit weißem Spitzenbesatz und schwarzer Haube. Salzburgisch, Ende des XVIII. Jhs. (Raum XXXIV).

135. Öl auf Leinwand; 65·5 × 84 cm; Halbfigur des Wundarztes Johannes Benedikt Mauberger. Ende des XVIII. Jhs. (Zimmer der wissenschaftlichen Apparate). — Pendant dazu, seine Gattin, geb. Maurer (Zimmer XXX).

136. Öl auf Leinwand; 47 × 58·5 cm; Porträt, Halbfigur eines unbekannten bartlosen Herrn mit aschblondem Haar, graugrünem Rock mit Vatermördern, weißem Halstuch und Jabot. Bezeichnet: *Barbara Krafft nata Steiner pinxit.* Um 1800, skizzenhaft, beschädigt (Depot).

Ferner drei Porträts von Siegmund Hafner Edlen v. Imbachhausen (Raum XXIII und XXX) und eines des Johann Flöckner und seiner Witwe (Raum XXVIII). Ende des XVIII. Jhs.

137. Öl auf Leinwand; 23 × 29·5 cm; Halbfigur eines jungen Offiziers(?) von der bürgerlichen Kompagnie zu Pferd in roter Uniform mit Salzburger Stadtwappen auf dem Gürtel. Gemalt von F. N. Streicher 1800 (Waffenhalle).

138. Öl auf Leinwand; 69·5 × 90 cm; Halbfigur einer unbekannten Frau in geblümtem Kleide mit schwarzem Spitzenschal und Haube. Gemalt von Streicher. Anfang des XIX. Jhs. (Zimmer XXXIV).

139. Öl auf Leinwand; 57·5 × 85·5 cm; Porträt des Malers Ferdinand Runk, in ganzer Figur, in einer Fluß-

18*

Fig. 184.   landschaft stehend. Rechts unten bezeichnet: *J. Bergler 1802* (Fig. 184). Das Bild wurde von Ernst Josef v. Schwarzenberg bestellt, kam dann in den Besitz des Grafen Josef Franz v. Daun und 1855 durch Kauf ans Museum (Jahresbericht 1855, 38/9). RADINGER, Gemälde, 130 (Zimmer XXIII).

140. Öl auf Leinwand; 12·5 × 19·5 cm; Studie. Junge Dame, in ganzer Figur, stehend. Von Josef Bergler Anfang des XIX. Jhs. Wohl identisch mit dem 1847 von Fräulein v. Kleinmayern geschenkten Bilde. (Jahresbericht 1847; hist.-top. Halle).

141. Öl auf Leinwand; 63·5 × 79·5 cm; Halbfigur des Hubert Maurer mit Zeichenmappe und Stift von Joh. M. Sattler. Anfang des XIX. Jhs. (hist.-top. Halle).

142. Öl auf Leinwand; 45 × 47 cm; Selbstporträt, Brustbild der Malerin Barbara Krafft. Bezeichnet: *Barbara Krafft nata Steiner pinxit* (hist.-top. Halle).

Fig. 183 Herrenporträt von J. B. Lampl (Porträt Nr. 106) (S. 139)

143. Öl auf Leinwand; 41·5 × 53 cm; Brustbild des Herrn Lorenz Hübner von Barbara Krafft (hist.-top. Halle).

144. Öl auf Leinwand; 56·5 × 70 cm; Halbfigur einer Dame in weißem Atlaskleide mit Blümchen. Bezeichnet; *Barbara Krafft nata Steiner pin*. Anfang des XIX. Jhs. Auf der Rückseite Zettel mit Aufschrift: *Ehrentraud Fendt, geb. Metzger* (Zimmer XXXIV).

145. Öl auf Leinwand; 63 × 81·5 cm; Halbfigur einer jungen Dame in hellblauem Kleide, mit dem Strickstrumpf sitzend. Ebenso bezeichnet (Zimmer XXX).

146. Öl auf Leinwand; oval, 28 × 36·1 cm; Brustbild der Mutter des Seninger, Hofrichters von Nonnberg. Gemalt von Friedrich Weidner. Anfang des XIX. Jhs. (Zimmer XXXV).

147. Öl auf Leinwand; 58 × 81·5 cm, oval zum Rechteck ergänzt; Porträt Ferdinands, Großherzogs von Toskana. Anfang des XIX. Jhs. (Depot). Wohl von J. Löxhabler.

148. Öl auf Leinwand; 57 × 75 cm; Porträt des Herrn Zeidrich, k. k. Verpflegsoberverwalters in Linz, in ganzer Figur mit Zylinder, Frack und Stiefeln, mit einem kleinem Buch in der Hand, in Landschaft stehend. Anfang des XIX. Jhs. (Zimmer XXVII).

149. Öl auf Leinwand; 51,5 × 75,5 cm; Halbfigur des Königs Maximilian I. von Bayern, in schwarzem Rahmen mit geschnitzter Goldleiste. Anfang des XIX. Jhs. (Depot).

150. 44 × 60 cm; ins Oval komponiertes Brustbild eines hohen Offiziers, mit Maria-Theresien-Orden und Goldenem Vlies (wohl Kurfürst Ferdinand). An der Rückseite bezeichnet: *Xavier Hornöck pinxit 1804* (Depot).

151. Öl auf Leinwand; 46 × 59 cm; Halbfigur eines bartlosen jungen Herrn mit blonden, in die Stirne fallenden Locken, dunklem Rock, Vatermördern und plissiertem Jabot, in der Linken den Zweispitz haltend. Bezeichnet: *Barbara Krafft nata Steiner pinxit.* An der Rückseite Aufschrift: *Johann Nepomuk v. Königsegg, Rothenfels, Herr zu Boros Sebeé Magnat von Ungarn, im 19. Jahr Anno 1808 zu Salzburg* (Musikhalle).

Fig. 184 Porträt des Malers Ferdinand Runk von J. Bergler
(Porträt Nr. 137) (S. 140)

152. Öl auf Leinwand; Porträt, Kniestück; Kaiserin Maria Luise von Frankreich von Andreas Nesselthaler nach dem Gemälde Gérards von 1808 kopiert (Raum XXVIII).

153. Öl auf Leinwand; 50 × 68 cm; Brustbild des Herrn Gregor Gansl mit einem Kinde neben sich, gemalt von F. X. Hornöck 1808 (Zimmer XXXV).

154. Öl auf Leinwand; 31 × 38 cm; Porträt des Majors Josef Struber, Verteidigers des Passes Lueg 1809, in ganzer Figur, stehend. Links unten bezeichnet: *A. Eggl pinx.* Um 1809. Geschenk des Herrn Johann Georg Strehle, 1846 (Waffenhalle und Raum XXXV).

155. 40 × 57 cm; Brustbild des Herrn Josef Spindelegger. An der Rückseite bezeichnet: *F. Xavier Hornöck pinxit 1811* (Raum XXX).

156. Pendant dazu; Brustbild der Frau Spindelegger. Bezeichnet: *F. X. Hornöck*. Um 1815 (Zimmer XXXIV).

157. Öl auf Leinwand; 22·5 × 29 *cm*; Brustbild eines Herrn Feyertag in grauem Rock mit rotem Vorstoß. An der Rückseite bezeichnet: *Franz Xavier Hornöck pinxit 1813* (Raum XXX).

158. Öl auf Leinwand; 50 × 64 *cm*; Brustbild; Selbstporträt des Johann Wurzer. Auf der Palette bezeichnet: *Johann Wurzer pinxit 1818* (hist.-top. Halle).

159. 50 × 64 *cm*; Zwei Pendants; Brustbilder eines etwa 50jährigen Herrn und einer *54 Jahre alten* Dame, die einen Strumpf strickt. Von Hauser 1818 (Depot I).

160. Öl auf Leinwand; 47·5 × 59·5 *cm*; Brustbild des Herrn Franz Duyle. Bezeichnet: *F. Xaver Hornöck 1819* (Raum XXXV).

161. Öl auf Leinwand; 24 × 30·5 *cm*; oval zum Rechteck ergänzt; zwei Pendants, Brustbilder des Malers Franz Zebhauser und seiner Gattin. Beide von Georg Zebhauser 1819 gemalt (Zimmer XXXV).

162. Öl auf Leinwand; 45 × 64 *cm*; Brustbild des Lederermeisters Kaspar Messner. Bezeichnet: *F. X. Hornöck pinxit 1820* (Zimmer XXXV).

163. Öl auf Leinwand; 38 × 48 *cm*; Porträtbrustbild des P. Joachim Haspinger, fast en face gesehen. Um 1820 (Waffenhalle). Vielleicht nach der Lithographie nach Schnorr von Carolsfeld gemalt.

164. 69 × 80 *cm*; in Oval komponiertes Brustbild des Kaisers Franz, laut Aufschrift an der Rückseite: *nach dem Leben gemalt in der Residenz zu Salzburg vom 20ten bis 23ten August 1821 von Michael Sattler*. (Depot).

165. Öl auf Leinwand; 30·5 × 41 *cm*, oval zum Rechteck ergänzt; Brustbilder des Johann Georg Zebhauser und seiner Frau. Um 1823 (hist.-top. Halle).

166. Öl auf Leinwand; 44·5 × 53 *cm*; Brustbild eines bärtigen kahlköpfigen Mannes in schwarzem Wams mit weißem Umlegkragen. Von Michael Sattler. Erste Hälfte des XIX. Jhs. (hist.-top. Halle).

167. 47 × 64 *cm*; Porträt der mit 22 Jahren gestorbenen Marie Brandstätter, in weißem ausgeschnittenem Kleid mit Rosen im Haar. Von Joh. M. Sattler 1827 (Depot).

168. Öl auf Holz; 39·5 × 53 *cm*; Brustbild, Selbstporträt des Thomas Spitzer, Tischlers zu Perwang. Um 1830 (hist.-top. Halle).

169. Öl auf Leinwand; 45 × 57·5 *cm*; Brustbild der Frau Franziska Haas als Pöschlianerin (in ein grauweißes Tuch gehüllt). Um 1830 (hist.-top. Halle).

170. 63 × 78 *cm*; Porträt; Halbfigur eines jungen Mädchens in weißem Kleide mit blauem Mantel. Art des Sattler. Zirka 1830 (Depot).

171. 66 × 72 *cm*; ins Oval komponiertes Porträt; Halbfigur eines jungen Mädchens mit hängenden Zöpfen und einem braunen Seidenpinscher. Zirka 1830 (Depot).

172. Porträt; 45 × 58 *cm*; Brustbild des Herrn Dismas Wiederwald und

173. Pendant dazu; Brustbild seiner Gattin. Beide gering, zirka 1830 (Depot).

174. Öl auf Leinwand; 49·5 × 65 *cm*; Brustbild des Schuhmachermeisters Schönthaler, in braunem Rock und bunter Weste. Bezeichnet: *Hueber 1832* (Zimmer XXXV).

175. 23·5 × 27; Zwei Pendants; Brustbilder des Herrn Dittenhofer und seiner Gattin. 1834 (Raum XXXIV).

176. Miniaturporträt auf Papier; 11 × 13 *cm*; Halbfigur des Dr. Burkard Eble, in einem Lehnstuhl am Studiertisch sitzend. Links unten bezeichnet: *W. Kraus 1835* (Zimmer der wissenschaftlichen Apparate).

177. Öl auf Leinwand; 49·5 × 64 *cm*; Brustbild der Hebamme Madame Ziehrer, in grünem Kleid mit Mühlsteinkragen und Goldhaube. Auf der Rückseite bezeichnet: *Hauser p.* Um 1840 (Zimmer XXX).

178. Öl auf Leinwand; 34 × 42·5 *cm*; Brustbild des Benedikt Pillwein. Auf dem Buch in seiner Hand bezeichnet: *Leopold Zinnögger 1841* (hist.-top. Halle).

179. Öl auf Leinwand; 67·5 × 88·5 *cm*; Halbfigur des Matthias Bayrhammer. Bezeichnet: *Seb. Stief 1845*. Von Dr. Storch geschenkt (Jahresbericht 1845). (Hist.-top. Halle.)

180. 28 × 35 *cm*; Porträt des Pfarrers Winkler. Bezeichnet: *Mayr 1847* (Depot).

181. Öl auf Leinwand; 46 × 57 *cm*; Halbfigur des Karl Bock, 10 Jahre alt, und

182. Pendant dazu; Porträt der Marie Bock, 7 Jahre alt. Beide von Azlaiter, Mai 1848 (Depot).

183. Zirka 65·5 × 75 *cm*; Porträt; Halbfigur eines sitzenden jungen Mannes, Herrn Anton Hochmuth, die eine Hand ins Hemd gesteckt. Bezeichnet: *Ostheeren 1851* (oder ?) (Depot).

Ferner Porträts des Josef v. Enk, Piaristen in Wien, um 1780; des A. Virgil v. Enk, um 1780; des Hofkammerrates Leopold v. Enk, um 1790; der Maria Klara Moser mit ihrem Töchterchen Anna, um 1805;

des Handschuhmachers Eduard Sperl, um 1850; des Christian Pauernfeind, im Alter von 36 Jahren, 1656; des Rates Daniel Nik. Laiminger, 59 Jahre alt, 1776; des Salzburger Bürgers Josef Wölfling, 38 Jahre alt, Anfang des XIX. Jhs.; des Brauers Alexander Moser, Anfang des XIX. Jhs.; des Herrn Schlanderer, eines Verwandten des Malers (vgl. Kunsttop. XI, 406 bzw. 409), 1797; des Sattlermeisters Siscek, um 1830; des Scharfrichters Franz Josef Wolmuth, 47 Jahre alt, 1786; einer Gräfin v. Windhag, Ende des XVII. Jhs.; des „Ewigen Kalenders", eines Salzburger Originals, um 1820; des Herrn Hilebrandt (Urgroßvaters des Anton Triendl), Ende des XVIII. Jhs.; des Herrn und der Frau Heffter, um 1770; der Knaben Ignatius und Franz Fallbacher, um 1806; des Franz X. Reichsgrafen v. Breuner, Bischofs von Chiemsee, um 1790; des Tob. Wagner, Ende des XVIII. Jhs.; der Adjunkten Franz Eiweck, zweite Hälfte des XVIII. Jhs.; des Knaben Anton Pauernfeind, um 1783; des Cafetiers Steiger, in türkischer Tracht, Ende des XVIII. Jhs.

Weiter eine große Anzahl von bürgerlichen Porträts, Öl auf Leinwand; darunter des Georg Ignaz Schumann Edlen v. Mansegg, um 1800; des Franz Anton Spängler; der Maria Elisabeth und Maria Katharina Spängler, zweite Hälfte des XVIII. Jhs.; der Anna Katharina Spängler, 1756; der Anna Elisabeth Spängler geb. Egger, um 1770; des Dr. med. Franz Lainer, um 1840; des Johann Josef Freiherrn v. Rehlingen, 1756; der Frau Maria Maier, zweite Hälfte des XVIII. Jhs.; des Herrn Bogensperger, 1760; des Bürgermeisters Siegmund Hafner, um 1760; des Peter Kaserer in Hallein, 1706; der Regina Salome Schuechöggerin in Hallein, 1711; des Kreisphysikus Dr. Fischer, 1832; des Matthias Bayerhammer, um 1840 (vielleicht dieses von Dr. Storch 1845 geschenkt?); des Anton Alois Rauchenbichler, um 1770; der Maria Katharina Rauchenbichler, 1761; der Maria Theresia Rauchenbichler geb. Poschinger, um 1750; der Frau Magdalena Radler, 1770; der Maria Eleonora v. Thunzler, 1722; des Herrn Anton Ruprecht, Hofapothekers, und seiner Mutter Katharina Ruprecht geb. Mayer, Ende des XVIII. Jhs.; des Baumeisters Laschenzky und seiner Gattin, Ende des XVIII. Jhs.; des Josef Moser und seiner Gattin Klara, 1770; des Zuckerbäckers Hinterholzer, um 1830. Ferner Bilder von Mitgliedern der Familie Knopp in Hallein und mehrerer anderer unbekannter Personen (Raum XXX).

Ferner Porträts des Hofapothekers Christoph Maier, Mitte des XVIII. Jhs; der Frau Anna Maria Theresia Sorko, erste Hälfte des XIX. Jhs.; der Frau M. B. Erentraud v. Enk, um 1775; der M. F. Apollonia v. Enk, um 1780; der Frau Maria v. Helmreich, um 1840; des Herrn und der Frau Michael Krumpacher, 1796; des Josef Kaspar und der Maria Katharina v. Freisauff, 1783; der Reichsfreiinnen Antonia und Karoline v. Berchtold zu Sonnenburg, um 1830; der Handelsfaktorin Theresia Schaffner, um 1825; der Frau Weissauer, erste Hälfte des XIX. Jhs; der Frau Bogensperger im Alter von 22 Jahren, 1760; der Anna Klara Kistler, 17 Jahre alt, 1681; derselben, um 1710; der Frau Steinmetzmeister Doppler, Anfang des XIX. Jhs.; der Frau Anna Maria Laiminger, 55 Jahre alt, 1776; der Eltern des Konsistorialrates Anton Doppler, zirka 1840, von Matth. Resch, Kuratie-Provisor am St.-Johann-Spital, gemalt; des Herrn Jakob Herrmann, 1787; der Maria Theresia v. Enk, als Nonne, 1751; der M. Th. Josepha v. Enk, 22 Jahre alt, 1800 (Zimmer XXXIV).

Fünf Bilder; Öl auf Leinwand; Halbfiguren repräsentativen Charakters der Erzbischöfe Johann Ernst Thun bis Andreas Jakob Dietrichstein (hist.-top. Halle).

Öl auf Leinwand; eine Folge jetzt zum Teil gemeinsam gerahmter Porträts von Erzbischöfen des XVII. und XVIII. Jhs. (Max Gandolph, Firmian, Liechtenstein, Schrattenbach, Colloredo) in Halbfigur oder Kniestück, dekorativen Charakters. Vielleicht mit der 1848 von Herrn Raith, bürgerl. Weinwirt, geschenkten identisch (Quartalsbericht 1847). Ferner Halbfigur des 1833 verstorbenen Domherrn Metzger und des „Aloys Sandbichler im 61. Jahr seines Alters, K. B. Professor der Schrift, Orientalischen Sprachen und der Philologie auf dem Lyzeum zu Salzburg" (um 1800). Endlich Halbfiguren mehrerer unbekannter Herren und Damen aus der zweiten Hälfte des XVIII. und dem Anfange des XIX. Jhs. (I. Stock, Risalit).

Ferner Porträts (auf Leinwand) des Abtes Alexander III. Fixlmillner von Kremsmünster, um 1750; des Propstes von Berchtesgaden, Franz Anton Joh. v. Hausen, um 1770; des Abtes von Ranshofen Augustin II. Pariser, um 1720; des Erzbischofs von Salzburg Johann Ernst Grafen Thun, um 1800; des Herzogs Christian von Pfalz-Zweibrücken, um 1760; des Siegmund Christoph Grafen Zeil, Fürstbischofs von Chiemsee, um 1800; des Erzbischofs Hieronymus Grafen Colloredo, Ende des XVIII. Jhs. (sehr abgerieben); der Schuldirektorsgattin Hochmüller geb. Hoppe, 1833 (Zimmer XXVIII).

Endlich eine Anzahl anonymer Bildnisse des XVIII. und XIX. Jhs.

B. Pastellporträts.

Pastellporträts.

1. 46 × 57 cm; Porträt; Brustbild eines jungen Herrn mit gepudertem Haarbeutel in roter mit Goldborte benähter Weste und weißem Rock. Um 1770 (Industriehalle).

2. 39 × 49 cm; Porträt; Brustbild Pius VI. in strengem Profil nach rechts; er trägt einen rosa mit weißem Pelz verbrämten Samtrock mit eingesteckten Insignien; ein hellblauer Kragen mit weißem Vorstoß ist von der Unterkleidung sichtbar. Weißes kleines Käppchen über dem weißen mit einer runden Locke frisierten Haar. Um 1780 (Industriehalle).

3. 44 × 56·5 cm; Porträt; Brustbild einer jungen Dame in hellblauem Kleide mit weißen und geblämten Streifen, weißem Busentuch mit Rüsche) und schwarzer Salzburger Haube auf dem weiß gepuderten Haar. Um 1780 (Industriehalle).

4. 45 × 55 cm; Brustbild einer jungen Dame in rosa und weißem halsfreien Seidenkleid mit schwarzer Salzburger Haube auf dem weiß gepuderten Haar. Um 1780 (Rokokozimmer).

5. Brustbild des Prälaten von S. Zeno Bernh. Elixhauser. 1782 (Depot).

6. 73 × 64 cm; Halbfigur einer alten Frau mit einem Muff. Zweite Hälfte des XVIII. Jhs (Depot).

7. 41·5 × 49 cm; Porträt; Brustbild einer jungen Dame mit schwarzer Haube und blauem Kleide mit Rüsche am Halsausschnitt. Um 1780. In Rahmen, weiß lackiert und vergoldet, mit Kassettenornament und Knäufen (Saal XXIX).

8. In derselben Größe und gleichem Rahmen wie das vorige; Brustbild eines Herrn in grau gepuderter Perücke mit Zopf und weißem Rock. Um 1780 (Saal XXIX).

Fig. 185 Porträt des Regierungsrates Franz Michael Vierthaler.
Art des Nesselthaler (S. 145)

9. 44 × 56 cm; Brustbild des Johann Peter Metzger, Bürgermeisters zu Salzburg (1775—1795) in hellgrauem Rock mit weißem Jabot und weißer Perücke mit Ohrlocken. Um 1780 (Saal XXXIV).

10. Pendant dazu; Brustbild seiner Gattin mit schwarzer Haube, rosa Kleid mit eingewebten Blumensträußchen und weißem Spitzentuch. Um 1780 (Saal XXIX).

11. Zirka 35 × 40 cm; Brustbild eines jungen Herrn in grünem Rock, gelber Weste und weißer Perücke mit einer Ohrlocke und Haarbeutel. Um 1790 (Saal XXIX).

12. 47·5 × 58·5 cm; zwei Pendants; Brustbild des Bürgermeisters Metzger und seiner Gattin. Beide von Streicher gemalt. Ende des XVIII. Jhs. (Saal XXXV).

13. 45 × 54 cm; Brustbild eines bartlosen Herrn (Geistlichen) mit schwarzem Käppchen, schwarzem Rock mit weißem Kragenstreifen. Ende des XVIII. Jhs. (Industriehalle).

14. 35 × 46 cm; Brustbild einer jungen Dame mit gepudertem Haar, mit herabfallenden Locken und Schleier, in ausgeschnittenem weißem Kleide. Um 1790. In geschnitztem polychromiertem und vergoldetem Rahmen mit Ranken, Palmettenmuscheln und einem Phantasiewappen in der Mitte unten (Schachbrett und Feld mit Schrägbalken). (Rokokostübchen.)

C. Porträtminiaturen.

1. Zeichnung, laviert, der Kopf mit Rötel gehöht, auf Papier; oval, 10 × 13 cm; Brustbild eines Herrn in braunem Rock mit Umlegkragen, weißem Halstuch und gepudertem Haarbeutel. An der Rückseite Aufschrift: *Franz Michael Vierthaler. k. k. n. oe. Regierungsrath und Waisenhausdirektor*. Um 1810. Wohl von Andreas Nesselthaler (Fig. 185). In Rahmen mit geschnitzten Rocailleornamenten und Blumenschnüren am Aufsatz und Ablauf. Um 1780 (Rokokostübchen).

Fig 185

2. Pendant dazu; Brustbild eines jungen Mannes in Rock mit Mantelkragen, weißem Halstuch und natürlichem über den Schläfen gelocktem Haar. An der Rückseite Aufschrift: *Andreas Nesselthaler hochfürstlicher Truchsess und Cabinetsmahler. Von ihm selbst gezeichnet*. Um 1800. Rahmen wie oben. (Rokokostübchen.)

Fig. 186   Miniaturporträt der Frau Babette Storch von Klotz
(S. 146)

3. Aquarell auf Papier; oval; Brustbild eines jungen Herrn in lichtbraunem Rock und grüngestreifter Weste. Auf der Rückseite Aufschrift: *Sigmund Christian Aichhamer . . . . 1797*. Gemalt von Gaudolph Stainhauser v. Treuberg (hist.-top. Halle).

4. Öl auf Karton; 11 × 15 cm; Brustbild; Selbstporträt des Malers Wurzer, mit Palette und Pinsel an der Staffelei. Um 1835 (Saal XXXV).

5. Aquarell auf Papier, oval; 4·5 × 5·5 cm; Halbfigur einer jungen Dame in dekolletiertem weißem Kleid. Bezeichnet: *Grosser 1803* (hist.-top. Halle).

6. Aquarell auf Elfenbein; 6 × 6·9 cm; Brustbild der Frau Therese Hagenauer in weißem Kleid mit dunkelgrünem Band am Halsausschnitt (Fig. 187). Bezeichnet: *Barbara Krafft pin.* (hist.-top. Halle).

Fig. 187.

7. Aquarell auf Papier; 4 × 5 cm; Brustbild einer jungen Frau in blaugrünem Kleid mit Spitzenschal und Goldhaube. Bezeichnet: *Mattighofen* (?) (hist.-top. Halle).

Fig. 186.
8. Aquarell auf Papier; 33 × 48 cm; Frau Babette Storch, in ganzer Figur, ein schlafendes Kind im linken Arm, in Landschaft gehend. Von Prof. Klotz 1813, in Landshut (Fig. 186).

9. Pendant dazu; Medizinalrat Storch in seinem 50. Lebensjahr. Von demselben. (Raum XXVIII.)

Fig. 187 Miniaturporträt
der Frau Therese Hagenauer
von Barb. Krafft (S. 145)

Fig. 188 Miniaturporträt
der Marie Hagenauer von Spitzer
(S. 146)

10. Aquarell auf Elfenbein; 8 × 7 cm; Halbfigur eines 13jährigen Mädchens in weißem Kleid mit violettem Gürtel und grüner Schürze, Marie Hagenauer. Bezeichnet: *Spitzer pinxit 1826* (hist.-top. Halle; Fig. 188. Fig. 188).

11. Aquarell auf Papier; 9 × 10·5 cm; Porträt einer Dame in schwarzem Gewand mit buntem Gürtel und weißem Umlegkragen. Bezeichnet: *Spitzer pinxit 1829* (Zimmer XXXV).

12. Öl auf Papier, oval; 10 × 11·5 cm; Porträt; Brustbild eines unbekannten Herrn in schwarzem Rock mit schwarzer Halsbinde. Bezeichnet: *Spitzer pinxit 1829* (Zimmer XXXV).

13. Aquarell auf Papier; 17 × 21 cm; Halbfigur der Frau Gertraud Gasparotti. Bezeichnet: *gemalt Deckelmann 831* (Raum XXXI).

14. Aquarell auf Papier; 8 × 10 cm; Halbfigur des Professors v. Wolfstein. Gemalt von Hubert Sattler, 1843 (Zimmer der wissenschaftlichen Apparate).

Ferner eine Anzahl von anonymen Aquarellen und Ölminiaturen, von Papier- und Unterglassilhouetten, von Reliefporträts in Wachs, Gips, Elfenbein, Speckstein und Glas. Darunter Porträts der Erzbischöfe Max Gandolph, Johann Ernst Sigismund, Hieronymus, Franz Anton, Jakob Ernst und Fürst Schwarzenberg; ferner von Mitgliedern der Familien Hagenauer, Matzenkopf, Enk von der Burg, Zillner, Niggl, Gussetti usw.

Sonstige
Bilder.
D. Sonstige Bilder.

1. Flügelaltar. Über Staffel mit eingeblendetem vergoldeten Rankenornament auf rotem Grund doppelflügeliger Altar mit Temperamalereien; der Mittelschrein mit frei aufgesetztem Rankenwerk zwischen Tafel X. zwei Fialen bekrönt (Taf. X).

Mitteltafel; 79 × 82 cm; Anbetung der Hl. drei Könige. Madonna in rosa Kleid mit lichtblauem Mantel und weißem Schleiertuch sitzt rechts unter einer niedrigen Hütte, über deren Dach ein Engel auf den Stern hindeutet. Maria hält mit beiden Händen das nackte Kind, das in ihrem Schoße kniet und mit den Händchen in ein goldenes Kästchen greift, das ihm der kniende greise König (in Violettgrau und Weiß gekleidet) hinhält. Hinter diesem steht der zweite König mit braunem Barte, blauem Kleid und rosa Mantel, der mit Hermelin gefüttert ist, in der Linken ein monstranzartiges Gefäß darbringend. Er wendet sich zur Seite zu dem als letzter herantretenden jugendlichen König mit blondem Haar, silbergrauem Kleid mit vergoldetem Gürtel und Knieachseln und grünlichem, grauweiß gefüttertem Mantel; der jugendliche König trägt ein Horn mit Goldbeschlag. Neben ihm geht ein weißer Pinscher; unter der Hütte wird der Kopf des Ochsen sichtbar; links hinten zwei kleine Bäume, darüber Goldgrund.

Innere Flügel, innen: 35·5 × 83·5 cm; links hl. Martin in silberner Rüstung mit bläulichem Wams, rotem Fig. 189. Mantel mit Hermelinfutter, der Bettler als Krüppel mit Beinschiene und Krücke gebildet (Fig. 189). Rechts hl. Johannes d. T. in härenem Gewand und faltigem grünen Mantel, in der Linken auf rotem Buch das kleine Lamm mit der Kreuzfahne mit Spruchband. Beide auf Goldgrund.

TAFEL X   HALLEINER ALTAR VON 1440
Museum Carolino-Augusteum (S. 146 ff.)

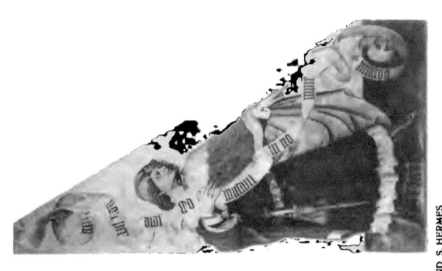

TAFEL XI S. PRIMUS UND S. HERMES

Museum Carolino-Augusteum (S. 147 l.)

175

Innere Flügel, außen: links Verkündigungsengel in weißem Gewand mit Goldbortenbesatz, einem Spruchband. in der Linken, die Rechte zum Gruß erhoben. Rechts Maria, stehend, in weißem Kleid, mit faltigem blauen Mantel und einem schwarzem Schleier über dem blondem Haar. Die Taube des Hl. Geistes fliegt zu ihr herab und berührt schon ihre Stirn mit dem Schnabel. Beide Figuren auf rotem Grund mit Goldsternen (Fig. 190).
Die äußeren Flügel, innen: links hl. Barbara, stehend, nach der Mitte zu gewendet, in rotem Kleid mit grünem, weiß gefüttertem Mantel und reicher Krone auf dem Haupt. Sie trägt mit der linken Hand, über die das Mantelende herabhängt, den Turm, die rechte Hand rafft den Mantel. Rechts hl. Katharina, stehend, nach der Mitte zu gewendet, in grünem Kleid mit rosa, mit Hermelin gefüttertem Mantel und Krone wie die vorige. Mit der Rechten faßt sie den Schwertgriff und das auf dem Boden aufstehende große Rad, die Linke rafft den Mantel. Beide Figuren auf rotem Grund mit Goldsternen.
Der Altar stammt aus der Leprosenhauskapelle in Hallein und kam 1858 ins Museum (Jahresbericht 1858). Nach Angabe des Jahresberichtes war noch 1836 in Kreisform um den Kopf der Madonna zu lesen: *Goffredus Oriundus Lungoviae hanc tabulam cum Petro Veneto fecit* und im Nimbus des Kindes *MCCCCXL*. Stilistische Gründe würden an eine etwa ein Jahrzehnt ältere Entstehung denken lassen: Hauptwerk der Alt-Salzburger Malerei (O. Fischer, S. 50 ff.)

2. Auf Holz; 93·5 × 85 *cm*; (jetzt) als Antipendium einer Mensa eingelassen. Heimsuchung; Kniestücke der beiden Frauen, in dem Schoß das Kind in Glorie gemalt. Links angedeutet Boden und Bäume, rechts eine Steinbank mit Lesepult unter gotischem Steinbaldachin; auf der Bank und am Pult Bücher. Über den hl. Frauen Spruchbänder. Salzburgisch, um 1430 (Taf. X, unten). Nach O. Fischer, S. 41 f., um 1420 (Kapelle).

3. Auf Holz; 43 × 66 *cm*; Kruzifixus zwischen Johannes und Maria. Alle drei mit goldgemusterten Nimben, Maria in violettem Kleid und blauem Mantel, Johannes in dunkel(braunem) Kleid mit faltigem roten Mantel, ein Buch in den Händen tragend. Zu Füßen des Kreuzes über steinigem Grund kleingebildeter jugendlicher Stifter, kniend, mit gefalteten Händen und Spruchband: *Miserere mei deus.* Er trägt einen punkten. an den Ärmellöchern und am Saum mit breiter Goldbordüre ausgenähten Rock. Neben ihm Wappenschild mit drei Goldlilien auf schwarzem schrägem Balken; in den Zwickeln Spiralornament auf hellem Fond. Über dem ganz schmalen Bodenstreifen unter den Figuren Goldgrund. Auf dem roten Rahmen (beschädigte) Umschrift: *begraben Hans sant Erndrauttentag* (Fig. 191). Stark übermalte Salzburger Arbeit, um 1430 (got. Halle).

4. Auf Holz; 2 Flügel; 71 × 129 *cm*; mit stark abgeschrägten oberen äußeren Ecken. I. Hl. Primus über niederem grünen Bodenstreifen, vor Goldgrund stehend. Der nach rechts blickende blondbärtige Heilige trägt eine spitze, turbanartige Kopfbedeckung, dunkelgrün, mit Goldborten und -schnüren. Über dunklem Anzug ein rötlicher Mantel mit grauweißem Futter und Umlegkragen, an den Ärmeln und am Saum Goldborte; Goldschuhe. Er steht mit leicht gespreizten Beinen und über der Brust verschränkten Armen, in der rechten Hand ein langes, dekorativ flatterndes Spruchband haltend: *cabiris electis decretis consensit* (wohl vom Übermaler korrumpiert). Unten Aufschrift: *S. Primus.* 2. Hl. Hermes; Raumverteilung wie bei 1; der bartlose Heilige mit grauer, edelsteinbesetzter Mütze auf den blonden Locken, wendet den Kopf energisch nach links, während der Körper ein wenig nach links gedreht ist. Dunkler Rock mit Goldgürtel und Hermelinbesatz am Saum; am Gürtel hängt eine rote Bursa und ein Dolch in ornamentierter, zum Teil vergoldeter Scheide. Roter Mantel mit Hermelinkragen und -sattel und weißem Futter. Die Füße gespreizt, in Goldschuhen. Die rechte Hand hält über der Brust das Spruchband (wie oben): *don perdidi sed mutavi in nomine domini.* Die Linke weist mit ausgestrecktem Zeigefinger hinunter auf das Spruchband (Kapelle; Taf. XI).

Fig. 190.

Tafel X.

Fig. 189 Hl. Martin, Flügel vom Halleiner Altar (S. 146)

Fig. 191.

Tafel XI.

19*

Als Provenienzort wird Aigen bei Salzburg oder auch das Lungau angegeben, Erwerbungszeit unbekannt, wahrscheinlich 1870—1881. Von STIASSNY, Repertorium f. Kunstw. 1903, S. 24, der Spätzeit M. Pachers zugewiesen, von VOSS, Der Ursprung des Donaustils, 67 Anm., und FISCHER, S. 66 ff., mit dem Kreuzigungsbilde Pfennigs in Wien und dem Grazer Dombild von K. Laib in Zusammenhang gebracht; dabei

Fig. 190   Verkündigung, Außenseite der Innenflügel des Halleiner Altars (S. 147)

Fischer und SUIDA für ein Werk Laibs erklärt, von TIETZE, Kunstgeschichtliche Anzeigen 1910, S. 49, nicht Laib in Anspruch genommen, von STIASSNY neuerdings (Repertorium 1911, S. 323) verschiedene Maler in Anspruch genommen. Wichtige Salzburger Arbeit um die Mitte des XV. Jhs.

modernisierten gemalten Flügelaltars mit gemalten Tafeln an den Seiten der Mensa: an der Schmalseite links; 27 × 46·5 cm; hl. Dionysius, das abgeschlagene Haupt in der

Rechten, zu fünf sitzenden Männern und Frauen predigend. Salzburgisch, um 1430. . Nach O. FISCHER, S. 40, zweites Jahrzehnt des XV. Jhs. (Fig. 192). Fig 192.
Temperabild rechts; hl. Jüngling mit grünem Rock und weißem Mantel, die Hände gefesselt; hinter ihm steht ein Mann und hält (?) ihn; ein Krieger in Rüstung stößt dem Heiligen das Schwert in die Kehle. Zum vorigen gehörig (Kapelle) (Fig. 193). Fig. 193

Fig. 191 Kreuzigung Christi (S. 147)

6. F l ü g e l a l t a r : Holz, polychromiert und vergoldet; die Flügel in Temperamalerei. Die Mensa an den Schmalseiten mit ornamentaler (moderner) Malerei, an der Stirnseite mit eingelassenem als Applique gearbeitetem Relief, zirka 174 × 51 *cm*, der Apostel mit Christus in der Mitte (Fig. 194). Der Mittelschrein enthält zwei Figuren über Staffel mit eingeblendetem Rankenwerk und unter einem auf zwei flankierenden gedrehten Säulen aufruhenden, aus verschlungenen Kielbogen zwischen drei Fialen mit Krabben, Kreuzblumen und Maßwerkfüllung verziertem Baldachin. Die Figuren sind zirka 110 *cm* hoch; hl. Georg und hl. Bischof mit Buch (ein auf diesem ehemals befestigtes Attribut fehlt, vielleicht Nikolaus). Ersterer in Rüstung mit Mantel und Turban, auf den Drachen tretend. Die Linke rafft den Mantel, die Rechte faßt die (fehlende) Lanze (Fig. 195). Salzburgisch mit Tiroler Einschlag, viertes Viertel des XV. Jhs. Fig. 19

Die Flügel sind rechteckig, doch ist die obere innere Ecke eingezogen. Sie sind außen ornamental bemalt, innen in zwei Bilder (39 × 82 cm) untergeteilt. Linker Flügel oben: Heiliger Hippolyt mit Kronreif, in voller Rüstung mit rotem Mantel, in der Rechten Kugel mit Kreuz (Reichsapfel?), in der Linken eine weiße Fahne tragend. — Unten: Hl. Antonius Abb. mit Pedum und Buch, neben ihm ein Schwein mit Glöckchen. Rechter Flügel oben: Hl. Ulrich mit dem Fisch auf dem aufgeschlagenen Buch. — Unten: Hl. Benedikt mit Pedum und Glas, in dem die Schlange sichtbar ist. Alle Heiligen auf Wiesengrund mit kleinen bunten Blumen; darüber gelblicher Goldgrund.
Der Altar stammt aus der Kirche St. Georgen im Pinzgau. Mittelmäßige lokale Arbeit aus der zweiten Hälfte des XV. Jhs. (Kapelle).

Fig. 192   Hl. Dionysius (S. 149)   Fig. 193   Martyrium eines Heiligen (S. 149)

7. Auf Holz; 29 × 48·5 beziehungsweise 31·5 × 46 und 28·5 × 49 cm; drei (jetzt) in eine Holzwand einge-lassene Bildchen auf Goldgrund. 1. Verkündigung; Maria, kniend, in rosa Kleid mit blauem Mantel, wendet sich nach links zu dem knienden Engel in grünem Kleid und rosa Mantel, das Spruchband in der Rechten. Hinter Maria das Betpult, darüber die Taube des Hl. Geistes. 2. Anbetung des Kindes durch Maria, hinter der Josef, auf einen Stock gestützt, steht. Angedeutetes Milieu. Grabendach auf Pfosten. Kopf von Ochs und Esel. 3. Maria, in grünem Kleid mit faltigem gelblichrosa Mantel, sitzt und hält das rötlich gekleidete Kind im Schoß; vor ihnen steht der hl. Sebastian, dessen nackter Leib von Pfeilen durchbohrt ist und aus vielen Wunden blutet. Salzburgisch, gering. Drittes Viertel des XV. Jhs. (Kapelle).

8. Zu einem F l ü g e l a l t a r gehörig. 1. Seitenflügel; 35 × 90 cm; innen, links: hl. Bartholomäus in rotem Kleid mit mauvefarbenem Mantel mit Goldsaum, das krumme Messer in der Rechten haltend. Rechts hl. Andreas in gelbbraunem Kleid mit grünem Mantel, das Kreuz im rechten Arm haltend. Über hohem

Fig. 196.

Fußboden Goldgrund mit gepreßtem Muster (Fig. 196). — Außen links: hl. Barbara in rotem Kleid mit grünem

Fig. 194 Christus und die Apostel, Predella des Flügelaltars aus St. Georgen (S. 149)

Fig. 195 Flügelaltar aus St. Georgen (S. 149)

Mantel, den Turm mit der Linken hochhebend; rechts: hl. Katharina in lichtblauem Kleid, das Schwert in der rechten Hand. Beide Figuren mit schlanken Oberkörpern, in starker Schwingung; auf dunklem Grund. Der Altarschrein stammt aus der Festungskapelle. Beginn der zweiten Hälfte des XV.'Jhs., stark übermalt, namentlich der hl. Bartholomäus (Kapelle).

Fig. 196   Hl. Bartholomäus und Andreas, Flügel eines Altars (S. 150)

' .... mit Bildern in vergoldeten, mit fortlaufender Ranke geschnitzten Rahmen verkleidet.
.... Temperabild auf Holz; 198·5 × 64 cm; hl. Barbara, Katharina, hl. Nikolaus, vier hl.
.... Sebastian, alle stehend, auf Goldgrund. Unten Schildchen mit Monogramm JS (ligiert). An

den Schmalseiten, 96 × 63 cm, grüne Rankenmalerei um die Evangelistensymbole — mit Spruchbändern mit Namensaufschriften — auf rotbraunem Grund (übermalt). Um 1490 (Sakristei).

10. Auf Holz; 39 × 105 cm; Madonna mit gefalteten Händen, stehend, in schwarzem Kleid mit Goldflammen am Halsausschnitt und den Ärmeln (Ährenkleidmadonna). Schwarzer Grund mit Sternmuster. Stark abgerieben. Ende des XV. Jhs. (Kapelle).

11. Tempera auf Holz; 84 × 93 cm; Tod der hl. Jungfrau, die auf einem Bette liegt, herum sitzen und stehen die Apostel. Sehr beschädigt. Salzburgisch, Ende des XV. Jhs. Fischer, 96? Rückseite: Enthauptung eines jugendlichen Heiligen in voller Rüstung; im Hintergrunde Stadt, links Richter und Zeugen der Hinrichtung.

Fig. 197 Kombinierter Flügelaltar aus Vigaun (S. 154)

12. Auf Holz; 64 × 90·5 cm; hl. Katharina in rosa Kleid mit grünem Mantel über dem Rade stehend, das Schwert in der Rechten. Neben ihr hl. Ursula in dunkelblauem Kleid mit rotem Mantel, Pfeil und Buch. Quadrierter Pflasterbelag, weiß-braun, darüber ornamentierter Goldgrund. In rotem Rahmen, mit schwarzen Namensaufschriften an der linken Seite: S. Nicolaus, S. Wolffgus, S. Rudpertus. Ende des XV. Jhs. Derbe alpenländische Arbeit, 1860 vom k. k. Postmeister Wallner in Mauterndorf erworben (Jahresbericht 1860, 30) (Sakristei).

13. Tempera auf Holz; 58·5 × 129 cm; Krönung Mariens. Auf einer Thronbank mit hoher Rücklehne sitzen Gott-Vater und Christus, die beide gleich als jugendliche bärtige Männer gebildet sind; über ihnen schwebt die Taube des Hl. Geistes. Gott-Vater und Gott-Sohn halten in der einen Hand das Zepter, beziehungsweise die Weltkugel, in der andern die Krone über das Haupt der hl. Jungfrau, die über einer von zwei Gewandengeln gehaltenen Mondsichel kniet. Über der Lehne der Thronbank werden vor blauem Grund sieben kleine singende Engel sichtbar. Rückseite: Geißelung Christi (stark beschädigt). Salzburgisch, Ende des XV. Jhs. (Kapelle). Vielleicht identisch mit dem 1856 von Ritter v. Schwind geschenkten Bild (Jahresbericht 1856).

XVI   20

Fig. 197.

8. Mittelschrein mit Skulpturengruppe und doppelseitig in Tempera gemalten Flügeln (Fig. 197). Der rechteckige Mittelschrein wird von naturalistischem gewundenen Astwerk eingefaßt und von vorkragendem Gebälk abgedeckt, auf dem zwei von Säulchen mit Kreuzblumenbekrönung getrennte Bogen mit Blattwerk über einer polygonalen, in das Abschlußgebälk einschneidenden Konsole aufsitzen. Der Schrein enthält die zirka 70 cm hohe Gruppe der hl. Anna selbdritt auf einem Sockel; die hl. Anna sitzt auf einem Thron

Fig. 198 Hl. Dionysius,
Flügel von Fig. 197 (S. 154)

Fig. 199 Hl. Sebastian,
Flügel von Fig. 197 (S. 154)

mit Baldachin -- Kreuzblumenfries über abgefasten Pfeilerchen — und trägt das nackte Christkind auf dem rechten, die bekleidete Maria als kleines Mädchen mit offenem Haar auf dem linken Knie. Salzburgisch, um 1500. Die Altarflügel, 39·5 × 135 cm, enthalten innen die Heiligen Dionysos und Sebastian in ganzer Figur (auf Goldgrund); ersterer mit Aufschrift: S. Dionisius im bischöflichen Ornat, das Pedum in der linken, das infulierte Haupt in der Rechten (Fig. 198). Letzterer mit Aufschrift: S. Sewastianus in damasziertem Brustharnisch, rotem Mantel mit roter, hermelinausgeschlagener Mütze auf den blonden Locken und einem Pfeil in der linken Hand (Fig. 199). Außen: Verkündigungsengel beziehungsweise hl. Maria am Betpult in einer Halle mit gelbrot quadriertem Pflaster und rotem Gitter im Hintergrund (Fig. 200). In der Staffel des Mittelschreines erneute Aufschrift, lateinischer Spruch. Der Altar stammt aus Vigaun. Ende des XV. Jhs.

Fig. 198.

Fig. 199.
Fig. 200.

14. Tempera auf Holz; 42·5 × 100 cm; Ährenkleidmadonna auf rotem Grund mit goldenen Sternen; Umschrift in großen und Unterschrift, lange Beschreibung, in kleinen Buchstaben auf Papier (?). Um 1500 (Sakristei).

15. Mittelbild eines modernisierten Flügelaltars; 67 × 106 cm; Krönung Mariens; die hl. Jungfrau in dunklem Kleid und weißem Mantel kniet zwischen Gott-Vater und Gott-Sohn, die auf einer Bank sitzen und die Krone über das Haupt der hl. Jungfrau halten. Die Taube in Glorie schwebt über der Gruppe.

Fig. 200 Verkündigung. Außenseiten des Altars Fig. 197 (S. 154)

Hinter der Bank halten zwei Gewandengel einen Teppich mit reich gestickter Goldborte. Über dem Teppich blauer Grund mit Sternenmuster und zwei weitere musizierende Engel in Halbfigur über Wolken (Fig. 201). Vielleicht identisch mit dem 1876 von dem Gemälderestaurator Martin Pitzer erworbenen Bild (Jahresbericht 1876, 16).   Fig. 201.

Zugehörig, Seitenflügel; 30·5 × 109 cm; innen links hl. Katharina in reichem, rotem Kleide mit Kronreif auf dem Haar; rechts hl. Ursula in violettem Kleid, beide stehend, mit dem Schwert beziehungsweise Pfeil in der Hand, Goldgrund mit Sternmuster. — Außen: Links hl. Johannes d. T. mit dem Lamm auf dem Buch, rechts hl. Petrus in schwarzem Kleid und rotem Mantel mit Buch und Schlüssel, auf Goldgrund (Fig. 202).   Fig. 202.
Aus Hofgastein stammend. Um 1515. S. Fischer, 140 (Kapelle).

20*

16. Auf Holz; 87 × 107·5 cm; drei hl. Bischöfe mit Axt, Buch und Ziborium, in ganzer Figur, stehend; auf Goldgrund. Auf der Rückseite ebenso die Hl. Petrus, Johannes Ev. und ein Bischof. Die ganze Rückseite durch Abblättern stark beschädigt. Verwandt mit einem Nonnberger Bild (Kunsttopographie, VII, Fig. 155). (Kapelle.)

17. Auf Holz; 180·5 × 97 cm; Anbetung der Hirten und Könige. Die Mitte des Bildes nimmt der Einblick in die Hütte ein, in der Maria in dunkelblauem Kleid mit weißem Schleiertuch sitzt und das

Fig. 202 Hl. Johannes d. T. und Petrus, Außenflügel von Fig. 201 (S. 155)

nackte Kind mit einer Windel hält; über ihr halten zwei rosa beziehungsweise blau gekleidete schwebende Gewandengel mit bunten Flügeln ein Tuch. Vor dem Kinde kniet (im Profil nach links gesehen) der greise, bartlose König in rosa Mantel mit goldgewebten Ärmeln und dunkler Kapuze; er hat ein Goldgefäß (gedrehter Bauch, gedrehte Kerben am Deckel) zu Boden gestellt. Hinter dem greisen König ist der zweite braunbärtige im Begriff niederzuknien; er trägt ein blaues mit Gold reich gesticktes und mit Pelz verbrämtes Kleid und einen dunklen, mit breiter rosa Bordüre besetzten Mantel, der ihm über den Rücken hängt. Als letzter kommt der als Mohr gebildete König in braunem, goldgesticktem Wams mit rotem Mantel; mit der Rechten nimmt er die weiße Kopfbedeckung zum Gruß herab, in der Linken trägt er einen goldenen Pokal mit Deckel und Kristallbauch. Der Mohr tritt rechts zur Hütte herein, indem seine Gestalt den Türpfosten überschneidet. Daneben ist in der Hütte ein zweiteiliges Fenster mit (geringem) Durchblick auf Wiesen; vor dem Fenster steht eine Bank, in der ein Hirte kniet, zwei weitere schauen hinter seinem Rücken hervor. Rechts von der Hütte Ausblick auf eine tiefgelegene Straße, die sich zum Hügel, auf dem die Hütte liegt, hinaufbiegt. Darauf das Reitergefolge der Könige, einer die Pferde im Bach schwemmend und mehrere lastenschleppende Knechte; im Hintergrunde verblauende Landschaft. Ganz vorn hinter dem greisen König wird der Kopf und die anbetend erhobenen Hände eines Mannes in blauem Kleid mit violettrosa Mantel sichtbar, der noch auf der tiefgelegenen Straße steht. Links von der Madonna (hinter dem Oberkörper des Ochsen) tritt ein Hirt in die Hütte; er ist in Rot und Blau gekleidet und zieht die Mütze zum Gruß. Hinter ihm kommen zwei andere durch eine Tür herein, die links mit einem Stück der Mauer von außen zu sehen ist. Andere nähern sich zwischen

Tafel XII.
Tafel XIII.

den Wiesen und Baumgruppen. Rechts oben auf einem Hügel liegt ein Hirte (Taf. XII). Dazugehörig vier Flügel auf Holz; 36 × 96 cm; beiderseitig bemalt (Taf. XIII). 1. Innen: Bethlemitischer Kindermord; Landschaft mit herankommenden Kriegern im Hintergrund; vorn drei Kriegsknechte im Kampf mit zwei Müttern, heftig bewegte Szene. — Außen steinfarbig gemalte Figur des hl. Markus, in einem Buche lesend, neben ihm ein Löwe über Postament.
2. Innen: Beschneidung Christi. Angedeutet architektonisch gestaltete Vorhalle mit Durchblick in Landschaft; von links wird Maria sichtbar neben einer Frau mit weißer Haube und rotem Mantel, die das Kind einem bartlosen Priester hinreicht, der in seiner Hand ein kleines Messer in goldenem Schuh hält. — Außen: Wie oben; hl. Matthäus mit Buch, Axt und einem Engel neben sich.
3. Innen: Verkündigung; in einem schmalen Raum mit einem Fenster rechts und einem Vorhang links kniet Maria in dunkelblauem Kleid mit rotem Mantel und betet aus einem offenen Buch; vor ihr liegen mehrere Bücher auf einem niederen Pult, daneben eine weiße Blüte in einem weißschwarzen Gefäß. Rechts schwebt ein Gewandengel in lichtblauem Kleid mit rosa Flügeln und tippt mit dem zepterartigen Stab in seiner Linke auf Mariens Buch. In einem Lichtstrahl fliegt die Taube des Hl. Geistes herab. — Außen: Wie oben; hl. Lukas mit Buch und Stier.
4. Innen: Heimsuchung; angedeutete Hausarchitekturen; die hl. Elisabeth in dunkelgrünem und violettem Kleid mit weißem Kopfputz und Halstuch, begrüßt die hl. Jungfrau (blaues Kleid und roter Mantel). Im Vorder- und Mittelgrund rechteckige zum Teil eingezäunte Blumenrabatten. — Außen: Wie oben; hl. Johannes mit dem Kelch (beschädigt). Dem „Meister der Virgo inter Virgines" zugeschrieben. Vgl. M. FRIEDLÄNDER in Zeitschrift für bildende Kunst 1906/07, S. 79; derselbe im Jahrbuch der preußischen Kunstsammlungen 1910, S. 64; H. Voss in Onze Kunst, 1909, S. 73; RADISNGER, Gemälde, S. 114. Aus der Salinenkapelle in Hallein stammend, 1874 erworben (Jahresbericht 1874); die Tradition, daß der Altar dahin aus dem alten Dom gekommen sei, ist nicht erweisbar (got. Halle).

18. Auf Holz; 70 × 100 cm; hl. Elisabeth beschenkt drei Bettler mit Brot und Wein. Stark beschädigt. Aus Bergheim stammend (Jahresbericht 1861, 28). Erstes Viertel des XVI. Jhs. Nach O. FISCHER, S. 156, von dem Meister des Reichenhaller Altars im Münchener Nationalmuseum (Kapelle).

Fig. 203.

19. Tempera auf Holz; 80 × 93 cm; Christus als Zwölfjähriger im Tempel lehrend; von links nähern sich Maria und Josef. Nach dem DÜRERSCHEN Holzschnitt, B. 91 zusammengeschoben (Fig. 203). Um 1520 (Sakristei). 1856 von Dechant P. Sellner in Aspach erworben (Jahresbericht 1856, 26).

20. Tempera auf Holz; 80 × 96 cm; Christus von Maria Abschied nehmend, die zu Boden gesunken ist und von zwei Frauen gestützt wird. Nach dem DÜRERSCHEN Holzschnitt. B. 92. Um 1520 (Sakristei).

21. Auf Holz; 82 × 127 cm; Mariens Tempelgang; Maria als kleines Mädchen geht links die Treppe hinauf und wird vom Hohepriester empfangen. Unten stehen die hl. Joachim und Anna und andere Männer und Frauen. Links vorn an der Treppe sitzt eine Händlerin. An der Rückseite: Verkündigung an Joachim, der inmitten seiner Herde kniet; der Engel in starkem Verkurz fliegt herab und reicht ihm eine versiegelte Bulle. Links hinten aufschauender Hirte. Stark beschädigt. Um 1520. In Anlehnung an ALTDORFERS Holzschnitt, B. 4. Gleich den folgenden Bildern 1856 von Dechant P. Sellner in Aspach erworben (Jahresbericht 1856, 25). (Kapelle.)

21. Auf Holz; 82 × 97 cm; Begegnung Joachims und Annas an der goldenen Pforte. Die hl. Anna in grünem Kleid mit weißem Kopftuch, Joachim in rosa Kleid mit blauen Ärmeln. In Anlehnung an ALTDORFER, B. 5 (Kapelle).

Fig. 204.

22. Auf Holz; 81 × 97 cm; Kindermord; Stadtarchitektur, mit vier Frauen mit Kindern und ebenso vielen Kriegern, von denen einer in voller Rüstung von hinten gesehen wird (Fig. 204). Stilistisch verwandt mit Mariae Tempelgang. Die Komposition ist eine Variante nach A. ALTDORFER, B. 46 (Schm. 46).

23. Tempera auf Holz; 81·5 × 97·5 cm; Joachim opfert ein Lamm, das der Hohepriester abweist; herum Männer und Frauen. In Anlehnung an ALTDORFER, B. 3 (Sakristei).

24. Jugendlicher Heiliger mit schwarzem Barett, die Linke auf dem Schwert, mit der Rechten den Mantel raffend. Der Heilige steht unter gedrücktem Bogen auf reich mit Grotesken ornamentierten Pfeilern. Um 1525. (Gelehrtenstube.)

TAFEL XII ANBETUNG DER KÖNIGE VOM „MEISTER DER VIRGO INTER VIRGINES·
Museum Carolino-Augusteum (S. 157 f.)

189

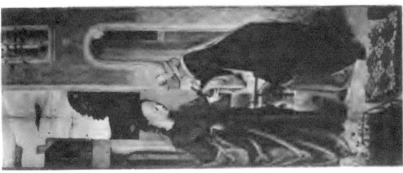

TAFEL XIII FLÜGELBILDER DES ALTARS TAFEL XII

Museum Carolino-Augusteum (S. 158)

191

25. Auf Holz; 72·5 × 115 cm; in einem kleinen Schiff, dessen Mast gebrochen ist, rufen mehrere in Lebensgefahr befindliche Personen den hl. Nikolaus an, der links oben in Halbfigur in den sich auftuenden Wolken erscheint, die Rechte segnend erhebt und in der Linken ein Spruchband — Ad um hält. Im Hintergrunde Stadtarchitektur. An dem Schiffe drei Fähnchen, das eine mit den Buchstaben A. P. L. I. Von Sebastian Stief 1852 geschenkt. Um 1530 (Gelehrtenstube).

26. Auf Holz; 73·5 × 115·5 cm; hl. Florian (in Anlehnung an den Flügel des Paumgartneraltars) steht in voller Rüstung mit Fahne und Schwert und löscht ein großes brennendes Haus. Als Einfassung der Figur gedrückter Bogen über Säulen mit reichen Kapitälen und Postamenten (Gelehrtenstube).

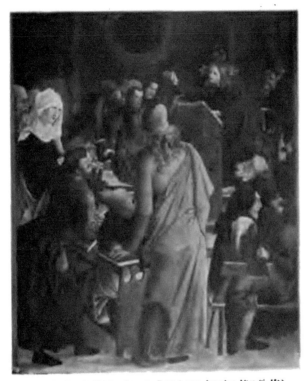

Fig. 203 Der zwölfjährige Jesus im Tempel, vom Aspacher Altar (S. 158)

27. Auf Holz; 74 × 119 cm; dazu gehörig: Kniender Jüngling, der die Hände faltet; neben ihm steht ein Scherge, der auf den Befehl harrt, das Schwert zu ziehen. Links kommt ein hl. Bischof in vollem Ornat, die Rechte mit abwehrendem Gestus erhebend. Herum mehrere Männer, hinten Reiter. Im Hintergrunde gebirgige Landschaft mit einem Turm. Stark beschädigt. Schulverwandt dem Wolf Huber. Von Seb. Stief 1852 geschenkt (Jahresbericht 1852). (Gelehrtenstube.)

28. Tempera auf Holz; 71 × 99 cm; hl. Matrone (Felizitas) in einem Lehnstuhl sitzend, ein Buch im Schoße; seitlich stehen zwei Knaben, ein dritter kniet mit einem Buch in der Hand vor ihr. Gemusterter Goldgrund. Unterschrift: S. Felicitas mit iren VII senen 1521, unter den Knaben die Namen Januarius, Felix, Philippus (Vorzimmer). 1861 von Pfarrer Guggenbichler, Bergheim, erworben (Jahresbericht 1861, 28).

29. Auf Holz; 89 × 107 cm; Verkündigung; der Engel in weißem Diakonengewand vor der knienden Jungfrau, über der die Taube schwebt. Über einer Balustrade in gemustertem Goldgrund Halbfigur Gott-Vaters (Gelehrtenstube). Spätere Kopie nach dem Stich von M. Schongauer, B. 3.

30. Auf Holz; 25·5 × 90·5 *cm*; hl. Katharina, in dunkelgrünem Kleid mit violettem Mantel, auf dem zerbrochenen Rad stehend, das Schwert in der Rechten; die Linke rafft den Mantel. Erste Hälfte des XVI. Jhs. (Kapelle).

31. Auf Holz; 53 × 64·5 *cm*; Halbfigur des büßenden hl. Hieronymus, der, nur mit offenem grauen Mantel bekleidet, vor einem Tische sitzt, auf dem Totenkopf, Buch, Kerze, Feder, Augenglas, ein Zettel mit lateinischem Spruch usw. liegen. Der Heilige hält einen Stein in der Rechten und wendet den Kopf nach links. Hinter dem Tisch ist ein Lesepult mit aufgeschlagenem Buch (Sec. Marcū). Im Hintergrunde auf einem Regal Flasche mit Rotwein und ein Glas, ein Aspergile und ein Glockenzug; eine Tür, die im unteren Teil durch einen grünen Vorhang verschlossen ist; ein Fenster, in Säulenfassung, mit Ausblick in Landschaft mit Felsen, Gebäuden und einer Kirche (Fig. 205). Niederländisch, um 1530; von RADINGER als Richtung des Quinten Massys bezeichnet (Gemälde 119), von F. GRAEFE dem Jan Sanders van Hemessen zugeschrieben (Jan Sanders van Hemessen, Leipzig 1909, S. 57, T. XXI). Nach der alten Inventar-

Fig. 204 Kindermord (S. 158)

nummer 388 als der „H. Hieronymus von Albrecht Dürer" im Inventar der erzbischöflichen Gemälde von 1750 zu identifizieren; im Inventar von 1726 als Nr. 36 vorhanden. 1859 aus der Domschatzkammer angekauft (Jahresbericht 1859, S. 34). (Gelehrtenstube.)

32. Auf Holz; 48 × 54 *cm*; über blaugrünem, niederem Bodenstreifen stehen vor Goldgrund links ein jugendlicher hl. Diakon (?) mit Buch und Weihrauchgefäß. Auf der Stola das Wort Ἅγιος dreimal. Rechts ein bärtiger Priester mit Buch und in der Mitte über flacher Basisplatte die Madonna in rotem Mantel über grünblauem Kleid mit dem Christkind, dessen nackte Füße unter dem langen gelben Hemd ein wenig vorkommen (stark beschädigt). Die Nimben ornamental gepunzt. Renaissancenachbildung eines byzantinischen Originals des XIII. Jhs. (Kapelle).

33. Auf Holz; 52 × 64 *cm*; Kreuzigung Christi. Der Kruzifixus zwischen den beiden Schächern, zahlreiche Menschenmenge mit Reitern und den würfelnden Soldaten in der Mitte vorn und Maria und Johannes links. Hintergrundslandschaft, Felsen an einem See; links und rechts von Christus zwischen dem dunklen Gewölk lateinische Verse in kleiner Goldschrift. Rechts unten Datum *1519* und darunter Renovierungsdatum *16(? .)* (durch die Inventarnummer verdeckt). Das etwas handwerksmäßige Bild geht auf den L. Cranachschen Kreuzigungstypus zurück (Kapelle) (Fig. 206). 1876 angekauft. (Jahresbericht 1876, 16.)

Fig. 205.

Fig. 206.

34. Öl auf Holz; vier Tafeln; 53·5 × 97 *cm*; je zwei übereinander einen Türflügel bildend, in brauner Rahmung, mit Goldleisten. Jede Tafel enthält ein steilovales Feld, in dessen Goldrahmung zwei Streifen von der Mitte jeder Seite auslaufen; in den Zwickeln steinfarbige, lagernde Figuren — bärtige Männer mit Füllhorn und Krone, Trompete blasende Putten, Greife usw. — zwischen dekorativem Rankenwerk auf dunklem Grund. Im ovalem Feld: 1. zwei Putten mit Palmzweigen, eine Krone haltend; 2. ein Reh unter einem Baum mit Spruchband: *Nessun me tocchi*; 3. Ansicht von Hohensalzburg mit Spruch-

Fig. 205 Hl. Hieronymus, dem Jan Sanders van Hemessen zugeschrieben (S. 160)

band: *Quanto puedo*; 4. aus Wolken ragen zwei Hände hervor, die ein Füllhorn halten, Spruchband: *Dilat servata fides*. Ende des XVI. Jhs. (Ren.-Halle).

35. Öl auf Holz; 50 × 79·5 *cm*; hl. Michael, den Luzifer herabstoßend. In den Wolken Cherubsköpfchen. Um 1600. Deutscher Manierist (Zimmer XXXIX).

36. Öl auf Leinwand; 102·5 × 155·5 *cm*; das Jüngste Gericht. Kopie des Sadelerschen Stiches nach einer Komposition von Christoph Schwarz. Vgl. das gleiche Bild in der Aula des Universitätsgebäudes (Kunsttopographie XIII, S. 142, Fig. 220). 1852 durch N. Pfitzer dem Museum geschenkt (Jahresbericht 1852). (Zimmer XXXIX.)

37. Öl auf Blech; 12 × 15·5 cm; Halbfigur der hl. Katharina mit Rad, Schwert und Märtyrerpalme. D utsch unter niederländischem Einfluß. Anfang des XVII. Jhs. (Familienstube).

38. Öl auf Holz; 130 × 91 cm; Zunftbild der Lederer; offene Halle mit Ledereibetrieb, im Hintergrunde Lederergasse und Zunftherberge zum goldenen Kreuz in Salzburg. *Aufgericht in 1615 jahr rennofüeret in 1647 jahr rennofüeret in 1770 jahr* (Zunftstube).

Fig. 206 Kreuzigung Christi (S. 160)

39. Öl auf Holz; 32 × 21 cm; zwei Pendants; Landschaften mit zahlreicher kleinfiguriger Staffage, bei dem einen ländliche Arbeiten, bei dem andern Herren und Damen in verschiedenen ländlichen Vergnügungen. Beide Bilder dem David Vinckboons zugeschrieben; aus der Leopoldskrone· Galerie stammend, 1854 von Stief geschenkt (Jahresbericht 1854). (Zimmer XXXVII.)

40. Gemalte Holzepitaphien des Ruprecht Fraissamb (Freysam), 1579, und seiner Familie und Gedächtnistafel des Georg Fraisamb, 1622 (Zimmer XXXIX).

41. Öl auf Leinwand; zirka 145 × 110 cm; hl. Jungfau mit dem Kinde, von großen und kleinen Engeln adoriert, links und rechts die hl. Katharina und Barbara. Vielleicht identisch mit dem aus Leopoldskron stammenden, der Carraccischule zugeschriebenen Bild, das 1848 erworben wurde. Erste Hälfte des XVII. Jhs.; gering (Depot).

42. Öl auf Holz; Gedächtnistafel in gemeinsamer blauer Rahmung, mit vergoldeten Leisten; ein Haupt- und zwei schmale Staffelbilder. Das Hauptbild stellt die Geschichte des Hiob dar, dessen Versuchung durch den Tenfel in der Mitte erfolgt, während Söhne und Töchter vorn fortgeführt werden. Die obere Staffel: die Stifterfamilie im Gebet mit beigefügtem Wappen, die untere Widmungsinschrift des Christoph Thill, Apothekers in Salzburg, und seiner Gattin Katharina Empackerin, 28. April 1627. Aus der Kirche in Liefering stammend (Zimmer XXXIX). Angekauft 1888 (Jahresbericht 1888, 55).

43. Öl auf Leinwand; 98 × 67 cm; der junge Tobias, von seinen Eltern Abschied nehmend, neben ihm Raphael, Sara und mehrere weitere Personen, alle in reicher Tracht des XVII. Jhs. Links unten unleserliche Inschrift. Bäuerische Malerei des XVII. Jhs. (Gelehrtenzimmer).

44. Öl auf Leinwand; zirka 65 × 140 cm; in die Decke eingelassen. Skizze zu einem Deckengemälde, mit der über Wolken schwebenden Gestalt des Glaubens und großen, die päpstlichen Insignien tragenden Genien, zwischen denen drei Bienen (der Barberini) schweben. Römisch, um 1630. Nach Jahresbericht 1846 Skizze von Pietro da Cortona zu dem Deckenbild im Palazzo Barberini in Rom, von Maler Ebner in Rom für die Galerie Leopoldskron erworben. Die Zuweisung an Pietro da Cortona ist sehr wahrscheinlich (Fig. 207). Geschenk von Pezolt 1846 (rentoiliert 1846). (Hist.-top. Halle.)

45. Auf Holz; 45 × 30·5 cm; Kreuztragung nach Martin Schongauer. XVII. Jh. (Gelehrtenstube). Vielleicht das 1851 von P. Michael Filz in Michaelbeuern erworbene Bild (Jahresbericht 1851, 44).

46. Öl auf Holz; oval, 10 × 14·5 cm; Bildnis Christi. Mitte des XVII. Jhs. (Got. Halle.)

47. Öl auf Leinwand; großes Breitbild in drei Streifen mit vielen kleinen Darstellungen aus der Legende des hl. Wolfgang, mit vielen Unterschriften geteilt. Beim mittleren größeren Mittelbild bezeichnet: *1662 Hans Perger seliger und 1750 renoviet von einem gewisn grossn Liebhaber des hl. Wolfgang* (Raum XXXIX).

48. Vier zusammengehörige Bilder; Öl auf Leinwand; 57 × 77·5 cm; die vier Jahreszeiten durch reich gekleidete Damen in Halbfigur, mit verschiedenen Attributen und Aufschriften, dargestellt. Gering, zweite Hälfte des XVII. Jhs. (Ren.-Halle).

49. Öl auf Leinwand; 78 × 113 cm; Mariä Tempelgang; auf einer in Verkürzung dargestellten, breiten Treppe steht oben der Hohepriester und empfängt die hinaufsteigende Maria; links und rechts auf der Stiege Gruppen von Volk, oben in den Wolken schwebende Putten. Stark nachgedunkelt. Dem Schönfeld zugeschrieben (Raum XXXIX).

49 a. Öl auf Leinwand; 62 × 80 cm; Halbfigur des hl. Petrus im Gebet, mit dem Ellbogen auf eine Steinbrüstung gestützt, auf der die Schlüssel liegen. Bezeichnet: *Jo. Fr. Perretti f. 1691.* Neuerwerbung von 1916. (Hist.-top. Halle.)

50. Öl auf Leinwand; 487 × 254 cm; Marine mit Seesturm und Gewitter über Felsenküste; auf Seesturm gepeitschte Schiffe. Dem J. A. Eismann zugeschrieben.

51. Pendant dazu, Marine mit Hafenstadt und waldiger Landschaft, Bauern und Schiffer als Staffage. Zusammen mit dem vorigen wohl mit den zwei Marinestücken identisch, die Pillmxis in Mirabell anführt. Zahlreiche Marinen sind in den Inventaren der fürsterzbischöflichen Gemäldegalerie von 1727 und 1803 genannt. Mitteilungen der Gesellschaft für Salzburger Landeskunde, II (Depot).

52. Öl auf Leinwand; 134 × 61 cm; Jakob und Rahel umarmen einander beim Brunnen. Landschaft mit

Fig. 207

Fig. 207 Skizze von Pietro da Cortona zu dem Deckengemälde im Palazzo Barberini in Rom (S 163)

21*

Staffage von Hirten und Herden. Dem Jo. Mich. Rottmayr wohl unrichtig zugeschrieben, vielleicht von Joh. Heinr. Schönfeld (hist.-top. Halle).

53. Öl auf Leinwand; 223 × 147 cm; unbefleckte Empfängnis. Über Maria, die auf Weltkugel steht, Gott-Vater und die Taube; herum die vier Erzengel, die Personifikationen der Todsünden in die Tiefe stoßen.

Fig. 208.   Rechts unten bezeichnet: *Jo Michael Rottmaijr fecit 1697* (Fig. 208). Geschenk des Fürsterzbischofs Friedrich VI. Fürsten zu Schwarzenberg, 1847 (Jahresbericht). (Hist.-top. Halle.)

Fig. 209.   54. 220 × 150 cm; Öl auf Leinwand; Christus als Zwölfjähriger im Tempel von Rottmayr (Fig. 209). Geschenk des Fürsterzbischofs Friedrich VI. Fürsten zu Schwarzenberg, 1847 (Jahresbericht). Pendant zu der 1697 datierten Allegorie der unbefleckten Empfängnis (Jahrbuch der Zentral-Kommission 1906, Sp. 132). (Depot III.)

Fig. 208 _ Unbefleckte Empfängnis, von J. M. Rottmayr (S. 164)

55. Öl auf Leinwand; 86 × 56 cm: Bethsabe im Bade, von fünf Mägden umgeben; im Hintergrund König David auf einer Terrasse. Dem J. M. Rottmayr zugeschrieben. 1849 erworben (Jahresbericht 1849, II). (Prunk-zimmer.)

56. Öl auf Leinwand; 125·5 × 63 cm; oben abgerundet; Johannes B. predigt einer Schar von Männern und Frauen, Halbfiguren, Art des Zanusi (hist-top. Halle).

57. Öl auf Leinwand; 100 × 129·5 cm; Maria, das Kind in ihrem Schoß adorierend; links vorn kniet eine Frau (Hirtin) mit einem Kinde, links und rechts stehen Hirten. Stark nachgedunkelt. Deutsch, unter niederländischem Einfluß, um 1700 (Zimmer XXXIX).

58. Öl auf Leinwand; 22 × 29·5 cm; zwei Pendants, Landschaften mit Reiterin und Fußgängerin als Staffage. Von Anton Faistenberger (hist.-top. Halle).

59. Öl auf Leinwand; 141 × 111 cm; zwei zusammengehörige Blumenstücke mit sehr üppig aufgeblühten Rosen, Sonnenblumen usw. Links unten bezeichnet: *Von Andreas Reusi* (Raum XXXVI).

60. Öl auf Leinwand; 33·5 × 57·5 cm mit oben abgerundetem Abschluß; Skizze zu einer Himmelfahrt Mariä. Um den mit der Schmalseite nach vorn gestellten Sarkophag stehen und knien mehrere Apostel; einige von ihnen werden durch die aus dem Sarkophag aufsteigende Wolke fast ganz verdeckt. Auf dieser Cherubsköpfchen, drei große Engel und zuhöchst Maria in Weiß und Blau, mit dem Sternenkranz

nimbiert; sie sitzt, breitet die Arme aus und hebt das Haupt empor. An der Rückseite Aufschrift: *Conca* (Fig. 210). Skizze in der Art des Sebastian Conca; aus Leopoldskron stammend, 1848 von Herrn Gstierner geschenkt (Jahresbericht 1847, I. Semester, III 10). (Prunkzimmer.)

61. Öl auf Holz; 129 × 175 *cm*, oben abgerundet; Christus mit dem Kreuz, Maria im Sternenkranz und die Hl. Franziskus und Kapuzinergründer über Wolken, unten Ansicht von Salzburg, vom Kapuzinerberg aus. Das Bild stammt von der Kapuzinerstiege. In der Staffel arme Seelen im Fegefeuer, im Scheitel der Rahmung Inschriftschildchen mit den Initialen *A. P.* Erste Hälfte des XVIII. Jhs. (Zimmer XXXIX).

62. Öl auf Leinwand; 54 × zirka 130 *cm*; in die Decke eingelassen. Skizze zu einem Deckengemälde. Heilige Dreifaltigkeit, thronend, darunter die hl. Jungfrau, die Hand über den hl. Dominikus haltend. Darunter allegorische Frauengestalten und der Erzengel, der die Dämonen in die Tiefe stürzt (Fig. 211). Skizze von F. Solimena zu seinem Deckengemälde in S. Domenico in Neapel (hist.-top. Halle).

Fig. 209 Christus als Zwölfjähriger im Tempel, von J. M. Rottmayr (S. 161)

63. Öl auf Leinwand; 61·5 × 48 *cm*; breitoval zum Rechteck ergänzt. Ein Krieger wird von einem alten Mann auf eine Gruppe von Frauen und Kindern hingewiesen. Hinter der Hauptgruppe eine Anzahl von bärtigen Männern mit Lorbeerkränzen. Oben über Wolken Apollo, von musizierenden Genien umgeben (Fig. 212). Neapolitanisch, Mitte des XVIII. Jhs. Dem Maulpertsch zugeschrieben; vielleicht eher neapolitisch. Die Mittelgruppe ist unmittelbar abhängig von einer Komposition von Seb. Conca in den Uffizien Aeneas in der Unterwelt (Abbildung in Les Arts 1909, September, S. 24). (Prunkzimmer.)

64. Öl auf Leinwand; 194 × 137 *cm*; kartuscheförmig; hl. Paulus, lebensgroß. Salzburgisch, erste Hälfte des XVIII. Jhs.

65. Dazu zwei Pendants; hl. Petrus und ein hl. Mönch, dem die hl. Jungfrau einen Rosenkranz reicht (Depot).

66. Öl auf Holz; 266 × 186 *cm*; Daniel verteidigt Susanna, herum zahlreiches Volk in lebhaften Gesten (Fig. 213). Von Paul Troger (hist.-top. Halle).

66 a. Pendant dazu. Salomons Urteil von Paul Troger, 1912 bis 1915 im Rathaus, siehe Kunsttopographie XIII, S. 159, jetzt wieder ins Museum zurückgebracht (Depot).

67. Öl auf Leinwand; 172 × 114 *cm*; zwei Pendants: 1. Gemsbock, der 1735 von Laktanz v. Firmian geschossen wurde, und zwei Hunde; 2. Wildeber, von zwei Hunden gestellt. Nachgedunkelt, um 1735. Iden-

tisch mit zwei aus Leopoldskron stammenden Bildern von Jac. Zanusi, die 1848 erworben wurden (Jahresbericht 1848). (Jagdzimmer.)

68. Öl auf Holz; 79·5 × 101·5 cm; architektonische Wand, darüber Christus von Engeln umgeben, auf Wolken thronend, darunter unter einer Kartusche hl. Michael und zu unterst in Doppelkartusche Auferstehung der Toten und die höllischen Strafen. An beiden Seiten Wappen salzburgischer Ratsmitglieder mit beigeschriebenen Namen. Seitlich von dem Mittelbild eine lange Legende über die Bedeutung des Eides, 1748 (Folterkammer).

69. Vier zusammengehörige Gouachebilder; 1. 45 × 62 cm; architektonisch reich gestaltete Bibliothekshalle mit Staffage; vorn ein Studierender. Links unten bezeichnet:

Fig. 210 Himmelfahrt Mariä,
Skizze von Sebastiano Conca (S. 165)

Fig. 211 Skizze von F. Solimena
zu einem Deckengemälde in S. Domenico
Maggiore in Neapel (S. 165)

Questo quadro delineo e pinse J. E. de Kaitshoch 1749
(Fig. 214). 2. Pendant dazu; architektonisch reich gestaltete Apotheke mit verschiedenen Laboranten als Staffage. 3. 76·5 × 56 cm; reiche Architekturhalle in Art einer Theaterszenerie; Tod der Artemisia mit Giftbecher, von klagenden Mädchen umgeben, zwei Krieger bringen die Schale. 4. Pendant dazu; Ruinenhalle mit Tod der Kleopatra. Wie die vorigen von Joh. Ernst von Keutschach. Geschenk des Josef Kurz Ritter von Thurn und Goldenstein. 1845 und 1846 (Jahresbericht 1845 und 1846). (Hist.-top. Halle.)

70. Öl auf Holz; 35·5 × 44 cm; Fasan in Landschaft. Von Anton Enzinger (Jagdzimmer).

71. Öl auf Leinwand; 36 × 44 cm; Kopfstudie eines Vorstehhundes; Art des Enzinger. Vielleicht identisch mit dem aus Leopoldskron stammenden, 1848 erworbenen „Hundskopf" von Grasmayr (Jahrbuch 1848). (Jagdzimmer.)

72. Öl auf Holz; 25 × 18 cm; toter Luchs und anderes Wild. Von Anton Enzinger. 1847 von Herrn Mielichhofer geschenkt (Jahresbericht 1847). (Jagdzimmer.)

73. Öl auf Holz; 17 × 23·5 cm; zwei Pendants; Lämmergeier und Adler. Von Anton Enzinger. Wohl identisch mit den zwei Lämmergeierbildern, die 1846 erworben wurden (Jahresbericht 1846). (Jagdzimmer.)

74. Öl auf Holz; 38 × 28 cm; zwei Pendants; Ruinenlandschaft mit Staffage. Zweite Hälfte des XVIII. Jhs. (Jagdzimmer).

75. Öl auf Holz; 44 × 28·5 cm; zwei Hunde, von denen einer aus einer Wunde blutet, einen Eber stellend (Fig. 215). Bezeichnet: A. E. (Enzinger). (Jagdzimmer.)

76. Öl auf Leinwand; 53·4 × 62·6; zwei Pendants; verschiedene Vögel in Landschaft mit Durchblick. Vielleicht von Enzinger (Jagdzimmer).

Fig. 212 Aeneas in der Unterwelt (?). Skizze (S. 165)

77. Öl auf Leinwand; 40 × 31·5 cm; Hirsch, von zwei Hunden verfolgt. Von Anton Enzinger. 1847 von Herrn Mielichhofer geschenkt (Jahresbericht 1847). (Jagdzimmer.)

78. Öl auf Holz; 26 × 19·5 cm; zwei Pendants; ein weißer und ein brauner Hase. Art des Enzinger (Jagdzimmer).

79. Öl auf Holz; 25 × 23 cm; Schnepfe in Landschaft. Art des Enzinger. Vielleicht identisch mit dem Haselhuhn, das 1846 erworben wurde (Jahresbericht 1846). (Jagdzimmer.)

80. Öl auf Holz; 42·5 × 35 cm; Hirsche in Landschaft. Von Anton Enzinger. Vielleicht mit dem 1847 von Herrn Mielichhofer geschenkten identisch (Jahresbericht 1847). (Jagdzimmer.)

81. Öl auf Holz; 27 × 20 cm; zwei Pendants; Hirsche und Rehe in Waldlandschaft. Art des Anton Enzinger (Jagdzimmer).

82. Öl auf Holz; 35 × 24·5 cm; zwei Pendants; ein Löwenpaar beziehungsweise ein Jaguarpaar mit Jungen. Von Anton Enzinger. 1851 von Pater J. Gries von St. Peter geschenkt (Jagdzimmer).

83. Öl auf Leinwand; 47 × 81 cm; Kreuzigung Christi, mit Magdalena in nächtlicher Landschaft. Dem P. A. Lorenzoni zugeschrieben. Von Herrn v. Klebelsberg 1851 geschenkt (Jahresbericht 1851, S. 44). (Hist.-top. Halle.)

84. Öl auf Leinwand; zirka 110 × 70 cm; Maria Magdalena, im Gebet vor dem Kruzifixus. Halbfigur. Österreichisch, Mitte des XVIII. Jhs. (Zimmer XXVII).

85. Öl auf Papier; 56·5 × 40·5 cm, oval; Farbenskizze zu einem allegorischen Deckengemälde mit thronenden Gestalten der Religion, Kardinaltugenden usw. In weißem lackiertem Holzrahmen mit Goldleiste. Kopie einer vielleicht nicht mehr existierenden Decke in der Art des B. Altomonte, von der Detailaufnahmen aus der Zeit um 1870 in der Zentral-Kommission existieren, deren Örtlichkeit sich aber bisher nicht eruieren

Fig. 216.   ließ (Zimmer XXXVI). (Fig. 216.)

86. 25 Emblemata, Öl auf Leinwand, mit devisenartigen Bildern, die durch Sprüche erläutert werden. Die meisten sind mit Datum und Namen des Verfassers beziehungsweise Spenders versehen. Goldfarbige ornamentale Umrahmung. Aus der ehemaligen Universität in Salzburg stammend. 1738—1757 (Mineralen-sammlung).

87. Öl auf Leinwand; Breitbild; Heimsuchung nach der Küselschen Bilderbibel (Augsburg 1679, IV. Teil, 6). XVIII. Jh. (Zimmer XXXVII).

Fig. 213   Daniel verteidigt Susanna von Paul Troger (S. 165)

88. Unterglasmalerei; 12 × 17 cm; Martyrium des hl. Laurentius. Mitte des XVIII. Jhs. (Raum XXXIX).

89. Öl auf Leinwand; 25 × 32 cm; Halbfigur Christi, in einer Apotheke Medikamente abwägend; oben zwei Cherubsköpfchen. Mitte des XVIII. Jhs. (Zimmer der wissenschaftlichen Instrumente).

90. Öl auf Leinwand; 49·5 × 87 cm; Ausgießung des Hl. Geistes, unten die Madonna und die Apostel in stark bewegten Stellungen, oben große und kleine Engel um die in Glorie schwebende Taube. Skizze zu

Fig. 217.   einem Altarbild. Tirolerisch, Mitte des XVIII. Jhs. (Fig. 217). Aus dem Erhardspital stammend, von Dr. J. Pollak erworben (Jahresbericht 1893, 61). (Zimmer XXXIX.)

91. Öl auf Leinwand; 72 × 94 cm; Halbfigur der Lukretia, die sich das Schwert in die Brust stößt. Bezeichnet: J. Z. p. 1755 (Jacob Zanusi). Geschenk von Josef Pfitzer 1846 (Jahresbericht 1846). (Hist.-top. Halle.)

92. Öl auf Leinwand; 82 × 53 cm; zwei zusammengehörige Bilder, Halbfiguren; alter Mann mit brennender Kerze, junge Dame in ausgeschnittenem gelbem Kleide, mit Sonnenblumen in der Hand, Winter und Sommer darstellend. Von Joh. Durach. Aus dem Daunschlößchen stammend. Vielleicht mit jenen zwei großen Gemälden von Durach (1757) identisch, die 1846 erworben wurden (Jahresbericht 1846). (Prunkzimmer.)

93. 223 × 167 cm; Öl auf Leinwand; Christus heilt den Kranken am Teiche Bethesda. Von Durach. Aus dem Schlosse Blumenstein stammend (Depot III).

94. Öl auf Leinwand; zirka 115 × 30 cm; (Supraportestreifen) in unregelmäßiger Rahmung. Goldleiste mit Rocaille und Blüten. Landschaft mit Marmorbüste einer Göttin über Postament, links und rechts je eine Gruppe musizierender Engel mit Täubchen. Um 1760.

95. Zwei weitere, ebenso gerahmte Streifen an den Wänden, der eine Gruppen von malenden und modellierenden Putten, der andere Gruppen von Putten mit geometrischen Instrumenten, Erdkugel und Fernrohr enthaltend. Identisch mit den drei Supraporten, die dem Troger zugeschrieben waren und 1848 aus dem (erst Jänner-, dann Zezi-, zuletzt) Arriglerhaus in der Getreidegasse erworben wurden (Jahresbericht 1848). (Rokokostübchen.)

Fig. 214 Phantastisches Interieur einer Bibliothek
von J. E. von Keutschach (S. 166)

96. Öl auf Leinwand; 76·5 × 106 cm; Nachtstück. Alte Frau mit einem Kind im Schoß, sich bei einem Kohlenbecken wärmend. Kniestück. Tirolerisch, Art des Zeiller. Wohl identisch mit dem aus Leopoldskron stammenden Gemälde von Sandrart, das 1849 erworben wurde (Jahresbericht 1848). (Depot.)

97. Öl auf Leinwand; 90·5 × 64 cm; Adam und Eva beim Sündenfall; um sie viele zahme Tiere. Von Adam Zirchner (hist.-top. Halle).

98. Öl auf Leinwand; 100 × 45 cm; der Paradiesgarten mit zahlreichen Tieren, darin Adam betend. Von Adam Zirchner. 1852 von Herrn Sperl geschenkt (hist.-top. Halle).

99. Öl auf Leinwand; 97 × 35 cm; Adam und Eva im Paradies. Tiefer Durchblick mit zahlreichen Tieren. In der Art des Zirchner (Vorzimmer).

100. Öl auf Blech; 40 × 51 cm; in Rocaillerahmen ein Tableau aus verschiedenen Juwelen, Pektoralen, Ordenskreuzen, Ringen usw. Bezeichnet: 1763 (Zunftstube).

101. Öl auf Leinwand; 39 × 34 cm; Aufbruch zur Jagd. Herren und Damen, einige schon zu Pferd, andere im Begriff, aufzusteigen. Deutsch, zweite Hälfte des XVIII. Jhs. In Nachahmung eines Nieder-

XVI

22

länders. Vielleicht identisch mit einem Jagdgemälde, Kopie von Hornöck (1803) nach Wurneck, das 1884 von Fräulein v. Kleimeyern geschenkt wurde (Jahresbericht 1848). (Jagdzimmer.)

102. Öl auf Leinwand; in kartuscheförmig-barock ausgezacktem Rahmen. Kreuzigung Christi, mit Maria, Johannes und Magdalena. Zweite Hälfte des XVIII. Jhs. (Zimmer XXXIX).

103. Öl auf Leinwand; 29 × 36 *cm*; Skizze. Maria, über Stufen schreitend, von einer Frau auf eine reiche Architektur hingewiesen; unter den Stufen Josef und noch ein Mann, oben viele Engel. Österreichisch, zweite Hälfte des XVIII. Jhs. (Vorzimmer).

104. Öl auf Leinwand; 87 × 105 *cm*; vier zusammengehörige Bilder aus einem Zyklus der fünf Sinne: Geschmack, Geruch, Gefühl und Gesicht in männlichen Halbfiguren in verschiedenen Stellungen und Beschäftigungen dargestellt. Stark nachgedunkelt. Von Philipp Jakob Nickhl, aus der Leopoldskrongalerie stammend (Prunkzimmer). Ein mit dem „Gefühl" übereinstimmendes Bild befindet sich unter der Bezeichnung „Niederländisch, Mitte des XVII. Jahrhunderts" im Wiener Hofmuseum (1079, Engerth, II, 320).

105. Ein fünftes zugehöriges Bild — das Gehör — im Musikzimmer. Letzteres an der Rückseite bezeichnet: *Phil. Jac. Nickhl pinxit 1743.* Mit den vorigen Kopien nach Johann Heinrich Schönfelds Bilderfolge in Leopoldskron. Radinger, Gemälde, 126.

Fig. 215   Jagdstück von Ant. Enzinger (S. 167)

106. Öl auf Leinwand; 37 × 50 *cm*; zwei Pendants, Halbfiguren 1. des hl. Joachim mit Maria als Kind, oben die Taube des Hl. Geistes; 2. der hl. Anna, die kleine Maria lesen lehrend. Beide von Josef Ramsperger, 1771 (Zimmer XXXVI?).

107. Öl auf Leinwand; 154 × 211 *cm*; Taufe des bayrischen Herzogs Theodo durch den hl. Rupert. Von Joh. Nep. de la Croce.
Im Jahresbericht 1848 wird ein Bild gleichen Inhalts genannt, das von Franz de Neve für die Stiftskirche in Seekirchen gemalt worden war (zirka 1679), wo es bis 1826 blieb; damals bekam es Zebhauser, der für die Kirche ein neues malte, als Dreingabe. Nach Zebhausers Tod erwarb es Fräulein v. Kleimeyern, die es 1848 dem Museum schenkte (Jahresbericht 1848). (Hist.-top. Halle.)

108. Öl auf Leinwand; 91 × 72 *cm*; Säulenhalle, nächtlich beleuchtet, darin Delila, dem Simson die Haare abschneidend; von hinten dringen Philister ein. Richtung des Maulpertsch.

109. Pendant dazu; 88 × 70 *cm*; Judith, das Haupt des Holofernes in den von der Magd getragenen Sack verbergend. Vielleicht identisch mit dem 1849 von Frau Giger geschenkten Bild (hist.-top. Halle).

110. Auf Holz; 30·5 × 22 *cm*; Felslandschaft am Meer bei Mondschein, Jäger als Staffage. Dem Fried. August Brand zugeschrieben. Ende des XVIII. Jh. (Depot).

111. Öl auf Leinwand; 41·5 × 60·5 *cm*; Christus begegnet als Auferstandener der Magdalena im Garten. Bezeichnet: *M. J. S.* (Martin Johann Schmidt). Um 1780 (hist.-top. Halle). Von Herrn Julius Freiherrn von Schwarz in Wien herrührend (Jahresbericht 1899, 54.)

112. Öl auf Leinwand; 59 × 44 cm; Versuchung des hl. Franziskus, der sich in die Dornen wirft, durch eine nackte Frau, die durch einen Engel vertrieben wird. Von Johann Martin Schmidt. Um 1780 (hist.-top. Halle). Provenienz wie das vorige.

113. Öl auf Leinwand; 115·5 × 184 cm; hl. Barbara in ganzer Figur, in gelbem Kleid und blauem Mantel, in der Linken den Kelch haltend. Über ihr ein Putto mit Palme und Märtyrerkrone. Ende des XVIII. Jhs. Wohl identisch mit dem 1848 durch Pfarrer Aichinger an das Museum gekommenen Gemälde des Kremser Schmidt, das dieser für die schwarze Bruderschaftskirche in der Kapitelgasse gemalt hatte. Das Bild kam später in die Sebastianskirche und wurde endlich durch ein neues (von Stief) ersetzt. Das Bild ist von Stief restauriert (Jahresbericht 1848). (Depot.)

114. Öl auf Leinwand; 72 × 55 cm; oval zum Rechteck ergänzt. Phryx und Helle, auf dem Widder über die Wolken reitend. Herum Genien und Kinder. Ein männlicher Genius fliegt mit einem Füllhorn voran (Fig. 218). An der Rückseite bezeichnet: *J. B. 1780*. Vielleicht Josef Bergler (Prunkzimmer).

Fig. 218

115. Öl auf Leinwand; 38 × 70 cm; Ein heiliger Bischof (Maximilian?) von einem Fürsten aufgefordert, eine

Fig. 216   Kopie eines Deckengemäldes in der Art des Altomonte (S. 168)

heidnische Statue anzubeten, zieht den Märtyrertod vor. Vorn Opferaltar, daneben Scherge, das Schwert aus der Scheide ziehend. Österreichisch, viertes Viertel des XVIII. Jhs.; aus dem Erhardspital stammend (Jahresbericht 1893, 61). (Zimmer XXXIX.)

116. Öl auf Leinwand; 40·5 × 62·5 cm; Grisailleskizze; Auferweckung des Lazarus. Von Hubert Maurer. Ende des XVIII. Jhs. (hist.-top. Halle).

117. Öl auf Leinwand; 59 × 77·5 cm; Kniestück der Madonna, in rotem Gewand mit blauem Mantel und gelbem Kopftuch. Vom Akademierat Maurer (Depot).

118. Öl auf Holz; 28·5 × 40 cm; Vermählung Mariä, neben ihr ein großer Engel mit einem Blumenkorb. Bezeichnet: *Gg. Zebhauser*. 1846 erworben (Jahresbericht 1846). Aus dem Erhardspital stammend. (Zimmer XXXIX.)

119. Öl auf Leinwand; 30 × 22 cm; Bettler und Bettlerin. Auf der Rückseite bezeichnet. *F. Xaver Hornöck inv. et pinxit 1790* (hist.-top. Halle).

120. Auf Holz; 53 × 64 cm; Halbfigur der Madonna in rotem Kleid, mit kleinem weißem Hemdvorstoß am runden Ausschnitt; über der linken Schulter dunkler Mantel. Sie hält in der rechten Hand ein rotes Röschen zwischen dem Daumen und Zeigefinger. Die Rechte umfängt das nackte Kind, das in ihrem Schoß sitzt und seine rechte Hand segnend erhebt. Kopie vom Anfang des XIX. Jhs nach dem Bilde des Giacomo Francia in der Liechtensteingalerie in Wien (Studierzimmer).

121. 57 × 80 cm; hl. Familie mit dem kleinen Johannes in Landschaft. Leicht klassizierend. Anfang des XIX. Jhs. (Depot 1).

22*

Fig. 219.

Fig. 217 Ausgießung des heil. Geistes (S. 168)

Mausefalle, daneben ein Bursche
mit einer brennenden Kerze. Von
Josef Wurzer. Zirka 1830.

132. Pendant dazu; alte Frau
mit einem Äpfelkorb, daneben
ein Bursche mit einem brennenden Licht (hist.-top. Halle).

133. Öl auf Leinwand; 45 ×
54 cm; Ansicht von Tivoli mit
dem Nerotempel; laut Aufschrift
an der Rückseite Kopie von
Wurzer nach Nesselthaler. Gering, um 1830 (Prunkzimmer).

134. 57 × 71 cm; Genremäßiges
Porträt eines Mannes in Hemdärmeln, der mit der Hand ein
Stück Fleisch zum Munde führt
und vor sich einen Bierkrug stehen
hat. Bezeichnet: F. Hauser pinx.
Zirka 1820 (Depot I).

135. 28·5 × 39 cm; Christus im
Himmel, empfängt Maria, rechts
Engel. In Anlehnung an Fra Angelico. Bezeichnet: Frank 1817.
An der Rückseite Aufschrift: Jos.
Stiel 1822 (der Besitzer?)(Depot I).

122. Öl auf Leinwand; 21·5 × 31 cm; zwei Pendants, Genreszenen
mit zwei Bauern und einer Frau im Wirtshaus. Bezeichnet: Barbara Krafft nata Steiner invenit et pinxit 1801 (Prunkzimmer).

123. Öl auf Leinwand; 117 × 145 cm; Kleopatra läßt sich, von
Dienerinnen umgeben, von der Schlange in die rechte Brust
beißen. Links unten bezeichnet: Clemens de la Croce iunior invenit et pinxit 1816 (?). Rentoiliert (hist.-top. Halle).

124. Zirka 26 × 33 cm; Studie, Brustbild eines nackten Greises
(Hieronymus?). Bezeichnet: Zebhauser junior. Anfang des
XIX. Jhs. (Depot I).

125. Öl auf Leinwand; 42 × 59 cm; Studienkopf, bärtiger alter
Mann en face von Georg Zebhauser junior. Mitte des XIX. Jhs.
Geschenk des Herrn Daurer, 1846 (Quartalsbericht 1846).
(Hist.-top. Halle.)

126. Öl auf Holz, zwei Pendants, halbrund abgeschlossen,
18·5 × 30 cm; Skizzen zu Altarbildern, zwei Varianten, die
Hl. Simon und Thaddäus, von Georg Zebhauser 1852 erworben
(Jahresbericht 1852). (Zimmer XXXIX.)

127. Gouache auf Papier; 35·5 × 45 cm; zwei Pendants, Blumenstrauß in Glasvase auf einer Steinbrüstung, herum Insekten
(Fig. 219). Bezeichnet: Johann Wurzer invenit et pinxit 1817 in
Salzburg (Prunkzimmer).

128. 61 × 68 cm; zwei Gemüseverkäuferinnen, auf zwei Bänken
vor einem Hause sitzend; rechts unten signiert (zum Teil vom
Rahmen verdeckt): Josef Wurzer invenit et pinxit (zirka 1830).

129. Pendant dazu von 1829 (Depot).

130. Öl auf Holz; 17 × 22 cm; zwei Pendants, Weintraube,
blau und grün, an einem Nagel vor gemaserter Holzwand
hängend. Bezeichnet: Johann Wurzer pinxit 1824. Geschenk
von Franz Trientl, 1846 (Jahresbericht 1846). (Prunkzimmer.)

131. Öl auf Leinwand; 24·5 × 35 cm; junge Frau mit einer

Fig. 218 Phryx und Helle, von Jos. Hergler (S. 171)

206

136. Öl auf Leinwand; 84·5 × 61 cm; Blick auf Maria Plain, mit einem Bauern, der Kühe treibt, als Vordergrundstaffage. Johann Michael Sattler, zirka 1840. Wohl identisch mit dem 1847 von Herrn Pflanzelter geschenkten Bild (hist.-top. Halle).

137. 50·5 × 40 cm; zwei Pendants, Fruchtstück und Obststück. Sehr glatt gemalt. Ersteres stark beschädigt. Zirka 1830 (Depot).

138. 55 × 40 cm; Ausblick aus Schloß Seeburg, mit einem großen Baum vorn, unter dem ein Knabe und zwei Mädchen des Ehepaares Wiederwald sitzen. Zirka 1830 (Depot).

139. Gemälde, Öl auf Leinwand; 134 × 106 cm; vier Kriegsschiffe vor einem Hafen, die Belagerung von Saint Jean d'Acre darstellend. Von Hubert Sattler, 1839 (hist.-top. Halle).

140. Öl auf Leinwand; 29 × 22 cm; Gebirgslandschaft mit Bauer und Kühen. Bezeichnet: *H. S.* Mitte des XIX. Jhs. (Depot).

Fig. 219   Blumenstück von Johann Wurzer (S. 172)

141. 28·5 × 21·5 cm; Ruinen des Klosters Marienburg. Von Hubert Sattler (Depot).

142. 37 × 26 cm; zwei Pendants: Landschaften aus dem Urwald. Bezeichnet: *H. S.* Zirka 1830. In gleichzeitigem, vergoldetem Rahmen (Depot).

143. Aquarell auf Papier; 17·5 × 19 cm; Studie, Brustbild eines bärtigen Mannes mit offenem Kragen und Schlapphut. Bezeichnet: *A. Fischbach.* Zirka 1840 (hist.-top. Halle).

144. Öl auf Leinwand; 18·5 × 21 cm; Bauernmädchen bekränzen eine Feldkapelle. Von Fischbach. Mitte des XIX. Jhs. 1852 von dem Künstler geschenkt (Jahresbericht 1852). (Hist.-top. Halle.)

145. Öl auf Leinwand; 45 × 56·5 cm; Darstellung des Hochofens in Lend mit vier Arbeitern. Bezeichnet. *Seb. Stief 1849.* (Zimmer der wissenschaftlichen Apparate.) Eine Wiederholung des Bildes besitzt Dr. Franz Martin, Salzburg. (Siehe S. 67.)

146. Öl auf Leinwand; 36·5 × 46 cm; Studienkopf, alter Mann in Profil. Von August Fischbach. Mitte des XIX. Jhs. (hist.-top. Halle).

147. Öl auf Leinwand; 62 × 82 cm; Tod des hl. Josef. Auf der Rückseite bezeichnet: *Jaud pinx.* (Depot).

148. Öl auf Leinwand; 36 × 44 *cm*; Gebirgslandschaft; vorn ein Hirt mit Ziegen. Bezeichnet: *E. Frank 843* (hist.-top. Halle).

149. Öl auf Leinwand; 31 × 20·5 *cm*; der Nockstein bei Salzburg. Bezeichnet: *Johann Makart 1845.* Dem Museum von einem ungenannten Spender 1847 geschenkt (Jahresbericht 1847). (Hist.-top. Halle.)

150. 48 × 37·5 *cm*; Landschaft an einem See, mit Booten und Kühen als Staffage. Bezeichnet: *J. Feir. 1847* (Depot).

151. 48 × 33 *cm*; Waldlandschaft. Studie von Otto Lungenschmied. Mitte des XIX. Jhs. (Depot).

Glas-
malereien.

II. Glasmalereien.

1. Runde Scheibe, Durchmesser zirka 22 *cm*, in Bordüre; blaue Ranke auf schwarzem Grund, eine von einem Rosettenkranz eingefaßte Darstellung: Maria mit dem Kind im Arm, stehend, in Flammenglorie;

Fig. 220   Glasmalerei, Maria auf der Mondsichel (S. 174)

Fig. 220.

weiß und goldgelb auf schwarzem Grund (Fig. 220). Aus dem Schlosse Radeck stammend. Um 1500 (Kapelle).

2. Runde Scheibe, Durchmesser zirka 26 *cm*, mit Wappen der Stadt Salzburg in Wappenschild. Um 1500 (Jagdzimmer).

3. Scheibe, Durchmesser 19 *cm*, in Schwarz, Gelb und Goldgelb; Profilbild des Kaisers Maximilian I. mit Fig. 221. Umschrift: *Imp. Caes Pivus Maximilinus (sic!) p. f. Aug.* (Studierzimmer; Fig. 221).

4. Zwei runde Scheiben, Durchmesser 18 *cm*; ein Kind in rotem Kleid, das Schild mit dem Keutschachwappen (Rübe) auf grünem beziehungsweise schwarzem Grund tragend. Datiert 1502 beziehungsweise 1512 (Kapelle).

5. Zwei runde Scheiben, Durchmesser zirka 16 *cm*; Wappen weiß-schwarz-gelb beziehungsweise gelb-schwarz in blauem Feld mit gelber Rahmung und Umschriftbordüre, schwarz auf weiß: *Melchior Ilsunng Burger zue Augspurg Gewerckt am Brennthal ao 1525* und *Melchior Stunitz Burger etc Ao 1510* (Sakristei).

6. Zwei Tafeln; 45·5 × 77·5 *cm*; die hl. Apostel Matthäus und Judas Thad. darstellend, beide in rotem Kleid mit weißem Mantel, die Lanze, beziehungsweise Keule und Buchbeutel mit Rosenkranz tragend.

Sie stehen auf grüner Wiese, darüber blauer Grund, seitlich rahmende gelbe Säulchen mit weißem Blattornament beziehungsweise Wülsten an Basis, Kapitäl und Schaft (Fig. 222 und Fig. 223). Augsburger Arbeit. Anfang des XVI. Jhs. (Kapelle).

Fig. 222 und 223.

7. Drei Scheibchen, Durchmesser 25 cm, in schwarzer Zeichnung mit Goldgelb.

1. Figurenreiche Szene, die Begrüßung Jakobs durch Josef darstellend, herum großes Gefolge von Männern, Frauen und Kindern; im Hintergrund Berglandschaft. Oben Täfelchen: *Die Sat gesen* (Fig. 224). Scheibe nach Jörg Breu d. Ä. (RÖTTINGER in Becker-Thiemes Künstlerlexikon IV, 595).

Fig. 224.

2. Figurenreiche Schlachtszene mit Fahnen und ragenden Lanzen aus dem Schweizerkrieg Maximilians (Fig. 225). Von Hans Knoder, nach Zeichnung Jörg Breus, verfertigt (vgl. STIASSNY in Zeitschrift für bildende Kunst, n. F. IX, 296 ff. und RÖTTINGER, a. a. O.).

Fig. 225.

3. König David mit Gefolge begrüßt Urias, der mit einem Begleiter barhäuptig herantritt. Architekturen als Hintergrund. Im Fußboden Aufschrift: *Urias* (RÖTTINGER, a. a. O.). (Gelehrtenstube; Fig. 226.)

Fig. 226.

8. Zwei runde Scheiben, Durchmesser 22 cm, mit Bildchen in Braun mit Goldgelb.

1. Hl. Christoph, mit dem Kinde durchs Wasser schreitend; im Hintergrund Berge.

Fig. 221 Glasmalerei, Brustbild Kaiser Maximilians (S. 174)

2. Marter des hl. Sebastian, der als bärtiger Mann gebildet und rechts an einen Baumstamm gebunden ist; links steht ein Krieger und schießt seine Pfeile auf den Heiligen. Beide Bildchen in einfacher Rahmung mit rosa Renaissanceranke auf dunklem Grund. Um 1515 (Kapelle).

9. Runde Scheibe, Durchmesser 24 cm; blaue Bordüre, blaue Ranke auf schwarzem Fond; darin schwarz gezeichnet, braun und gold gehöht auf weißem Grund: Marter des hl. Sebastian, der links an einen Baum gebunden ist; rechts drei Männer, von denen einer mit der Armbrust schießt, der zweite die Sehne ankurbelt, der dritte (anscheinend) die anderen befehligt. Um 1520 (Zunftstube).

10. Runde Scheibe, Durchmesser zirka 32 cm, in grüner Bordüre mit schwarzer Inschrift: *Matheus Mis. di. t. t. sancti ang Pbr Cardinalis Archiepus Salzburgn Ap. Se. Legatus.* Wappen des Erzbischofs Matthäus Lang, auf weißem Grund, von 1522 (got. Halle).

11. Runde Scheibe, Durchmesser zirka 16 cm; Wappen, schwarz auf gelb, in weißem, gelb gerahmtem Feld. Umschriftsbordüre, schwarz auf weiß: *Hanns Manlich Burger etc.* (wie oben). 1522 (Sakristei).

12. Runde Scheibe, Durchmesser zirka 16 cm; Wappen, weiß auf blau, in gelbem Feld mit weißer und gelber Rahmung. Umschriftsbordüre, schwarz auf weiß (verwischt): *Georg Kegel Burger etc.* (wie oben) 1525(?) (Sakristei).

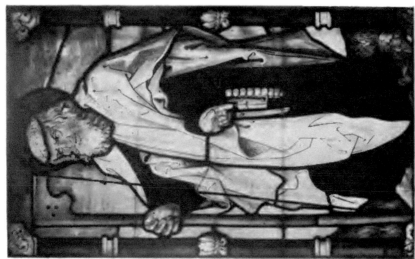

Fig. 223 Glasmalerei, Hl. Judas Thaddäus (S. 175)

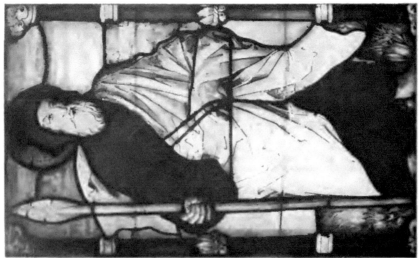

Fig. 222 Glasmalerei, Hl. Matthäus (S. 175)

13. Scheibe, Durchmesser zirka 19 *cm*; goldgelb und schwarz; hl. Rupert, in einer architektonischen Halle stehend; herum 3·5 *cm* breite Bordüre, schwarze Bordüre auf grün: *O sancte Rudberte ora pro nobis Deum anno MDXXVIIII* (Fig. 227; Gelehrtenstube).

14. Runde Scheibe, Durchmesser zirka 22 *cm*; Bordüre, schwarze Renaissanceranke und Inschrift: *Elisabeth g.born von Keutschach sein gemahel 1528* auf blauem Grund, darin rote Scheibe mit dem Keutschachwappen auf schwarzem Feld. Aus Schloß Radeck stammend (Kapelle).

15. Runde (lädierte) Scheibe, Durchmesser zirka 20 *cm*, mit Brustbild und Umschrift: *Mathens Cardinalis Archiepiscopus ... Aplice sedis legatus MDXXVIII* (Fig. 228; Kapelle).

16. Runde Scheibe, Durchmesser zirka 22 *cm*, mit Wappen der Keutschach. Wappen der Keutschach mit Umschrift: *Elisabeth geborn von Keutschach sein gemahel 1528* (Waffenhalle).

17. Wappenscheibe, rund, Durchmesser 23 *cm*, mit Wappen des Erzbischofs Matth. Lang und Umschrift: *Mathens Cardin..../ zu Saltzburg 1529* (Speisehalle).

Fig. 224 Glasmalerei, Jakob und Josef in Ägypten,
nach Jörg Breu d. A. (S. 175)

18. Runde Scheibe, Durchmesser zirka 33 *cm*, in blauer Bordüre mit schwarzer Renaissanceranke und Jahreszahl *1524*. Kreisfeld: Schwarze Zeichnung mit Gelb und Gold gehöht auf weißem Grund. Landschaft mit einer großen Burg im Hintergrund und einem Bann im Vordergrund; hier springen zwei Wölfe auf eine Jungfrau, die mit gelöstem Haar, die Hände faltend, in die Knie gesunken ist. Darstellung der „Sancta Virgo Radiana", vgl. Münze des Erzbischofs Matth. Lang (got. Halle).

19. Runde Scheibe, Durchmesser 27 *cm*; gelbe Bordüre, gelbe Ranke auf schwarzem Fond; darin buntes Bild, in der Mitte einer Halle Christus an der Schmerzenssäule; herum fünf Schergen·in lebhaften Bewegungen. Um 1530 (Zunftlade).

20. Runde Scheibe, Durchmesser zirka 22 *cm*, in roter Bordüre mit schwarzer Ranke; junge Frau, ein Schildchen mit Hauszeichen haltend. Renaissancearchitektur. Schwarz, braun und gold auf weiß. Um 1530 (Waffenhalle).

21. Wappenscheibe, rund, Durchmesser 20 *cm*, mit Wappen und neuer Bordüre. XVI. Jh. (Speisehalle).

22. Runde Scheibe, Durchmesser zirka 21 *cm*, in roter Bordüre. Wappen: Halber steigender Löwe nach links, gelb auf blau. XVI. Jh. (Waffenhalle).

23. Glasscheibe, rund, Durchmesser zirka 12 *cm*, mit Wappen: Steigender Steinbock nach rechts, schwarzgelb auf inversem Grund. XVI. Jh. (Prunkzimmer).

24. Runde Scheibe, Durchmesser zirka 33 *cm*, mit dem von Inful bekrönten Wappen des Erzstifts Salzburg. Datum *MDXXV* (Jagdzimmer).

XVI   23

25. Runde Scheibe, Durchmesser zirka 20 cm. Wappen: Weiß-rot auf blauem Fond und Umschrift schwarz auf weiß: *Matheus Cardinal Ertzbischoff zu Saltzburg 1535* (Kapelle).

Fig. 225 Glasmalerei, Schlachtenbild nach Jörg Breu (S. 175)

26. Scheibe, Durchmesser 21 cm, goldgelb und schwarz; Bordüre. Renaissanceranke mit Datum *1542*. Im Feld ein Löwe, der ein Schild mit einem Hauszeichen hält (Studierzimmer).

Fig. 226 Glasmalerei, David und Urias nach Jörg Breu (S. 175)

27. Sechs kreisrunde Wappenscheiben, zum Teil mit Namensumschrift: 1. *Jorg Regel 1546.* 2. *Melcher Ilsing 1516,* 3. *Volrich Diefsteter 1546,* 4. *Joachim Jenisch der elter, gewerckh am Brennthal anno 1561.*

5. *H. v. Albn, Landshawbtmann* (moderne Bordüre), 6. Wappen unbekannter Bestimmung ohne Aufschrift, mit moderner Bordüre (Saal XXXVIII).

28. Rechteckige Wappenscheibe; 29 × 57 *cm*; großes Wappen von Österreich mit Inschrift in Rollwerkrahmung: *Ferdinand ... Ertzhertzog zu Österreich ...* Unter dem Wappen Datum *1574* (Schlafsaal).

29. Runde Scheibe, Durchmesser zirka 25 *cm*; Wappen mit Umschrift: *Wolff Pauernfeindt Burger zu Salzburg anno domini 1602* (Walfenhalle).

30. Pendant dazu, mit Randschrift: *Maria Winckhlerin sein andre Hausfraw anno domini 1602* (Walfenhalle).

31. Wappenscheibe, rund, Durchmesser 26 *cm*, mit Wappen der Pauernfeind und Umschrift: *Wolff Pauernfeindt Burger in Saltzburg Anno domini 1602* (Fig. 229).

32. Pendant dazu, mit Wappen der Winckler und lückenhafter Umschrift: *Ma(ria Wincklerin) sein ander H ... fraw Anno domini 1602* (Speisehalle).

Fig. 229.

Fig. 227 Glasmalerei, Hl. Rupert (S. 177)

33. Scheibe, mit einem fast nackten Jüngling (?) am Scheidewege, neben dem ein Mann auf den Fall Christi und die Verbrennung eines Märtyrers im Hintergrund hindeutet, während ihn eine junge Frau zu dem Gelage rechts hinten zu verlocken sucht. Rahmung oben aus Engeln um eine Kartusche mit *IHS*, seitlich aus dem Wappen: *Raitnaw, Sirgenstain, Khünigsegg, Schweller* und *Pay, Bernhausen, Hochenlandenberg, Freiberg*, unten aus Kartuscheschild mit Inschrift: *Joseph von Altmanshausen zu Jaggperg, fürstlicher Saltzburgscher Mundtschenk und Clara Eva von Bluomenegg sein Ehegmachel 1610* (Wolf-Dietrich-Zimmer). Nach dem Dialekt der Legende vielleicht schweizerisch.

34. Rechteckige Wappenscheibe, 22 × 17 *cm*, von zwei Hermen eingefaßt. Wappen mit springendem Hund nach links, schwarz auf gelbrot gestreiftem Feld. XVII. Jh. (Jagdzimmer).

35. Unterglasmalerei, 18 × 24 *cm*, steiloval. Heilige Familie mit dem Johannesknaben, rechts hinten drei große musizierende Engel. Rahmung mit Band- und Blattornamenten; unten Kartuscheschild mit Bezeichnung: *Fredericus sere. dux Bavar. pictor.* Anfang des XVII. Jhs., nach einer Stichvorlage in der Art des Spranger.

36. Rechteckige Wappenscheibe, 20 × 30 *cm*; österreichischer Bindenschild in Kartuscheralmen, von zwei gerüsteten Frauen umgeben, die eine Krone darüber halten. In den Zwickeln zwei Devisen mit Amoretten; unten: *E. I. Z. O.* (Schlafsaal).

37. Pendant dazu mit Wappen Medici und Unterschrift: *C. E. Z. O.* (E. Erzherzogin zu Österreich; Schlafsaal).

23*

Fig. 29 Wappenscheibe des Wolf Bauernsind (S. 179)

Fig. x Glasmalerei, Brustbild des Kardin.'s Matth. Lang (S. 179)

38. Rechteckige Wappenscheibe, 24·5 × 34 *cm*, in Säulenrahmung mit Putten in den Zwickeln und Cherubsköpfchen im Scheitel. Aufschrift: *Johann Krufft von Weitingen Thumbdechant zu Salzburg und Thumbher von Augspurg anno 1633* (Schlafsaal).

39. Rechteckige Scheibe, 20·5 × 30 *cm*: hl. Jungfrau mit dem Kinde, in Wolkenkranz mit Engeln stehend; herum allegorische Frauenfiguren von Glaube, Hoffnung, Gerechtigkeit und Liebe. Unterschrift: *Wolffgang Zäch ao 1604 und seine Gattinnen Katharina 1617 und Barbara 1646.* Dazwischen Wappen (Schlafsaal).

III. Miniaturhandschriften.

1. Antidotarium Nicolai pro apoteca, lateinisch. Perg., 165 × 219 *mm*, fol. 83; Initialen, Randleiste. Italienische (?) Arbeit vom Ende des XIII. Jhs. (Salzburger Miniaturenkatalog Nr. 105)

Fig. 230 Titelminiatur des Bürgerspitals-Urbarbuchs von 1512 (S. 182)

2. Biblia sacra, lateinisch. Perg., 96 × 151 *mm*, fol. 559; Initialen, Randleisten. Süddeutsche Arbeit um 1300. Aus der Priesterhausbibliothek stammend; alte Sign.: *S. Scriptura XIX E 54* (Salzburger Miniaturenkatalog Nr. 104).

3. Liber canonis primus quem princeps Aboreali Abisceni de medicina edidit, translatus a magistro Girardo Cremonensi in Tolleto, lateinisch. Perg., 242 × 337 *mm*, fol. 277; Randleiste, Initialen. Lederband mit Metallbeschlägen und -schließen. Italienische Arbeit der ersten Hälfte des XIV. Jhs. (Salzburger Miniaturenkatalog Nr. 106).

4. Liber qui dicitur Almansor a magistro Gerardo Cremonensi in Toleto ab arabico in latinum translatus, lateinisch. Perg., 269 × 416 *mm*, fol. 105; Initialen, Randleiste. Lederband mit Metallschließen und -beschlägen. Italienische Arbeit aus der ersten Hälfte des XIV. Jhs. (Salzburger Miniaturenkatalog Nr. 108).

5. [Z. 1256/pr. 1892] Diarium und Breviarium, lateinisch. Perg., 64 × 89 mm, fol. 322; Initialen, Randleisten. Holzdeckel. Deutsche, vielleicht Salzburger Arbeit vom Ende des XIV. Jhs. (Salzburger Miniaturenkatalog Nr. 107).

6. [V 4 G 154] Liber consonantiae graciae et naturae a magistro Raphaeli de Pornaxio predicatorum or-
dine editus, lateinisch. Pap., 220 × 290 mm, fol. 383; Initiale. Lederband mit wohlerhaltenem Metallbeschlag und -schließen. Österreichische Arbeit aus der zweiten Hälfte des XV. Jhs. (Salzburger Miniaturenkatalog Nr. 103).

Fig. 231   Gouachebild in einem Bruderschaftsbuch   Fig. 232   Gouachebild aus einem Bruderschaftsbuch
                 (S. 183)   (S. 184)

7. Bürgerspitals-Urbarbuch von Sebastian Waginger, 1512. Perg., 22 × 32 cm, 25 f. bis fol. 342.
Titelblatt, Deckfarbenminiatur in Form eines kielbogig geschlossenen Bildes in Quaderrahmung, an der
vier Wappenschildchen angeheftet sind; die beiden oberen leer, die beiden unteren mit den Wappen
der damaligen Spitalsmeister, beide rot-weiß.
Vom Mittelfeld ist ein unterer Streifen abgetrennt, in dem auf einer gotisch verzierten, vor einem Vorhang stehenden Bank die hl. Anna und Elisabeth sitzen; erstere selbdritt, letztere mit einem Krüppel,
dem sie ein Brot reicht. Im Hauptfeld, in der Mitte, das Stadtwappen von Salzburg unter goldfarbenem
Rankenwerk, seitlich davon die Hl. Rupert und Virgil, zu deren Füßen die Wappen Erzstift Salzburg
und Keutsehach. Darunter sitzen in Chorstühlen die Hl. Stefanus und Blasius, zwischen ihnen, in schlan-
kem, blauem Schild, über dem die Taube schwebt, das Zeichen des Bürgerspitals mit Schriftband: Hoc
signum hospitalis est (Fig. 230).

8. Papierband mit kalligraphischen Proben und Kunststücken des Kaspar Sahmus. Berlin 1624.

9. Fragment eines Bruderschaftsbuches mit Gouachebildern auf Pergament. 19 × 30 cm. 1. Kruzifixus
zwischen den Schächern, unten die Marien und Johannes und das Wappen der Kuenburg. Unterschrift:
Maximilianus Gandolphus Archiepus ... 1685 .. 2. Kruzifixus zwischen Maria und Johannes; oben Adler,
unten Einhörner mit den Werkzeugen der Passion und Wappen der Thun. Unterschrift: Io Ernestus
Max. Archieps ... Ao 1688.

10. Bruderschaftsbuch, Devotionis de Passione Domini, am Salzburger Bürgerspital, Papierheft mit aquarellierten Blumenkränzen usw. als Rahmen. Ende des XVII. Jhs.

11. „Stift- und Bruderschaffts-Buch" der bürgerlichen Schneidermeister in Salzburg von 1695. Titelblatt Gouache auf Pergament; Umrahmung aus rotgoldener Blumenranke auf blauem Grund. Mittelbild: Hl. Dreifaltigkeit thronend, davor die hl. Jungfrau kniend und die Hl. Apostel Thomas, Homobonus und Katharina; unten arme Seelen im Fegefeuer.

12. Bruderschaftsbuch aus Papier mit zahlreichen Gouachebildern auf Pergament, 19·5 ✕ 30 cm. 1. Christus, aus den Wundmalen blutend, über Brunnenschale stehend, deren Postament mit dem Wappen des Bischofs Rud. Jos. Grafen Thun von Seckau geschmückt ist. Oben zwei Adler, unten zwei Einhörner, die Werkzeuge der Passion haltend. Schrifttafel: *Rudolphus Josephus Epus Seccov . . . A° 1695.* — 2. Kruzifixus über der Weltkugel, an die Tod und Teufel gefesselt sind; landschaftlicher Hintergrund mit dem Schlangenwunder des Moses links und der Opferung Isaaks rechts. Links zwei Putten mit dem Wappen der Kuenburg. Unterschrift: *Franciscus Ferdinandus Comes a Kienburg pro tempore Custos congregationis anno 1695.* — 3. Kruzifixus, über dem Tode aufgerichtet, links Phönix, rechts Pelikan. Vorn Kuenburgsches Wappen. *Ioannes Sigismundus comes a Kuenburg pro tempore custos congregationis 1695* (nachgetragen: *et nunc eps Chiemensis protector eiusdem 1709*). — 4. Schlacht am Ponte Molle mit Wappen des Bischofs von Lavant Philipp Karl v. Fürstenberg und seiner Unterschrift von 1709. — 5. Ein mit Wunden bedeckter Mann liegt, auf das Wolkensteinsche Wappen gestützt, auf dem Boden; über ihm schwebt der Kruzifixus, von dessen Wundmalen Blutstrahlen zu jenen herabgehen. In der Mittelgrundlandschaft Amor und Teufel von einer Frauengestalt mit erhobenem Schwert zurückgewiesen. Unterschrift: *Paris Dominicus Graf von Wolkenstein und Trostburg 1695.* — 6. Arche Noah mit Firmianischem Wappen am Bug auf bewegter See, an deren Ufer ein bärtiger Mann (Noah) zu der über dem Regenbogen thronenden Dreifaltigkeit emporfleht. Unterschrift: *Freiherr Leopold von Firmian von 1708* (Fig. 231). — 7. Kreuzigung Christi, vorn die um den Rock würfelnden Krieger; links Wappen der Schrattenbach und Unterschrift: *Sigismund Felix Comes de Schrattenbach* usw. — 8. Schutzengel, ein Kind auf den Kruzifixus hinweisend. Wappen und Unterschrift: *Anton Graf von Montfort.* — 9. Kruzifixus mit Magdalena zu Füßen; im Hintergrund eine Reiterschlacht. Links vorn Putto mit Wappen der Thurn. Inschrifttafel in reicher Fruchtumrahmung. Unter-

Fig. 233 Einzelblatt aus einem Bruderschaftsbuch (S. 184)

schrift: *Hannibal Felix Comes a Thurn-Valsasina Canonicus Metrop. Eccl. Salisb.* — 10. Ein Geistlicher, neben dem ein Gewandengel steht, im Gebet vor dem Kruzifixus; neben diesem Putto mit Wappen der Thurn-Valsassina. Unterschrift: *Georgius Sigefridus Grafen von Thurn Valsassina*, in goldfarbener Rankenumrahmung, 1730. — 11. Rahmung aus den Werkzeugen der Passion, unten Maria mit den sieben Schwertern im Herzen (Aquarell auf Papier). Unterschrift: *Joannes Jacobus Josephus Comes in Zeyll 1727.* — 12. Große Wappenkartusche mit vier schwarzen Adlern und zwei kleinere Schilder mit Säule auf rotem Grund beziehungsweise Krone auf blauem Grund. Unterschrift: *Salus et Gloria.* — 13—18. Umrahmungen aus Trauben und Ähren beziehungsweise Dornenranken mit Werkzeugen der Passion beziehungsweise Vergißmeinnicht, Rosen usw., darinnen Namen von Mitgliedern der Bruderschaft. Alle Aquarell auf Papier. — 19. Kruzifixus mit Magdalena zu Füßen; in goldfarben gerahmter Kartusche. Unterschrift: *Johan Franz Meichelbeckh.* — 20.—30. Ähnliche Rahmungen wie 13.—18. — 31. Lavierte Tuschzeichnung: Kruzifixus zwischen zwei fliegenden Gewandengeln. Unten Bezeichnung: *Sebast. Mayr D. D.* — 32. und 33. Ähnliche Rahmen wie 13.—18. — 34. Reicher steinfarbener Rankenrahmen mit naturfarbenen Engeln und Cherubsköpfchen, darinnen Beweinung Christi unter dem Kreuz. Unten eine Art gehaltene Draperie mit: *M. C. C. Z. F. A. V. J.* — 35. Aquarell; ein von Vergißmeinnicht umwundenes Kreuz mit dem Herzen Jesu in Glorie, von einem Rosenkranz umrankt, in dem Medaillons mit den stigmatisierten Händen und Füßen sowie dem Veronikatuch ausgespart sind, 1695. — 36. Aquarell auf Papier; Kreuz mit den stigmatisierten Gliedern und mit fünf

Engeln, die die Werkzeuge der Passion tragen, in Glorie und Blattkranz. Unterschriften von 1702. Dann folgt alphabetisch, nach den Vornamen geordnet, das Register der Brüder und Schwestern der Bruderschaft des hl. Kreuzes.

13. Heft mit drei Gouachebildern auf Pergament; 18·5 × 30 cm: 1. Christus, über einer Brunnenschale stehend, in die sein Blut aus allen Stigmen fließt und aus der es in vielen Strahlen wieder ausströmt. Darüber eine von sieben Säulen getragene Halbkuppel, in der sieben tubablasende Gewandengel sitzen; oben vier Embleme mit Devisen. Unten Wappen des Bistums Chiemsee und des Fürstbischofs Josef Franz Grafen von Arco, Inschriftkartusche mit Inschrift: *Franciscus Carolus Eps. Chiemensis Protector 1747.* — 2. Kreuz in Glorie, von Wolken umgeben, auf einem Hügel stehend; unten Chronos, das Wappen der Wolken meißelnd. Schriftband: *Sigismundus Ignatius Eps Chiemensis protector 1695.* — 3. Ein Schiff mit Kreuz und Inschrift: *in signo vinces* auf dem Segel, auf stark bewegter See; daneben steht eine Frauengestalt mit Wappen des Fürstbischofs Josef Franz Grafen von Arco mit der anderen Hand auf den Regenbogen mit Inschrift: *in hoc arcu sperabo* zeigend. Inschrifttafel: *Josephus Franciscus Eps. Chiem Protector 1730* in reicher Frucht- und Blumenrahmung (Fig. 232).

Fig. 232.

14. Büchsenmacherbuch, geschrieben und mit kolorierten Federzeichnungen versehen von Sebastian Halle, um 1596 (Waffenhalle).

Einzelblätter aus Bruderschaftsbüchern, alle Gouache auf Pergament gemalt: 1. Hl. Katharina in Wolken über dem Wappen des Erzbischofs Sigismund v. Schrattenbach schwebend mit Unterschrift von 1754. — 2. Gnadenbild (von Dorfer), Maria mit dem Kinde über Wappen der Dietrichstein mit Unterschrift. — 3. Kruzifixus in Medaillon über Wappen des Erzbischofs Leopold v. Firmian mit Unterschrift von 1727. — 4. Erzbischof Franz Anton v. Harrach im Gebet vor dem Kruzifixus, hinten Vedute von Salzburg; unten Wappen und Unterschrift von 1710 (Fig. 233).

Fig. 233.

Hand-
zeichnungen.

IV. Handzeichnungen.

Altomonte Martino:

1. Getuschte Federzeichnung; 33 × 24 cm; Maria Magdalena im Gebet, vor ihr ein großer Engel, über ihr Cherubsköpfchen (hist.-top. Halle).

2. Tuschskizze; zirka 35 × 28·5 cm; leicht gehöht auf dunkelrotem Grund; Frau mit Buch über Wolken fliegend, um sie Putten mit Kugel, Schwert, Pfeil (?). An der Rückseite Aufschrift: *Pey den Weissen Rossel Wiert ab zu legen in Linz* und spätere Bleistiftaufschrift: *Martino Altomonte.*

Auernhammer:

3. Zwei Kreidezeichnungen; 21 × 14 cm beziehungsweise 12 × 8·5 cm; Landschaften. Bezeichnet: *E. J. Auernhammer 1815 bez. 1812* (Z. S.[1]).

Bergler Josef:

4. Weiß gehöhte Sepiazeichnung; 41·2 × 26·9 cm; Tod der Virginia. Sie liegt tot auf einer Bahre ausgestreckt, mit entblößtem Oberkörper. Zu ihren Häupten steht ein Krieger und zeigt, zur Rache ancifernd, den Dolch dem zahlreich versammelten Volke. Bezeichnet: *Joseph Bergler erster Versuch einer grossen zusamen .. in Mailand 1779* (Fig. 234).

Fig. 234.

5. Wie oben; 25·7 × 37·2 cm; hl. Martin mit anderen Reitern und Fußsoldaten mit Lanzen durch ein Tor kommend, schneidet mit dem Schwert ein Stück seines Mantels für den entblößten lahmen Bettler. Bezeichnet: *Ginsepp. Bergler inv et disegu.* Wohl aus derselben Zeit.

6. Bleistiftzeichnung; 21·5 × 15·5 cm; Anatomiestudie einer Hand; auf der Rückseite Skizzen, Christus mit erhobener Hand, Madonna mit Kind.

7. Fragmentierte Federzeichnung; zirka 13 × 17 cm; Johannes B. für ein heranspringendes Lamm Wasser schöpfend.

8. Lavierte Sepiazeichnung; 42·3 × 31·3 cm; in einen Kreis eingezeichneter Stern und sieben Rundbildchen, Genesis C. XII 7, Exodus XIV 16, Exodus XX, Lucas I 31, Johannes XIX 30, Matthaei XXVIII. Act. II 3/4. Bezeichnet: *Giuseppe Bergler inv. et disegn.*

9. Bleistiftzeichnung; 27·9 × 37·7 cm; Figur Christi am Ölberg. Auf der Rückseite: *Nach einer aus Holz von Bergler Vater geschnizten Statue, von seinem Sohn Joseph Bergler Director der Akademie zu Prag gezeichnet und mir bey meiner 3ten Anwesenheit zu Prag geschenkt 1825. Prof. Filz m. p.* (Hist.-top. Halle.)

10. Spezialzeichnung; 32 × 20·5 cm; eine Frau läßt Amoretten aus einem Hühnerkäfig aus, eine junge Frau verteilt von einer Schüssel Herzen an sie.

11. Lavierte Tuschzeichnung; 47 × 33 cm; (beiderseitig) Studien nach Raffael, Philosophen aus der Schule von Athen, die drei Engel bei Abraham (Z. S.).

Bergler Jos. zugeschrieben:

12. Kohlenzeichnung; 26·5 × 38·5 *cm*; Christuskopf.

13. Wie oben; 31·5 × 38 *cm*; Kopf der hl. Jungfrau (?).

14. Rötelzeichnung; 10·2 × 15 *cm*; Mädchenkopf mit lockigem Haar, das über die nackte Schulter fällt (Z. S.).

Bergmüller J. B.:

15. Grün lavierte Federskizze; 16·5 × 20·8 *cm*; Christus am Ölberg, neben dem großen Engel mit dem Kelch noch zwei andere große Engel über Wolken. Die Skizze schließt rundbogig ab. Bezeichnet: *J G B* (verschlungen) *1760*. Daneben spätere Auflösung des Monogramms in J. G. Bergmüller 1669 bis 1762 (Fig. 235). *Fig 235* Signatur und Zeichenweise mit vielen authentischen Zeichnungen Bergmüllers übereinstimmend (Z. S.).

16. Sepiazeichnung; 16·1 × 21·3 *cm*; hl. Bernardus mit großem Kreuz und ein anderer bärtiger Heiliger über einer Wolke kniend; Cherubsköpfchen. Auf dem Karton bezeichnet: *Bergmüller fec.* (spätere Aufschrift) (Z. S.)

Fig. 234 Tod der Virginia, gehöhte Sepiazeichnung von Josef Bergler (S. 184)

Bocksberger Hans zugeschrieben:

17. Lavierte Tuschzeichnung; 34·3 × 25 *cm*; Auferweckung des Lazarus mit viel Zusehern und teilnehmenden Personen. Als Hintergrund eine Landschaft mit mehreren Kirchen (hist.-top. Halle) (Fig. 236). *Fig. 236*

Brandner Fr.:

18. Lavierte Tuschzeichnung; 43 × 54 *cm*; Entwurf zu einer Monstranz mit frühklassizierenden Ornamenten, Ähren und Trauben. Bezeichnet: *18ter October 1791. Fr. Brandner* (Fig. 237). *Fig. 237*

Croce Johann Nepomuk de la:

19. Feder- und Rötelzeichnung; 16·7 × 21·7 *cm* (Ausschnitt); über weiblichem Genius fliegende Putten mit Kardinalshut, Krone, einem Vorhang. Bezeichnet: *d. l. Croce* (Z. S.) (Fig. 238). *Fig 238*

Danreiter Franz Anton:

20. Lavierte Federzeichnung; 41·1 × 31·9 *cm*; Querschnitt „des Tätschada Gebeides wie solches von innen anzusehen ist" usw. Ohne Signatur und Datum.

21. Lavierte Federzeichnung; 79 × 62·5 *cm*; Grundriß des Hellbrunner Schlosses mit dem Garten; Aufnahme für den Stich in „Die Gartenprospect von Hellbrunn" usw.

XVI 21

Fig. 235 Christus am Ölberg,
Federzeichnung von J. G. Bergmüller (S. 185)

Fig. 236 Auferweckung des Lazarus, Tuschzeichnung,
dem Hans Bocksberger zugeschrieben (S. 165)

22. Lavierte Federzeichnung; 35·5 × 49·1 *cm*; Entwurf zu einem Garten „inv. par Fra: Ant: Danreiter 1728" mit der Bleistiftaufschrift: *pour Kleesheim* (Fig. 239).

Fig. 239.

23. Getuschte Federzeichnung; 18·5 × 29 *cm*; Zeichnung nach einem Brunnen; getreppte Basis, darauf vier sitzende nackte männliche Gestalten um eine thronende weibliche Gestalt in Rüstung mit Waffentrophäen. Bezeichnet: *F. An. Danreiter lev. et dess. 1724.* Darunter Grundrißzeichnung zum Becken. Kopie nach dem Brunnen „La France triomphante" von Tubi in Versailles (Fig. 240).

Fig. 240.

24. Tuschzeichnung; 26·6 × 20·6 *cm*; Kartusche, mit Muschel, Füllhörnern usw. verziert, mit Doppelwappen be-

Fig. 237 Monstranzenentwurf von Fr. Brandtner (S. 165)   Fig. 238 Rötel- und Federskizze von J. N. della Croce (S. 165)

krönt, im Inschriftsfeld: *Reverendissimo .... Dno Coelestino Ord. S. P. Benedicti ... monasterii ad S. S. Udalricum et Afram Augustae Vindelicorum Abbati vigilantissimo ... nec · non ... Principis et Archi Epi. Salisburgen. consiliario ... leve hoc manuum suorum ad hortorum condecorationem spectans opusculum ..... F. Ant. Danreiter.*

25. Federzeichnung mit Tusch; 26·5 × 18·2 *cm*; Entwurf (?) zur Aufstellung der Mirabellschwemme. Ansicht des Pegasus über hohem Gesteinssockel, die über Breitsockel lagernden Wappentiere Löwe und Einhorn zu seinen Seiten überragend; darunter Grundriß des Brunnens; in den vier Ecken Postamente mit den zwei Löwen und den zwei Einhörnern (Kunsttopographie XIII, Fig. 274) (hist.-top. Halle).

26. Federzeichnung, rosa und blau gehöht; Entwurf zu einem Wasserbecken mit Einbau in drei Terrassen. Bezeichnet: *levée et dessin. par Francois Antoine Danreiter 1723.* Unten Maßstab und Vermerk *Toises* (?) *le perfect:* (prospect?) *est aussi commencée par cette echelle.*

27. Drei rot und grün gehöhte Tuschzeichnungen; Entwurf zu einem Glashaus, zu einem einstöckigen Wohnhaus mit ausgebautem Dachgeschoß und zu einer von zwei Laubengängen verbundenen Gartenhausanlage.

24*

28. Getuschte Zeichnung; 32·5 × 22·3 cm; Titelblatt zu den „Garten Prospect von Hellbrun etc" dem Erzbischof Leopold Firmian gewidmet. Vorbild zu einem (vorhandenen) Stich.

29. Dazugehörig zwei getuschte Zeichnungen, die Neptungrotte und „Der so genandte Forst-Teufl"; alle Blätter mit deutschen und französischen Aufschriften.

Fig. 241 30. Federzeichnung, gelb und lichtblau aquarelliert; 18·3 × 19·3 cm; Entwurf zu einem Gittertor (Fig. 241).

31. Wie die vorige; 8·7 × 20·6 cm; variierter Entwurf.

32. Wie die vorige; 16·5 × 26 cm; variierter Entwurf.

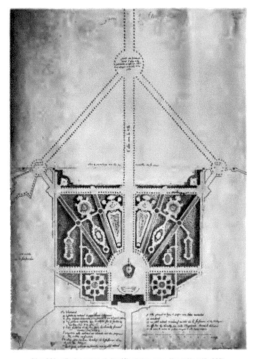

Fig. 239 Gartenentwurf für Klesheim, von Danreiter (S. 187)

33. Federzeichnung, getuscht und rosa gehöht; 14·4 × 34·4 cm; Entwurf zu Türrahmungen, unten Maßstab und Aufschrift: *Maaßstab zu denen Sacristey Portailen.* Entwurf für die Sakristeitüre der Sebastianskirche (Kunsttopographie IX, Fig. 156).

34. Federzeichnung, getuscht; 26·7 × 13 cm; Vogelhaus im Mirabellgarten, vier zweigeschossige Flügel um ein überhöhtes Mittelgebäude angeordnet, dessen oberer Abschluß korrigiert ist (Kunsttopographie XIII, Fig. 240).

35. Rot, violett und gelb gehöhte Bleistift- und Tuschzeichnung; 40·5 × 27 cm; laut Aufschrift: *le profil et le plan de la Cascade de Trianon.*

36. Rot, gelb, blau gehöhte Federzeichnung (unregelmäßig ausgeschnitten) einer Schloßfassade (Zwinger?). Bezeichnet: *Fra. Ant. Danreiter 1720 à Dresden* (hist.-top. Halle).

37. Federzeichnung, aquarelliert; 21 × 35·5 *cm*; Entwurf zu einem Altar unter Gewölbeabschluß; Tambur, Kuppel, Laterne; hinter der Mensa gemalte Altarwand; Kruzifixus zwischen den gekreuzigten Schächern, über ihm Gott-Vater und die Taube, zu Füßen des Kreuzes Maria, Johannes, Magdalena (Fig. 242) (hist.-top. Halle).
38. Feder- und Tuschzeichnung; 30·3 × 16·5 *cm*; Entwurf zu einem Segmentbogengebälk, darauf Diana mit einem Hund und eine Frau mit einem Hirsch, beide einen Kronreif haltend (Fig. 243).
39. Getuschte Zeichnung; 61 × 43 *cm*; Fußwaschung, laut Aufschrift nach dem Bilde des Bertin (Parisiis) 1752 dem Erzbischof Andreas Jakob Graf Dietrichstein gewidmet.
40. Wie die vorige; Abendmahl, nach dem Bilde des Nikol. Grossi (Venetiis) gleichfalls 1752 dem Erzbischof gewidmet (hist.-top. Halle).

Fig. 242
Fig. 243.

Fig. 240 Zeichnung Danreiters nach einem Brunnen
von Tubi in Versailles (S. 187)

41. Wie oben; 58·5 × 42 *cm*; Anbetung der Hirten, nach dem Bilde des Seb. Conca (Romae), dem Erzbischof Sigismund Schrattenbach 1753 gewidmet.
42. Wie oben; 59·5 × 43·5 *cm*; Anbetung der hl. drei Könige, nach dem Bilde des Rubens, gleichfalls dem Erzbischof Sigismund 1754 gewidmet.
43. Wie oben; 44·5 × 63·5 *cm*; Vermählung Mariä, nach dem Bilde des Jouvenet gleichfalls dem Erzbischof Sigismund 1757 gewidmet.
44. Wie oben; 39·5 × 66 *cm*; hl. Sigismund im Gebet, oben drei große Engel über Wolken, nach Charles Lebrun; gleichfalls 1757 („hanc indignam delineationem") dem Erzbischof gewidmet (Fig. 244). Diese sechs Zeichnungen wurden 1850 erworben (Jahresbericht 1850). Fig. 244
45. Lavierte Federzeichnung; 46 × 27·5 *cm*; grundt, außzug und Durchschnitt einer pferdt schwäme, so ohne Verruckhung der zuvor schon stehenden Statuen bey dem Hofstall hätte khönnen angelegt werden. invent. par Francois Ant. Danreiter 1731.

46. Lavierte Federzeichnung, Vorzeichnung zu dem Stich „Grundriß des Schlosses und Gartens zu Hellbrunn" mit geringen Textkorrekturen.

47. Lavierte Federzeichnung; 41·3 × 31·5 cm; *Grundt Riss d. Empor Kürchen ober dem Chor*, darunter *dessen forderer geometrischer Außzug.* Oben Bleistiftvermerk: *Es hätten zwar mehrere Verkhnüpfung khönnen beygebracht werden, allein habe ich solche uns mehrere spatium zu denen Bettstühlen zu haben, unterlassen* (Fig. 245).

Fig. 245.

Fig. 241 Gitterentwürfe von Danreiter (S. 188)

48. Lavierte Federzeichnung; 47·5 × 31·3 cm; Längsschnitt (Entwurf) durch eine Kuppelkirche (mit Laterne) und Fassadentürmen. Ohne Signatur und Datum.

49. Lavierte Federzeichnung; 17·7 × 47·3 cm; Entwurf zu einem Portal mit Oberlicht; die Tür von Pilastern flankiert, die nach unten verjüngt sind, nach oben in Voluten enden und männliche Karyatidenhermen (Engel?) tragen. Bezeichnet: *F: A: D: 1750.* Vermerk zum Oberlichtabschluß: *Auf disem Frontispitio khönnen 2 khleine Engl mit einem Creutz oder Cronen angetragen w.rden.* Entwurf für das Portal der Sebastianskirche (Kunsttopographie IX, Fig. 155).

Fig. 242 Aquarellierte Federzeichnung von Danreiter (S.189)

Fig. 243 Tuschzeichnung von Danreiter (S. 189)

50. Lavierte Federzeichnung; 62 × 24·6 cm; Prospekte des „Pomeranzenhauses zu Mirabell" mit den „alten und fast unmöglich auszubesseren seyenden Fenstern" und Entwürfe zu den den „neu eingetheilt und projectirten Fensteren, wann auf gnädigsten Befehl .... angordnet würde, alljährlich etliche machen dürfen zulassen". Ferner „Unmaßgeblicher entwurf eines Fensters, wie solche zur mehreren nuz-Beleichtung und Vermeidung aljährlicher Ausbesserung ..... khunten angeordnet werden". (Nicht signiert, undatiert.)

51. Lavierte Federzeichnung; 62·5 × 39·2 cm; Entwürfe für das Glashaus in Mirabell, „..... Facade.. gegen den Haubtgebäu", „... gegen die Statt", „... gegen der Strassen wie auch gegen den Reldbau"; Grundriß und Profil des Glashauses, Grundriß des Hauptgebäudes. Bezeichnet: F. A. Danreiter 1744.

Fig. 244 Tuschzeichnung, Hl. Sigismund,
von Danreiter nach einem Stich von Ch. Lebrun (S. 189)

52. Lavierte Federzeichnung; 55 × 42·5 cm; Grundaufnahme des „.Tit.... Hofkanzlers Gut nächst der Gravenau zu Salzburg ausgemessen 1743 par F: A: Danreiter". (Zu Schloß Hernau gehörig.) An der Rückseite Bleistiftskizzen zu Portalabschlüssen (mit Kreuz und Kardinalshut) und zu einem Grabmal.

53. Klebeband mit 17 Zeichnungen desselben; in einer 1847 von Süss geschriebenen Vorerinnerung wird die Geschichte dieser Blätter erzählt. Sie sollen nach Hübner und Pillwein ursprünglich im Besitz des Baron v. Kürsinger († 1796) gewesen sein und kamen sodann in den Besitz des Grafen v. Kühnburg, der sie seinem Gärtner Roth schenkte. Dieser stattete mit ihnen seine Gastzimmer aus. Aus dem Nachlaß Roths 1847 kaufte das Museum die Zeichnungen und vereinigte sie in einem Klebeband, dem ein von Lactanz Firmian mit Bleistift auf gelblichem Papier (14 × 17·7 cm) gezeichnetes Porträt Danreiters vorgesetzt wurde. Die Danreiter Zeichnungen (32·8 × 23·3 cm) sind die Vorzeichnungen mit Aufschriften zu den Stichen: 1. Dom von Westen (1728); 2. Dom von Süden; 3. Universitätskirche; 4. Margaretenkapelle; 5. Theatinerkirche; 6. Nonnberg; 7. Franziskanerkirche; 8. Bürgerspitalkirche; 9. Ursulinenkirche; 10. Kapuzinerkirche; 11. Sebastianskirche; 12. Gabrielskapelle; 13. Lorettokirche; 14. Dreifaltigkeitskirche; 15. Augustinerkirche in Mülln; 16. Nonntaler Kirche (1731); 17. Maria Plain, ebenso (Jahresbericht 1847).

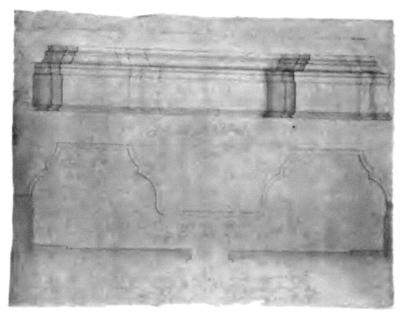

Fig. 245 Emporenentwurf von Danreiter (S. 190)

Fig. 246 Zeichnung von Leopoldskron von Danreiter (S. 194)

Ferner eine 1848 von Pezolt hinzugefügte Zeichnung von Leopoldskron. Bezeichnet: *Dessinée par A. Danreiter 1740* (hist.-top. Halle) (Fig. 246).

Fig. 246.

Dies Albert Christoph:

54. Zirka 28 × 21·5 *cm*; zwei italienische Landschaften in Sepia beziehungsweise Tusch mit antikisierender Staffage. Um 1800. 1852 von Pezolt geschenkt (Jahresbericht 1852; hist.-top. Halle).

Durach J. B.:

55. Sepiazeichnung; 21·5 × 35 *cm*; hl. Hieronymus, büßend, in Felsenlandschaft, neben ihm der Löwe, auf dem zwei Putten mit dem Kardinalshut spielen. Bezeichnet: *J. B. Durach fecit* (hist.-top. Halle).

56. Federzeichnung; 21 × 33·9 *cm*; hl. Hieronymus, im Gebet vor dem Kruzifix. Bezeichnet: *J. B. Durach fecit* (zirka 1770) (Fig. 247).

Fig. 247.

Fig. 247 Hl. Hieronymus,
Federzeichnung von J B. Durach (S. 194)

Ebner F. A.:

57. Rötelzeichnung; 34 × 50 *cm*; Christus am Kreuz, das schräg gestellt ist. Bezeichnet: *F. A. Ebner* (zirka 1750). (Z. S.)

Eismann Johann Anton:

58. Lavierte Tuschzeichnung; 13·7 × 8·8 *cm*; Landschaft mit Bäumen und eine Ruine (Skizze). Bezeichnet: *J. A. Eismann*. An der Rückseite Bleistiftzeichnung eines Pfeilerkapitäls mit Voluten, an dem ein Band mit Fruchtbukett hängt, bekrönendes Cherubsköpfchen (zirka 1650). (Z. S.)

Endlinger Joh.:

59. Sepiazeichnung; 21·5 × 28·5 *cm*; unter angedeutetem Baumstamm Hagar mit Ismael im Schoß; links ein Engel mit deutender Gebärde. Bezeichnet: *J. Endtinger*. Auf der Rückseite Kohlenzeichnungen: Ein Löwe mit menschlichem Gesicht, Rock und Beine einer weiblichen Person. Mitte des XVIII. Jhs. (Fig. 248).

Fig. 248.

TAFEL XIV   JOH. BERNH. FISCHER VON ERLACH,
ARCHITEKTURZEICHNUNG
Museum Carolino-Augusteum (S. 195)

Feyertag Max:

60. Fassade des hochfürstlichen Pflegsgebäudes in Radstadt von Max Feyertag (Ende des XVIII. Jhs.) (Z. S.).

Firmian Johann Lactanz Freiherr von:

61. Buch mit Handzeichnungen des Joh. Lactanz v. Firmian auf Leopoldskron (1712 bis 1786). Die 54 Zeichnungen in Bleistift, Rötel oder Kohle (mit Kreide) auf gelbem oder blaugrauem Papier, zirka 14 × 18 cm, stellen Brustbilder zum Teil identifizierter Personen dar (Fig. 249). Darunter (S. 12) Ernst Hirtl, Firmianscher Kammerdiener; (S. 43) Valentin Sartori, Türnizmeister; (S. 56) Komtesse de Arzt; (S. 57) Komtesse de Wurzek; (S. 60) Freiin Eleonore v. Auer, Magdalena Peramzem; (S. 61) Zimonati. (Viele Zeichnungen sind herausgeschnitten.) Nach der Versteigerung von Leopoldskron 1846 erworben (Jahresbericht 1846). Fig. 249.

Fig. 248 Hagar und Ismael, Sepiazeichnung von J. Endlinger (S. 194)

62. 18 Bleistiftzeichnungen, zum Teil leicht aquarelliert, zirka 14 × 19 cm; Brustbilder von Herren und Damen, sämtliche von Lact. Freiherrn v. Firmian. Mitte des XVIII. Jhs. (Hist.-top. Halle.)

Fischer v. Erlach Johann Bernhard:

63. Lavierte Federzeichnung; 28 × 53 cm; große Pilasterordnung mit Durchblick in einen Nebenraum (Seitenschiff?), der durch einen von einer Balustrade bekrönten Einbau unterteilt ist. Darin Portal mit steilovalem Feld (Oberlicht) als oberer Abschluß, über dessen umfassendem Gebälk zwei allegorische Frauen mit Kreuz und Buch, das ein Putto trägt. Von dem Seitenschiff Öffnung in Rundbogen über gekuppelten Säulen (zu einem weiteren Nebenraum); seitlich vom Rundbogen stukkierte Engel. Links von dieser Zeichnung ein Gebälkteil mit Ornament; unter ihr Grundriß der großen Pilasterordnung und Aufschrift: Fischer v. Erlachen. Der Stil dieser Architektur und die Zeichenweise lassen diese Zuschreibung möglich erscheinen, obwohl ein Zusammenhang mit einem bestimmten Fischerschen Bau nicht nachweisbar ist (Taf. XIV). Tafel XIV.

Fraunlob Josef:

64. Öl auf Karton; 34·5 × 42·7 cm; Phantasieporträt des Theophr. Paracelsus. 1492. Bezeichnet: Jos. Fraunlob pinxit 1840.

25*

Fürstaller Josef:

65. Lavierte Federzeichnungen, vier Bergkarten von 1772 beziehungsweise 1773, aus dem Archiv des Pfleggerichtes Mittersill stammend (Z. S.).

Gaml Vital:

66. In Sepia zwei Landschaften mit geringer Staffage. (Hist.-top. Halle.)

67. Bleistiftzeichnungen; zwei große Kopfstudien. Bezeichnet: 6 (beziehungsweise 7).

68. D. An. Obäd. — Eine von Wasser umgebene Ruine. — Blumenstück über antikisierendem Postamentfragment. Wohl identisch mit den drei 1846 von Fräulein v. Kleimeyern dem Museum geschenkten (Jahresbericht 1846).

Fig. 249 Joh. Lact. v. Firmian, Brustbild eines Herrn (S. 195)

69. Federzeichnung; Blumenstück.

70. Lavierte Federzeichnung; 27·2 × 47·5 cm; Entwurf zu einem Altar. Im Antipendium der Sarkophagmensa: die Marien am Grabe; seitlich vom Tabernakel adorierende Engel, deren Flügel hinter den Säulchen des Tabernakels durchlaufen. Das Haupt- und Bekrönungsbild ausgespart; in den Interkolumnien des Hauptteiles stehen die Hl. Laurentius und Johann B., sitzen zwei Evangelisten. Über den mächtigen Voluten der Bekrönung Engel und Putten. Asymmetrisches flamboyantes Ornament (Fig. 250). Um 1780 (Z. S.).

Gäug Eleonora, geboren zu Salzburg 1794, † zu München 1866:

71. Drei Aquarellblumenstücke; 23 × 28 cm. Erste Hälfte des XIX. Jhs. (Hist.-top. Halle.)

Grenier Louis:

72. Entwurf (lavierte Federzeichnung) zu einer Ehrenpforte mit Aufschrift Carolina und Maßstab. Gezeichnet: von Louis Grenier quieszirender Geometer 1817 (Z. S.).

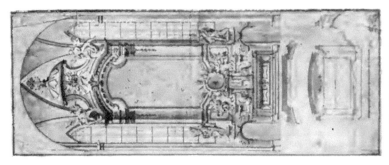

Fig. 252 Altarentwurf
von Johann Högler (S. 198)

Fig. 251 Altarentwurf
von Wolfgang Hagenauer (S. 198)

Fig. 250 Hochaltarentwurf, Lavierte Federzeichnung
von Vital (Jami) (S. 197)

Fig. 253   Fassadenentwurf von Georg Laschentzky (S. 200)

Hagenauer Joh. Georg:

73. Lavierte Federzeichnungen 1. „Grund- und bau-Riss von der Priester Hauß Capeln, welche ao. 1767 zu Klangfurd ist erbauet worden. Wolf Hagenauer Inve. Joh: Georg Hagenauer delin:" — 2. „Der Hoch Altar von der Priester Hauß Capeln zu Klangfurd, welcher Anno 1768 neu ist erbauet worden. Wolfg. Hagg. Juv. Joh. Georg Hagenauer Delig." Seitlich vom ausgesparten Bild zwei Stümpfe von kanellierten Säulen, über denen Tableaus von geistlichen Gegenständen (Tiara, Kardinalshut, Rauchgefäß usw.) angebracht sind (Z. S.) (Dieser Altar kam nicht zustande; der jetzige Altar ist von Propst.)

Hagenauer Wolfgang:

74. Lavierte Federzeichnung; zirka 20 × 30 cm (lädiert); Entwurf zu einem Altar mit reichem Rocailleornament an den einfassenden Pilastern und der geschnitzten Bekrönung. In der Mittelnische Figur des hl. Josefs mit dem Christkind. Bezeichnet: *Hagenauer 1761* (hist.-top. Halle) (Fig. 251).

Heffter Anton:

75. Vier Aquarelle (Landschaften; hist.-top. Halle), Architekturzeichnungen, drei Grundrisse (des Kaufmann-Metzger-Hofes zu Mülln Nr. 52, 1807, des Kaufmann-Heffter-Hofes zu Parsch, 1807, und des Hofapotheker-Hofes, 1808). — Zwei Blätter bezeichnet: *Zeughaus fol. 1 und 2* mit den Grundrissen zu ebener Erde und den drei Stockwerken von 1809. — Drei Blätter mit Ansichten und Grundrissen der (wohl zum Zeughaus gehörigen) Portiken (?) (Z. S.).

Heinzlmann Anton, geb. 1798, † 1829:

76. Bleistiftzeichnungen (Umrisse nach Bildern von Reni und Antiken), vier Architekturzeichnungen zu einem „orientalischen Badehaus (1817), Aquarell und Tuschzeichnung, Landschaft nach der Natur" (hist.-top. Halle). Die meisten datiert aus den 20er Jahren.

77. Lavierte Tuschzeichnung von Freisaal. Vom Bruder Franz H. 1849 geschenkt (Jahresbericht 1849).

Höfel Johann:

78. Drei Skizzenbücher in Ledereinband mit Golddruck: „Zur Erinnerung an seine Freunde von Johann Höfel 1821". Bezeichnet: *1826, 1846.* Sie enthalten Porträtstudien von Herren, Damen und Kindern, zum Teil mit beigeschriebenen Namen, Ortsangaben und Datum (hist.-top. Halle).

Högler Johann (siehe auch Meisterstück von 1727 S.):

79. Lavierte Federzeichnung; 20 × 52·5 cm; Entwurf zu einem Altar in einer gotischen Kirche. Das Bild ausgespart, über angeschlossenen Umgangstüren die Statuen zweier hl. Könige, baldachinartiger Abschluß des von Voluten eingefaßten Aufsatzes. Bezeichnet: *Johann Högler Burgl. Steinmez Maister in Salzburg.* Zweite Hälfte des XVIII. Jhs. (Z. S.) (Fig. 252). Vielleicht Entwurf für den Altar der Georgskirche in Hohensalzburg. Vgl. Kunsttopographie XIII, Fig. 139.

Fig. 251.

Fig. 252.

234

Hornöck Anton:

80. Mehrere Rötelzeichnungen nach Stichen von 1797, 1801, 1802, 1803 usw.

Hornöck Franz X:

Eine große Anzahl von Bleistift- und Rötelzeichnungen, zum Teil nach Gipsköpfen, zum Teil nach Antiken, zum Teil nach Stichen; ferner eine Anzahl von Porträts. Hervorzuheben:

81. Rötel und Tusch, 20 × 31 cm; Allegorie, Chronos hält ein Kind, dem Minerva und zwei andere allegorische Frauengestalten ihre Huldigung darbringen (hist.-top. Halle).

Fig. 254 Skizze zu einem Altarbild von Christ. Lederwasch
(S. 200)

Fig. 255 Tuschzeichnung von Joh. Löxthaler
(S. 201)

Hornöck Josef (Vater von F. X. Hornöck):

82. Rötel- und Bleistiftzeichnungen nach Stichen, Architekturvorlagen usw., eine bezeichnet: 1757.

Katzler Vinzenz:

83. Tuschzeichnungen; 22·5 × 15·5 cm; 1. historische (?) Szene, in einem Zelt überreicht ein knieender barfüßiger Jüngling einem sitzenden Herzog (?) ein Schwert. — 2. Vor einem vornehmen Herrn in Hoftracht kniet eine Frau und hält ein nacktes Kind empor; einem hinter ihr knienden Mann werden seine Fesseln abgenommen. Um 1830. (Z. S.).

Kendler Tobias:

84. Architekturzeichnungen; Risse zur „Kürchen zu Öllspötten [Elsbethen] (sambt dem Iberschlagg betr.). Übergeben den 22. Juli 1735" (Grundrisse, Profile usw. Hochaltar).

Laschentzky Georg:

85. „Faschad von Jullius Hospithall in .... Würzburg" 1809. „Grundriss von der Kirche in Julius Spithall" 1809.

86. Fassadenentwurf (zum Mirabellschloß?). „Erfunden und gezeichnet von Georg Lasentzki Anno 1781"
Fig. 253. (Fig. 253).

Lasser Franz Seraph:

87. Zwei Aquarelle; 12 × 18·8 cm; Blumenstücke von 1803 beziehungsweise 1804.

Lederwasch Christoph:

88. Lavierte Federzeichnung; 31 × 44 cm; Skizze zu einem Altarbild, Madonna mit dem Kinde, von Putten umgeben, über Wolken thronend; unten eine Anzahl von Heiligen, darunter hl. Laurentius und
Fig. 254. Franz Seraphicus (hist.-top. Halle) (Fig. 254).

Fig. 256   Ölstudie von Hubert Maurer (S. 201)

Löxthaller Johann:

89. Weiß gehöhte Tuschzeichnung auf blaugrauem Papier; 20·5 × 33·5 cm; (Entwurf zu einem Gemälde?) hl. Florian, mit einem Mühlstein an einer Schnur um den Hals, wird von mehreren Schergen, die ein Reiter befehligt, von einer Brücke herabgestürzt. Über Wolken Engel mit Märtyrerkrone und -zweig und
Fig. 255. ein Putto. Auf der Rückseite spätere Aufschrift: *Joh. Löxthaller*. Um 1736 (Fig. 255). (Hist.-top. Halle.)

Makart Johann (Vater):

90. Ölskizze; Landschaft mit Bauernhäusern und geringer Staffage. Bezeichnet: *Joh. Makart 1847*. (Hist.-top. Halle.)

91. Mehrere Federzeichnungen, Skizzen „Aufgenommen auf dem Schlossthurm von Bruneck" 1835.

92. Bleistiftskizzen aus Italien, 1848, zum Teil mit Farbenangaben.

93. Aquarellskizzen von Klesheim, Leopoldskron 1843.

94. Skizzenbuch; zirka 20 × 16 cm; 22 Blätter, zum Teil nach Salzburger Gebäuden von 1845 und 1846. (Hist.-top. Halle.)

Mattseeroider:

95. Aquarellierte Zeichnungen 33 × 19 cm; 2 Ansichten von Schloß Seehaus bei Petting am Waginger See. Bezeichnet: *Mattseeroider* (XVII. Jh.).

Maurer Hubert:

Die Blätter zum Teil 1853 von Herrn Johann Michael Sattler geschenkt (Jahresbericht 1853).

96. Öl auf Leinwand; 27 × 29·8 cm; Studie eines Mannes, fast en face, mit weißblondem Bart; auf dem Kopf eine mit Perlen und bunten Steinen geschmückte Bischofmütze (?), der obere Teil abgeschnitten (Fig. 256).   Fig. 256.

Fig. 257 Büßende Magdalena. Tuschzeichnung
von Joh. Bapt. Berg (S. 203)

97. Wie oben; 24·9 × 34·9 cm; Skizze zu einer Porträtfigur der Kaiserin Maria Theresia in Witwentracht, im Hintergrund roter Vorhang und Figur einer Pallas (hist.-top. Halle).

98. Wie oben; 24·2 × 35 cm; Variante zum vorigen; im Hintergrunde schwarzer Vorhang und Relief: ein von Putten getragenes Porträtmedaillon.

99. Wie oben; 18·5 × 24 cm; Handstudie.

100. Wie oben; 15·3 × 29 cm; Handstudie.

Mayburger Josef:

101. Vier große lavierte Federzeichnungen. Titelblätter zu den „Probezeichnungen des sonntäglichen Zeichnungsunterrichtes" usw. 1835 bis 1837.

102. Vier Bleistiftzeichnungen von Salzburg von 1822 und 1842.

Mayr v. Wald Josef:

103. Kohlezeichnungen, Öl- und Aquarellbildchen, zumeist Bauernzimmer, Landschafts- und Kopfstudien darstellend. Mehrere datiert. Ein Blatt bezeichnet: *Mein Vaterhaus 1848*. Das letzte Datum: 1857. Die Kopfstudie wohl mit der von dem Künstler 1846 geschenkten identisch (Jahrbuch 1846) (Volkskundl. Sammlung).

Mösel Josef:

104. Mehrere Bleistiftskizzen, zum Teil Kopien, Studienblätter; eines bezeichnet: *R. P. Gezeichnet vom 7ten bis 11. May 1825.* Auf einem andern viele Namen, auch: *Joseph Mösel 1823.* (Vermerk: Mösel aus seiner Verlassenschaft gekauft.)

105. Zahlreiche Ölskizzen (Kopfstudien und Genremotive) und Bleistiftzeichnungen (Aktstudien und Zeichnungen nach Antiken) zumeist datiert aus den 40er Jahren. Die Blätter sind zum Teil vom Bruder des 1851 gestorbenen Künstlers geschenkt (Jahresbericht 1851).

Fig. 258 Entwurf Pordenones zu seinem Altarbild in S. Giovanni Elemosinario
in Venedig (S. 205)

Morf († in Stuttgart 1848, war von 1803 ab in Salzburg):

106. Öl auf Papier, Porträtmedaillon; rund 11 *cm*; junges Mädchen mit Schneckenfrisur und blauem Kleid mit weißem Umlegkragen.

107. 16 × 23 *cm*; Bäuerin, mit Kind am Rücken.

108. Italienische Bäuerinnen, Kopfstudien.

109. (Ausgeschnitten) Christuskopf.

110. Entwurf zu einem lünettenförmigen Bild, Ruhe auf der Flucht nach Ägypten, ein Engel bringt Speise und Trank, in einem Boot rudert ein anderer Engel.

111. Aquarell; zwei tanzende weibliche Genien, in der Art der pompejanischen Wandgemälde.

112. Kohle; italienisierende Landschaft usw. 1850 erworben (Jahresbericht 1850).

Nesselthaler Karl:

113. Skizzen, Öl auf Leinwand; 24·2 × 32·3 cm; Gott-Vater und Christus, über Wolken thronend, mit Putten und Cherubsköpfchen. In ein Steiloval komponiert; nach den Gebärden der Dargestellten zu schließen, dürfte die Skizze zu dem Bekrönungsbild eines Himmelfahrtsaltars gehört haben. Zweite Hälfte des XVIII. Jhs. (hist.-top. Halle).

114. 25·7 × 22·7 cm; Christus und der Zinsgroschen; Halbfiguren; Christus zu zwei Pharisäern sprechend, hinter seinem Rücken ein dritter mit heimlich deutender Gebärde (hist.-top. Halle).

Fig. 259 Allegorische Darstellung.
Federzeichnung von J. M. Rottmayr (S. 206)

115. 28·5 × 33 cm; Ausgießung des Hl. Geistes; Kreiskomposition.

116. 26 × 30·5 cm; Auferstehung Christi mit fünf zurückweichenden Wächtern. Nahezu Kreiskomposition. Ende des XVIII. Jhs.

117. Christi Himmelfahrt. Nahezu Kreiskomposition.

118. 19·9 × 33 cm; Steilkomposition; Christus als Kind mit Nährvater an der Hobelbank, links Maria, spinnend; Zimmer. Sehr flüchtige Skizze. Ende des XVIII. Jhs. Alle sechs Geschenk des Herrn Gschnitzer 1846 (Jahresbericht 1846).

119. 17 Bleistiftzeichnungen in großem Format, Aktstudien und Zeichnungen nach antiken Statuen. Anfang des XIX. Jhs. (Z. S.).

Perg ... (?) Joh. Bapt.:

120. Tuschskizze; 14 × 19 cm; Magdalena, in einer Felsenhöhle vor dem Kruzifix betend, rechts Totenkopf. Bezeichnet: *Johann Baptista Perg. 1600.* (Vielleicht Bayr?, Fig. 257).

Fig. 257.

26*

Perwein:

121. Aquarell; Anbetung des Kindes durch die Hirten. Bezeichnet: *Perwein delin. 1808* (sehr gering).

Pezolt Georg:

122. Sechs Aquarelle; Ansichten aus Italien. Um 1830.

123. Skizzen, zum Teil Kopien, Studienblätter.

124. Porträt; Bleistiftzeichnung mit Rötel. Bezeichnet: *Lorchen Gäng den 15. Mai 1803* (mit Bleistift zugeschrieben: Eleonore, Zeichenlehrerin in Salzburg).

125. Viele Ölskizzen, Aquarelle und Bleistiftzeichnungen von der italienischen Reise, 1840.

Fig. 260. Sepiaskizze von J. M. Schmidt
(S. 206).

126. Entwürfe für Kirchen, Kircheneinrichtungen, Altäre usw. aus den 50er und 60er Jahren.

127. Viele Bleistiftskizzen, zum Teil auch nach Kunstdenkmälern in Salzburg (Z. S.).

128. Prospekte von Salzburg und Tirol nach der Natur aufgenommen und ausgeführt in den Jahren 1836 und 1837 von Georg Pezolt für die Obersche lithographische Kunstanstalt in Salzburg. Von dieser Kunstanstalt 1847 dem städtischen Museum in Salzburg geschenkt.

129. Album mit 92 aufgeklebten Tuschzeichnungen, zirka 15·5 × 11·5 *cm*.

130. Vier Bleistiftskizzen, Hohensalzburg, Blick auf Salzburg von der Arenbergkapelle aus. Zwei Varianten: Bauer an einen Hirsch gefesselt, verkehrt auf ihm reitend.

131. Originalentwürfe zu „Beiträge zur mittelalterlichen Kunstgeschichte Salzburgs 1849 (Z. S.).

Pordenone (Licinio Giannantonio):

132. Sepiaskizze; 18·7 × 25·5 *cm*; hl. Sebastian, rechts neben ihm am Boden sitzt der hl. Rochus, sich das Bein entblößend, bei ihm ein Putto; hinten, den hl. Rochus überragend, hl. Katharina, ein offenes Buch

auf das Rad (?) gelegt. Spätere Aufschrift auf der Rückseite: *Ch. Schwarz Maler g. 1550 gest. 1594, zu Prag, München u. Salzburg blühend* (Fig. 258). 1855 von Herrn Wiesböck (Wien) geschenkt (Jahresbericht 1855). Entwurf Pordenones zu seinem Altarbild in S. Giovanni Elemosinario (Z. S.).

Fig. 258

Proinetshueber Bartelmee:

133. Entwurf zu einer zweitürmigen Kirche. Bezeichnet: *B. P. Pällier zu Salzburg hats gemacht.* Mitte des XVIII. Jhs.

Reiffenstnel Anton v.:

134. 145 Bleistiftskizzen in einer Mappe; Landschaftsstudien, Bäume, Berge, zum Teil mit Ortsangaben; einige Personenstudien, manchmal mit Farbenbezeichnungen. Mehrere Blätter aus Salzburg, zirka 1840.

Fig. 261 Opferung der Iphigenie,
dem J. H. Schönfeld zugeschrieben (S. 207)

135. Ruine der Kirche St. Wolfgang in der Fusch, bald nach der Windlawine, 1844.

136. 214 Ölskizzen, (2) auf Kupfer, auf Papier und Leinwand, zumeist Landschaften aus der Umgebung von Salzburg darstellend; darunter zwei von Salzburg selbst, von Aigen beziehungsweise dem Kapuzinerberg aus gesehen. Um 1840.

137. Mappe mit Bleistift- und Tuschzeichnungen verschiedenen Formats, Baum- und Landschaftsstudien. Um 1840. Mehrere Ansichten von Salzburg, darunter eine datiert 1825. Die meisten wohl 1848 erworben (Jahresbericht 1848) (Z. S.).

Reinitzhueber Jakob:

138. Grundrisse, Längsschnitte zu einer Kirche und einem Wohnhaus. Bezeichnet: *Jakub R. Maurer Pällier zu Salzburg hats gemacht.* Mitte des XVIII. Jhs.

139. Pläne zu dem „Sumergschloss in Ungern gebaut 1763".

Rottmayr J. M.:

Fig. 259.
140. Getuschte Federzeichnung; 40·5 × 58·5 cm; allegorische Komposition von einer Deckendekoration; über einem männlichen und einem weiblichen Genius, um die Putten spielen, schwebt eine Fama. Die Putten mit kriegerischen Attributen (hist.-top. Halle) (Fig. 259).

Sattler Joh. Mich.:

141. Bleistiftzeichnung; 21·3 × 33 cm; Neutor von der Stadtseite. Um 1850.

142. Wie oben; 62 × 39·5 cm; ein Teil des St. Petersbezirkes und mehrere andere Skizzen für das Panorama.

Fig. 262   Rötel- und Kreidestudie von Streicher (S. 208)

Schiffmann A.:

143. Fünf Zeichnungen großen und fünf kleineren Formates. Bleistift, zum Teil mit Kreide gehöht; Naturstudien aus Italien (Pästum, Isola sacra, Castellamare, Engelsburg usw.), eine datiert 1853 (Z. S.).

Schmidt J. M.:

144. Kohle, mit Kreide gehöht, auf blaugrauem Papier; 22·7 × 30·2 cm; Skizze, hl. Nikolaus über Wolken zwischen zwei Putten mit Stab und dem Buch mit den Goldkugeln; Cherubsköpfchen. Bezeichnet: *Hoheblat vor die Milner* und *J. M. Schmidt F.* (in späterer Schrift).

145. Bleistift- und Sepiazeichnung auf grauem Papier; 26·3 × 20·8 cm; links vorn sitzt ein Mann (?) mit Toga und Turban und wendet sich zu einer neben ihm stehenden Frau, die ein Trinkglas hält, um dessen Stiel sich eine Schlange ringelt (?). Rechts steht ein bärtiger Mann in apostolischem Kleid und spricht zu einem Mann, der vor dem Sitzenden niedergekniet ist und eine Schlange (? einen Bogen) hält. Bezeichnet: *Schmid* (Z. S.).

Fig. 260.
146. Sepiazeichnung; 20·7 × 29 cm; Skizze zu einem Altarbild, Madonna mit dem Kinde mit mehreren adorierenden Heiligen (hist.-top. Halle). Moderne Aufschrift (Fig. 260).

Schmuzer:

147. Tuschzeichnung; 57·5 × 42 cm; Felsenlandschaft mit verfallener Hütte. Bezeichnet: *Schmuzer 1803* (Z. S.).

Schneeweis Karl:

148. Bleistiftzeichnung; 16·5 × 23 cm; drei Rosen von einer Masche gehalten. Bezeichnet: *Carl Schneeweis Zeichenmeister.* Um 1800 (Z. S.).

Schönfeld J. H. zugeschrieben:

149. Feder- und Bleistiftzeichnung; 20·5 × 28·8 cm; Skizze, Iphigeniens Opferung; links hinten der Altar, vor dem Agamemnon sitzt, darüber über Wolken Diana mit der Hirschkuh; in der Mitte Iphigenie,

Fig. 263 Hl. Sebastian, Sepiazeichnung von Paul Troger (S. 209)

von drei Männern geführt; vor ihr knien zwei Mädchen mit einer Schüssel; rechts vorn zwei Krieger. Hintergrundsarchitektur (Bleistift). (Z. S.) (Fig. 261).

Fig. 261.

150. Federzeichnung; 17·3 × 23·3 cm; Skizze; rechts hinten der Hohepriester, dem ein Paar zuschreitet, vor der Frau kniet vorn eine andere mit erhobenen Händen; hinter dem Paare zwei Krieger (?), der eine mit Schrifttafel (Z. S.).

151. Mit Tusch lavierte Sepiazeichnung; 20·1 × 24·4 cm; Kniestück des hl. Antonius Erem., der wie aufhorchend von einem aufgeschlagenen Buch aufsieht (Z. S.).

Schwarz Christoph?

152. Tuschzeichnung; 18·5 × 26·7 cm; Krönung Mariä, Christus mit Gott-Vater über Wolken thronend (darüber die Taube), die unterhalb zwischen ihnen über Wolken kniende Maria krönend. Ein Putto hält die Weltkugel Gott-Vaters, ein Engel links vorn schiebt einen Wolkenballen, zwei Cherubsköpfchen. Entwurf zu einem unregelmäßig ausgeschnittenen Altarbild. Auf dem Karton erneute Aufschrift: *Chr. Schwarz fec.* Wohl erste Hälfte des XVIII. Jhs. (Z. S.).

Seretti:

153. Büchlein mit 20 Blättern; zirka 14 × 19 cm; mit Sepiazeichnungen von italienischen Bettlern nach Stichen (?). Das 'erste Blatt mit Aufschrift: *Diße Original Riß seindt von den berühmbten Mahler Seretti.* XVIII. Jh. 1848 an das Museum von Herrn Mayer geschenkt (Jahresbericht 1848) (Z. S.).

Spranger B. (nach):

154. Lavierte Tuschzeichnung; 33·5 × 46 cm; hl. Familie mit Johannes B. als Knaben, der den Kreuzstab und ein Lamm trägt und zwei musizierenden Engeln. Verschlungenes Monogramm. Kopie nach einem Stich nach B. Spranger (bei Dom. Custos), das Original des Bildes im Neukloster in Wiener-Neustadt.

Fig. 264 Hl. Hieronymus, Sepiazeichnung,
dem Paul Troger zugeschrieben (S. 209)

Streicher Franz Nikolaus:

Fig. 262. 155. Kohle mit Rötel und Kreide; 28 × 37 cm; einerseits Kopfstudie einer alten Frau und neuere Aufschrift: *Streicher 1737* (?), anderseits verschiedene männliche Aktstudien. Ende des XVIII. Jhs. (Fig. 262).

Thanner Franziskus:

156. Bleistiftzeichnungen 1. nach Masolino, Kopf eines Weltweisen, im Disput der hl. Katharina. Wandgemälde in der Katharinenkapelle San Clemente zu Rom. 5. Hornung 1818. — 2. nach Bernardino Pinturicchio usw. (sehr gering). (Z. S.)

Tintoretto (nach):

157. Leicht lavierte Sepiazeichnung, die linke Ecke abgefranst; 38 × 30·5 cm; Kindermord. Zwei große Vordergrundsgruppen, hinten Kampf der Frauen mit den Kriegern über einer Freitreppe. Kopie nach dem Stich von Aug. Sadeler nach Tintorettos Gemä'de in der Scuola di San Rocco. Vgl. THODE, Tintoretto. Fig. 75.

Tournier J. J.:

158. Lavierte Tuschzeichnung; Ovalbildchen; 23 × 17·5 cm; Felsblock an einem See mit Segelboot usw., auf dem Fels Bursche und drei Landmädchen, die mit einem Hund spielen. Bezeichnet: J. J. Tournier fecit (gering). Ende des XVIII. Jhs.

Troger Paul:

159. Sepiazeichnung; 20 × 26·3 cm; der an den Baum gebundene hl. Sebastian von zwei Männern betreut (hist.-top. Halle). (Fig. 263.)

Troger Paul zugeschrieben:

160. Sepiazeichnung, Skizze; 19·7 × 28·2 cm; hl. Hieronymus bei einem Steinblock sitzend, die Feder in der Rechten, vor sich ein Buch (?) und einen Totenkopf; er wendet sich zu einem Tuba blasenden großen Engel, der mit einem Putto über Wolken fliegt (Fig. 264).

Fig. 263

Fig. 264.

Fig. 263   Christus dem Volke gezeigt, Lavierte Zeichnung von Weißkirchner (S. 209)

161. Wie oben; 31·1 × 20·3 cm; zwei Putten mit ausgestreckten Armen, hintereinander über ein kleines Holzfeuer springend.

Wagner Franz:

162. „Pläne zu neuen Vikariatshaus zu Dering (Törring bei Tittmoning), welches Anno 1788 zu erbauen ist angefangen worden", von Franz Wagner, 15. Aug. 1792 (Z. S.).

Wagner Josef:

163. Entwurf zur Kirche in Einspach mit drei Altären. Salzburg, 8. August 1815 (Z. S.).

Wallé Louis (Vallet):

164. Zwei kleine Aquarelle; 12·6 × 17·1 cm; Kesselfall bei Gastein und Wasserfall am Radstädter Tauern. Bezeichnet: Louis Wallé fecit 1813. Von Herrn Julius Hinterhuber 1846 geschenkt (Jahresbericht 1846; hist.-top. Halle).

165. 30 größere Blätter, Aquarelle, Landschaften, Wasserfälle usw. (Z. S.).

Weinmann:

166. Aquarellierte Bleistiftzeichnung; 10 × 14·6 cm; Studie „der Waldbachstrub" bei Hallstatt zu einem (ausgeführten) Stahlstich (Z. S.).

XVI   27

Weis Josef:

167. Federzeichnung; zirka 15 × 21·8 cm; Merkur mit gezücktem Schwert, auf einem Felsblock sitzend. Bezeichnet: Jos. Weis 1777.

168. Federzeichnung, oval; zirka 11 × 15 cm; Halbfigur eines sitzenden „Stiftskanonikus von Mattsee", nach späterer Inschrift von Josef Weis im 20. Jahr gezeichnet (Z. S.).
Beide 1846 von seinem Schüler Josef Daurer geschenkt (Jahresbericht 1846).

Weißkirchner Wilhelm:

169. Lavierte Bleistiftzeichnung; 41 × 29·6 cm; sehr flüchtige Skizze, Christus wird dem Volk gezeigt; in der Mitte hinten Christus zwischen zwei Schergen, links vorn ein Priester und eine unkenntliche Figur, rechts vorn eine Frau und ein vorspringender Hund (noch ein angedeuteter Mann). Bezeichnet: *Weisskirchner 1660* (Fig. 265).

Fig. 266   Lavierte Sepiazeichnung von Zais (S. 210)

Wurzer Johann:

170. 33 Blätter in großem Format, Blumen in Aquarell (botanischer Atlas?) mit den Namensbeischriften in Bleistift (Z. S.).

Zais Giuseppe:

171. Lavierte Sepiazeichnung; 36 × 24·5 cm; Flußlandschaft mit zum Teil verfallenen Gebäuden. Männer und Frauen als Staffage, einige mit Angeln, eine Frau Garn spulend. Bezeichnet: *Zais F.* (Fig. 266).

Zanusi Jakob:

172. Lavierte Federzeichnung; 26 × 41 cm; Skizze zu einem Altarbild; Franziskanerheilige im Gebet vor der über Wolken thronenden Madonna mit dem Kinde, hinter der große Engel eine Draperie zur Seite schieben (hist.-top. Halle). (Fig. 267.)

173. Tuschzeichnung, Fragment, die linke Hälfte 16·5 × 42·5 cm; links vorn zwei Krieger mit Fahne und Lanze, der eine Handfessel tragend und ein Page mit einer Dogge zur Mitte rechts weisend. Dort noch sichtbar die reiche Rocailleschnitzerei eines Stuhles (?), hinter der mehrere Krieger mit erschreckten Mienen stehen, davor ein ausgestreckter Arm. Bezeichnet: *Josephus*(?) *Zanusi Invenit Anno 1757* (Z. S.). (Fig. 268.)

Zebhauser Franz:

174 Zwei kleine Ölskizzen; die eine zeigt das Martyrium eines Kriegers, den ein Scherge mit einer Keule erschlägt, oben Engel mit Fahne und Krone; die zweite einen hl. Bischof über Wolken, links ein Putto

Fig. 265.

Fig. 266.

Fig. 267.

Fig. 268.

mit dem Stab und ein zweiter mit einer Axt. Beide Blätter beschnitten. Laut Vermerk: *erster Maler-Versuch als bauern-Knecht von 19 Jahren.* XVIII. Jh. Geschenk von Pezolt 1846 (Jahresbericht 1846). (Z. S.)

Zebhauser Georg:

175. 55 Blätter, Kohle-, Tusch- und Rötelzeichnungen, zum Teil in sehr großem Format. Studien nach Gipsköpfen, einige nach der Natur, mehrere nach Stichen von Kremser Schmidt, Maulbertsch und andere. Zirka 1810 bis 1830 (Z. S.).

176. Bleistift- und Sepiazeichnung; 21 × 25·5 *cm*; Porträt eines Bauern mit verzerrten Gesichtszügen. Rechts unten bezeichnet: *Georg Zebhauser delin. 1822* (hist.-top. Halle).

Fig. 267 Altarbildentwurf, lavierte Federzeichnung
von Jos. Zanusi (S. 210)

Fig. 268 Fragment einer Tuschzeichnung von Jos. Zanusi (S. 210)

177. Bleistiftzeichnung; 15 × 18 *cm*; Porträt, Brustbild eines bartlosen Herrn, dreiviertel Profil, mit drapiertem Mantel. Anfang des XIX. Jhs. Vielleicht mit dem von der Witwe 1845 geschenkten Porträt des Medailleurs und Münzgraveurs Matzenkopf (1762 bis 1844) identisch (Jahresbericht 1845) (hist.-top. Halle).

Zeller F.:

178. Bleistift- und Aquarellminiatur auf Papier; Brustbild des Karl Fürst v. Lobkowitz. Bezeichnet: *F.:Zeller 853.*

179. Brustbild des Friedrich Grafen v. Herberstein. Bezeichnet: *Gem. v. Zeller 850.*

180. Halbfigur des Magistratsrates Rußegger; oval, ausgeschnitten und aufgeklebt. Anfang des XIX. Jhs.

181. Landschafts- und Baumstudien verschiedenen kleinen Formates in Sepia. Mehrere datiert: *1831.*

Anonyme Zeichnungen:

182. Bleistift mit Rötel auf Papier; 25 × 36 *cm*; Brustbilder der Erzbischöfe Georg und Michael von Khuenburg mit Aufschriften. Anfang des XVII. Jhs. (hist.-top. Halle).

183. Bleistift- und Rötelzeichnung des „Hauns Fridrich Freyherr von Khuenburg Hochfürstl. Salzburg. Cammerherr". Brustbild in ein Oval komponiert. Mit den beiden vorhergehenden Zeichnungen zusammengehörig (M. B.).

27*

184. Lavierte Federzeichnung; zirka 55 × 33 cm; Längsschnitt zu einer Kirche (uneingerichtet) mit niederen Seitenschiffen und logenartigen Emporenbrüstungen. XVII. Jh.

185. Eine Reihe von Architekturzeichnungen „Meisterstücke", jedes aus mehreren Blättern bestehend, zum Teil mit Korrekturen oder dem Vermerk „zu Verbösserung" versehen.

a) Simon Kollersperger (?) 1669.

b) „Dises Maister-Stuckh ist von Johann Gregorio Gezinger Steinmetz inerhalb drey dage verferttiget, anheunt dato aufgewiesen und von Handtwerch der Steinmetzen und Maurermaistern für guett erkhennt worden, Actum Salzburg den 10. November ao 1700. Bartlmee Weiser des Raths als Commissarius D. D. Stattschreiber (Fig. 269).

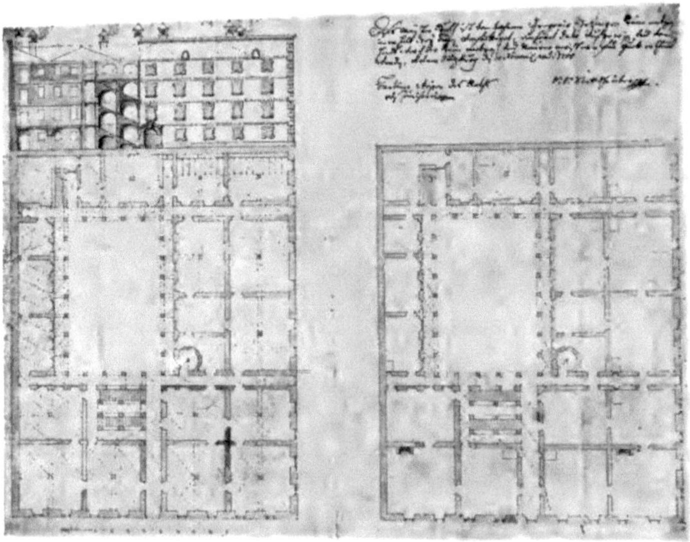

Fig. 269.

Fig. 269 „Meisterstück" von Gregor Götzinger von 1700 (S. 212)

c) dem Balth. Kollinger zu Lauffen Miserables Maister-Stuckh (undatiert).
d) Johann Schwäbl 1722.
e) Johann Högler 1727 (Fig. 270).
f) Johann Adam Stumpfegger 1738.
g) Josef Heiß 1747.
h) Jakob Pogensperger 1756.
i) Jakob Reinitzhueber 1773.
j) Joh. Georg Laschenzky 1786.
k) Anton Högler 1798.

Fig. 270.

186. Kleines Skizzenbuch mit 37 Aquarellen (9·5 × 15 cm), die Ansichten aus der Umgebung von Salzburg darstellen. Darunter Schloß Plain, Wohlfahrtskirche „bei unsere Lieben Frauen auf der gmain", „Herrschaft Marzoll", Stauffenegg, der „Burger Thurn zu der Stadt Hallein geherig", „Bartolome See". Die Zeichnungen sind von 1702, 1726, 1729, 1731, 1733 datiert; die erste „G. J. S. 1702" (Georg Jos. Sigmund?) bezeichnet (hist.-top. Halle).

187. Weiß gehöhte Tuschskizze auf blaugrauem Papier; 21 × 34 cm; über Wolken thronende Frau mit der Tafel des Hohepriesters an der Brust, eine Lampe (?) und einen Stab in der Linken, die Rechte auf die Gesetzestafel gestützt, die ein Putto hält (Synagoge)? — Dazugehörig eine zweite Skizze, hl. Bartholomäus, stehend, das Spielbein auf eine Steinstufe gestützt, in der herabhängenden Rechten das

TAFEL XV MADONNA MIT DEM KINDE, HOLZSKULPTUR
Museum Carolino-Augusteum (S. 213)

TAFEL XVI MADONNA MIT DEM KINDE, HOLZSKULPTUR
Museum Carolino-Augusteum (S. 213)

Messer, in der emporgehobenen Linken die geschundene Haut. An der Rückseite flüchtiger Entwurf zu einer Frau mit Kreuz, ähnlich der vorbeschriebenen Synagoge (?). (Z. S.).

188. Vier lavierte Tuschzeichnungen; Entwürfe zur Einrichtung der Hofapotheke mit Maßangaben in Bleistift. Zwei bezeichnet: *M. W.* Um 1760. Ein Blatt abgebildet in Kunsttopographie XIII (Fig. 378) (Z).

189. Rötelzeichnung; gerahmtes Ovalmedaillon, ausgeschnitten und aufgepickt. Brustbild des fürstlich Salzburger Hofkammerrates Leopold v. Enk (1757 bis 1801). Um 1780. (M. B.).

190. Aquarell; rund 27 *cm*; „Abbildung des lutherischen bauern, womit sich dieselben bey einem Tische im Wirtshause zu Schwarzach in dem Jahre 1732 zur Auswanderung verbanden. Aufgemalen auf einem Tische im Wirthshause zu Schwarzach." (Gewidmet dem Vaterländischen Museum von August Haglauer 1848.)

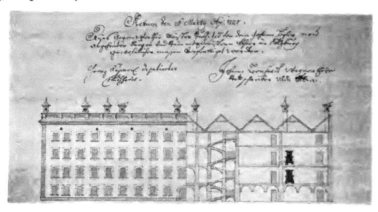

Fig. 270 „Meisterstück" von Johann Högler von 1727 (S. 212)

V. Skulpturen.

A. Holz.

1. Kruzifixus, braun; 77·5 *cm* hoch; mit langem Schurz und nebeneinander auf ein Pedum gestellten Füßen. Ende des XII. Jhs. (Kapelle). (Fig. 271.)

2. 76·5 *cm* hoch; Madonna mit dem Kinde in Y-Stellung; sie hält das Kind mit beiden Händen über der linken Hüfte, mit der rechten am Unterschenkel; das Kind trägt in der Linken eine Kugel, die Rechte faßt das Kopftuch der Mutter. Um 1400 (Kapelle). (Taf. XV.)

3. Zirka 64 *cm* hoch; Madonna sitzend, im rechten Arm das bekleidete Kind, das mit dem linken Händchen das Kopftuch der Mutter faßt. Diese hält in der linken Hand eine Frucht. Um 1400. (Kapelle). (Taf. XVI.)

4. Zirka 123 *cm* hoch; stehende Figur des hl. Andreas mit Buch und Kreuz. Stark geschwungene Figur mit faltigem, an den Zipfeln abgetrepptem Mantel. Um 1420 (Sakristei). (Fig. 272.)

5. Mit Resten von Polychromierung, als Applique gearbeitet, Skulptur, zirka 90 *cm* hoch; hl. Johannes Ev., stehend, die eine Hand beschädigt. Aus Mittersill stammend. Um 1440 (Depot).

6. Mit Resten von Polychromie und Vergoldung; zirka 125 *cm* hoch; stehende Figur der hl. Barbara, mit Kronreif auf dem Haupt, die Rechte faßt mit dem Mantelzipfel an den Kelch, die Linke stützt sich auf einen am Boden stehenden Turm. Stark bewegte Figur mit schmalem Oberleib mit vortretenden kleinen Brüsten. Um 1460 (Sakristei). (Fig. 273.)

7. Relief; 48·5 × 57 *cm*; Anbetung der Könige; der Reliefgrund ist als Felswand gebildet; davor sitzt rechts die hl. Jungfrau und hält das Kind im Schoß, das mit der rechten Hand in das ihm vom knienden greisen König dargereichte Kästchen greift. Der zweite König hält ein Gefäß, der dritte ein Horn. Die Kleider sind sämtlich an den Säumen mit Perlen besetzt. Gering, zweite Hälfte des XV. Jhs. (LÜTHGEN, Salzburg, 378). (Kapelle.)

8. Relief, entpolychromiert; 81 × 88 *cm*; Enthauptung des hl. Johannes d. T., der in der Mitte vorne kniet; der Henker links von ihm schwingt das Schwert, ein Mädchen rechts hält die Schüssel bereit.

Skulpturen.

Holz.

Fig. 271.

Tafel XV.

Tafel XVI.

Fig. 272.

Fig. 273.

Weiter drei Personen, von denen die eine neben dem Mädchen der König sein dürfte. Aus Seekirchen stammend. Ende des XV. Jhs. Nach LOTHGEN, Holzplastik, S. 41 und derselbe, Salzburg, 375, aus den Fig. 274. 80er Jahren des XV. Jhs. (Fig. 274.)

9. Zirka 81·5 × 80 cm; drei von vorn gesehene, nebeneinander stehende hl. bärtige Männer (Attribute fehlen). Vor dem mittleren (Petrus?) die klein gebildete Figur eines Bischofs mit aufgeschlagenem Buch Fig. 275. (Fig. 275). Zu dem vorigen gehörig. (LOTHGEN, Salzburg, 376). (Kapelle.)

Fig. 271 Romanischer Kruzifixus (S. 213)

10. 177·5 cm hoch; Figur einer hl. Jungfrau, mit glatter Krone auf dem Haupt, der Mantel über dem schmalen Nacken anliegend, um den Leib in ausgepreßten, zum Teil nach oben strebenden Faltenecken Fig. 276. gelegt. Die Unterarme, die aus faltigen Ärmeln herausragen, abgebrochen (Fig. 276). Aus Berndorf stammend. Drittes Viertel des XV. Jhs. (LOTHGEN, Salzburg, 370). (Sakristei.)

11. Zwillkreuz, Holz, Fuß und Schaft rot marmoriert, Arme braungelb gefaßt; zirka 95 cm hoch; vierpaßförmiger Fuß mit Zwickeln und Rundwülsten, die die Gliederung betonen; in den Lappen Schildchen mit Faß, beziehungsweise Arm mit Hacke in der Hand, beziehungsweise den Daten 1470, 1842. Die Lappen des Fußes steigen als Schaft auf und enden mit einer achtseitigen Abschlußplatte. Der kelchartig sich

TAFEL XVII TRAGSCHREIN AUS DER BÜRGERSPITALSKIRCHE
Museum Carolino-Augusteum (S. 215)

darüber erweiternde Schaft ist von hoch gearbeiteten Blättern verkleidet. Darauf Nodus, tabernakelartig gestaltet, in acht Figurennischen gegliedert, die mit Spitzbogen geschlossen und von Säulchen mit Fialen darauf getrennt sind. Die Figuren zeigen männliche und weibliche Heilige, deren Attribute nicht zur Identifizierung ausreichen. Auf dem Tabernakel das naturalistische Kreuz zwischen gegabelten Ästen, die über krabbenbesetzten Abschlußplatten die Statuetten Mariä und Johannis tragen. Die Kreuzarme mit

über gestellten vierseitigen Knäufen geschlossen, darüber Kapitäle aus Blattwerk und Knöpfe. Das Korpus mit vergoldetem Schurz. Von 1470 (Fig. 277). (Zimmer XXXIX.)

12. In der Mensa eines kombinierten Flügelaltars eingelassenes Mensarelief: 65·5 × 80 cm; polychromiert und vergoldet: Heimsuchung Mariens, mit roh angedeuteter Landschaft. Gering. zweite Hälfte des XV. Jhs. (Fig. 278). (Kapelle.)

13. Tragschrein (ehemals Heil. Grab) aus der Bürgerspitalkirche, vergoldet; die Schnitzereien auf lichtblauem, rosa und lichtgrünem Fond aufgelegt, die Skulpturen polychromiert versilbert und vergoldet. Der Schrein ist rechteckig und besteht aus einem Untersatz, einem Hauptteil, der wieder aus einer verjüngten Staffel und dem abermals verjüngten eigentlichen Schrein besteht und aus einem den ganzen Aufbau abschließenden Satteldach (Taf. XVII). Untersatz: Die Seiten sind durch übereck gestellte Pfeiler mit eingeblendetem Maßwerk an den Hauptseiten eingefaßt und an den Längsseiten durch je zwei weitere Pfeiler gegliedert, um die sich der umlaufende profilierte Sockel und das obere mit geschweiftem Pultdach gedeckte Abschlußgesimse verkröpft. In den seitlichen breiteren Feldern und im schmäleren Mittelfeld der Längsseiten, ebenso in den breiten Feldern der Schmalseiten geschnitztes durchbrochenes Maßwerk aus Kielbogen mit einspringenden Nasen und Vierpässen vor buntem Grund. Die Staffel des Schreines ist dem Untersatz entsprechend in Felder gegliedert, die von Fialen (über den unteren Pfeilern) eingefaßt werden. Die Eckfialen haben quadratischen Grundriß, an jeder Seite ein kielbogiges Blendfenster und ragen mit dem ganzen von Krabben besetzten, in einer Kreuzblume endenden Spitzdach über das die Staffel

Fig. 272 Hl. Andreas, Holzskulptur (S. 213)

Fig. 273 Hl. Barbara (S. 213)

abschließende Sims hinaus. Die Fialen an den Längsseiten haben rechteckigen Grundriß, an der Breitseite ein niedrigeres gekuppeltes Fenster und durchstoßen mit dem fortgesetzten übereck gestellten Fialenkern, an den sich zwei Spitzdächer anlehnen, das Abschlußgesimse.

Die Schmalseiten der Staffel und das Mittelfeld der Längsseiten gleich den unteren Feldern mit Maßwerkfüllung, der an den Schmalseiten ein Eselsrückenbogen mit kräftigen Krabben vorgesetzt ist (der mit einem Kreuzblumenabschluß an einer Seite das Sohlbankgesims, siehe oben, durchbricht). In den seitlichen Feldern der Staffel vor ornamentiertem Goldgrund als Appliquen gearbeitete Halbfiguren von vier hl. Frauen, deren eine die Hände gefaltet hält (Fig. 279), die zweite in einem Buche liest, die dritte ein Salbgefäß trägt (Fig. 280) und die vierte die Rechte mit redendem Gestus erhebt. Vor den Eckfialen

Fig. 277

Fig. 278.

Tafel XVII

Fig. 279.
Fig. 280.

Fig. 274 Enthauptung Johannes d. T., Holzrelief (S. 214)

sitzen vier (schlafende) gerüstete Wächter mit Stangenwaffen.
Der eigentliche Schrein setzt die Feldereinteilung fort. Die Gliederung geschieht durch Fialen, die aus den unteren aufwachsen und deren Spitzdächer an weitere Fialen angelehnt sind, die, das Dachgesims durchstoßend, in gleich gebildete freie Spitzen mit Krabben und kräftigen Kreuzblumen enden. Die Felder der Längsseiten und einer Schmalseite sind in der Art von Fenstern gebildet, unter denen als abgeschrägte umlaufende Sohlbank das als die Staffel nach oben abschließende Gesimse läuft. Diese Fenster schließen mit Kielbogen, an denen Krabben sitzen und deren Spitzen vom Dachgesims knaufartig umlaufen, in großen Kreuzblumen ein wenig höher als die Fialen enden. In den Fenstern vierteiliges, reich gegliedertes Maßwerk. Das Mittelfenster einer Längsseite ohne Maßwerk, verglast, eine Reliquiennische abschließend (jetzt ein Reliquiar von 1486 enthaltend).
Die zweite Schmalseite mit Maßwerkfüllung, die fast ganz durch einen zweiseitig vorspringenden erkerartigen Vorsprung verkleidet wird. Dieser über zweiseitigem Ablauf mit Kreuzblumenfries an den Kanten und gemaltem Maßwerk in den Seiten; darüber Gesims mit abwärts gekehrtem Kreuzblumenfries. Die Vorderkante des Erkers mit einem rankenumwundenen Säulchen über hohem, aus dem Achteck konstruiertem Sockelchen

mit eingezogenen Seiten besetzt; über Deckplattenkapitäl eine Fiale über Postament, die Blendfenster kielbogig geschlossen, das krabbenbesetzte Spitzdach dornartig nach vorn gebogen in eine gesenkte Kreuzblume endend. Die Seiten des Vorsprunges mit Gebälk abgeschlossen, das von hohem Kreuzblumenfries bekrönt wird. In den Seiten vergoldete, durchbrochene schmiedeeiserne Türchen in kräftiger Kielbogenrahmung, deren Kreuzblume das Abschlußgebälk durchstößt.
Das Dach ist hoch, sattelförmig. Die Giebelwände an den Schmalseiten von profilierten Spitzbogen eingefaßt, die mit kräftigen Krabben besetzt sind und in Kreuzblumen enden. Der First ist mit einem Kreuzblumenfries besetzt. In den Giebelfeldern Fischblasen- und Paßornament, in den Längsfeldern geschnitztes durchbrochenes Ornament, Dachschindeln nachahmend. Um 1475 (LÜTIGEN, S. 372). (Sakristei.)
14. Statuette, polychromiert, halblebensgroß, hl. Johannes Ev. mit dem Kelch. Zweite Hälfte des XV. Jhs., stark archaisierend (Fig. 281; Zimmer XXIII).
15. Polychromiertes geschnitztes Wappenschild mit Umschrift. Totenschild des Achaz Wispeck 1481 (Kapelle). Siehe Jahresbericht 1858, 42.
16. Polychromiert und vergoldet; zirka 60 cm hoch. Hl. Virgil mit dem Kirchenmodell in der Rechten. Ende des XV. Jhs. (Kapelle).
17. Hl. König mit dem Zepter in der Linken, das Attribut in der Rechten fehlt. Ende des XV. Jhs., aus Mauterndorf stammend. (Kapelle.)
18. Neu gefaßt, zirka 60 cm hoch. Hl. Hiero-

Fig. 281.

Fig. 275 Apostelrelief (S. 214)

nymus stehend, an dem ein kleingebildeter Löwe emporspringt. Bayrisch-salzburgisch, Ende des XV. Jhs. (Kapelle.)

19. Neu gefaßt, zirka 60 *cm* hoch. Hl. Matrone, in den gefalteten Händen ein Buch haltend. Archaisierend, Ende des XV. Jhs. (Kapelle.)

20. Barockgefaßt, 121 *cm* hoch. Hl. Christoph mit dem Jesukind auf der rechten Schulter; der Heilige hält den Baumstamm mit beiden Händen quer vor sich; das Kind faßt mit der Linken in das Haar des empor- blickenden Heiligen, mit der Rechten sein wehendes Tuch. Aus Friedburg stammend; schöne Arbeit aus dem oberösterreichischen Innviertel unter Tiroler Einfluß um 1480/90 (Fig. 282 und 283). 1914 erworben. (Sakristei.)   Fig. 282, 283

21. Polychromiert; zirka 89 *cm* hoch; Figur eines stehenden Jünglings (hl. Johannes Ev.?) in biblischer Tracht, der in der Linken den bis auf den Fuß abgebrochenen Kelch trägt. Die Rechte fehlt. Ende des XV. Jhs. (Sakristei.)

21 a. Teil eines gotischen Altarschreins, Kasten rechteckig, gegen die Mitte in stumpfem Winkel vortretend, Höhe 170·5, Breite 89·5, Tiefe seitlich 17, in der Mitte 28·5 *cm*. In der 23·5 *cm* hohen Sockelpartie des Schreins zwei Felder mit Durchbruchornamenten. Im Schrein ist aus dünnen (im Durchschnitt etwas über 0·5 *cm* starken) Brettchen eine nach hinten sich ausrundende, in Rundbogenwölbung schließende Nische gebildet, in welcher die 113·5 *cm* hohe Figur des hl. Jakobus steht. Sein rechter Fuß tritt auf eine Krone, die Rechte hält den Pilgerstab und zieht zugleich den Mantel hoch, unter welchem eine priesterliche Alba mit über der Brust gekreuzter Stola sichtbar wird. Die Pilgertasche, die rechts unter der Manteldraperie vortritt, hing an einem Gurt über die rechte Hand, wie Reste einer riemenstarken Holzauflage am Handrücken beweisen. Die Linke des Heiligen hält gegen die Brust steil aufwärts ein offenes Buch, in welchem in später Schrift die Bibelstelle aufgemalt steht: *Zertritt die Krone der eitelkeit*

Fig. 277   Zunftkreuz von 1470
(S. 215)

Fig. 276   Figur einer heiligen
Jungfrau (S. 214)

disser Welt — und verdausche sie, um die Ewige. Der Heilige sieht sinnend über das Buch hinweg. Schlichtes braunes Haar umrahmt sein edles asketisches Gesicht. Gotisches Rankwerk schlingt sich an zwei unten als Stangensockel, dann naturalistisch als Baumäste gebildeten Schäften längs der inneren Kastenwandung empor und füllt in großen zierlichen Voluten die Eckzwickel über der Figur. Die reichliche Vergoldung derselben und die des ornamentalen Beiwerks ist nicht ursprünglich, wenn auch nicht neu, und, wie die Fassung überhaupt, stark defekt. Seitlich am Schrein oben und unten zu beiden Seiten leichte rechteckige Ausschnitte für die Charniere der Flügeltafeln, deren Schicksal nicht mehr zu ermitteln ist. Aus dem Pongau stammend; 1915 aus dem Kunsthandel erworben. Salzburgisch, Ende des XV. Jhs. (Fig. 284) (Kapelle).   Fig. 284.

XVI   28

22. Polychromiert, 87 cm hoch. Hl. Dionysius in bischöflichem Ornat, stehend, ein zweites, ebenfalls infuliertes Haupt in der Linken haltend. Rechte Hand abgebrochen. Aus der Gegend von Oberalm stammend; 1914 erworben. Salzburgisch, Ende des XV. Jhs. (Kapelle.)

Fig. 278 Heimsuchung Mariä (S. 215)

. . . . . . Holz, vergoldet (?); zirka 85 cm hoch; über profilierter Basis Vierpaßfuß, die Pässe durch . . . . zweigeteilt. Über rechteckiger Abschlußplatte springen seitlich mit Krabben besetzte Arme . . . . Mariä und Johannis aus; wo sie entspringen, Halbfigur Gott-Vaters (?) über Wolken in Relief; darüber mit Eckkrabben besetzte Platte, die an der Vorderseite Schildchen mit gekreuzten Schaufeln (?) trägt. Auf der Platte das Kreuz, das mit Krabben besetzt ist und in Kreise endet, die in eingeblendeten Vierpässen die Figur des auferstehenden Heilandes, zwei Engel mit Kelchen, eine Frau mit Salbgefäß (Maria Magdalena) und — hinter dem Korpus — einen Pelikan enthalten; an der Rückseite in den Vierpässen die Evangelistensymbole und (in der Mitte) das Lamm Gottes mit der Fahne. Ende des XV. Jhs. (Zimmer XXXIX).

24. Relief, entpolychromiert; zirka 38 × 186 cm; Halbfiguren der Apostel mit Christus in der Mitte. Ende des XV. Jhs. (Kapelle).

25. Figur; zirka 95 cm hoch; der hl. Johannes Ev. mit vorgesetztem linkem Fuß stehend, die linke Hand hält den Kelch, die rechte ist segnend erhoben. Viertes Viertel des XV. Jhs. (Kapelle).

26. Polychromiert; lebensgroßes Haupt Johannes d. T., auf einer flachen Schüssel liegend. Ende des XV. Jhs. (Kapelle).

27. Mit Spuren von Vergoldung; 22·5 cm hoch; Statuette eines jugendlichen Heiligen, die rechte Hand abgebrochen. Ende des XV. Jhs. (Sakristei).

28. Relief, polychromiert und vergoldet; zirka 106 × 110 cm; Mariens Tod. Die Heilige liegt auf einem schräg gestellten Bett, dessen Vorhänge auseinander geschoben sind. Um sie herum stehen beziehungsweise knien die Apostel, einer sitzt zu Füßen des Bettes auf einem Schemel. Sie halten Weihwasserbecken, Weihrauchgefäße usw. in Händen oder beten aus Büchern, Johannes reicht der Sterbenden eine Kerze. Oben zwei fliegende Gewandengelchen, die Seele Mariens als kleines, betendes Mädchen gebildet, zu Christus (in Halbfigur) emportragend. Bayrisch, Ende des XV. Jhs. (Kapelle).

Fig. 279 Hl. Frau vom Bürgerspitalschrein (S. 215)

29. Braun gestrichen; 30 × 37 cm; Relief über abgeschrägtem Sockel mit geschnitzter Ranke; der Reliefgrund als Ziegelmauer charakterisiert, die abgerundet, mit einem Vorsprung abschließt. Mariens Tod. Die Heilige in der Mitte kniend, um sie herum die Apostel; der hl. Petrus reicht ihr eine Kerze. Unter dem Vorsprung ein Wölkchen mit Halbfigur Gott Vaters, der Mariens Seele in Gestalt eines Kindes im Arm hält. Ende des XV. Jhs. (Kapelle).

30. Mit Resten von Vergoldung; 88 cm hoch; Figur eines knienden Jünglings (hl. Stephanus?), die betend erhobenen Hände abgebrochen, in Diakonentracht. Tiroler Einschlag. Ende des XV. Jhs. (Fig. 285; Sakristei).

30 a. Entpolychromiert, 110 cm hoch. Maria mit dem Kinde über der Mondsichel stehend; untersetzte Figur mit etwas großem Kopf; sie hält das nackte Kind im linken Arm. In der rechten Hand fehlt das Zepter. Viertes Viertel des XV. Jhs. (Kapelle.)

31. 76·5 cm hoch; hl. Papst mit Buch und (modernem) Kreuzstab. Ende des XV. Jhs. (Sakristei).

32. Relief, als Applique gearbeitet, polychromiert; zirka 32 × 50 cm; die drei hl. Bauernpatrone Rochus, Leonhard und Pantaleon nebeneinander stehend. Um 1500 (Sakristei).

33. Relief; 33 × 95 cm; der hl. Dionysius Areopagita, in ganzer Figur, stehend, das Pastorale in der Linken, den infulierten Kopf in der Rechten haltend. Salzburgisch, Ende des XV. Jhs. (LÜTHGEN, Salzburg, 390). (Kapellentüre; Fig. 286).

Fig. 285.

Fig. 286.

Fig. 280 Hl. Frau vom Bürgerspitalschrein (S. 215)

28*

Fig. 287.
34. Figur, unterlebensgroß, hl. Johannes, die Linke mit dem Mantelzipfel ans Gesicht hebend. Ende des XV. Jhs. (Fig. 287; Sakristei).
35. Polychromiert und vergoldet; zirka 85 cm hoch; Figur eines stehenden Heiligen in biblischer Tracht, in einem Buch lesend. Um 1490, salzburgisch (Sakristei).
36. Zirka 43 cm hoch; Statuette eines gekrönten bärtigen Heiligen, der in der Linken die Kugel mit dem Kreuz (Reichsapfel) trägt, die Rechte segnend erhebt. Um 1500 (Studierzimmer).
37. Zunftkreuz, vergoldet; zirka 81 cm hoch; sechslappiger Fuß, sechsseitiger, kantiger Knauf, das (erneute) Kreuz in die drei Dreipässe endend, in denen Evangelistensymbole in Relief enthalten sind; über seitlichen Armen Maria und Johannes. An der Rückseite des Kreuzes unter geschnitztem Baldachin Petrus. Darunter Schildchen mit Renovierungsdatum: *P. P. 1867*. Derbe Arbeit um 1500. (Fig. 288; Zimmer XXXIX.)

Fig. 288.

Fig. 289.
38. Entpolychromiert; 35 × 60 cm; hl. Johannes, in ganzer Figur vor gotischem Fries sitzend, in der Linken das aufgeschlagene Buch im Schoß stützend und mit zwei Fingern ein kleines Tintenfaß haltend; in der Rechten den Schreibstift. Unten der Adler und ein (leeres) Spruchband (Fig. 289). — Hl. Lukas, im Profil, sitzend, das hochgehobene Buch in der Linken, den langen Schreibstift in der auf dem Knie liegenden Rechten. Unten der Stier. Ende des XV. Jhs. Vgl. Lothgen, Holzplastik, S. 47, und derselbe, Salzburg, 376. Aus Irrsdorf stammend. Geschenk des Herrn Blumauer in Vöcklabruck (Jahresbericht 1859) (Kapelle).
39. Relief; polychromiert und vergoldet; als vielfach durchbrochene Applique gearbeitet, jetzt als Antipendium in eine Mensa eingesetzt. 123 × 48 cm; Stammbaum Christi; den Baum ein zierliches vergoldetes Geäst, von dem in der Mitte unten liegenden Jesse ausgehend; die 14 Könige darauf in ver-

Fig. 281 Hl. Johannes Evangelist
(S. 216)

Fig. 282 Hl. Christoph
(S. 217)

schiedenen Stellungen sitzend, sind jederseits von der über Jesse sitzenden hl. Jungfrau mit dem Kinde in zwei Reihen zu je drei angeordnet, die zwei übrigen zwischen Jesse und Maria eingeschoben (Taf. XVIII). Einem Salzburger Bürgerhause stammend. 1853 aus Privatbesitz erworben (Jahresbericht 1853). [Lothgen, 388; aus den 30er Jahren des XVI. Jhs.] (Kapelle).

Pendants, Holz, polychromiert und vergoldet; zirka 33 cm hoch; über achtseitiger Basisplatte ein Gewandengel, der über dem gebogenen Knie einen gedrehten Leuchter trägt. Unter Ende des XV. Jhs. (Fig. 290; Sakristei).

Fig. 290.

50 cm breit; zwei fliegende Gewandengel, die Hände zum Teil ergänzt, jetzt ein Wappen haltend. Salzburgisch, Ende des XV. Jhs. (auf der Kapellentüre appliziert).

TAFEL XVIII WURZEL JESSE
Museum Carolino-Augusteum (S. 220)

Fig. 291.

42. Flügelaltar (kombiniert), polychromiert und reich vergoldet (Fig. 291). Die Mensa mit eingelassenem Relief, der Mittelschrein mit Skulpturengruppe über einer in der Mitte erhöhten Staffel mit eingeblendetem vergoldetem Rankenwerk, zwischen einfassenden gedrehten Säulchen über gerauteten Sockeln mit Weinlaubhornament als Abschluß. Die Seitenflügel zweigeteilt, innen mit Skulpturen, die als Appliquen gearbeitet sind und auf abgeschrägten Sockelleisten mit geschnitzter Blattranke anstehen, außen mit Malereien versehen.

Fig. 283 Detail des hl. Christoph Fig. 282 (S. 217)

Mensarelief; 61 × 67 cm; Anbetung der drei Könige. Maria sitzt links vor angedeuteter Architektur mit gotischem Fenster. In der Rechten hat sie das offene Kästchen, in das auf ihrem Knie stehende Christuskind hineingreift. Die andere Hand des Kindes faßt der anbetende kniende König. Hinter diesem steht der zweite König, en face gesehen, in der Rechten ein Goldgefäß, mit der Linken die Mütze zum Gruß abnehmend. Als letzter kommt der Mohr, die Linke am Schwertgriff, mit der Rechten gleichfalls ein Goldgefäß tragend. Salzburgisch, Ende des XV. Jhs.
Mittelschrein: Über der erhöhten Mitte der Staffel, kleiner gestaltet als die seitlichen Figuren, Gruppe der hl. Dreifaltigkeit (zirka 57 cm hoch), Gott-Vater sitzend, zwischen seinen Knien der Kruzifixus, die Taube zu Häupten. Seitlich (zirka 70 cm hoch) stehen die Hl. Blasius und Ulrich.
Linker Flügel, Appliquen (zirka 31 × 36 cm): Oben: Nebeneinander stehen, en face gesehen, die Hl.

Magdalena, Elisabeth, Lucia, darunter Namensaufschriften. Unten: Die Hl. Agnes, Ursula und Dorothea. Rechter Flügel, Appliquen: Oben: Die Hl. Erasmus, Sebastian und Rupert. Unten: Die Hl. Dionys, Martin (Bischof mit einer Suppenschüssel auf einem Buch) und Wolfgang.

Außenflügel, gemalt: Links oben: 32 × 47 cm; Innenraum mit grünem Vorhang und offenem Fenster in der Mitte der Rückwand; auf einer Bank Maria und Anna sitzend, zwischen ihnen steht das Christkind auf einem Polster, in der Linken die Weltkugel, die Rechte segnend erhoben. Durch das Fenster ist

Fig. 284 Altarschrein mit Figur des hl. Jakobus (S. 217)

die Taube des Hl. Geistes hereingeflogen. Unter dem Bild Namensaufschrift; die seitlich rahmenden Gold-streifen verbreitern sich oben als Abschluß mit Blattornamenten. — Unten sowie die folgenden in der mit dem oben Beschriebenen übereinstimmend, nur ohne den Vorhang und mit Aussicht auf Bäume durch das Hintergrundfenster: Hl. Martha und Ursula.

Hl. Katharina und Barbara. Unten Hl. Dorothea und Agnes (alle Bilder stark übermalt). aus dem Hl.-Geist-Schifferspital in Oberndorf an der Salzach. Salzburgisch, Anfang Salzburg, 388) (Kapelle).

Fig. 287 Johannes Ev. von einer Kreuzigung (S. 220)

Fig. 286 Hl. Dionysius Areopagita, Appliquenfigur (S. 219)

Fig. 292.

Fig. 293.

Fig. 288 Zunftkreuz (S. 220)

43. Flügelaltar, polychromiert und vergoldet, der Mittelschrein mit Skulpturengruppe, die Flügel beiderseitig bemalt.

Über Staffel mit eingeblendetem vergoldetem Maßwerk der tiefe Schrein; der obere Abschluß dieses ist um eine Stufe in der Mitte erhöht und nach innen mit reichem baldachinartigem Maßwerk über flankierenden von Laub umwundenen Säulchen besetzt.

Skulpturengruppe: Krönung Mariens durch die heiligste Dreifaltigkeit, die als drei bärtige Männer gebildet ist, der linke — Christus — blond und nur mit dem Mantel bekleidet, der rechte mit grauem, der mittlere mit schwarzem Haar und der Krone auf dem Haupt. Alle drei halten eine Krone (die jetzt fehlt) über das Haupt der vor dem mittleren knienden, von vorne gesehenen hl. Jungfrau. Über der Gruppe zwei kleine fliegende Gewandengel aus Gips (Fig. 292). Salzburgisch, unter Einfluß Pachers, Anfang des XVI. Jhs. (Kapelle).

44. Figurengruppe; polychromiert und vergoldet; unterlebensgroße Gruppe der Kreuzigung mit Maria und Johannes zur Linken, Magdalena zu Füßen und dem Hauptmann und dem Kriegsknecht mit der Lanze zur Rechten des Kreuzes (Fig. 293).

Die Gruppe stammt aus der Salinenkapelle in Hallein. Von W. VÖGE (Zu Veit Stoß, Monatshefte für Kunstwissenschaft 1911, S. 272, T. 59) dem Veit Stoß, von M. LOSSNITZER (Veit Stoß, Leipzig 1912, S. 119) dem Bildhauer des Schwabacher Altars zugewiesen. Die Stoßschen Züge scheinen mir eine gewisse allgemeine Ähnlichkeit nicht zu überschreiten (Kapelle).

45. Relief, polychromiert und vergoldet; 105 × 112 cm; Ölberg; rechts Christus knie-end, vor ihm der Kelch auf einem Fels-block. Links von vorn ge-sehen die drei schlafenden Jünger. Im Hintergrund ein Holzzaun und Tore mit Zin-nenbekrönung und Häuser mit Kuppeldächern. Gering. Anfang des XVI. Jhs. (Kapelle).

46. Zirka 105 cm hoch; Figur des auferstandenen Heilandes in faltigem Man-tel, die Rechte segnend erho-ben, die Linke der Bewegung nach die Fah-nenstange hal-tend. Bayrisch, Ende des XV. Jhs. (Kapelle).

47. Polychro-miert; zirka 49·5 cm hoch, auf ... ... hoher

Fig. 290 Leuchtertragender Engel
(S. 220)

Fig. 291 Kombinierter Flügelaltar (S. 221)

Konsole mit Relief der hl. Jungfrau als Schirmfrau; zwei zusammengehörige Figuren, Männer kniend in anliegendem Wams, der Rock mit herabhängenden Ärmeln; an Lederriemen den Schild des Erzbistums beziehungsweise der Keutschach haltend. Anfang des XVI. Jhs. (got. Halle).

48. Zirka 50 cm hoch: Applique; kniende Frau, mit beiden Händen ein Wappen haltend, darin das Keutschachwappen graviert ist. Anfang des XVI. Jhs. (got. Halle).

49. 38·5 cm hoch; (2) Statuetten der Madonna und Johannes Ev., beide mit dem Ausdruck der Trauer; wohl von einer Kreuzigung stammend. Aus dem Stifte Nonnberg. Um 1500 (LÖTHGEN, Salzburg, 390).

Fig. 294. (Gelehrtenstube; Fig. 294.)

50. 43 cm hoch; Statuette der hl. Katharina, die Haare über den Schläfen aufgesteckt, in der Rechten ein Buch, in der Linken das Schwert haltend; zu Füßen das Rad. Zierliche Arbeit vom Anfange des

Fig. 295. XVI. Jhs. in der Art des Tilman Riemenschneider. (Fig. 295; Zimmer XXIII.)

Fig. 292 Krönung Mariä von einem Flügelaltar (S. 224)

51. 45 cm hoch; Statuette des hl. Rupert, das Buch in der Linken, das Pedum in der Rechten haltend; zu Füßen das Salzgefäß. Anfang des XVI. Jhs. (Gelehrtenstube).

52. Entpolychromiert; 37 cm hoch; Statuetten: hl. Jungfrau mit gefalteten Händen und hl. Johannes Ev., ein Buch haltend. Mittelmäßige Schnitzereien vom Anfange des XVI. Jhs. (Gelehrtenstube).

53. Vergoldet; zirka 44 × 100 cm; Relief als Applique gearbeitet; Madonna mit dem Kinde stehend, in Flammenglorie, zwei kleine Gewandengel halten die Krone über ihr Haupt. Rechts unten stehendes (kleingebildetes) Mädchen. Unter den Füßen der Madonna Doppelwappen. Anfang des XVI. Jhs. (Sakristei).

54. Polychromiert und vergoldet; zirka 100 cm hoch; hl. Johannes d. T., das Lamm im Arm. Zurückgebliebene Arbeit vom Anfange des XVI. Jhs. (Sakristei).

55. Polychromiert; 57 cm hoch; Kruzifixus zwischen den (größer gebildeten) hl. Maria und Johannes, auf einem Felsenpostament über truhenförmigem Sockel. Anfang des XVI. Jhs. (volkskundliche Sammlung).

56. Relief in rot gemaltem Rahmen mit Goldrosetten; zirka 50 × 90 cm; halber Altarflügel. Ausgießung Geistes; Maria kniet links, zur Hälfte abgeschnitten, sechs Apostel. Anfang des XVI. Jhs.

Applique gearbeitet; polychromiert; zirka 89 cm hoch; hl. Leonhard mit Buch und Kette, mäßig flachem Traktament gearbeitet: Aus der Festung Hohensalzburg stammend. zburgisch. (LÖTHGEN, Salzburg, 390.) (Sakristei.)

50 cm hoch; Statuette eines bärtigen Heiligen (Rochus), einen Pilgerstab in der (Kapelle).

Wundmale zeigend. Gering, Anfang des XVI. Jhs. (Kapelle).

TAFEL XIX VERKÜNDIGUNG AUS IRRSDORF
Museum Carolino-Augusteum (S. 227)

60. Als Applique gearbeitet; zirka 49 × 49 cm; hl. Anna mit einem Buch neben der hl. Jungfrau, die das Christkind hält, auf einer Bank sitzend; über abgeschrägtem Sockel. Um 1520 (got. Halle).

61. Entpolychromierte Holzreliefs, in die Rück-, Seiten- und Vorderwand zweier (moderner) Kirchenstühle eingefügt.

Fig. 293 Kreuzigung Christi aus der Hallelner Salinenkapelle (S. 224)

a) 63 × 100 cm; Verkündigung, in einer Kirche mit Kreuzgewölbe; Maria sich vom Betpult zu dem eintretenden Engel wendend; im Hintergrund weitere kleine Engel. Oben als Abschluß zwei dicke Blattschnüre (Taf. XIX).   Tafel XIX.

b) Dazugehörig; Heimsuchung; links vor einem Spitzbogentor Maria und Elisabeth einander begrüßend; hinter Maria steht der hl. Zacharias; rechts Ausblick auf eine Straße mit hohem, reich gegliedertem Lichthäuschen und zwei in ähnlicher Stellung wie die Hauptgruppe einander begrüßenden Frauen (Fig. 296).   Fig. 296.

29*

c) Dazugehörig; Anbetung des Kindes durch die Hirten; das Kind liegt in stärkstem Verkurz gesehen am Boden auf einer Rockfalte der daneben knienden hl. Jungfrau. Vorn zwei Hirten, weitere im Hintergrund der verfallenen Hütte herankommend (Fig. 297).

d) Dazugehörig; Anbetung der hl. drei Könige; Maria sitzt links mit dem Kinde, der hl. Josef steht hinter ihr; rechts die drei Könige mit ihren Gaben, der greise König vor dem Kinde kniend, der letzte als Mohr gestaltet (Fig. 298). Alle aus Irrsdorf stammend. (Kapelle.)

Der Stil dieser vier bedeutenden Reliefs zeigt eine gewisse Unbestimmtheit, die vielleicht daraus zu erklären,

daß ihren Kompositionen graphische oder gezeichnete Vorlagen zugrunde lagen, deren Stil mit dem der Ausführung nicht völlig übereinstimmte. Einzelne Züge erinnern an oberrheinische Kunst, etwa den Meister *H S R* (HAUSMANN, Elsässer Kunstdenkmäler, Taf. 12/13, 52, 63), andere an Niederbayern; in der Bildung der Köpfe, in der Gewandbehandlung und der ganzen technischen Durchführung scheinen die Reliefs von der Richtung Hans Leinbergers beeinflußt.

62. Zunftkreuz, vergoldet; 82 *cm* hoch; runder Fuß mit großen Blättern und vier ausspringenden Oberkörpern von Löwen. Der Schaft mit spitzen Blättern, verkleidet mit einem polygonalen Nodus mit geschnitzten Ranken. Seitlich ausspringendes Volutenwerk mit Blattenden (Anfang des XVIII. Jhs.), darauf Statuetten von Maria und Johannes. Zwischen ihnen das Kreuz mit geschnitzter Blattranke, in drei Dreipässe auslaufend, die mit Kugeln besetzt sind und einen Putto mit Lanze beziehungsweise Schwamm beziehungsweise Dornenkrone über Postament in Relief enthalten. Das Korpus mit einem gebauschten Schurz. Am Kreuzfuß angesetztes Schildchen mit Halbfigur des hl. Erasmus. An der Rückseite in den Pässen Rosetten, in der Mitte Relief: hl. Anna selbdritt in Halbfigur. Um 1520 (Fig. 299) (Zimmer XXXIX).

Fig. 294 Maria von einer Kreuzigung Christi (S. 226)

Fig. 295 Hl. Katharina (S. 226)

63. Zwei Statuetten; zirka 56 *cm* hoch; mit Resten von Polychromie, die Hl. Maria und Johannes (wohl von einer Kreuzigung stammend). Erstes Viertel des XVII. Jhs. (Fig. 300: Gelehrtenstube).

64. Polychromiert; zirka 55 *cm* hoch; hl. Anna selbdritt; die hl. Anna sitzt und hält mit der Rechten das nackte Christkind, das mit einer Traube spielt; an der anderen Seite steht die Madonna als junges Mädchen mit betend erhobenen Händen. Um 1530 (Sakristei).

65. Polychromiert; zirka 86 *cm* hoch; Figur des hl. Leonhard, die Kette in der Rechten, fast bis zur Unkenntlichkeit abgebrochen, die linke Hand fehlt. Erstes Viertel des XVI. Jhs. (Sakristei).

66. Flügelaltärchen; zirka 35·5 × 75 *cm*; mit Zinnenkranzbekrönung. Staffel gemalt: Schweißtuch der Veronika. Mittelschrein mit Skulpturen unter geschnitztem Maßwerkabschluß: Maria mit dem Kind. Die Flügel beiderseitig bemalt: außen Verkündigungsengel und hl. Jungfrau; innen die Hl. Barbara und Katharina. Geringe Arbeit um 1530 (got. Halle).

Fig. 296 Heimsuchung, aus Irrsdorf (S. 227).

Fig. 297   Anbetung des Kindes, aus Irrsdorf (S. 228)

Fig. 298 Anbetung der Könige, aus Irrsdorf (S. 228)

67. Lusterweibchen, polychromiert; unterlebensgroßer Oberkörper einer Frau mit ausgestreckten Armen (ursprünglich wohl eine Kette haltend) in anliegendem Kleid mit Umlegkragen und Schmuckketten. Fischbauch und -schwanz mit Rollwerkkartusche und Volutenschnitzerei. Mitte des XVI. Jhs. (Gelehrtenstube).

68. Polychromiert; zirka 57·5 cm hoch; hl. Matrone, sitzend, mit der Linken einem (klein gebildeten) Bettler einen Laib Brot reichend. Zweites Viertel des XVI. Jhs. (Vorzimmer).

69. Polychromiert, als Applique gearbeitet; zirka 117·5 cm hoch; Madonna mit dem Kinde, stehend; am Mantelsaum in Goldbuchstaben Inschrift. Zweite Hälfte des XVI. Jhs. (Sakristei).

70. Polychromiert und vergoldet; zirka 100 cm hoch; stehender Jüngling (hl. Johannes Ev.?) mit

Fig. 301.

Fig. 299   Zunftkreuz (S. 228)

Fig. 302.

Segensgestus der rechten Hand, die linke mit Fingerstellung, als ob er einen Kelch gehalten hätte (Fig. 301). Anfang des XVII. Jhs. (Vgl. die stilistisch übereinstimmende Madonnenfigur in Nonnberg, Kunsttopographie VII, Fig. 202) (Sakristei).

71. Modern polychromiert; 95 × 121 cm; Gruppe der hl. Dreifaltigkeit, Gott-Vater und Christus in Halbfiguren nebeneinander, darüber die Taube. Anfang des XVII. Jhs. (Zimmer XXXIX).

72. Geschnitztes Holzwappen des Erzbischofs Markus Sittikus in reicher Kartusche mit Cherubsköpfchen oben und Steinbock unten. Um 1617 (Waffenhalle).

73. Zunftkreuz, vergoldet; zirka 103 cm hoch; der Fuß aus dem breiten Rechteck mit Passen an den Seiten, darauf das Postament aus zwei mit Perlschnüren besetzten Volutenfüßen, die in Cherubsköpfe auslaufen und durch ein Kartuscheschild mit Cherubsköpfchen unten verbunden sind, bestehend. Darauf ein gestreckter runder Knauf, der den Hauptteil trägt. Dieser besteht aus dem Kruzifixus zwischen Maria und Johannes, in einem reichgestalteten Rahmenwerk aus Säulchen, Volutenwerk, Obelisken, Fruchtbuketts und Cherubsköpfchen, das nach oben von einem gesprengten Flachgiebel mit der Figur Gott-Vaters zwischen zwei Engeln abgeschlossen ist. An der Rückseite Maria mit dem Kinde, einem Kartuscheschild mit einem Rad? und einem andern mit Datum: 1623 (Zimmer XXXIX; Fig. 302).

Fig. 300 Johannes Ev. von einer Kreuzigungsgruppe (S. 228)

74. 50 cm hoch; hl. Jungfrau in ganzer Figur, stehend. Erste Hälfte des XVII. Jhs. (Zimmer XXXVI).

75. Modern polychromiert; unterlebensgroße Figur (120 cm hoch) der hl. Jungfrau mit dem Kinde in der rechten, dem Zepter in der linken Hand, auf der von der Schlange umwundenen Weltkugel stehend. Um 1640 (Zimmer XXXVI).

76. Polychromiert, das Gewand vergoldet; unterlebensgroße Figur einer knienden Jungfrau in Mieder und faltigem Rock, die Hände abgebrochen. XVII. Jh. (jetzt als Stütze einer Tischplatte verwendet). (Schlafsaal.)

77. Kruzifixus; zirka 115 cm hoch; das Korpus aus braunem Holz mit bewegtem Schurz; an schwarzem Kreuz über schwarzem rechteckigem Sockel mit ausgezackten, von Balustern beziehungsweise Volutenbändern eingefaßten Seiten und bewegtem Abschluß. XVII. Jh. (Schlafsaal.)

78. Relief; 11 × 17 cm; zwei Pendants, Brustbilder Christi und Mariens; mittelmäßige Arbeiten. XVII. Jh.? (Schlafsaal.)

79. Relief, entpolychromiert; 28 × 43 cm; Christus erscheint dem ungläubigen Thomas, der die Hand in Christi Seitenwunde legt und in die Knie sinkt. Hinter Thomas Petrus, Johannes und ein weiterer Apostel! Als Hintergrund vor beiseite gezogenem Vorhang die Wand eines Hauses mit Pfeiler, zwei Bogen und zwei Fenstern mit Butzenscheiben. Mitte des XVII. Jhs. (Fig. 303; Schlafsaal).

80. Polychromiert und vergoldet; halblebensgroß; hl. Sebastian an den Baum gebunden. Mitte des XVII. Jhs. (Zimmer XXXIX.)

81. Polychromiert; zirka 67 cm hoch; Statuette eines Franziskanermönches in ganzer Figur, stehend; die rechte Hand fehlt. XVII. Jh. (got. Halle).

82. Geschnitztes Wappen des Erzbischofs Max Gandolph in überaus reicher Rahmung mit Cherubsköpfchen und Fruchtgehängen. Um 1670 (Waffenhalle).

83. Polychromiert, versilbert und vergoldet; zirka 50 cm hoch; (2) Figuren hl. Diakone, der eine ein großes Buch in der Linken tragend (die rechte Hand abgebrochen), der andere beide Arme mit greifender Handstellung ausgestreckt (vielleicht ursprünglich ein Räuchergefäß haltend). Zweite Hälfte des XVII. Jhs. (Sakristei).

84. Polychromiert und vergoldet; unterlebensgroße kniende Figur eines bartlosen Mannes (jetzt als Stütze einer Tischplatte verwendet). Ende des XVII. Jhs. (Schlafsaal).

85. Polychromiert, versilbert und vergoldet; drittellebensgroße Figuren der Hl. Rupert und Virgil, stehend. Ende des XVII. Jhs. (Zimmer XXXIX).

86. Unterlebensgroße Figur einer Frau in faltenreichem Gewande. Hände abgebrochen.

87. Pendant dazu; ähnlich gekleidete Figur, deren Attribute fehlen. Ende des XVII. Jhs. (Stiege).

88. Bronziert, zirka 47 cm hoch; ein sich bäumendes Pferd wird von zwei Stallknechten, die nur mit einer kurzen Hose bekleidet sind, an den Zügeln (rote Schnüre mit Seidentroddel) zur Schwemme geführt; der links gehende Bursche trägt in seiner Rechten eine zusammengelegte Pferdedecke. Ursprüngliches Modell für die Gruppe des Pferdebändigers der Hofstallpferdeschwemme; bei der Ausführung 1695 blieb die Figur links weg und die Decke kam in die Hand des andern Knechtes. Abbildung in Kunsttopographie XIII, Fig. 294 (Zimmer XXIII).

Fig. 301 Johannes Ev.? (S. 232)

Fig. 302 Zunftkreuz von 1623 (S. 232)

89. Polychromiert; unterlebensgroß; hl. Georg auf sprengendem Pferde. Um 1700 (Fig. 304; Zimmer XXXIX).

90. Relief, 26·5 × 38 cm; in furniertem Rahmen mit Rippleiste, unter Glas. In der Mitte große Figur Christi als guter Hirte mit umgehängter Hirtentasche, Dornenkrone und einem Lamm auf den Schultern, herum Felsen mit anderen klein gestalteten Lämmern und zwei Höhlen; in der linken kniet die hl. Maria Magdalena mit Buch, Kreuz und Totenkopf, in der rechten sitzt der hl. Petrus mit Buch und Hahn. Oben in Wolken zwei Gruppen musizierender Engel, zwischen ihnen leeres Spruchband. Um 1700 (Renaissancehalle).

91. 41 cm hoch; zwei Statuetten, stehende Gewandengel (ohne Flügel) in stark bewegten Stellungen. Anfang des XVIII. Jhs. (Schlafzimmer).

92. Zwei unterlebensgroße Figuren, einen bärtigen Heiligen und eine hl. Matrone darstellend (Joachim und Anna?); fast alle Hände abgebrochen. Anfang des XVIII. Jhs. (Sakristei).

93. Zum Teil dunkel eingelassen; zirka 12 cm hoch; Mädchen in wehendem kurzem Gewand, die Hände adorierend über der Brust gefaltet. Gering. Anfang des XVIII. Jhs. (Zimmer XXIII).

XVI

30

Fig. 304

94. 55 *cm* hoch; hl. Rupert in bischöflichem Ornat, in ganzer Figur, stehend. Anfang des XVIII. Jhs., Art des Paul Mödlhamer, vgl. Kunstopographie X, Fig. 183 (Fig. 305; Zimmer XXIII).

95. Relief; 15 × 20 *cm*; Halbfigur Christi in weitem Gewand, die Hand in den Mantel greifend. In dunklem Rahmen mit geschnitztem Blattwerk. XVIII. Jh., angeblich von Franz Schwanthaler (Renaissancehalle).

96. 180 *cm* hoch; marmoriert; ursprüngliches, von der Ausführung abweichendes Modell der Mariensäule auf dem Domplatz. Balustrade mit geschwungenen Hauptseiten und konkav eingezogenen Ecken über zweistufigem Unterbau. Innerhalb dieser reich bewegtes vierseitiges Postament mit abgeschrägten Kanten mit einer in der Mitte jeder Seite über Postament vortretenden Steilvolute. Auf dieser sitzt je eine Figur der Häresis, Idolatria, Superstitio und des Peccatum originale. Auf diesem Postament steht ein

Fig. 303　Christus erscheint dem ungläubigen Thomas
(S. 233)

stark einspringender vierseitiger Sockel mit jederseits einem reich gerahmten Kartuscheschild; hinten Dedikationsinschrift, vorn Wappen des Erzbischofs Franz Anton Harrach, seitlich Inschrift auf diesen und die im Dezember des vierten Jahres seiner Regierung, 1712, erfolgte Einweihung der Säule. Um diesen Sockel an jeder Ecke ein Engelsfigürchen. Auf dem Sockel über Deckplatte kräftig geschwellte Kompositsäule. Darauf ein im unteren Teil mit Löwenmasken, im oberen mit Steilvoluten besetztes Kämpferglied, das über stark ausladender Deckplatte ein eingezogenes Postament mit Statue der Immakulata auf der Weltkugel trägt (Saal XXXIX). Über das Verhältnis dieses stilistisch Fischer von Erlach sehr nahestehenden Entwurfes zu der 1766—1771 durch die Brüder Hagenauer errichteten Mariensäule siehe Kunstopographie XIII, S. 232; Abbildung des Modells daselbst Fig. 302.

97. Buchsholz; zirka 15·5 *cm* hoch; Christus an der Schmerzenssäule. Erste Hälfte des XVIII. Jhs. (Zimmer XXIII). Vgl. Erinnerungsgabe an das 25jähr. Bestehen d. Fränk. Kunst- und Altert.-Ver. in Würzburg, S. 9, Abb. 4.

98. Holz, mit Spuren von Bemalung und Vergoldung; 20·5 *cm* hoch; Neptun mit dem Dreizack in der Rechten, ein wehender Mantel um die Hüften und über den Rücken, steht auf einem Seeroß und hält es mit der Linken an der Mähne. An der unbearbeiteten Rückseite sind die Buchstaben *R D* (später) ein-

Fig. 305 Skizze zu einem hl. Rupert (S. 234)

Fig. 304 Hl. Georg (S. 233)

36*

geritzt. Skizze F. A. Pfaffingers zur Mittelgruppe der Kapitelschwemme von 1732. Geschenk des Herrn Dr. Albert Figdor. Abbildung in Kunsttopographie XIII, Fig. 287 (Saal XXIII).

99. Holz, dunkelbraun; 97 *cm* hoch; Figur des hl. Franziskus mit Buch und Kreuz, stehend. Erste Hälfte des XVIII. Jhs. (Zimmer XXXIX).

100. 30 *cm* hoch; über flacher Basisplinthe Herkules im Kampf mit dem Flußgott Achelous, dessen Stierkopf er mit der Linken das Horn abbricht. Als Attribute Keule und Löwenfell, beziehungsweise das umgegossene Wassergefäß. Zweite Hälfte des XVIII. Jhs. (Fig. 306). Wahrscheinlich Modell zu einer großen dekorativen Skulpturengruppe (hist.-top. Halle).

101. Hausschild des ehemaligen „Leihhauses", einfache Inschrifttafel in reich geschnitzter vergoldeter Umrahmung, deren Aufsatz unter dem Kardinalshut drei ovale Medaillons, zwei mit den Wappen des Landes

Fig. 306 Herkules und Achelous,
wahrscheinlich Modell einer Gartenskulptur (S. 236)

Salzburg und des Erzbischofs Jakob Ernst Graf Liechtenstein und eines mit Pelikan enthält. Unter der Inschrifttafel Wappen der Stadt. Zirka 1745 (Kunst- und Gewerbehalle).

102. Polychromiert; zirka 8 *cm* hoch; kniende adorierende Frau in biblischer Tracht, wohl von einer Krippe stammend. XVIII. Jh. (Zimmer XXXVII).

103. Schlitten, einsitzig, mit vergoldetem Pinienzapfen als Schlittenkopf und vergoldetem und reich geschnitztem Korb, auf dessen vorderer Spitze ein nackter Putto auf einem Adler sitzt. Mitte des XVIII. Jhs. (Waffenhalle).

104. Zunft-Vortragsstange; vergoldet, versilbert und polychromiert. Der Schaft besteht aus einem glatten langen und einem kürzeren gedrehten von Blattkranz umwundenen Stück. Darauf der Ablauf: zwischen Rankenwerk Schildchen mit Schere und Datum: *1752*. Auf diesem der Hauptteil, der in seiner unteren Hälfte aus einer großen, von einem Baldachin abgeschlossenen, von zwei gedrehten Reliefsäulen an Pilastern flankierten, von angesetztem Bandwerk mit Gitterfüllung gerahmten Öffnung besteht, darin die Gruppe: Gott-Vater und -Sohn Marien krönend, darüber schwebend hl. Geist als Taube, über Postament mit Gitterwerk,

in seiner oberen Hälfte aus einer ebenso geformten kleineren Öffnung mit einer stehenden Marienfigur besteht. Abschluß: Ein Leuchter über Volutensockel (Zimmer XXXIX).

105. Holzmodell; (55 cm hoch) der Außenseite, (48 cm hoch) der Stadtseite des Neutores (hist.-top. Halle).

Fig. 308 Johannes Ev. von Franz X. Nissl (S. 238)

106. Vergoldetes geschnitztes Holzwappen des Erzbischofs Sigismund von Schrattenbach, darunter Inschriftskartusche (Prunkzimmer).

107. Standkreuze, polychromiert und vergoldet; zirka 119 cm hoch; einseitig gearbeitet. Vierpaßfuß mit Zwickelspitzen, runder Knauf, das Kreuz zu ornamentaler Bandrocaille umgestaltet, daran das Korpus, Maria und Johannes, drei Engel, die das Blut in Kelchen auffangen, und Tafel mit JNRI. Um 1760 (Zimmer XXXIX).

108. Zwei zirka 1 m hohe Figuren, Johannes d. T. und Rochus. Um 1760 (Stiege).

109. Zirka 27 cm hoch; Postament, gebaucht, an den vier Ecken mit Cherubsköpfchen und darüber mit geschuppten Volutenbändern besetzt. Darauf Madonna in faltigem Kleid, die Hände über der Brust gefaltet. Um 1760 (Zimmer XXIII).

110. Bemalt (mit Konsole); 61 cm hoch; Statuette eines Bergmannes mit einem Stück Erz in der Linken und einem Hammer in der Rechten; auf einer mit Rocailleschildchen besetzten Konsole mit Initialen: A. Th. Um 1760 (Zimmer XXXIV).

111. Holz mit (alter) Vergoldung, die figuralen Teile polychromiert und vergoldet; zirka 120 cm hoher, geschnitzter Rahmenaufbau um einen ovalen, vorn verglasten Behälter (zirka 10 × 14 cm),

Fig. 307 Trophäe mit Bildnis des Erzbischofs Sigismund von Schrattenbach (S. 238)

der das Reliefmedaillon in Elfenbein, Brustbild des Erzbischofs Sigismund Schrattenbach, enthält. Der Aufbau ist einseitig gearbeitet, Sockel über vier Füßen, in vier Gliedern ausspringend; ebenso wie bei den übrigen Teilen ist die Struktur in Rocaille- und Volutenornament aufgelöst. Der Hauptteil mit sehr bewegten flamboyanten Ornamenten, auf dessen Vorsprüngen fünf Putten

Fig. 309 Johannes d. T. von Franz X. Nissl (S. 239)

mit geistlichen Insignien und Rupertussalzfaß sitzen. Über dem ovalen Behälter in der Mitte das Wappen des Erzbischofs und seitlich davon auf bewegtem profiliertem Gebälk eine allegorische Frauengestalt, die auf das Wappen deutet und zwei Putten mit Dommodell und Palmzweig. Als Abschluß Krone über Baldachin, vor dem die Taube in Glorie fliegt, dessen Vorhänge Putten zur Seite schieben; auf der Krone über Rocailleornament fliegende Fama. Um 1760 (Fig. 307; Rokokozimmer).

Fig. 307.

Fig. 310   Krippenfigürchen (S. 239)

112. Zunftkreuz; zirka 74 cm hoch, versilbert und vergoldet, nur das Korpus polychromiert. Der Fuß von ovaler Grundform, nach vorn und seitlich gewellt ausspringend, mit geschuppten Kartuschen und flachen Kugelschnüren geschnitzt. Gerillter Schaft, dreiteilige Abschlußplatte mit Kartuscheschild an der Vorderseite. Das Kreuz in vier Dreipässe endend, an denen geschnitzte rote Rauten stehen, enthält Strahlen in den Zwickeln und steht in einem großen Rosenkranz. Zwei Abzweigungen von diesem tragen die Statuetten der Maria und des Johannes. Um 1770 (Zimmer XXXIX).

Fig. 311   Flucht nach Ägypten. Krippenfigürchen von 1798 (S. 239)

113. Zirka 30 cm hoch; zwei Pendants; Händler und Händlerin in zerlumptem Gewand, sie tragen eine Butte am Rücken, einen Stab in der Rechten, einen Krug, einen Legl (?) usw. Über profilierten, an der Vorderseite geschweiften Postamenten. Drittes Viertel des XVIII. Jhs. (Hist.-top. Halle.)

114. Lindenholz, polychromiert, 22·5 cm hoch. Hl. Johannes Ev., in grünem Gewand und rotem Mantel, auf Steinen sitzend, Buch und Feder haltend; neben ihm der Adler, das Tintenfaß im Schnabel. Von Franz X. Niss (1741—1804), Fassung von Franz S. Nissl. Bezeichnet: F. Nissl pinxit 1831. Spende der Salzburger Sparkasse 1912 (Fig. 308; hist.-top. Halle).

Fig. 308.

115. Pendant zum vorigen, hl. Johannes der Täufer als Jüngling, mit Kreuzstab, Lamm und Spruchband. Ebenso bezeichnet (Fig. 309). Gleiche Provenienz und Aufstellung.   Fig. 309.

116. Glaskasten mit Krippenfiguren, zum Teil aus Holz, polychromiert, zum Teil aus Wachs mit Stoffgewändern. Ende des XVIII., Anfang des XIX. Jhs. (Fig. 310). — Weiter einige zugehörige Holzhäuschen   Fig. 310. und einige ganze Krippen mit kaschierter Felslandschaft und allem Zugehör. Besonders hervorzuheben: eine Flucht nach Ägypten, Holz, polychromiert, 11 cm hoch, Maria mit dem Kind auf dem Esel, den der voranschreitende Josef führt, von 1798 (Fig. 311; Zimmer XXXVII).   Fig. 311.

117. Holz mit Bein, 20 cm hoch, Bettler und Bettlerin, in der Art des Simon Troger (hist.-top. Halle).

Fig. 312 Dromedar mit Führer, aus einer Krippe (S. 239)

118. Krippe in einem Glaskasten (110 cm breit, zirka 63 cm hoch) mit kaschierter, zum Teil gemalter Felslandschaft und Ruinenarchitektur in der Mitte. Anbetung der Hirten und der Könige mit zahlreichem Gefolge und vieler ländlicher Staffage. Manche Figuren aus verschiedenen Jahren vom Anfange des XIX. Jhs. datiert (Fig. 312; Zimmer XXXIX).   Fig. 312.

119. Holz, bleifarben gemalt (ohne Kreuz zirka 50 cm hoch); über naturalistisch gebildetem Steinsockel Pietà nach der großen Gruppe Raffael Donners in Gurk, rechts zwei dazukomponierte Statuetten der Hl. Johannes und Magdalena. Bezeichnet: *Johann Probst Fecit 1813.* (Zimmer XXXVII).

· B. Metall.   Metall.

1. Brunnen aus Bronze; die Brunnensäule mit vier unten kreuzweise angesetzten Röhrchen, die in Pipen in Gestalt von Drachenköpfen enden und mit Hähnen in Gestalt von stilisierten Delphinen abgeschlossen werden können. Auf jedem Röhrchen über rundem mit Wulsten sich erweiterndem Schaft und Abschlußplatte kleines Figürchen einer nackten Frau, die auf einem Felsblock oder Baumstumpf sitzt und einen dünnen Wasserstrahl aus einem Gefäß zur Seite gießt beziehungsweise aus der Wäsche windet; die Basisplatte trägt vorn ein hornartiges Röhrchen, das wieder einen dünnen Strahl nach oben spritzt. Die Brunnensäule enthält oben eine kugelartige Verdickung, darüber auf einem Postament das Figürchen des Aktäon, der

von seinen drei Hunden angefallen wird; der Aktäon ist menschlich gebildet mit Hirschkopf, eine Lanze in der Rechten haltend. Aus dem Geweih und den Hundemäulern spritzen dünne Wasserstrahlen empor. Anfang des XVII. Jhs. Aus dem städtischen Brunnhaus stammend. Ein ähnliches Aktäonfigürchen im Münchner National-Museum. Vgl. auch den Colin-Löfflerschen Aktäonsbrunnen im Wiener Hofmuseum und die damit vielleicht zusammenhängenden Zeichnungen des Erzherzogs Ferdinand im Ambraser „Brunnwerk" (SCHLOSSER, Ausgewählte Gegenstände der Kunstindustrie, Sammlung S. 157, Tafel XXIV). Ein ver-

Fig. 313 Aktäonsbrunnen aus Bronze (S. 240)

wandtes Stück befand sich in der ehemaligen Sammlung Hoffmann in Salzburg. Nachlaßauktion Dorotheum 1910, Fig. 331. (Vestibül; Fig. 313 u. 314.)

2. Zinn, wohl ursprünglich vergoldet; zirka 17·5 cm hoch; Guß über Holzstock. Über flacher Basisplatte Mönch stehend mit zurückgebogenem Oberkörper und gesenktem Kopf; in der Linken ein Buch haltend. Die andere Hand fehlt (Fig. 315). Vielleicht böhmisch (Art des Hier. Kohl), Anfang des XVIII. Jhs. (hist.-top. Halle.)

3. Relief, Blech, getrieben; 20·5 × 27 cm; oben abgerundet mit glatten Zwickeln; Krönung Mariens. Über angedeutetem Boden mit Gräsern und Bäumen Wolkenglorie mit Cherubsköpfchen um die Gruppe. Gott-Sohn links und Gott-Vater rechts die zwischen beiden kniende Maria krönend; oben schwebt die Taube des Hl. Geistes. Links unten Täfelchen mit Jahreszahl: 1656. Deutsche Arbeit (Schlafsaal).

4. Kruzifixus aus Zinn an schwarzem Holzkreuz, 25 cm lang. Sehr schlank, gerauhter Schurz. Zweite Hälfte des XVIII. Jhs. (Zimmer XXXIX).

5. Blei, vergoldet; zirka 30 cm hoch; über einfachem Sockel mit betonten Kanten Reiterstatuette des Kaisers Franz in antikisierender Rüstung auf schreitendem Pferd mit dem Doppeladler an der Decke. Am Postament: *Franciscus II. D. G. RO. JM. S. A.* Ende des XVIII. Jhs. (Schlafsaal).

6. Relief aus vergoldetem Kupferblech; 17 × 27 cm; oben halbrund geschlossen, die zurücktretenden Zwickeln eine Tapete imitierend. Das Bildfeld wird durch ein Postament zweigeteilt, auf dem (vor Säulenarchitektur, Vorhang, Fenster mit Durchblick in Landschaft) Maria mit dem Kind, der hl. Josef und der kleine Johannes mit dem Lamm sitzen. Unten steht vor diesem Postament der hl. Antonius Abbas mit Rosenkranz, Stock und

Fig. 314 Detail vom Aktäonsbrunnen Fig. 313 (S. 240)

Schwein, den linken Fuß auf einen kannelierten Säulenstumpf gestellt; links neben ihm sitzt eine hl. Märtyrerin in überaus reichem Gewand mit einem Kronrelief auf dem Haupt und einem Palmzweig in der Rechten. Nach dem Bilde des Paolo Veronese von 1582 (vgl. BARTSCH XVIII 96, p. 86) XIX. Jh.? (Schlafsaal).

7. Bronze, runde Scheibe, 99 mm Durchmesser, darauf Relief des tanzenden Fauns nach der antiken Statue in Florenz. Von F. X. Matzenkopf. Anfang des XIX. Jhs. (Fig. 317) (Medaillensammlung).

8. Büste aus Eisen, 24·5 cm hoch, über rechteckigem Postament mit Inschrift an der Vorderseite. Jugendlicher Männerkopf mit Schnurrbart, antikisierende Draperie. Porträt des J. E. Ritter von Koch-Sternfeld, 1816, im 36. Lebensjahre. Am Sockel bezeichnet unten: *Haas* (Fig. 318; Saal XXIII). Geschenk eines Sohnes, des Herrn Landrichters v. Koch-Sternfeld.

Fig. 317.

Fig. 318.

Fig. 315 Mönchsfigur, Zinnguß (S. 240)

Fig. 316 Elfenbeinkruzifixus (S. 256)

C. Stein.

Stein.

1. Stein, gelb, stark korrodiert; zirka 49 cm hoch; Oberkörper eines Löwen, der ein unkenntliches Tier (Drachenkopf) unter den Pranken hält. Auf dem Löwen kurze moderne Säule, die ein altes zum Teil ein-

XVI

31

gemauertes Kapitäl trägt, an dessen vorderen freien Hälfte zwei bärtige Sirenen skulpiert sind, die mit den Händen die gegabelten Schwänze halten. Anfang des XIII. Jhs. Aus dem Dekanatshof in Hallein (Kapelle).

2. Fragment eines Löwen aus rotem Marmor, der auf dem Rücken eine Säule trug. XIII. Jh. (Hof).

3. Zwei Steinlöwen, zirka 45 *cm* lang und 35 *cm* hoch (der eine etwas kleiner), liegend, mit zur Seite gedrehten Köpfen, der rötliche Stein stark korrodiert. Auf dem Rücken tragen sie Säulchen von Wulsten eingefaßt; auf dem obern abgefastes Würfelkapitäl. XIII. Jh. Aus dem Dekanatshof in Hallein stammend (Sakristei).

Fig. 317   Bronzerelief, tanzender Faun von F. X. Matzenkopf
(S. 241)

4. Im Tympanon über der Türe zur Kapelle eingemauertes Relief mit nahezu frei gearbeiteten Figuren, braungelb gefirnißt. Maria mit dem Kinde thronend. Die hl. Jungfrau sitzt frontal, einen Kronreif auf dem offenen Haar, das Obergewand mit einem langen Zipfel in ihrem Schoß über das gefältelte Unterkleid herabhängend, das die Füße freiläßt. Die rechte, zum Segnen erhobene Hand ist abgebrochen; mit der linken umfaßt Maria das Kind, das in langem, antikisierendem Gewand auf ihrem linken Knie sitzt und die rechte Hand segnend erhoben hat. Den Sitz der Jungfrau bildet ein Thron, dessen Füße wie bei einem Faltstuhl gebildet sind. Jederseits von Maria ein Engel in langem Gewand und mit langem Haar; die großen Fittiche der Rundung des Tympanons angeschmiegt. Die Engel in Schreitstellung, nach außen blickend, mit einem Schriftband in beiden Händen; darauf die Worte: *Ave Maria gratia ple* und *beata es dei genitrix.* — Das Relief befand sich zuletzt am Theophrastushaus am Platzl, früher vielleicht am Westportal der Franziskanerkirche oder am alten Dom. Mitte des XIII. Jahrhunderts, unter starkem italienischen Einfluß (Fig. 319) (Sakristei).

5. Zwei Basen und zwei Kapitäle aus gelbem Stein; die Basen mit Wülsten und Eckknollen, darüber modelierte Platte, die Kapitäle mit Eckknollen und einem Kranz von Scheibchen beziehungsweise einem Wulstband. Erste Hälfte des XIII. Jhs. (Kapelle).

6. Zwei weitere Basen einfacher, mit Eckknollen, die zugehörigen Kapitäle kelchförmig mit Blättern und Weintrauben in den Ecken beziehungsweise mit bartlosen kleinen Köpfen skulpiert. Erste Hälfte XIII. Jh. (Kapelle).

7. Ein weiteres Kapit l mit großen Eckblättern und Perlschnurornament. XIII. Jh. (Kapelle).

Fig. 319 Tympanonrelief, Maria mit dem Kinde und adorierenden Engeln (S. 242)

Fig. 318 Büste von J. E. v. Koch-Sternfeld von Haas (S. 241)

31*

8. (In die Wand eingelassene) Grabplatte aus rotem Marmor, Fragment, mit Inschrift: *Anno di MCCCLXXV iar* (Sakristei).

9. (In die Wand eingelassene) Grabplatte aus rotem Marmor, Fragment, mit Inschrift: *Hie leit........ (d)er gestorben ist CCCXXXIIII* (Sakristei).

10. Schlußsteine, mit skulpierten Rosetten, Masken, einer mit dem nimbierten Antlitz Christi. XIV. Jh. Aus der Umfassungsmauer der Dürnberger Kirche (Hof).

11. (In die Wand eingelassene) Grabplatte aus rotem Marmor, Fragment; Wappenrelief in seichtvertieftem Feld in Rahmung mit einspringenden Nasen, darüber Inschrift in drei Zeilen: *Hie ligt begraben ...... Peysser ..... gestorben an unnser frawen tag conceptionis anno .... CLXXII* (Sakristei).

12. Rote marmorne Grabplatte (Fragment) mit Wappen in flachem Relief mit großem Flug und reichem Zaddelwerk. Umschrift: *Hie leit begraben der edel und vest Georg von Will* (Hof).

Fig. 320.

13. Fragment zweier männlicher Gewandstatuen. Ende des XIV. Jhs. (Hof).

14. Figur in halber Lebensgröße aus gelbem Sandstein; jugendliche Frauengestalt mit Kronreif auf den gelösten, bauschig über den Rücken fallenden Haaren, in starker Hüftenbiegung stehend, in der rechten Hand den faltigen Mantelzipfel haltend. Anfang des XV. Jhs. (Fig. 320; Kapelle).

15. Stein, mit Resten von Polychromie, zum Teil noch vergoldetes Kartuscheornament mit Rosettengitter kenntlich (Anfang des XVIII. Jhs.); zirka 175 cm hoch. Schmalschultrige Figur der hl. Katharina; auf dem in Locken auf die Schultern fallenden Haar ein Kronreif mit alternierend großen Blattrosetten und kleinen Blättern. In der Linken hält sie das gebrochene Rad, in der Rechten den (abgebrochenen) Schwertgriff. Sie steht auf dem Rücken eines bärtigen Mannes, der mit dem Zeigefinger zu ihr hinaufweist. Das Gewand und der Mantel sind anliegend in flachen Falten, nur über dem Leib und unter den Knien herausgearbeitet. Anfang des XV. Jhs. Aus der Margaretenkapelle stammend (Sakristei).

Fig. 320 Stehfigur einer jugendlichen Heiligen (S. 244)

Fig. 321 Stehfigur eines hl. Bischofs (S. 244)

16. Kopffragment aus rötlichem Marmor, mit Inful auf dem lockigen Haar. Anfang des XV. Jhs. 1852 von Herrn Zangler geschenkt; stammt angeblich aus der Nonnbergkirche (Jahresbericht 1852). (Hof.)

1 . Sandsteinfigur, Fragment, fast lebensgroßer nackter Christus als Schmerzensmann mit Dornenkrone ... Schurz. Derbe Arbeit des XV. Jhs. (Kapelle).

1 . ... gelb; zirka 110 cm hoch; stehende Figur eines hl. Bischofs mit schmalen Schultern und Bordüre ... aufgelegten Rosetten an dem Mantel. Er hält mit beiden Händen ein (leeres) Spruchband (?) (Fig. 321).

Fig. 321

19. Gehört dazu: hl. Bischof mit Buch. Mitte des XV. Jhs. Identisch mit zwei 1851 aus dem Studiengebäude übernommenen Figuren (Jahresbericht 1851). (Kapelle.)

20. Fragment einer Säule mit Kapital aus rotem Marmor, runde Form mit Halbfigur eines bärtigen Mannes, mit einer Mütze auf dem Haupt und dekorativ geschwungenen Spruchbändern in den Händen. Zweite Hälfte des XV. Jhs. (Hof).

21. Kapital aus weißem Marmor (Fragment), quadratisch, in den Ecken männliche Halbfiguren, dekorativ gewundene Spruchbänder in Händen haltend. Ende des XV. Jhs., in der Art des Wolfgang Wiesinger (Fig. 322). Vgl. die Kapitäle in der Vorhalle der Nonnberger Stiftskirche (Kunsttop. VII, Fig. 26) (Hof).

22. Statuette aus „Alabaster mit Vergoldung über Holzsockel, polychromiert und vergoldet; zirka 36·5 cm hoch. Der Sockel enthält zwischen sechsseitigen Abschlußplatten vier Schildchen vorn mit den Wappen des Landes Salzburg und des Erzbischofs Leonhard v. Keutschach

Fig. 322 Fragmentiertes Kapitäl (S. 245)

Fig. 322.

und hinten denen seiner Eltern; die vorderen zwei werden von zwei gebückten Putten gehalten. Darauf Statuette des hl. Leonhard, ein Buch in der Linken haltend, über das die schwere Kette herabhängt. Diese, das Buch und die Locken des Heiligen vergoldet. Fein gearbeitetes, geschmackvolles Stück vom Anfange des XVI. Jhs. (Fig. 323). Aus der Festungskirche stammend (Zimmer XXIII). *Fig. 323.*

23. Rote Marmorplatte; erzbischöfliches Wappen in Relief; darunter Inschrift: *Erzbischof Leonhart* (Keutschach) *zu Salzburg hat das paw lassen machen anno dni 1511* (Kapelle).

24. Steinrelief, braun gestrichen; 57 × 59 cm; über glatter im Mittelteil seicht vortretender Staffel Halbfigur Christi, in der Linken die Weltkugel mit Kreuz, die Rechte mit segnendem Gestus erhoben, zwischen zwei knienden Gewandengeln, die einen Teppich hinter Christus halten. Die Figuren in hohem Relief in einer von dreipaßförmigem Bogen mit Krabbenbesatz abgeschlossenen Vertiefung. Oberdeutsch, Ende des XV. Jhs., vielleicht nach einem Stich? (Kapelle).

25. Fragmente aus roh behauenem rotem Marmor von Valkenauers unvollendeten Figuren für das Kaisergrab in Speier 1514 (Fig. 324—326). *Fig. 324—326.* Vor achtseitigen Pfeilern unter konsolartigen Vorsprüngen mit Kielbogenornament (einmal mit Cherubsköpfchen) vier Figuren von Kaisern, drei weitere fragmentierte und zwei Figuren von Kaiserinnen, alle zirka 148 cm hoch, die Kaiser mit Krone, Reichsapfel und Zepter, die Frauen mit glattem Mieder, faltigem Rock und weitem Mantel, die Krone bei der einen hoch über dem in ein Netz gefaßten Haar, bei der anderen nur ein Reif über den an den Schläfen aufgesteckten Zöpfen (Kapelle). Zugehörig eine kreisrunde Bekrönung aus dem gleichen Marmor (Fig. 327). Zwischen gedrehtem Wulst, Kehle *Fig. 327.* und Rundstab ist die Brüstung mit stark vortretenden Reliefs in der Art von gefaßten Schmucksteinen besetzt; runde Rosetten mit Eckblättern alternieren mit breitovalen facetierten Steinen. Ferner weitere Fragmente von Pfeilern und drei palmettenförmige Akroterien (Hof).

Am 5. Februar 1514 schloß Kaiser Maximilian mit dem Salzburger Bildhauer Hans Valkenauer zu Rattenberg am Inn einen Vertrag über ein Denkmal, das er im Königschor des Domes zu Speyer zu Ehren der dort bestatteten deutschen Herrscher setzen wollte (Jahrbuch der kunsthistorischen Sammlungen des Allerhöchsten Kaiserhauses I, S. LV). Die Reste dieses unvollendet gebliebenen Denkmals in den Figuren des Salzburger Museums — dazu kamen noch weitere Fragmente aus dem Aiglhof, dem Schwarzenbergschen Schloß in Aigen und Schloß Fürberg — erkannt zu haben, ist das Verdienst Dr. Franz Martins. Vgl. dazu Herm.

Fig. 323 Hl. Leonhard, Alabasterfigürchen (S. 245)

GRAUERT, Ein vergessenes Kaiserdenkmal, in der Internationalen Wochenschrift für Wissenschaft, Kunst und
Technik, 1911, Heft 2, S. 34, und die weiter ausholende Abhandlung von PH. M. HALM, Hans Valkenauer

Fig. 324 Hans Valkenauer, Kaiserstatue
vom Speierer Denkmal (S. 245)

Fig. 325 Hans Valkenauer, Kaiserstatue
vom Speierer Denkmal (S. 245)

und die Salzburger Marmorplastik, in Kunst und Kunsthandwerk XIV, S. 145. Daselbst auch (Abb. 44) ein
Rekonstruktionsversuch des ganzen Kaiserdenkmals.

26. (In die Wand eingelassene) Grabplatte aus rotem Marmor, Fragment. Umschrift: *Hie ligt begraben der Ruprecht Peustenger* (?) *der gestorben ist . . . d. MVCXV iar den got genad* — um ein (fragmentiertes) Wappen mit kantigem Ornament als Füllung (Sakristei).

27. Relief in Kehlheimerstein, quadratische Platte, 51 *cm*, darin. Rundfeld mit Relief, Porträt des Erzbischofs Matthaeus Lang, mit stilisiertem Blatt- und Blumenornament als Zwickelfüllung (Schlafsaal).

28. Tafel aus rosa Marmor; darin in rundbogig geschlossenem Feld mit der aufgelösten Lilie des Wappens in den Zwickeln. Wappen des Erzbischofs Matthäus Lang und Jahreszahl 1533 (Vestibül).

29. Würfelkapitäl; Fragment eines Tabernakelpfeilerbildstockes aus dunklem Stein, mit jederseits einem Kruzifixus in Relief mit Datum: *1541* beziehungsweise einem Schildchen mit Wappen (Hof).

30. Relief aus rotem Marmor; 80 × 46 *cm* (mit moderner Basis- und Abschlußplatte); Rahmung aus zwei stark geschwellten Säulen über kannelierten Postamenten. Dazwischen in rundbogigem Feld mit Muschelabschluß und Blättern in den Zwickeln Halbfigur der Lukretia, die sich das Schwert in die Brust stößt. Spruchband: *Lucretia 1541* (Schlafsaal).

31. Rote Marmorplatte mit Wappenrelief (Frosch) mit reichem Zaddelwerk; oben Datum: *1518 Jar* (Epitaph eines Mitgliedes der Familie Fröschelmoser). (Kapelle.)

32. Relief; rote Marmorplatte mit Wappen in rundbogigem Feld; darunter in segmentbogigem Feld zwischen Säulchen Gewandengel, zwei Wappen haltend. Oben Datum: *1518 iar* (Kapelle).

33. Wappenkartuschen aus Sandstein mit den Wappen der Stadt Salzburg, der Erzbischöfe Markus Sittikus, Firmian, Paris Lodron. Fragmente von (Grab-)Steinen mit dem Wappen eines der Fröschelmoser (1851 vermittelt von Herrn Müllbauer aus Mauterndorf, Jahresbericht 1851). Mitte des XVI. Jhs. (Hof).

34. Rote Marmorplatte; erzbischöfliches (Kuenburg) Wappen in Relief. darunter Inschrift in Rollwerkrahmung: *Michael . . . Ertzbischof zu Saltzburg 1559* (Kapelle).

35. Rote Marmorplatte; Wappenschild in Relief zwischen zwei schildtragenden Putten unter Segmentbogen auf perspektivisch gestellten Pfeilern mit Rollwerkornament und lagernden Putten in den Zwickeln. Als Bekrönung Rollwerkornament zwischen Fruchtbüscheln; in der Mitte liegender Putto mit Totenkopf und Stundenglas; auf dem Fruchtbüschel rechts Halbfigur eines Tödleins, das mit einem Bogen gegen die Mitte zielt (links lädiert). Um 1560 (Kapelle).

36. Relief aus Kehlheimerstein mit Spuren von Bemalung; 40 × 42 *cm*; Geißelung Christi, der in der Mitte an die Schmerzenssäule gebunden ist, von mehreren Schergen gegeißelt wird. Nach oben angedeuteter Bogenabschluß mit Cherubsköpfchen in den Zwickeln. Zweite Hälfte des XVI. Jhs. (Kapelle).

Fig. 326 Hans Valkenauer, Kaiserin vom Speierer Denkmal (S. 245)

37. Tafel aus rotem Marmor; über Inschriftfeld in Rollwerkrahmung Doppelwappen Salzburg-Khuen Belasy unter hohem Rundbogen über Säulen. 1562 (Hof).

38. Platte aus Untersberger Marmor; über niedriger Staffel mit leerer Inschrifttafel in Rollwerkrahmung zwei durch ein schräges Sims getrennte Felder. Das obere enthält ein leeres Feld in breiter Rollwerk-

Fig. 328.

Fig. 329.

Fig. 327 Brüstung vom Speierer Kaiserdenkmal im Hof des Museums (S. 245)

rahmung mit Fruchtbüscheln, einer palmetten-bekrönten Maske mit Draperie oben, zwei Löwen-fratzen seitlich und einem Totenkopf mit gekreuzten Gebeinen unten. Das untere Feld wird von zwei Säulen eingefaßt, über deren korinthischen Kapitälen Putten stehen und eine Draperie halten; vor dieser Wappen des Erzbischofs Joh. Jak. Khuen-Belasy. Um 1565 (Fig. 328; Hof).

39. Tafel aus rosa Marmor; über Inschriftfeld Wappen Khuen-Belasy unter Segmentbogen auf ornamentierten Basen. 1568 (Hof).

40. Rote Marmorplatte; in vertieftem Feld unter Bogen über ornamentiertem Pfeilern erzbischöfliches Wappenrelief, darunter eine von einem Putto gehaltene Inschriftskartusche: *Joan. Jaco. Archieps Salz. Apo. se. Lega MDLXVIIII* (Khuen-Belasi). (Kapelle.)

41. Aus Kehlheimerstein mit Resten von Poly-chromie; oben über abgerundete Reliefplatte mit fast frei herausgearbeiteten zirka 100 cm hohen Figuren der Hl. Rupert und Virgil (Fig. 329), in reichem bischöflichem Ornat; das Pedum des ersteren mit tabernakelförmigem Nodus, in den Figurennischen Statuetten von Heiligen, als Kurvafüllung Relief, Maria mit dem Kinde, sitzend, herum Flammen-

gloric. Der Stab des hl. Virgil zum Teil abgebrochen, als Kurvafüllung leicht beschädigtes Relief: Thronender Papst zwischen anderen stehenden Männern (hl. Petrus und ein Mönch?). Um 1570 (Sakristei).

42. Reliefplatte aus Solenhofer Stein, das untere Drittel staffelartig abgetrennt. Im oberen Feld das Mahl im Hause des Simon in einem architektonisch reich ausgestatteten Innenraum; die Teilnehmer am Mahle sowie der mit Speisen bedeckte Tisch sehr detailreich und sorgfältig behandelt. Oben Inschrifttafel mit der Schriftstelle in reicher Rollwerk-kartusche. In der Staffel vor Draperie Doppelwappen zwischen dem knienden Stifter und seinen Gattinnen; neben einer dieser, die durch ein Kreuz als verstorben bezeichnet ist, ihr Wappenschild. Um 1600. Der Art des Christ. Murmann in Augsburg nahestehend; siehe Monatshefte für Kunstwissen-schaft 1914, S. 219, Taf. 47. Aus dem ehemal. Schöndorfer Gasthause in Hallein stammend; 1913 vom Museum erworben (Fig. 330) (Zimmer XXXIX).

43. Weißer Sandstein-Wandbrunnen mit Löwenmaske in der rundbogig vertieften Rückwand und einfassenden Halb-säulen. Ende des XVI. Jhs. (Vestibül).

44. Reliefplatte aus rosa Marmor mit dem Wappen des Erzbischofs Wolf Dietrich und der Jahreszahl 1590 (Hof).

45. Rosa Marmorplatte, mit segmentbogig geschlossenem Relieffeld, darin unten drei Wappen, oben über Wolken hl. Dreifaltigkeit, Gott-Vater und -Sohn in Halbfigur. Unten Grabschrift auf Georg Thrauner 1598 (Hof).

Fig. 328 Marmorplatte mit Inschriftkartusche und Wappen Khuen-Belasy (S. 248)

46. Relief aus Stein, gelblich; 55 × 50 cm; Christus mit der Salvatorfahne, aus dem Sarkophag auferstehend, um den vier Wächter liegen; links und rechts über spiralförmig gebildeten Wolken die Oberkörper musizierender Engel. Gering, um 1600 (Kapelle).

47. Rote Grabplatte, oben flaches Relief; Kruzifixus mit drei knienden Männern und zwei Frauen, fünf Schildchen mit Hauszeichen. Unten Inschrifttafel in Volutenrollwerk, der Anna Renerin durch ihren dritten Hauswirt 1605 aufgerichtet (Hof).

Fig. 329 Statuette des hl. Virgil
aus Kehlheimerstein (S. 248).

Fig. 330 Relief aus Solenhofer Stein,
Mahl im Hause des Simon (S. 248)

48. Roter Marmor; Halbfigur; Relief eines bärtigen Mannes, einen Stab in der Rechten, ein Schild mit Steinmetzzeichen in Kartuscherahmung in der Linken, in vertieftem, mit Perlstab gerahmten, rundbogig geschlossenen Feld mit Cherubsköpfchen in den oberen Zwickeln. Unten Inschrift auf den Maurermeister Sebastian Deufenpacher, gestorben 1602 und seine Gemahlin Elisabeth geb. Freihamer 1607 (Kapelle).

49. Steilovales Feld mit überlebensgroßer, fast frei gearbeiteter Figur des hl. Sebastian zwischen zwei Putten aus weißrosa Marmor; ursprünglich an dem 1614 erbauten, 1892 demolierten Linzertor eingemauert.

XVI   32

Aus dem St. Sebastiansfriedhof Feld Nr. 10 stammend; eine Arbeit des seit 1614 in Salzburg lebenden Konstanzer Bildhauers Hans Konrad Asper, wie schon PIRCKMAYER, S. 74, vermutet hatte; die Übereinstimmung mit den zwei gesicherten Grabmälern (siehe die folgende Nummer und Kunsttopographie IX, Fig. 183) scheint ziemlich überzeugend; siehe auch R. GUBY, Über die Tätigkeit des Bildhauers Hans Konrad Asper in Salzburg, 1615—1625, in Landeskunde I,VI, S. A. S. 34 ff. (Hof; Fig. 331).

Fig. 331.

50. Weißer Marmor; über einem Lager mit Volutenlehne und Polster auf dem Rücken ausgestrecktes Skelett mit ein wenig aufgezogenen Knien mit einem faltigen Mantel, der über dem Brustkorb zusammen-

Fig. 331 Hl. Sebastian vom ehemaligen Linzertor.
Vielleicht von Hans Konrad Asper (S. 250)

Fig. 332.

gehalten wird und die Füße bedeckt. An der Volutenlehne bezeichnet: HC Asper (Fig. 332). Vermutlich von der Gruft Nr. 21 am St. Sebastiansfriedhof stammend. Auf dieses Grabmonument bezieht sich vielleicht ein Aktenstück im Landesregierungsarchiv, das PIRCKMAYER in seiner Studie über Asper (Mitteilungen der Zentralkommission XX und Notizen zur Bau- und Kunstgeschichte Salzburgs 1903, 70) veröffentlicht (Hof).

1625, 26. Mai.

Ich Sophia Hansen Conraden Aspers, der Zeit Constanzischen Underbawmeisters, vor disem alhie zue Salzburg gewesten Eidt- .... eheliche Hansfrau und neben ihr mit Georg Puechenperger, hf. salzb. Münzmaister und Berckwerksobmann, Johann Walburger, Bildhauer und David Harderer, Bürger und Goldschmid alle drey alhie zu Salzburg bekennen hiemit offentlich und thue kund iedermeniglich, demnach zwischen den wolgeborenen Herrn Proto Tschernin von Chudinitz, hf.

salzb. Camerherrn wegen eines sein Herrn Tschernin Schwehern Weiland Valentin Helbmüg (= Hellmöck) gewesten Rats-
bürgern athie vermög Testaments uf dem Kürchhoff zue st. Sebastian athie aufgerichten Epitaphll sich darumben Stritt und
Irrnngen eraignen wollen, das man ex parte Herrn Tschernins darfür gehalten, solches Epitaphium dem Abriss und auf-
gerichten Spaltzöllen nit gemeß gemacht .sein und derentwegen mit Sophie Asperin nach Verraisen obbenands meines
Ehewürths nit allein 300 Reichsthaler werden, sondern auch die Sach zu merer Weitlleufigkeit und für das hochlöbl. salzb.
Hofgericht gezogen werden wellen, wie den selbiger Ortten wir streittende Partheyen zue underschidlichen Malen mit unseren
Praetensionibus gerichtlich einkomen und genedig angehört worden, das aus den Litiganten zue sondern Gnaden ein hf.
Hofgericht sich genedig interponiert, aus dero Mittel ansehnliche Commissarios zue Hindanlegung solcher Strittigkeiten ver-
ordnet, mit dero Zuethuen solche Irrnngen zwischen uns obbenannten und dem wolgedachten Herrn Proti Tschernin (welcher
inmittelst obligenter Geschefften halber verraist) zue diser Sach Bevollmechtigte hinderlassene Anwält und Gewalttröger
Johann Schwabengruber und Sebastian Stainberger, beden Rathsbürgern und Handelsleuten athie, uff allerseits beschenes
Compromittieren, sowohl in die hiezu ex offo verschaffte Werckverständige als zuvorderst der verordneten hohen Commissarien
uff ain stet, ewig und unwiderrufliches Ende vereinbart und verglichen worden wie volgt: Nemblichen dass die Tschernin-

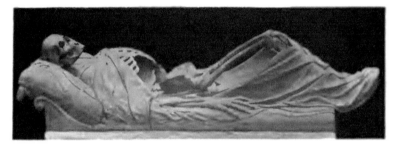

Fig. 332 Skelett von einem Grabmal des Sebastianfriedhofs.
Von Hans Konrad Asper (S. 250)

schen Gewalthaber mit der Asperin die noch restierende 390 Reichsthaler ohne ainigen Abzug zu erstatten, herentgegen aber
ich Asperin neben obbenannten meinen Anweisern und Burgen schuldig sein sollen vor allem ein hf. Hofgericht so weit
zuversichern, dass hinfürter und in ewiger Zeit ich die Asperin, mein Man noch jemand anderer von unsertwegen vor oder
wider hochbesagtes Hofgericht keine einige Spruch noch Forderungen suchen noch haben, nachgehents auch Herr Tschernin
alle seine Erben und Nachkommen, wie nit weniger dessen Anwälle und Gewalthaber des völligen Empfangs, so Johann
Conrad Asper obvermeldt wegen des Epitaphii zu praetendiren gehabt under deme die anjetzo erkhendte 390 Reichtaler gleich-
wol begriffen, gebürendermassen quittirt werden solle . . . . .

Geschehen zu Salzburg den 26. May Anno 1625.

Catenicht der Recess und Vertrag 1607/1630 f. 232/233.
(Landesregierungsarchiv.)

51. Steinrelief mit Resten von Polychromie; über Inschrifttafel von 1648 Wappenrelief des Erzbischofs Paris Lodron (Vestibül).

52. Weißer Marmor; Büste des Santino Solari mit Knebel- und Schnurbart und einfachem Umlegekragen. Mitte des XVII. Jhs. Angeblich aus der Gruft Solaris in St. Peter stammend (Schlafsaal).

53. Relief aus rotem Stein; 41 × 44 cm; rohe Arbeit; Kruzifixus ohne Kreuzbalken zwischen zwei gleichgebildeten Figuren (Maria und Johannes) ohne Beine. Oben eingraviert: W und M. Unten 16 und — Undatierbar (Kapelle).

54. Grabtafel aus Untersberger Marmor, im oberen verteilten Feld unter Draperie Figur des hl. Georg in Rüstung mit Fahne, über den Drachen triumphierend; seitlich von ihm zwei Schilde mit Hauszeichen. Unten Inschrift auf Georg Heffter 1658 (Vestibül).

55. Tafel aus Untersberger Marmor mit aufgesetztem Wappen in Rollwerkrahmung mit Fruchtschnüren. Inschrift auf Umbau eines Hauses durch Johannes Franziskus v. Preysing, Bischof von Chiemsee 1678 (Vestibül).

32*

56. Rotmarmorner Wandbrunnen (Fragment) mit Löwenmaske in der rundbogig vertieften Rückwand, mit Inschrift im Gebälk: *16 Bautt Spingrueber 79*. Darüber (jetzt) aufgesetztes (nicht zugehöriges) Segmentfeld mit Jahreszahl 1667 um ein Schildchen (Vestibül).

57. Marmorrelief; 60 × 52·5 *cm*, oval; Porträtmedaillon Kaiser Leopolds I. in der Art des Grupello (vgl. die Büsten, Wien, Hofmuseum, Goldsaal) (Schlafsaal).

58. Weiße Marmorbrüstung, vierpaßförmig, mit ausspringenden Ecken; über Sockel glatter Mittelteil und abgerundeter Abschluß. An dem einen Paß Wappen des Hochstiftes Salzburg, an einem anderen Wappen des Grafen Joh. Ernst Thun und Datum *1694*. Ehemaliger Brunnen im Chiemseerhof (Hof).

Fig. 333.

Fig. 333 Alabasterbüste des Erzbischofs Hieronymus Colloredo (S. 252)

59. Grabtafel aus Untersberger Marmor; über Inschrift Relief in vertieftem Feld; vor einer Draperie Putto mit Totenkopf, eine Wappenkartusche haltend: *Jakob Heffter 1705 und seine Hausfrau Anna Heffter geb. Stockhamer 1711* (Vestibül).

60. Rechteckiges Wasserbecken aus weißem Stein mit dem Wappen des Erzbischofs Graf Franz Anton Harrach und der Jahreszahl 1714 an der Vorderseite (?) (Museumshof).

61. Sandsteinfigur; 91 *cm* hoch; männlicher Zwerg mit Zweispitz, den Degen ziehend. Erste Hälfte des XVIII. Jhs. (Vestibül).

62. Wandbrunnen aus weißem Marmor; halbrund vortretende, profilierte Schale. Die Rückwand vertieft mit Löwenmaske, darüber Schildchen mit einem Affen, der ein Buch hält: *Johann Elschauer 1781* (Hof).

63. Stein; 24 *cm* hoch; an einem Postament zwischen profilierten Deckplatten und mit Inschrift: *Sub hoc signo vixi* sitzt eine Frau in biblischer Tracht mit Kopftuch. Sehr rohe Arbeit. Ende des XVIII. Jhs. (Zimmer XXXIX).

64. Büste aus Alabaster auf einfachem Sockel mit gedrehten Kerben; 37 *cm* hoch; Porträt des Erzbischofs Hieronymus Colloredo mit Käppchen. Gute Arbeit, Ende des XVIII. Jhs. (Fig. 333). Geschenk des Grafen Anton Eusebius v. Königsegg-Aulendorf 1846 (Schlafzimmer).

65. Marmorbüste (lebensgroße) Kaiser Franz' I., in antikisierender Draperie, über einem Postament, das von einem Blattkranz umlaufen wird und an den abgeschrägten Kanten Eckblätter je mit drei Wappenschildchen enthält. Vorn Aufschrift: *Franciscus I Imperator Austriae*. Von Emanuel Max R. v. Wachstein in Prag. Geschenk der Kaiserin Karolina Augusta (Industriehalle).

66. Alabaster; zirka 30 *cm* hoch; über Sockel mit Blattschnüren trauernde verschleierte Frau, die mit einem Kranz in der Linken an dem Stumpf einer kannelierten Säule lehnt; auf dieser steht eine Urne mit Tuch und hängt unten ein ovales Schild mit schwarzer Inschrift: *Der Catharina Penkher gewidmet 1812*. Unter Glassturz (hist.-top. Halle).

67. Alabaster (und grauer Stein); zirka 30 *cm* hoch; über grauer Basis Breitpfeiler auf Postament mit nach oben verjüngtem geschweiftem Aufsatz, der als Bekrönung eine schwarze Urne mit einem Tuch trägt. Auf der Basis vor dem Pfeiler über naturalistischem Stein Figur eines nackten bärtigen Mannes. Am Pfeiler, unter aufgehängter Draperie, Inschrift: ·*Der Secretairs Frau Katharina Penkher gewidmet 1819*. Unter Glassturz (hist.-top. Halle).

Stuck. Ton, Gips.

D. Stuck, Ton, Gips.

1. Polychromiertes Stuckrelief, überlebensgroßes Kniestück des Don Juan d'Austria. Vom Plafond im II. Stock des Neugebäudes stammend. Siehe Kunsttopographie XIII, S. 63, Taf. X (Fig. 334). Arbeit des Elia Castello um 1600 (Waffenhalle).

2. Tonmodell, 4·7 *cm* hoch, Statuette eines stehenden bärtigen Heiligen (Filippus Benicius) in priesterlichem Gewand, den Kruzifixus in der linken Hand haltend; neben ihm die Tiara (Fig. 335). Skizze von Bernhard Mandl zu seiner Statue auf der Prager Brücke (abgebildet: HERAIN, Karlsbrücke, T. 14); 1711 vom Fürsten Adam Andreas von Liechtenstein bestellt (F. WILHELM in Jahrb. Z.-K. 1914, Beiblatt, Sp. 40), 1714 aufgestellt (hist.-top. Halle).

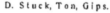

3. Relief aus glasiertem Ton, weiß; 10 × 16 *cm*; zwei Pendants; büßender hl. Petrus mit Buch und Hahn beziehungsweise büßende hl. Magdalena mit Totenkopf, Kruzifix und Salbengefäß; beide in Höhle. Erstes Viertel des XVIII. Jhs. (Schlafsaal).

4. Ton, polychromiert; zirka 13 *cm* hoch; über unregelmäßig ausgeschnittener als Rasenfleck charakterisierter Fußplatte Gruppe eines Löwen, der einen Jagdhund zerfleischt, während zwei andere ihn anfallen. Auf der Unterseite eingeritzt: *Gutielmo*. XVIII. Jh.? (Saal XXIII).

5. Gips, lebensgroße Gruppe von zwei zusammengewachsenen Zwillingen, Hände und Füße verstümmelt. 1757 von Joh. B. Hagenauer modelliert (hist.-top. Halle).

Fig. 334 Don Juan d'Austria, Tonrelief von Elia Castello, aus dem Neugebäude stammend (S. 252)

Fig. 335 Tonskizze zu einem hl. Filippus von Bernhard Mändl (S. 252)

6. Gebrannter Ton (ohne Kreuz); 23 *cm* hoch; Beweinung Christi. Maria hält den Leichnam Christi im Schoß, Magdalena kniet zu Füßen und hält eine Hand des Herrn; hinter ihr Johannes. Wolken mit Cherubsköpfchen und das überragende naturalistische Kreuz. Sehr zurückgebliebene Arbeit um 1780 (Saal XXIII).

7. Gips, neu bronziert, 71 *cm* hoch. Büste des Abtes von St. Peter, Dominikus Hagenauer. An der Rückseite bezeichnet: *Io. Hagenauer fecit 1787*. 1915 erworben (Raum XXVI) (Fig. 336).

Fig. 336.

8. Gipsmodell (46 *cm* hoch) eines Pferdes. Bezeichnet: *Io. Hagenauer inv. et fec. 1787* (hist.-top. Halle).

9. Bemalte Gipsreliefs, in Rahmen verglast; 38 × 30 *cm*; Verkündigung. Der Engel erscheint Josef (Matth. 1, 20) Luc. 2, 7, Luc. 7, 21 und die Anbetung der hl. drei Könige, Dornenkrönung und Kreuzigung. Alle von F. Xav. Nissl, das drittletzte ausführlich bezeichnet: *F. Xav. Nissl 1787* und darunter: *Fr. Ser. Nissl pinxit 1848* (Zimmer XXXIX).

10. Gips; Brustbildrelief des Bildhauers F. X. Nissl. An der Rückseite bezeichnet: *Verfertiget von Franz Nissl dem jungen 1797* (top.-hist. Halle).

Fig. 336   Johann Hagenauer, Büste des Abtes Dominikus Hagenauer (S. 252)

11. Gips; Rundmedaillon mit Halbfigur des Andreas Hofer von F. X. Nissl (hist.-top. Halle).

12. Medaillonporträt aus weißem Gips vor schwarzem Grund, oval; 11·5 × 14·5 cm; Brustbild einer Dame mit gefaltetem Busentuch und plissierter Haube. In vergoldetem, gepreßten Messingrahmen mit Perleinfassung. Anfang des XIX. Jhs. Von Peter Pflauder (Saal XXIII; Fig. 337).

Fig. 337.

13. Originalmodell des Salzburger Mozartdenkmals, Gips, bronziert; 120 cm hoch; von Ludwig Schwanthaler, 1842 (Musikhalle).

Fig. 337 Gipsmedaillon von Peter Pflauder (S. 255)

E. Elfenbein.

Elfenbein.

1. Diptychon aus Elfenbein; jeder Flügel, 6·8 × 10 cm, enthält in vertieftem Feld ein Relief, das nach oben von drei fast abgerundeten Spitzbogen mit einspringenden Nasen und darüber drei Wimpergen mit Krabben und eingeblendeten Kleeblattpässen als Füllung zwischen den Wimpergen und der oberen (gekerbten) Rahmung abgeschlossen ist. Relief links: Tod Mariä, die auf einem Lager mit gekreuzten Händen liegt; hinter ihr stehen die Apostel in zwei Reihen hintereinander, so daß man von den Rückwärtigen nicht einmal die Köpfe voll sieht. Der Apostel zu Häupten faßt ihr Kopfkissen, der zu Füßen ihren linken Fuß. In der Mitte steht Christus, Mariens Seele als kleines Mädchen gestaltet im Arm, die Rechte segnend erhoben. — Relief rechts: Christus neben Maria thronend, die betend die Hände faltet. Christus hält in der Linken ein Buch, die Rechte hebt er segnend zu Marien. Über ihnen zwei kleine Gewandengel Weihrauchgefäße schwingend, die an den Konsolchen des mittleren Abschlußbogens befestigt sind. Graziöse Arbeit, französisch, XIV. Jh. An der glatten Außenseite des rechten Flügels eingeritzt: T. Kantzow (hist.-top. Halle).

2. Elfenbein, Relief; rundbogig abgeschlossen; 3·4 × 5·7 cm; in schwarzem Holzrähmchen. Verspottung Christi, Christus, nackt, mit gefesselten Händen, sitzend, zwei bärtige Männer um ihn beschäftigt. XVII. Jh. (?) (hist.-top. Halle).

3. Elfenbein, Relief, als Applique gearbeitet (mit drei kleinen Löchern, durch die es mit Nägeln befestigt war). Halbfigur des hl. Benedikt (?), ein Kreuz an der Brust, die Rechte beschwörend erhoben, in der Linken eine Schlange haltend (hist.-top. Halle).

4. Elfenbeinkruzifix (das Korpus zirka 22 cm lang) an schwarzem Holzkreuz über geschwungenem Postament mit vergoldetem Blattfries. Stark flatternder Schurz. Erste Hälfte des XVIII. Jhs. Mährischer Provenienz (Fig. 316, hist.-top. Halle).

Fig. 316.
Wachs.

F. W a c h s.

Fig. 339.

1. Wachs, hohl; zirka 10·5 cm hoch; stehende Frau in vornehmer Tracht mit Puffärmeln, Litzen an den Ärmeln, flachem Hut und Handschuhen in der Rechten. Ende des XVI. Jhs. (Fig. 339). Deutsch. Vielleicht Stifterfigur von einer größeren Komposition (Saal XXXIX).

Fig. 338   Wachsbüstchen eines aussätzigen Mannes (S. 256)

Fig. 338.

2. Wachsbüste in runder (Durchmesser 13 cm) kapselförmiger Rahmung; Büste eines mit Ausschlag bedeckten Mannes mit schmerzerfüllten Zügen, das Hemd auf der Brust geöffnet. XVIII. Jh. (hist.-top. Halle; Fig. 338).

Fig. 340.

3. Polychromierte Wachsbüste einer jungen Frau, zirka 13·5 cm hoch, mit schwarzer Samthaube; über breitem geschweiftem rosamarmoriertem Holzsockel. XVIII. Jh.? (hist.-top. Halle; Fig. 340).

4. Bemaltes Wachsrelief, von Flittern eingefaßt, in kästchenartigem Rahmen unter Glas; 10 × 15·5 cm: Vanitas (Magdalena?), junge reich gekleidete Frau mit Totenkopf, zerreißt ihre Halskette und fegt mit der Rechten Goldgerät von einem Tisch. Anfang des XVII. Jhs. (Schlafsaal).

5. Zwei Wachsreliefs in ähnlicher, nur reicherer Fassung (wie 4), mit Goldspitze, Glasperlen und Stoffröschen; 8 cm hoch; Halbfigur der hl. Katharina mit dem Schwert und dem zerbrochenen Rad. Pendant: hl. Barbara mit Turm, Palmzweig und Kelch. XVII. Jh. (Schlafsaal).

6. Zwei weitere ähnlich gerahmte, Brustbild Christi, beziehungsweise Mariä in weißem Wachs. XVII. Jh. (Schlafsaal).

Fig. 339 Stehende Frau,
Wachsfigur (S. 256)

Fig. 342 Bauer, ein Vogelnest ausnehmend, Wachs (S. 258)

Fig. 341 Wachsbüste
des Andrä Gottlieb Freiherrn v. Pranck (S. 258)
XVI

Fig. 340
Wachsbüstchen einer jungen Frau (S. 256)
33

7. Zwei Reliefs, 7·9 cm hoch; 23 × 28·5 cm; Brustbild Christi über kleiner Wolke mit Cherubsköpfchen beziehungsweise Brustbild Mariä. XVIII. Jh. (Schlafsaal).

8. Bemaltes Wachsrelief; 14 × 17 cm; schöne Madonna von Wessobrunn mit leicht geneigtem Kopf, fast en face gesehen. XVIII. Jh. (Schlafsaal).

Fig. 341.

9. Lebensgroße Wachsbüste des Andrä Gottlieb Freiherr von Pranck, hf. Salzb. Obersten etc., in weißem Uniformrock mit roten Aufschlägen, roter, mit Goldborte verzierter Weste und Dreispitz über dem Haarbeutel (Fig. 341). Um 1790 (Waffenhalle). Vielleicht von dem B. Lomminger, von dem die Büste des P. Dom. Beck in St. Peter herrührt (vgl. Kunsttopographie XII, S. 139 und Fig. 211).

Fig. 342.

10. Bauer, zirka 40 cm hoch, der aus einem Vogelnest Eier nimmt; neben ihm ein Baum mit einem Vogel und einem weiteren Nest (Fig. 342). Ende des XVIII. Jhs. (Zimmer XXVIII).

Fig. 343. Krieger in römischer Tracht, Porzellan (S. 258)

Fig. 344. Reliefporträt des Erzbischofs Sigismund, Porzellan (S. 258)

Porzellan.

G. Porzellan.

Fig. 343.

1. 22·5 cm hoch; Figürchen eines stehenden Kriegers in römischer Rüstung und rotem überhängendem Mantel, auf den aufgestellten Schild gestützt. Um 1750 (Fig. 343) (hist.-top. Halle).

Fig. 344.

2. 15 cm hoch; rundes, gedecktes, mit Blumen bestreutes Tischchen, darauf in Blumenrahmen Brustbild des Erzbischofs Sigismund v. Schrattenbach, weiß, mit wenig Gold und Bunt gehöht. Um 1760 (Fig. 344).

3. Büste aus weißem Porzellan; Brustbild des Erzbischofs Sigismund v. Schrattenbach, über zweifüßigem Postament aus Holz, schwarz gestrichen, mit geschnitzten, vergoldeten Rocailleornamenten; 14·5 cm hoch. Um 1760 (Fig. 345). 1849 von Herrn Duyle geschenkt (Jahresbericht 1849) (hist.-top. Halle).

4. Indianer, weiß; zirka 14 cm hoch; über naturalistischem Steinsockel sitzt ein Indianer und hält ein [...] in der Linken. Rechter Arm abgebrochen; neben der Statuette abgebrochener Behälter (?). [...] Nymphenburg. Um 1760.

5. [...] Vierseitiger Sockel mit sitzenden doppelleibigen Greifen an den Kanten und an den eingezogenen Seiten; darüber Deckplatte mit Eierstab und Widderkopf an den vier Ecken. [...] Blaumarke, [...] und R. Wien, Ende des XVIII. Jhs. (Fig. 346).

Fig. 346.

Fig. 345 Porzellanbüstchen des Erzbischofs Sigismund (S. 258)

Fig. 346 Biskuitsockel (S. 258)

VI. Öfen und Kacheln.

1. Ofen aus buntglasiertem Ton, quadratisch auf rechteckigem Unterbau (Fig. 347). Dieser enthält an der Vorderseite, deren Kanten mit weiblichen Hermen besetzt sind, eine gußeiserne Ofenplatte mit Doppelwappen: Perner und Fröschlmoser und Jahreszahl *1518*. Über abgerundetem Gebälk der Hauptaufbau, der aus zwei Schichten von Kacheln übereinander besteht und dessen Basis mit Blattwerk mit Ranken besetzt ist. In der Mitte jeder Schichte an den drei freien Seiten ein großer Kachel, der in reicher, mit Vögeln, Putten und Blumen verzierter Rollwerkrahmung die Gestalt eines gerüsteten Kriegers in ganzer Figur enthält; in der Fußplatte Aufschrift: *Herzog Gotefridt — Der gros Alexander — Caesar Carolus — Hector vo Droi* (Fig. 348) — *Caiesar Carolus* (anderes Bild) — *Cuuuig Davidt*. An der Rückseite eine allegorische Frauengestalt. Seitlich von diesen Mittelkacheln schmale, pilasterartige Kacheln (alle gleich) mit reichem architektonischem Renaissanceornament mit Putten, wohl nach einem Ornamentstich (Fig. 349). Attikagebälk mit zwei in einem Blattrankenornament spielenden Putten zwischen Eckkacheln mit Löwenmasken. Ausladendes, blattbesetztes Gebälk. Das schmälere Verbindungsglied zur Wand enthält jederseits zwei schmale hohe Kacheln mit Groteskenornament mit Sphingen, Füllhörnern und Maskerons. Auf der Herzog-Gotefridt-Kachel bezeichnet: *L. D.* (Jagdzimmer). Nach WALCHER, Bunte Hafnerkeramik der Renaissance, Wien 1906, S. 79; aus der Werkstätte des Salzburger Meisters H. R. um 1570.

2. Ofen, grün, vierseitig, mit leicht verjüngtem Obergeschoß, das gleich dem Untergeschoß mit einem ausladenden Gebälk abgeschlossen ist. Quadratische Kacheln, darinnen in runden, von Perlschnur eingefaßten Medaillons weibliche Brustbilder, die durch Beischriften als die fünf Sinne bezeichnet sind. Seitlich schmale Kacheln, darin in ovalem Feld Judith (?). Anfang des XVII. Jhs., aus dem Schloß Stuhlfelden stammend. Vgl. WALCHER, Bunte Hafnerkeramik der Renaissance, Wien 1906, S. 69 f., Fig. 113 (Zimmer XL).

3. Ofen mit bunten Kacheln (grün und gelb überwiegend); quadratischer Grundriß. Über zwei braunen, sitzenden Löwen, die in den Vorderpranken ein Schild mit dem Wappen der Stadt und des Erzbistums Salzburg tragen, steht der an drei Seiten freie Untersatz auf, der nach unten und oben mit dreiteiligem, verschieden ornamentiertem (Blatt-, Blumenranken-, Flechtbandornament mit Putten und Maskerons) Gebälk abschließt. Jede Seite enthält eine große Mittelkachel, die seitlich zwei breite Bordüren (Vase mit stilisiertem Rankenornament und Früchten, in Bandwerkrahmung ein palmettengekröntes Maskeron mit Draperie) einfassen; diese (Waffentrophäe zwischen zwei Putten und stilisierter Rebenranke, die in Delphinköpfe ausläuft) zwischen quadratischen Feldern (Löwenmaske in Rollwerk) abschließt. Die rechteckige Mittelkachel enthält je eine allegorische Frauenfigur (Geometrie, Astronomie, Grammatica) unter ornamentiertem Rundbogen über Pilasterbündeln mit Putten am Sockel und Cherubsköpfchen und Füllhörnern als obere Zwickelfüllung. Über dem Untersatz ein an allen Seiten freier verjüngter Aufsatz, der an

Fig. 347 Ofen von 1548 (S. 260)

jeder Seite einen gleiche Kachel zwischen seitlichen Bordüren (Blattranke mit Füllhörnern und Cherubsköpfchen) enthält. Über dem Abschlußgebälk (wie unten) Bekrönung: Aufsatz mit Schild *JHS*, von zwei in Blattranken auslaufenden Sirenen getragen (an drei Seiten) und kugelförmige Vasen an den Ecken. — Die Verbindung des Untersatzes zur Wand stellt ein Zwischenglied her, das an den zwei Seiten gekachelt ist: Oben und unten dreiteiliges Gebälk, eine seitlich von Rollwerkstreifen gerahmte große Kachel einfassend, die unter ornamentiertem Rundbogen auf Pilasterhermen (eine männlich, eine weiblich) eine Vase mit Früchten und einer abschließenden Palmette enthält; in den Zwickeln des Bogens Fruchtbüschel als Füllung. Der Ofen stammt aus der ehemaligen salzburgischen Universität (einzelne fehlende Kacheln sind ergänzt) (Speisehalle). Zweite Hälfte des XVI. Jhs.; nach .... a. a. O., S. 78, Fig. 132, aus der Werkstätte des Salzburger Meisters H. R.

..... lasierter Tonofen von rechteckiger Form, über unglasiertem Sockel und profiliertem Basis..... Reihen von Kacheln mit je einer allegorischen Gestalt, die Elemente, Dialektika usw. dar..... Abschlußgesimse mit Blattbesatz. Im Sockel eiserne Ofenplatte mit Steinbock und ..... zwischen Sternen. Zweite Hälfte des XVI. Jhs. (Studierzimmer).

..... an drei Seiten freistehend, mit gekachelter Ofenbank, angeschlossener Stufe und ..... diese Kacheln sind gelb mit grautetem Muster aus vollen und halben übereck gestellten

Quadraten mit grünem Blattornament auf dunklem Grund. Die Wandstreifen sind (in vertikaler Richtung) mit einem Blattfries besetzt und einem ebenso ornamentierten Gebälk nach oben abgeschlossen, das sich auch über die weitere Wandverkachelung fortsetzt. Diese besteht aus kleineren grünen Kacheln mit Doppeladler (zum Teil durch Gipskacheln ergänzt).

Der Ofen selbst besteht aus einem Hauptteil und einem verjüngten Aufsatz. Ersterer enthält an zwei Seiten je zwei große bunte (grün, blau, weiß, gelb) Kacheln übereinander zwischen seitlicher Bordüre mit Spiral- und Blattornament. Jede Kachel mit vertieftem ovalem Kartuschefeld, mit Früchten als Zwickelfüllung; im Feld gerüstete Frau, auf einem Elefanten beziehungsweise einem Stier reitend, Asia beziehungsweise Europa darstellend. An der dritten Seite über Kacheln mit Doppeladlern Darstellung der „Africa".

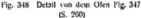

<table>
<tr><td>Fig. 348 Detail von dem Ofen Fig. 347
(S. 260)</td></tr>
</table>

Fig. 349 Detail von dem
Ofen Fig. 347 (S. 260)

Der Hauptteil ist mit einem mit Eierstab, Zahnschnitt und Blattfries ornamentierten Gebälk abgeschlossen. Der Aufsatz enthält jederseits nur eine Kachel (Africa), die von Eckkacheln — Steinvoluten zwischen Fruchtbüscheln, in eine bekleidete Herme auslaufend — eingefaßt werden. Ornamentiertes Abschlußgebälk und Bekrönung aus Früchten.

Der ganze Ofen kombiniert und ergänzt Mitte des XVII. Jhs.

In der seitlich fortgesetzten Wandkachelung (aus kombinierten, zum Teil in Gips gegossenen Stücken) große, grüne Kachel, darin steilovales Feld in Rollwerkrahmung mit großen stilisierten Blättern und bekrönendem Köpfchen; im Feld Kniestück eines alten Mannes in pelzverbrämtem Kleid, der sich am Feuer die Hände wärmt. Oben Aufschrift: *Winter*. Mitte des XVII. Jhs. (Ren.-Halle).

6. Vierseitiger Ofen mit zwei Geschossen über je einem Sockel, davon das Obergeschoß verjüngt; von zwei Löwen gestützt, von einem durch Imperatorenbüste gesprengten Flachgiebel bekrönt. Die Dekoration ist weiß auf blau und besteht in den Sockeln aus Löwenmasken und Fruchtgehängen, in den Geschossen selbst an den Kanten aus Engelhermen, in den Mittelfeldern aus allegorischen Figuren der Hoffnung beziehungsweise des Glaubens in einem von naturalistischen Früchten umrankten vertieften Achteck. Zweite Hälfte des XVII. Jhs. Aus dem Schloß Urstein stammend (Zimmer XL).

Fig. 350 Emigrationsstube mit dem Ofen (S. 263)

7. Vierseitig, mit verjüngtem zylindrischen Aufsatz, die vierseitigen Kacheln topfartig vertieft (mit umlaufender Sitzbank). Aus dem Wohnhause Schaitberger in Dürnberg stammend (Zimmer XL).

8. Grün glasierter Tonofen, vierseitig, der vordere Teil von vier sitzenden Löwen getragen; der Unterbau darüber an den Kanten mit vier weiblichen Hermen besetzt; die großen Kacheln stellen in reicher Umrahmung mit Fruchtschnüren und Cherubsköpfchen allegorische Frauengestalten der Erdteile dar. Darüber Kragengesimse mit Cherubsköpfchen und über ausladendem mit Kyma besetztem Gebälk jederseits ein mit Fruchtschnüren belegter Flachgiebel, der von einer Imperatorenbüste auf Sockel gesprengt wird. Verjüngter zweiseitiger Aufsatz mit Mascherons in den Kacheln und blattbesetztem Abschlußgebälk. Achtseitiges Kuppeldach mit bekrönender Imperatorenbüste. Der Unterbau ist mit der Wand durch einen

etwas niedrigeren Zwischenbau verbunden, dessen große Kacheln (in Kniestück) den „Winter" darstellen. Kleiner polygonaler Aufsatz mit Tiermasken. Zweite Hälfte des XVII. Jhs., vielfach ergänzt (Prunkzimmer).

9. Grün glasierter, von vier sitzenden Löwen auf den Köpfen getragener Tonofen, dessen vierseitiges Untergestell die Form einer zweireihigen Bücherstelle mit weißen, als Werke verschiedener evangelischer und anderer Theologen bezeichneten Foliobänden gestaltet. Das profilierte, vorn geschwungene Gebälk trägt ein Schriftband mit der Aufschrift: *Bibliotheca Vulcano consecrata*. Der eingezogene Oberbau ist an den Kanten mit breiten Volutenbändern mit Rocailleschmuck besetzt; die seitlichen Felder zeigen in reicher Rocaillerahmung je einen in ein Horn stoßenden Prädikanten in flachem Relief, das der Vorderseite in ebensolcher Umrahmung, freistehend, herausgearbeitet, eine Kanzel, in der ein Prädikant predigt. Über profiliertem Abschlußgebälk glockenförmiger Aufsatz mit Rocailleschmuck, darauf bunte Freigruppe: ein Prädikant, auf eine Trommel schlagend, die ein bunt gekleideter Küster hält; unter der Trommel ein aufgeschlagenes Buch mit den Worten: *Corpus doctrinae*. Aus Pfaffing bei Vöcklamarkt. Um 1750 (Fig. 350; Emigrationszimmer).

Fig. 350.

Fig. 351 Rokokoofenplatte; Salzburger Hanswurst mit Rüepel (?) (S. 264)

10. Kamin, gemauert, rosa und grün marmoriert; die Rahmung der Feuerstelle aus rosa Marmor; übereck gestellte Postamente mit vertieften Feldern, über Sims in Volutenkonsolen endend, die das leicht bewegte Abschlußgesims tragen. Darüber Aufsatz, von perspektivisch gebildeten Volutenbändern mit vergoldeten Holzvasen und Blattgehängen eingefaßt, von einem profilierten Gebälk abgeschlossen, das von außen gegen die Mitte zu herabgeführt ist und in eine Volute ausläuft. Darüber zurücktretendes bekrönendes Feld, das ein in Voluten eingerollter Segmentbogen abschließt, mit appliziertem Wappenrelief. Über seitlich an die Volutenbänder angesetztem Volutenpostament vergoldete, liegende Löwen aus Holz. Der Feuerplatz ist links und rechts ausgekachelt und enthält jederseits über Staffel mit weißer Ranke und Muschel vier Reihen aus je vier quadratischen Kacheln, darin in Rundfeld (mit geringer Zwickelfüllung) Delfter Landschaftsbildchen. An der Rückseite Feuerhund aus schmiedeeisernem Rocaillerahmen. Um 1760. Der Kamin stammt aus dem Hause Schanzlgasse Nr. 14 (Rokokozimmer).

11. Ähnlicher Aufbau, der eisenfarbene tönerne Aufsatz abgerundet und reich geschwungen, mit Volutenbändern besetzt und mit nahezu symmetrischer Rocaille verziert. An den vorderen Eisenplatten Doppeladler mit Datum *1757*, an den mittleren Riemen- und Rankenwerk. Zugehörig Ofengitter, dessen eine Seite mit verschlungenen Spiralstäben und angehefteten Blechschildchen noch erhalten ist. Aus dem Trientelhause stammend (Zimmer XL).

12. Ofen, vierseitiger Unterbau aus Eisen, darauf Aufsatz aus Ton, in nach oben verjüngter bewegter Form mit Volutenbändern und Rocailleornament. Beide Teile in gleicher Weise grauschwarz gestrichen. Die drei Platten des Unterbaues sind in leichtem Relief verziert und tragen an der Vorderseite den

Doppeladler mit der Jahreszahl *1764*, an den beiden Seiten in Rocaillerahmung Hanswurst und Rüppel mit Aufschrift: *Hier seh ich zwei mit mir sein drei* (Zimmer XL).

13. Ofen; ähnlicher Aufbau, der Aufsatz aus eisenfarben gestrichenem Ton, abgerundet, mit Volutenbändern besetzt und mit Rocaille und hängenden Blüten verziert. An den Eisenplatten Doppeladler und allegorische Frauengestalten in ornamentaler Umrahmung. Um 1770 (Zimmer XL).

14. Ofen; ähnlicher Aufbau, der Aufsatz über eingezogenem Sockel prismatisch mit einem geschwungenen Zeltdach, aus dem ein Blumenbusch herauswächst; ganz mit Blech verkleidet. An den Platten des Unterbaues Doppeladler mit Datum *1777*, seitlich Stern in rechteckigem Rocaillerahmen. Im Aufsatz aufgelegte Rocaille mit Datum: *1780* (Zimmer XL).

15. Ofen mit rechteckigem Untersatz aus Eisen und (nicht dazugehörigem) niedrigen kannelierten Aufsatz mit Flechtband an den Kanten und lanzettförmigen Blättern auf dem Kuppeldach aus eisenfarbig angestrichenem Ton. Die Eisenplatten sind mit klassizistisch gestaltetem Gestell, an dem Fruchtschnüre hängen, verziert, vorn Datum: *1789* (Zimmer XL).

16. Einzelne Kacheln. Eck- und Wandkacheln, grün glasiert, mit Aposteln und Evangelisten, mit der Madonna mit dem Kinde, Kurfürsten, Imperatoren, musizierenden Männern und Frauen, Elementen, Planaten, Wissenschaften usw. aus dem XVI. und XVII. Jh.

17. Große bunt glasierte Kacheln mit Caritas unter architektonischer Umrahmung. Unterschrift: *Die Liew.*

18. Ferner bemalte Kacheln und Friesstücke in blauweiß aus dem XVIII. Jh.

19. Ferner eine Sammlung ornamentaler Kacheln aus Salzburg und Umgebung.

20. Ferner eiserne Ofenplatten mit Reliefs; darunter eine mit Brustbild eines jugendlichen Prinzen mit Lorbeerkranz mit Bandschleife und Datum: *1786*.

Fig. 351. 21. Ferner Ofenplatten mit Wappen (eine mit dem der Perner 1555), mit genrehaften und mythologischen Darstellungen (Fig. 351) sowie mit Ornamenten oder bloßen Jahreszahlen. Besonders zu nennen: eine Platte mit Adam und Eva, sitzend, in landschaftlicher Umgebung und ornamentaler Umrahmung.

Gold-
schmiede-
arbeiten und
kirchliches
Metallgerät.

VII. Goldschmiedearbeiten und kirchliches Metallgerät.

1. Leuchterfuß aus Bronze mit Spuren der ursprünglichen Vergoldung. Bis zum Traufkranz zirka 9·5 *cm* hoch. Postament aus drei Füßen, die durch graviertes, reliefiertes und durchbrochenes Rankenwerk mit Blattenden verbunden sind. Spitzer Dorn. XII. Jh. (Kapelle).

2. Das Korpus eines Kruzifixus aus Bronze mit Gravierung, massiv, der Leib hohl, einseitig gearbeitet. 11 *cm* lang. An den Händen Spuren von Vergoldung. Kronreif mit drei steilen Blättern auf dem langen, über die Schultern herabfallenden Haar. Sehr lange Nase, nahe aneinander stehende Augen. Der Schurz lang, in der Mitte in einem Bausch gehalten. Die nebeneinander auf ein Podium gesetzten Füße ohne Nägel. Ebenso auch die Hände ohne Nägellöcher, doch mit Spuren davon im Handteller und am Handrücken. Deutsch, XII. Jh. (Sakristei).

3. Hostienbehälter, Kupfer, vergoldet; zirka 20·5 *cm* hoch; runder Fuß und Schaft, durch sechs Kerben gegliederter, breitgedrückter Nodus. Der Behälter mit dem Klappdeckel eine breitgedrückte Kugel bildend; als oberer Abschluß Kruzifixus an naturalistischem Astkreuz (obere Vertikalbalken fehlten). Zweite Hälfte des XV. Jhs. (Kapelle).

4. Reliquiar aus dunkler Bronze (mit Spuren der ursprünglichen Vergoldung); der Glasbehälter fehlt; zirka 43 *cm* hoch. Sechsspaßfuß mit glattem Rand; hoher Schaft mit breitgedrücktem Nodus, der von sechs Rauten und zwischen ihnen von sechs aufgelegten Spitzblättern gegliedert ist; über dem Nodus im Schaft einfaches graviertes Ornament aus Quadraten und Diagonalen. Der ursprüngliche zylindrische Reliquienbehälter wird nach oben und unten von je einer runden Platte eingefaßt, an denen beiden ein stehender und ein fallender Kreuzblumenfries sitzen. Seitlich einfassendes Fialenwerk über einem volutenförmigen, mit Krabben besetzten Ablauf. An den Fialen knien nach innen über profilierten Postamenten zwei (roh gegossene) Cherubim. Als Abschluß der oberen runden Platte sechsseitiges Spitzdach mit ~~vierteln rechteckigen Belag~~ (Bekrönung fehlt). Zweite Hälfte des XV. Jhs. (Fig. 352; Kapelle).

· · · 351.

5. ~~Hostienbehälter; Kupfer, vergoldet; zirka 27 cm hoch. Runder Fuß mit einfach graviertem Maßwerk; ... mit ausgesparten Buchstaben im gravierten Grund; Nodus, breitgedrückt, mit Ornamenten, ... Halbkugelförmiger Behälter, durch den Klappdeckel zur vollen Kugel ergänzt, mit zwei ... ravierten Grund: Eccke Panis Angelorum und Fer e pan not fus Cibus fiatorum. ... Figur ... n des hl. Petrus über kugelförmigem Postamente. Ende des XV. Jhs. (Kapelle).~~

6. ~~...n kästchen; Messing, vergoldet; rechteckig, 8·9 cm lang, 4·8 cm tief, 6·9 cm hoch. Über vier recht-~~ ~~... die Seiten ... g zackten Füßen, von denen die an der Vorderseite zwei Schildchen mit Haus-~~

zeichen, die übrigen graviertes Maßwerk enthalten. Über den Füßen Bordürestreifen mit graviertem Flechtband beziehungsweise Ranke; an der Vorderseite Inschrift: *Got und tein allain ewig*. An den Seiten und am Deckel oben graviertes Maßwerk. Am Deckel innen wieder die beiden Schildchen in größerer Ausführung. Im Boden des Kästchens innen Tondo mit Umschrift und vier kleinen Wappenschildern, außen Datum: MCCCCC. Das Schlüsselblech mit graviertem Blattwerk. Um 1500 (Fig.353) (Prunkzimmer).

Fig. 353.

7. Ziboriumkelch, Kupfer, vergoldet; zirka 38 *cm* hoch; runder Fuß mit glattem Rand und vier getriebenen aufgelegten Rundmedaillons mit den Evangelistensymbolen. Aus der runden Fußplatte steigt der Schaft sechskantig auf und wird durch sechsseitige Plättchen und einen breitgedrückten runden Nodus gegliedert, dessen Umkreis von sechs Rauten mit gravierten Rosetten durchstoßen wird. Der Schaft verbreitet sich nach oben und trägt ein sechsseitiges Gefäß mit Kordeln an den Kanten und oben und unten umlaufender Bordüre mit eingeblendetem Vierpaßfries. Auf diesem Gefäß Klappdeckel· in Gestalt eines sechsseitigen Spitzdaches mit Zinnenkranz, Kordeln an den Kanten und gravierten Schindeln in den Seiten. Als Abschluß sechsseitige Deckplatte mit abgerundetem Knopf, darauf Kruzifixus mit graviertem Kreuz

Fig. 353 Silberkästchen von 1500 (S. 265)

Fig. 352 Spätgotisches Reliquiar (S. 264)

zwischen Maria und Johannes über gekordelten Ästen und sechsseitigen Deckplatten und Kugelpostamenten. Um 1500 (Kapelle).

8. Reliquiar, Silber, vergoldet; 32 *cm* hoch; der Fuß, die Deckel der Kapseln und das Kreuz graviert, sonst mit frei gearbeiteten Krabben, Ranken, Appliken und Figürchen besetzt. Große und kleine bunte Glasflüsse in Kastenfassung auf Rosetten mit Resten von Email (Fig. 354). — Über sechspaß-

Fig. 354.

förmigem Fuß eine sechsseitige Platte, auf der, die Seiten halbierend, wieder ein sechsseitiger Fuß aufsteigt, der nach oben von einer profilierten Platte abgeschlossen ist. Über dieser ein sechsseitiger Schaft, der von sechsseitigem Knauf (mit Wulst zwischen zwei Kehlen in der Mitte und profilierten Platten oben und unten) unterbrochen wird. Der ganze Fuß mit einfachen gravierten Paßornamenten in den Feldern. Darüber sechsseitiges Gehäuse mit leicht eingezogenen Seiten, dessen Tiefe von Kordeln eingefaßt wird; zwischen ihnen ist freigearbeitetes Krabbenornament und sechs große Glasflüsse angesetzt. Oben als Bekrönung Kruzifixus zwischen Johannes und Maria auf gegabeltem Ast. An der Vorderseite enthält der runde Deckel (Durchmesser 4·5 *cm*) in Blatt- und Kordelfassung die gravierte Darstellung: Hl. Florian in Rüstung mit dem Schwert, gießt aus einem Eimer Wasser nach links in ein Tor, aus dem die Flammen hervorbrechen. Um den Deckel, die Kehle verkleidend, stilisierte· Blütenranke mit sechs kleinen Glasflüssen und figuralen Darstellungen: oben im Eck in der Mitte Kruzifixus zwischen Maria und Johannes; in den seitlichen Ecken zwei musizierende Putten; in den unteren Ecken eine hl. Jungfrau sitzend, beziehungsweise hl. Christoph; unten im Eck in der Mitte Maria in Halbfigur stützt Christi Leichnam über dem Sarkophag. An der Rückseite (Fig. 355) Gravierung im Deckel mit Resten von Email: Verkündigung. Maria kniet links vor dem Betpult und hält ein aufgeschlagenes Buch in der Rechten; die Taube des hl. Geistes ist zu ihr herabgeflogen. Rechts großer kniender Gewandengel. Herum sechs kleine Glasflüsse,

Fig. 355.

XVI 34

um die sich ein vielfach gefaltetes Schriftband herumlegt: *hoc opus piu — — — buit dı s petrs hofstatter p . t (presbyter) in Syltersdorff anno dni 1486 iar.* Innen in der Fußplatte gravierte Inschrift: *Petr. Hofstetter 1502.* In der Kapsel Reliquie mit Authentik von 1823 (Sakristei).

9. Standkreuz der Fleischhauerzunft; Kupfer, vergoldet; zirka 69 *cm* hoch. Der flache Fuß von breit-ovaler Grundform in sechs Lappen, zu einem kantigen Schaft ansteigend. Zwei der Lappen mit Spitzblättern

auf graviertem Grund, bei den übrigen nur noch Spuren der Gravierung. Der Nodus tabernakelförmig gebildet, mit sechs von kleinen Fialen getrennten Öffnungen, die in abgerundeten Spitzbogen mit Krabben und Kreuzblume schließen. In den fenster-artigen Öffnungen zweiteiliges verschiedenes Maß-werk. Auf diesem Tabernakel profilierter Schaft, von dem naturalistisch gebildete Äste und das ebenso gebildete Kreuz aufsteigen. Auf ersteren über Deck-platten Statuetten Mariä und Johannis. An letzterem

Fig. 355 Rückseite des Reliquienbehälters vom Reliquiar Fig 354 (S. 265)

das Korpus und Tafel mit *JNRI.* (Fig. 288). Zweite Hälfte des XV. Jhs. (Zimmer XXXIX).

10. Vier Messingschüsseln mit steilem Rand, zwei mit Verkündigung, eine mit Sündenfall, eine mit Ornament im Fond. XV. Jh. (got. Halle).

11. Buscole aus Silber, vergoldet, mit Glasdeckel. Die runde Kapsel (Durchmesser zirka 12 *cm*) ist in der Tiefe mit einem gedeckten Band zwischen gekerbten Profilierungen besetzt und enthält an einer einfachen Rosette einen Anhängering aus natura-listisch gebildetem Astwerk. Die Rückseite enthält die gravierte Darstellung der sitzenden Madonna mit dem Kinde, das mit einem Ball spielt (Kopie nach Mart. Schongauers hl. Maria auf der Rasenbank, B. 30). Großes, silbernes, die Fläche dekorativ füllendes Spruchband mit Datum *1514.* Als Vorderseite Glas-

Fig. 354 Reliquiar von 1486 (S. 265)

deckel von einer stilisierten Blatt- und Blütenranke eingerahmt, die vor eine flache, von gekerbten Seiten eingefaßte Kehle gesetzt ist. Ein Schildchen mit Wappen und Datum: *1514* in blauem Emailfond durchbricht die Ranke unter dem Anhänger. Beschauzeichnung: Salzburg (Sakristei) (Fig. 356 und 357).

... Kupfer, vergoldet. Im wesentlichen der als Nr. 11 gegebenen gleich gestaltet: Durchmesser ... Einfacher Anhänger: Ring an einer Kugel. Gravierung: Christus als Schmerzensmann, - im ... herum die Leidenswerkzeuge. Statt der Ranke sind in der Hohlkehle befestigt: drei Rosetten und Halbkugeln, eine blaue Kugel und ein Ovalmedaillon mit Rose in Email in gekerbter Fassung. XVI. Jh. (Sakristei).

Fig. 357 Rückseite der Bussole Fig. 356 (S. 266)

Fig. 356 Bussole von 1514 (S. 266)

34*

13. Standkreuz der Hutmacher; Kupfer, vergoldet; zirka 61 cm hoch. Die Standplatte profiliert, von breitovaler Grundform, an den Breitseiten in Kreissegmenten, an den Schmalseiten in gestutzten Kielbogen, in den Zwickeln in Ecken ausspringend; der Fuß darüber in sechs regelmäßigen Lappen kantig aufsteigend, mit profilierter ausladender Deckplatte geschlossen; sechsseitiges kurzes Schaftstück; kantiger Nodus und reichprofilierte Abschlußplatten. Aus dieser zweigen knorrige Äste ab, die die Statuetten von Maria und Johannes tragen. Auf der oberen Abschlußplatte steht das Kreuz auf, dessen Arme in Dreipässe enden, an denen mit Nägeln die Evangelistensymbole befestigt sind. An der Vorderseite naturalistisch gebildetes Kreuz, daran das Korpus, an der Rückseite Figur einer hl. Jungfrau (mit weggebrochenen Attributen) und statt der Evangelistensymbole Kugeln an Rosetten. Anfang des XVI. Jhs. (Zimmer XXXIX).

14. Kupferblechpitsche mit Zinnschraubenverschluß, sechsseitig, mit getriebenen Blattranken und phantastischen Tieren. Gekordelte Einfassung. Anfang des XVI. Jhs. (got. Halle).

15. Tintenzeug, Messing; flaches, rechteckiges Kästchen (darin zwei Fächer mit Tintenfaß und Streusandbüchse) über vier gekerbten Füßen auf Kugeln. Der Deckel aus zwei Streifen bestehend, die durch Scharniere (Bänder mit einfacher Gravierung in Rosetten, beziehungsweise Herzen auslaufend) befestigt sind. Der Deckel mit graviertem Ornament auf gestricheltem Grund; Blattranken, Medaillons mit Profilköpfen, ein Cherubsköpfchen und eine Teufelsfratze, jedes zwei Schilde (Stern und Kreuz beziehungsweise Schere mit Kugel und Balken) tragend; endlich eine nackte Frau, ein abgeschlagenes Haupt in der Linken, ein Schwert in der Rechten mit Beischrift: Judit — 1541 (Fig. 358). Die Vorderseite des Kästchens mit ornamentaler Ranke. An einer Schmalseite gravierte Hausmarke mit C. M. C. und einer Eule (hist.-top. Abt.).

Fig. 358.

16. Kreuzreliquiar aus Silber mit Vergoldung; zirka 24 cm hoch; der sechslappige Fuß und der in Dreipässe auslaufende Kreuzbehälter (Rückseite fehlt) mit gravierten stilisierten Blattranken beziehungsweise Rosetten. Der sechsseitige Schaft ist vom Fuß beziehungsweise vom Kreuz durch sechsseitige Deckplatte abgetrennt und durch einen zweigeteilten runden gebuckelten Nodus gegliedert. Drittes Viertel des XVI. Jhs. Gering (Kapelle).

17. Ziborium, Kupfer, vergoldet; zirka 30 cm hoch; sechslappiger Fuß, sechskantig aufsteigend, mit profilierter, runder Abschlußplatte abgedeckt. Runder, glatter Schaft mit breitem Nodus, der von gedrehten Kerben mit graviertem Blattornament und gedrehten Rauten mit den Buchstaben J h c c u s auf graviertem Grund gegliedert ist. Auf dem Schafte über rundem profilierten Abschluß sechsseitiger Behälter zwischen vorkragenden Deckplatten, der ebenso wie sein abgerundeter Ablauf und sein halbkugeliger Klappdeckel mit flachgetriebenen Moresken ornamentiert ist. Als Bekrönung über halbkugeligem kleinen Postament Kruzifixus, die Balkenarme in Dreipässe auslaufend. Um 1570 (Kapelle).

18. Eisenkästchen, an der Vorderseite mit einer Jagddarstellung, sonst ornamental bemalt. Am durchbrochenen Sockel die Jahreszahl 1574 (Prunkzimmer).

19. Eisenkästchen, mit geätzten Ornamenten an allen Seiten. Ende des XVI. Jhs. (Zimmer XXXIV).

20. Stahlkästchen; 13·5 cm breit, 8 cm tief und 8·5 cm hoch; an allen vier Seiten und am Deckel mit geätzten Ornamenten, Bordüren aus Moresken oder Flechtbändern, in den Feldern je eine Halbfigur einer Dame oder eines Herrn, die Unterleiber in Blattwerk auslaufend. Das Schloß am Deckel innen mit Blattornamenten. Ende des XVI. Jhs. (Prunkzimmer).

21. Krug; zirka 13·5 cm hoch; Silber, vergoldet; nach unten verbreitert mit linear ornamentiertem Streifen und flachem glatten Rand. Der Deckel fast flach mit graviertem Kreis mit drei Blättern um den Nabel, der ein Wappen und die Buchstaben D V M K. V und M in Ligatur, enthält. Am Henkel bekrönendes Figürchen einer Sirene, die vor die beiden Fischschwänze hält. Der Henkel unten in eine Maske auslaufend. Ende des XVI. Jhs. (Prunkzimmer).

22. Kelch, Kupfer, vergoldet; zirka 18 cm hoch; runder Fuß mit glattem Rand, sechskantig aufsteigend, mit gekordeltem Abschlußring. Ebensolche Ringe fassen den kräftigen runden gekerbten Nodus ein und schließen den runden Schaft nach oben zu ab. Die glatte, nach oben sich verbreiternde Cupa steigt aus achtzackigem Kelch auf. Die Patene mit gravierter Rosette am Rand. XVI. Jh. (Kapelle).

23. Kokosnuß in vergoldeter Kupfermontierung; zirka 28 cm hoch; glockenförmiger Fuß und eingeschnürter Nodus mit Voluten- und Rollwerkornament, Muscheln und Fruchtbüscheln auf gerauhtem Grund. Die Nuß von drei Spangen mit angesetzten gravierten Zacken eingefaßt, nach oben mit abwärts hängendem [...] Fries geschlossen. Der Deckel mit graviertem Flechtband und Bandornament, von einer oben ge- [...]yte mit Knopfpostament und Pinienzapfen bekrönt. Ende des XVI. Jhs. (Prunkzimmer).

24. [...] des Erzbischofs Wolf Dietrich. Kruzifix, 8 cm lang, aus Gold; die Balken gegen das Ende [...] angesetzten Halbkreislappen, an denen Kügelchen hängen; an den Lappen Cherubsköpfchen. [...] Mitte ovalförmig verbreitert und hat eine gravierte Glorie, vor der an der Vorder- [...] der Rückseite Maria mit dem Kinde über der Mondsichel, in ganzer Figur, stehend, [...]bracht ist. Über dem Korpus Rollwerktafel mit INRJ. Ende des XVI. Jhs. — Am 26. April 1848

gelegentlich der Beisetzung des Weihbischofs Hofmann aus Wolf Dietrichs halbverfallenem Sarg in der Gabrielskapelle genommen (Jahresbericht 1848; Zimmer XXXIX).

25. Salzbehälter, Kupfer, vergoldet; zirka 20 *cm* hoch; über drei volutenförmig gebildeten Füßen sitzt die untere Scheibe (mit drei halbkugelig vertieften Behältern) von beiläufig dreieckiger Form mit abgerundeten Ecken und Zacken in den Zwickeln. Drei runde Stäbchen stehen auf den Zacken auf und tragen eine zweite ebensolche Scheibe. Zu jeder von beiden gehört ein beweglicher Deckel mit getriebenen Muschel- und Kartuscheornamenten, die durch ein viertes rundes Stäbchen in der Mitte fest verbunden sind. Dieses ist durch ein Loch in der oberen Scheibe und durch Hülsen um die äußeren Stäbchen beweglich. Auf dem oberen Deckel bekrönendes Figürchen über Postament: Putto, einen großen Löffel in der Rechten haltend. Anfang des XVII. Jhs. (Fig. 359) (Prunkzimmer).

Fig. 359.

Fig. 358 Gravierung des Deckels eines Messingtintenzeuges (S. 268)   Fig. 359 Salzfaß (S. 269)

26. Luster aus Messing; über Kugel balusterförmige Spindel, von der sechs doppelt eingerollte Spiralarme ausgehen und mit flacher Traufschale enden; über jedem Arm Spiralranke, in Glockenform endend. Als Bekrönung Doppeladler und Anhängering. XVII. Jh. (Jagdzimmer).

27. Eine Anzahl von Bronzemörsern, die meisten glatt mit Verstärkungsrippen; einer mit gravierten Blattornamenten und gestanzten Halbkreisornamenten an der Wand und Rundschrift: *Peter Egendorfer 1639* (Fig. 360); ein zweiter mit Reliefdarstellungen von Sirenen zwischen Ornamentfeldern, die die Steilhenkel einfassen. XVI. Jh. (got. Halle). Fig. 360

23. Einfacher Henkelkrug, Silber, vergoldet; zirka 11 *cm* hoch; mit flachem Deckel und gekörntem Grund als einziger Verzierung. Der Henkel als Volute mit Blattwerk. Am Boden Augsburger Beschauzeichen und Meistermarke VS. Ende des XVII. Jhs. (Prunkzimmer).

29. Becher, Silber, zum Teil vergoldet; zirka 11·4 cm hoch; glatt nach oben verbreitert. Graviertes Wappen zwischen Palmzweigen und Datum: *1679.* Im Fuß Augsburger Beschauzeichen, zweimal das Meisterzeichen *R² 329 (Christoph Bantzer † 1653)* und Würxenzeichen (Prunkzimmer).

?0. Kleiner Gebethuchdeckel; 6·6 × 8·5 cm; in Silber, durchbrochen gearbeitet. Die Außenseiten graviert, die Gliederung in Relief, innen glatt. Jederseits Blatt- und Blütenranke, stilisiert nach außen von einem profilierten, nach innen von einem gekerbten Streifen abgeschlossen. Im Mittelfeld Ovalbildchen mit Gravierung, Anbetung der Hirten beziehungsweise der Könige in ungenauer Darstellung; herum Spiralranken mit Vögeln. Der Rücken dreigeteilt mit Rankenornament. An der Rückseite enthält die Bordüre rechts oben ein kaum kenntliches Wappen unter Krone (hist.-top. Halle).

?1. Kästchen, Kupfer, vergoldet, mit Silberbeschlägen. Rechteckig, 7·3 cm breit, 5 cm tief, 4·5 cm hoch. Auf vier Kugelfüßen; das Kästchen wird unten von einem Silberstreifen mit einfachen Schraffen, der Deckel

Fig. 360 Bronzemörser von 1639 (S. 269)

von einem ebensolchen Streifen eingefaßt. Die Kanten des Kästchens sind mit ausgeschnittenen gravierten Beschlägen besetzt. In den Längsseiten gravierte Profilköpfe, in den Schmalseiten Rollwerkornament, an der Unterseite stehende Frau im Profil, mit betend erhobenen Händen. Der Deckel wird oben durch einen die eigentliche Sperrung deckenden Streifen (gleich dem einfassenden) zweigeteilt und enthält in rosa Plüsch vergoldetes eingelegtes Bandornament, die Bänder in dreilappige Blättchen auslaufend. Die Innenseite des Deckels nimmt das Schloß ein. Das offene Schlüsselloch nur Maske. Zweite Hälfte des XVII. Jhs. (Prunkzimmer).

?? Tasse, Silber, ovale Form; 21·5 cm × 17·5 cm; gezackter Rand, Bordüre mit großen, getriebenen Blumen. Im Fond Darstellung: Perseus reitet auf dem Pegasus auf den Drachen zu; rechts Andromeda am neuen Fels geschmiedet. Augsburger Beschauzeichen. Meistermarke $\frac{HG}{M}$. Um 1680 (Prunkzimmer).

?? Pokal mit Deckel, Silber, zum Teil vergoldet; zirka 20 cm hoch. Über drei großen Kugelfüßen. Der Becher und Fuß in getriebenen, stilisierten Blättern und Blumen. Der Deckel leicht gebaucht mit getriebener Blattranke und Blattrosette um die Kugelbekrönung. Im Deckel innen graviertes infuliertes

Wappen des Fürstabtes von Kempten; drei Blätter, Brustbild der gekrönten hl. Jungfrau in Strahlenglorie. Am Deckel und am Boden Augsburger Beschauzeichen und ·Meistermarke (*BH*). Würxenzeichen. Ende des XVII. Jh. (Fig. 361) (Prunkzimmer).

Fig. 361.

34. Krug, Kupfer, vergoldet; zirka 8·5 *cm* hoch; über drei Muschelfüßen mit gravierter Darstellung am Bauch (von links nach rechts): Treiber mit drei Hunden an der Koppel, Hase, Pfeife rauchend, Harlekin (?), Bär, (?) aus einer Dose eine Prise nehmend, hl. Georg, den Drachen tötend, auf dem Hügel die betende Jungfrau; alles auf gemeinsamen Landschaftsstreifen. Im Deckel graviertes Bandornament, in Drachenköpfe auslaufend, Vogel und Fisch und gekerbter Knopf als Abschluß. Unten im Boden gravierter Doppeladler mit unkenntlichem Figürchen im Herzschild, oben zwei ₊eine Krone haltende Greife; unten

Fig. 361 Deckelpokal   Fig. 362. Standkreuz der Kleidermacher-
(S. 271)   genossenschaft (S. 272)

zwei Scheren und Inschrift: *Sebastian Weinbrener keis. Hoff - befreiter Duch - Scherer.* Volutenförmiger Henkel mit Zacken daran. Um 1700 (Prunkzimmer).

35. Trinkhorn aus einem gedrehten roten Horn mit Silbermontierung. Die Mündung mit glattem Reif mit innen angesetztem Lappenkranz; das beiderseits gelappte Ortband und der Schuh sind auf Rinderfüße gestützt. Letzterer auch mit Schwanz; der gleich dem Schuh mit Riemenwerk auf geranktem Grund ornamentierte Deckel trägt als Knauf ein springendes Rind. Meistermarke des Anton Riedlechner in Salzburg. Anfang des XVIII. Jhs. (Prunkzimmer).

36. Pokal, Silber, der obere Rand vergoldet; 21 *cm* hoch; der glockenförmige Fuß mit gelapptem Rand, getriebenen und gravierten Riemen- und Blumenornamenten. Der balusterförmige Nodus oben eingeschnürt. Das Gefäß wie der Fuß ornamentiert mit Schildchen mit Faßbinderwerkzeugen und der Inschrift: *Georg Wanger, Jacob Koftmair B. Z. M.* und darunter: *Georg Wanger, Jacob Kraftmair pede zöh maister.* Salzburger Beschauzeichen des Johann Gottfried Gebisch. Um 1725 (Prunkzimmer).

37. Standkreuz der Wagner und Hufschmiede; Kupfer, vergoldet mit versilberten Auflagen; zirka 68·5 *cm* hoch. Runder vierlappiger Fuß, abgerundeter Nodus, das Kreuz in Dreipässe ausgehend, an denen

317

Kugeln in Blattfassung sitzen, Flammen in den Zwickeln. Am Fuß Schildchen in Blattrahmung, in einem gravierte Rosette (Rad?), in einem zweiten; *F. Engl R. V. 1785.* An den Kreuzpässen gerahmte Rundmedaillons mit Halbfiguren der Kirchenväter beziehungsweise Evangelisten; das Korpus mit vergoldeter Dornenkrone. An der Rückseite, dem Korpus entsprechend, hl. Eligius. Am Fußrand Inschrift: *Hans Kirchmair. Mathias Spagl, Wilhelm Waidinger, Franz Schnueg. Anno 1705* (Zimmer XXXIX).

38. Zunftkreuz der Brauer; Kupfer, vergoldet, mit versilberten Auflagen; zirka 83 *cm* hoch. Fast runder Fuß, dessen Vierteilung durch Kugelschnüre betont wird. In den Lappen aufgelegtes Spitzblattornament um ein Schildchen mit Namenszug Christi, Mariä und Josefs und Inschrift: *Dises Creiz hat ain ersames Handwerk der Burg. Bier Bräier A. MDCCVI machen lasen.* Der Nodus vasenförmig mit aufgelegten Fruchtschnüren. Das Kreuz in Dreipässe auslaufend, jeder Paß in drei kleine Pässe untergeteilt, mit Knöpfen besetzt. Flammen in den Zwickeln. Vorderseite Korpus, darüber Schrifttafel in Rahmung aus Cherubsköpfchen, seitlich große Cherubsköpfchen, darunter Applike, stehende Mutter Gottes. Rückseite: in der Mitte Taube in Glorie, darüber Applike Halbfigur Gott-Vaters, seitlich Cherubsköpfchen, darunter hl. Florian. Von 1706 (Zimmer XXXIX).

39. Abschluß einer Fahnenstange (?). Messing, zum Teil versilbert, zum Teil vergoldet; zirka 40 *cm* lang. Der Stangenkopf rund, eingeschnürt, mit getriebenen Bandornamenten, Rosettengitter usw. Darauf ausgezackte vergoldete Glorie, die an der einen Seite unter Baldachin die Applike der Gerechtigkeit mit Flammenschwert und Wage, an der anderen Seite nur den Baldachin trägt (Figur entfernt). Um 1715 (Zimmer XXXIX).

40. Standkreuz der Kleidermachergenossenschaft, Gelbmetall, zum Teil vergoldet; zirka 81 *cm* hoch. Der gering gebauchte Fuß von ovaler Grundform, durch schwache Einkerbungen viergelappt; das Mittelstück mit vier Einschnürungen; das Kreuz mit Strahlen in den Zwickeln, aus einem Blattkelch erwachsend, die drei Arme in Pässe endend, an denen Kugeln in Blattkelchen sitzen. Der Fuß und das Mittelstück mit getriebenem und aufgelegtem Ornament: stilisierte Blüte und Obst, Volutenbandwerk und Blumenkörbchen über Draperien. Das Kreuz mit aufgelegtem Ornament, mit bunten Glasflüssen in reicher Fassung; an der Vorderseite das Korpus, in den Pässen ausgeschnittene Appliken, Halbfiguren der hl. Katharina, Apostel? mit Schere beziehungsweise Lanze, am Fuß die Mutter Gottes, in ganzer Figur, stehend. Über dem Korpus reich verzierte Kartusche mit *INRI*. Um 1730 (Fig. 362; Zimmer XXXIX).

Fig. 362.

41. Standkreuz der Glaserzunft; Kupfer, vergoldet und versilbert; zirka 77 *cm* hoch; über Fuß, der von ovaler Grundform und in vier Lappen geteilt ist, birnförmiger Nodus, darauf das Kreuz mit Strahlen in den Zwickeln, die Arme in Dreipässe ausgehend, an denen Kugeln sitzen. Am Fuß Nodus, in den Zwickeln und Pässen aufgelegtes, versilbertes Ornament: Rosettengitter, Band- und Blattwerk, Rosen über Baldachinen; an den Pässen überdies noch rote Glasflüsse in Blatteinfassung. An der Vorderseite das versilberte Korpus, an der Rückseite Medaillon mit Relief des hl. Lukas in Rahmung. Unten am Fuß gravierte Inschrift: *Lorenz Paur ellister Maister : Johan Georg Prickner : Sebastian Hörl : Joseph Geistmair : Joseph Prause : Maria Ursula V Pickhen F 1737.* Darüber: *Lindtnerin geweste Glasermaisterin* (Zimmer XXXIX).

42. Silberplättchen, rechteckig, mit leicht abgerundeten Ecken; 5·5 × 8·8 *cm*; vielleicht ursprünglich als Füllung einer Dose verwendet. Gravierte und durchbrochene Arbeit. Schmale Bordüre mit graviertem Flechtband mit Blumenornamenten als Füllung, darin um ein Kartuschefeld symmetrische japonisierende Darstellungen, Bandornamente mit Vögeln und Häuschen. Rückseite glatt. Zweites Viertel des XVIII. Jhs. (hist.-top. Abt.).

43. Standkreuz der Kürschnerzunft; Messing, versilbert, mit vergoldeten Auflagen; zirka 77 *cm* hoch; gebauchter breitovaler Fuß, der kaum kenntlich viergeteilt und mit Ornament: Bandwerk, Rosettengitter usw. übersponnen ist. Gedrückter, achtseitiger Nodus. Das Kreuz aus Blattwerk aufsteigend, in drei Dreipässe auslaufend, an denen Eicheln in Blattkelchen sitzen, mit Strahlen in den Zwickeln. Glasflüsse in Rosettenfassung und aufgelegtes Ornament an den Armen. An der Vorderseite über dem Korpus *INRI*-Tafel, an der Rückseite von zwei Löwen gehaltene Inschriftskartusche: *Das ganze errsame Handtwerch der Khirschner 1738.* (Zimmer XXXIX).

44. Zwei Zinnleuchter; 64·3 *cm* hoch; der Fuß besteht aus drei auf Knäufen aufstehenden Volutenbändern, die oben mit Cherubsköpfchen besetzt sind und Band- und Blatt- und Baldachinornamente um drei Schildchen enthalten. In diesen Inschrift: *Catharina Reichhardtin — Burg. Kirschnermeisterin — in Salzb. Guetthetterin 1743.* Der Schaft unten mit eingeschnürtem Nodus mit drei Cherubsköpfchen, in seinem oberen Teil mit Blattornament (Zimmer XXXIX).

45. Reliquiar in Monstranzform, Weißmetall, zum Teil vergoldet; 37 *cm* hoch; breitovaler Fuß, durch gekehlte Bänder viergeteilt, mit getriebenen Kartuschen in Rocaille an den Lappen. Der Nodus als Reliquienbehälter gestaltet, vorn verglast; der Hauptteil sonnenmonstranzförmig mit zwei Reliquienbehältern unter Baldachin mit Füllhörnern, Blattschnüren, Rocailleornamenten und bunten Glasflüssen. Um 1730. Aus der Sammlung Unterholzer (Zimmer XXXIX).

46. Kleiner Weihwasserkessel, Kupfer, vergoldet, mit reicher, getriebener und gravierter Rocaille. Mitte des XVIII. Jhs. (Zimmer XXIX).

47. Standkreuz der Weberzunft; Messing, vergoldet und versilbert; zirka 69 *cm* hoch. Der Fuß von breit-ovaler Grundform, durch Bänder viergeteilt, mit getriebenen Rocailleornamenten verziert, an den Breit-

Fig. 363. Ehrenschild des Grafen O'Donell (S. 274)

lappen gerahmte Kartuschen mit Weberzeichen und Inschrift: Z. M. *Joseph Stempfhueper, Mathis Brug-moser, Mathis Reithner, Johan Auer 1758.* Eingeschnürter, achtseitiger Nodus. Das Kreuz steigt aus großen Blättern auf, ist mit Rocailleornamenten überkleidet und endet in drei Dreipässe, die ausgeschnittene Appliken: Halbfiguren der Mutter Gottes und zweier Heiligen tragen. Über dem Korpus *INRI*-Tafel in Rocaillerahmung. An der Rückseite des Kreuzes Glasflüsse, Strahlen in den Zwickeln (Zimmer XXXIX).

48. Weihwasserbecken aus Bronze, gegossen und überarbeitet. Das Wassergefäß unten spitz zulaufend, gedreht; die Rückwand mit asymmetrischer Rocaille mit Ähren und Trauben, einem Putto und mehreren Cherubsköpfchen. Drittes Viertel des XVIII. Jhs. (Rokokostübchen).

XVI

35

49. Standkreuz der Oberndorfer Schiffbauerzunft, 1907 gekauft, Weißblech; zirka 70 *cm* hoch. Der Fuß von ovaler Grundform, der Schaft mit zepterartigen Einschnürungen und Ausladungen, das Kreuz aus Blättern aufsteigend, in Dreipässe auslaufend, mit angesetzten Kugeln und vergoldeten Strahlen in den Zwickeln. Ebenso vergoldete aufgelegte Ornamente an den Pässen, am Fuß, Rosetten an der unteren Platte. An der Vorderseite das Korpus und Kartuscheschildchen mit *INRI*, an der Rückseite Applike vor Strahlenglorie. Halbfigur des hl. Nikolaus über Wolken. Ende des XVIII. Jhs. Gering. (Zimmer XXXIX).

50. Ehrenschild des Grafen O'Donell, Silber, kreisrund, Durchmesser 87 *cm*. Im leicht gewölbten Feld ein Mittelmedaillon, an das sich diagonal angeordnet vier halbkreisförmige Medaillons anschließen; in jenem getriebene Darstellung eines gewappneten Engels im Kampfe mit einem vielköpfigen Drachen, in den Halbkreisen allegorische Figuren von Mut und Stärke, Vaterlandsliebe und Treue, Einheit und Sieg, Ruhm und Ehre. In den vier Kreuzflächen dazwischen Wappen; am Rande die Widmungsinschrift: *Dem Retter des Kaisers, am 18. Februar 1853, Oberst Graf M. C. O'Donell, die österreichische Armee*. Diese Inschrift ist an drei Stellen durch kurze Säulen mit Wappen und Schlachtennamen unterbrochen, neben denen je zwei die Truppengattungen der Armee darstellende Figürchen stehen; unten das Wappen des Grafen O'Donell (Fig. 363).

Fig. 363.

Von Van der Nüll und Karl Mayer entworfen, von Josef Caesar modelliert, von der galvanoplastischen Anstalt Karl Schuh in Wien ausgeführt. Anläßlich des Attentates auf Kaiser Franz Josef I. dessen Retter Grafen O'Donell von der österreichischen Armee gewidmet, von der Witwe des Grafen 1895 dem Museum gewidmet. (Ausführliche Beschreibung Salzburger Chronik und Salzburger Volksblatt, 1895, Nr. 184.) (Waffenhalle.)

Verschiedene kirchliche Einrichtungsstücke und Möbel.

VIII. Verschiedene kirchliche Einrichtungsstücke und Möbel.

1. Laternen an langen Stangen. Die Stange mit gemalten Hopfenranken auf Goldgrund; die sechsseitige Laterne von gedrehten Säulchen gegliedert, über Volutenbändern (aus Blech), die zum Teil in Cherubsköpfchen auslaufen, aufstehend. Vorn und hinten zwischen den Volutenbändern Kartuscheschildchen mit gekreuzten Brauerinsignien. Seitlich statt der Säulchen ausgeschnittene Schablonen: Madonna mit Kind und hl. Florian. Oben als Abschluß zwei kleine Gewandengel, ein Schildchen mit Namenszug Mariä beziehungsweise Jesus an der Rückseite haltend. XVII. Jh. (Zimmer XXXIX).

2. Hausaltar, rot und grau marmoriert, zum Teil modern polychromiert. Der Hauptteil enthält über Staffel mit vortretenden Postamenten ein von gedrehten Säulchen flankiertes, von angesetzten Blattvoluten gerahmtes, rundbogig abgeschlossenes Bild der Krönung Mariä in Blattkranzrahmen. Dreiteiliges Gebälk und ein die Altarform gekürzt wiederholender Aufsatz zwischen geschwungenen Giebelschenkeln. Drittes Viertel des XVII. Jhs. (Zimmer XXIX).

3. Opferstock aus Holz mit schmiedeeiserner Verkleidung. Der Stock, ein unbehauener Stamm; darauf das Schloß und die Einwurfsöffnung in reichem Rocailleornament. Um 1750 (Zimmer XXXVIII).

4. Kleines Wandaltärchen, Holz, polychromiert und vergoldet; zirka 80 *cm* hoch; über Ablauf mit reichem Blattornament, dem Figürchen eines hl. Evangelisten und einem Wappen (quergeteilt: oben drei weiße Kugeln, unten roter Löwe in Weiß), seitliche Postamentbündel mit geschnitzten Maskerons. Darauf Mittelteil aus einem rundbogig geschlossenen Bildchen: Christuskind mit Maria und Josef bei der Rückkehr aus Ägypten — zwischen flankierenden Pfeilerbündeln stehend. Diese Bündel sind in geschuppte Volutenbänder mit Fruchtbüscheln und Engelhermen aufgelöst, die über Pölstern das verkröpfte Abschlußgebälk tragen. An die Pilaster außen sind Konsolen angesetzt, darauf zwei weitere Evangelisten unter Blattvoluten. Auf dem Gebälk ein vierter Evangelist zwischen großen Blättern in der Form eines gesprengten Segmentgiebels. Zweite Hälfte des XVII. Jhs.

5. In vergoldetem geschnitzten Schreinchen (zirka 32 *cm* hoch), die an der Vorderseite verglast sind, über mit Rocaille ornamentierten Postamenten die 17·2 *cm* hohe Statuette eines hl. Jünglings (hl. Sebastian) aus Elfenbein. Um 1750.

6. Pendant dazu; hl. Rochus.

7. In einem Schrein eine Anzahl geringer Heiligenbildchen des XVIII. und vom Anfang des XIX. Jhs., Wachsreliefs, kleine Reliquiare usw. aus dieser Zeit. Auch eine Anzahl von hölzernen Kreuzreliquiaren, die an der Vorderseite (geschnitzt) das Korpus Gott-Vater und die Taube und Maria mit dem Schwert, an der Rückseite die Leidenswerkzeuge enthalten (XVIII. und XIX. Jh.) (Zimmer XXXIX).

8. Theatrum mit perspektivischer Felsenszenerie und mit angestellten gemalten Figurenschablonen in halber Lebensgröße, das Martyrium des hl. Maximus und seiner Gefährten darstellend. Von Franz Seraph. Kurz von Goldenstein 1842 in Laibach entworfen und ausgeführt (Fig. 364).

Fig. 364.

9. Eine Anzahl Krippen (beziehungsweise Auferstehung Christi) von überwiegend volkskundlichem Interesse (Zimmer XXXVII).

Fig. 365.

10. Stuhl aus Holz mit Resten von Bemalung (Fig. 365). Thronartiger Lehnstuhl, die Vorderseite des Sitzes in stumpfem Winkel vortretend, dem sich die reichen Profilierungen der Basis- und Abschlußplatte anpassen.

In den zwei Schmalseiten und den zwei Seiten der Vorderwand eingeblendete Drei- und Vierpässe mit Fischblasenmuster in den Zwickelfüllungen. Der Wulst unter der Abschlußplatte gekordelt. Zwei weitere wuchtige Kordeln bilden an dem vorderen Abschlußpfosten der Lehne ein zopfartiges Ornament; die Lehne selbst steigt geschweift und abgefast zur Rückwand auf, wo sie mit einer Kugel abschließt. Von der Lehne zum Sitz durchbrochenes geschnitztes Maßwerk (aus Kiel- und Spitzbogen, Fischblasen und Vierpaß) in rechteckigem, von einer Kordel eingefaßten Feld. Die Rückwand außen: das große rechteckige Feld mit Kordeleinfassung, in der oberen Hälfte glatt, in der unteren vertieft mit eingeblendetem Fischblasenmaßwerk. Die Rückwand innen ist glatt, der obere Abschluß abgeschrägt. Zweite Hälfte des XV. Jhs. Der Stuhl stammt aus der St. Leonhardskirche bei Tamsweg im Lungau, wo er in der Ecke des offenen Glockenhauses stand. 1851 vom Museum übernommen (Jahresbericht, 1851) (Kapelle).

11. Beichtstuhl aus lichtbraunem Holz. Vorn glatte Tür. Die Öffnungen gegen die Schmalseiten von gedrehten Säulchen eingefaßt, von durchbrochenem Fischblasenmaßwerk und Zinnenkranz abgeschlossen, gegen die Vorderwand mit reicherem Maßwerk aus Kielbogen mit einspringenden Zacken, Krabbenbesatz

Fig. 364 Marter des hl. Maximus von Franz S. Kurz von Goldenstein (S. 274)

und einer die Zinnenkranzbekrönung durchbrechenden Kreuzblume abschließend; über den gedrehten Säulchen Fialen vierseitig mit kielbogig bedachten Nischen, spitzem mit Krabben an den vier Kanten besetzten Dach und Kreuzblumenabschluß. Zwischen den Fialen und dem Kielbogen in der Mitte fensterartiges Maßwerk, spitzbogig mit einspringenden Nasen. Die Rückwand des Stuhles ist innen mit einem vertieften Feld mit Flechtbandornamenten in eingelegter Arbeit in zwei Schattierungen. Das Feld ist nach drei Seiten von einer geschnitzten Stechblattranke gerahmt, nach der vierten oberen von einem Inschriftsstreifen abgeschlossen: *Anno domini milesimo quadringe̅ LXXIIII anno.* Stark erneut (Kapelle).

12. Kirchenbank, zum Teil erneut, aus braunem Holz. An der Rückwand und den Wangen breite Bordüren, an der Vorderwand schmale Rahmung und zwei gliedernde Vertikalstreifen, alle mit gekerbten Blattrankenornament. An der Vorderwand statt der oberen Rahmung breiterer Inschriftsstreifen: *Antequā iudicas domine miserere mei,* 1487 (Kapelle).

13. Kirchenbank, braunes Holz, die Wangen als Cherubsköpfe mit ausgebreiteten Flügeln gearbeitet. Um 1640 (Fig. 366; Zimmer XXXIX).

Fig. 366.

14. Sechs Holzstühle und zwei Sitze mit Lederpolsterung und -lehnen. Die vertikalen Leisten der Lehnen in kleine Voluten endend, die Armlehnen als kräftigere Volutenbänder gebildet, die Füße und Spreizen einfach, mit Kerben verziert. Das Leder gepreßt in Gold, Silber, Rot, Weiß und Grün; große Rosette mit stilisierten Blüten, auf Sitzpolster auch vier Vögel in den Ecken. Das Leder ist an diese Stuhlleisten durch rosettenförmige Nägel befestigt. Die Stühle und Sitze stammen aus der ehemaligen Universität in Salzburg. Um 1600 (Studierzimmer).

35*

15. Tisch mit Holzgestell und runder Tischplatte mit eingelegtem Marmormuster (Scagliola), speichenförmig gestellte Säulen darstellend, die von einem Rand in Form eines Rundbogenfrieses zu einem ähnlich eingefaßten Mittelfeld führen, das ein Alliancewappenband Land *Salzburg — Erzbischof Wolf Dietrich* enthält. Um 1590 (Wolf-Dietrich-Zimmer).

16. Neun Stühle aus dunklem Holz mit geschnitzten Lehnen, darunter vier mit Wappen von St. Peter und drei davon mit Jahreszahl *1688*, zwei mit großen Maskerons und Rollwerk. Um 1660 usw. (Küche).

17. Tisch, quadratische Platte, mit Schublade, mit eingelegtem Namen: .... *Hans Schadeiner 1711* (Zimmer XXXVII).

Fig. 366 Cherubsköpfchen von der Wange einer Kirchenbank (S. 275)

Fig. 365 Kirchenstuhl aus St. Leonhard (S. 274)

18. Garnitur; Tisch, Sofa, drei Stühle und drei Sitze aus braun gestrichenem Holz mit leicht vergoldeter, geschnitzter Rocaille. Die Überzüge neu ersetzt. Als Tischfuß dient ein Putto auf liegenden Volutenfüßen. Um 1760 (Rokokozimmer).

19. Gueridons mit reich geschnitzter polychromierter und vergoldeter Stütze mit langgezogener Rocaille, hangenden Blumenschnüren und Muschelwerk. Um 1770 (Rokokozimmer).

... Gueridon mit breiterer Stütze, dem früheren ähnlich ornamentiert. Um 1770 (Rokokozimmer).

2.. Wandtisch, halbrund, auf drei Füßen; die Tischplatte gemalt: Christus als guter Hirte mit gereimten Hoschaften in ornamentaler Bemalung von 1805 (Zimmer XXIX).

... Dazzechoric, Wandtischchen, halbrund, auf vier Füßen, mit großer Landschaft mit Staffage in Rot auf der Platte (Zimmer XXIX).

Weihwasserbecken.

1. Aus rotem Stein, zum Teil eingemauert. Fuß achteckig, die Schale gleichfalls aus dem Achteck konstruiert, mit eingeblendetem Vierpaßmuster in den freien Seiten. XV. Jh. (Kapelle).

2. Aus rotem Stein. Über quadratischer Plinthe runde Basis, darauf achtseitiger Zementpfeiler mit Wulstabschluß. Das Becken steigt kelchförmig mit skulpiertem Facettenornament auf und schließt mit einer dicken, leicht vorspringenden achtseitigen Platte, die an der Vorderseite das Datum 1505 trägt. Das Becken ist halbkugelig vertieft. Aus der Stiftskirche Nonnberg stammend (Kapelle).

3. Aus gelbrosa Stein, zum Teil eingemauert. Die oben abgeschrägte Basisplatte und der von Wülsten eingefaßte Pfeiler ist aus dem Achteck konstruiert. Darüber die in zwei Seiten vorspringende Schale, die an der Außenseite mit einem infulierten Doppelwappen (Passau und Bischof Wigulens Fröschl, 1500—1516) skulpiert ist. Das Becken oben halbkugelig ausgehöhlt. Anfang des XVI. Jhs.

4. Aus Adneter Marmor, rund vorgebauchtes geripptes Becken; die Rückwand mit Löwenmaske in segmentbogig abgeschlossenem vertieftem Feld, um das eine Inschrift läuft; über profiliertem Gebälk flacher, geschweifter Aufsatz, der in eine Kugel endet. Am Aufsatz inschriftsschildchen, herum *H. N. 16* (*Joachim*) 93 — M (*Anna*) N (Zimmer XXXIX).

IX. Möbel.

1. Ehebett aus dunkelbraunem Holz mit geschnitzten Füllungen, Pflanzenranken und Maskerons an den beiden Schmalseiten. Anfang des XVII. Jhs. (Schlafsaal).

2. Ehebett mit reicher, bunter Intarsia, gebogenes Rahmenwerk und naturalistische Früchte darstellend. An der Kopfseite Aufsatz mit einer von gedrechselten Säulen eingefaßten rundbogigen Mittelnische und zwei kleinen, mit Muscheln bekrönten Seitennischen; in ersterer eingelegte Architekturdarstellung, in letzteren moreskenartiges Rankenwerk. Seitlich angesetzte Voluten, als Bekrönung ein von einer Vase gesprengter Flachgiebel. Anfang des XVII. Jhs. (Zimmer XXXVIII).

3. Bett aus grau gestrichenem Holz mit Malerei und Vergoldung. Auf vier nach unten verjüngten runden Füßen stehend, deren kannelierte Schäfte durch Einschnürungen und Wülste mit Blattfries, Kugelschnur und Flechtband gegliedert sind und in Urnen auslaufen. Die Vorderwand unten mit herabhängenden ausgeschnittenen und gemalten Blütenschnüren enthält ein geschwungen abgeschlossenes Breitbild — Taufe Christi — in Flechtbandrahmung mit Eck- und Mittelrosetten, herum ornamentierte Malerei und Blütenschnüre; über Abschlußgebälk bekrönender Aufsatz, der von Voluten eingefaßt wird und ein von Blattschnüren und Bandwerk gerahmtes Tondo: Schlafendes Kind in Landschaft, über einer Wolke zwei Cherubsköpfchen — enthält. Die Kopfwand enthält einen größeren reich bewegten Aufsatz, dessen einfassende Volutenbänder und abschließender geschwungener Segmentbogen Urnen tragen; als oberster Abschluß ausgeschnittene und gemalte Schablone des Vogels Pelikan mit seinen Jungen. Im Aufsatzfeld Malerei; steilovales Bild in ornamentalem Rahmen mit bekrönender Urne und Blattschnüren: Halbfigur der Madonna mit dem Kind und dem kleinen Johannes. Bezeichnet: *Johan Scherndaner MDCCCXIII.* Das Bett ist eine Stiftung des Herrn Bürgermeisters M. Ott (Zimmer XXIX).

4. Holzkasten mit erneuter Anschlagleiste und Zinnenkranz, mit Eisenbeschlägen an Angel, Schloß und Türring; kantiges Rankenwerk, graviert, auf Unterlage. Zweite Hälfte des XV. Jhs. (got. Halle).

5. Brauner, sehr großer Kasten; die Vorderseite ist von einer oben breiteren Bordüre aus flach geschnitztem Rankenwerk gerahmt und unterteilt. In der unterteilenden Bordüre drei Schubladen mit eingeblendetem Rautengitter an den Stirnseiten. Erneute Zinnenkranzbekrönung. An den Schmalseiten setzen sich die Breitenbordüren und die Bekrönung fort. Alte, einfach ornamentierte Beschläge; die zwei Schlüsselbleche in Schildchenform mit Kreuzblumenfries. Um 1500. Aus einem Gewerkenhaus in Rauris stammend (Sakristei).

6. Großer Kasten aus braunem Holz, mit linearer Intarsia, in mehreren Schattierungen an der Vorderwand und in der Tiefe und einfachen zum Teil gravierten Beschlägen, Schloß und Trägern. Die Gliederung der Vorderwand: Sockel mit drei Postamenten und zwei (Schubladen-) Feldern zwischen (an drei Seiten) umlaufenden profilierten Simsen; zwei gleichgestaltete Geschosse, jedes von drei nach abwärts verjüngten Pilastern in Türfelder gegliedert, die je ein Hochbild in Intarsia: Hausarchitektur enthalten. Dreiteiliges Abschlußgebälk mit Intarsia: stilisierte Palmetten und Greife und kleine, zu dreien gekuppelte Voluten unter dem Kranzgesims. Um 1600 (Fig. 367) (Studierzimmer).

7. Zwei kleine, braune Holzschränke, einflügelig; die Tür mit zwei quadratischen Fenstern mit transennenartigem durchbrochenen Muster vor vergoldetem Fond; das Muster besteht aus quadratischen Feldern mit diagonal gestellten Balustern, zwischen denen kleine gedrechselte Knäufe einspringen. Aus dem Oratorium der Domkirche stammend; übereinstimmend mit den Türen im Totenoratorium in der Residenz. Um 1660 (Vorzimmer).

Fig. 368.

8. Großer Kasten aus braunem Holz mit verschiedenfarbiger figuraler und ornamentaler Intarsia und ausgeschnittenen gravierten Schlüsselblechen mit Gesichtsmasken. Sockelgeschoß mit Schubladen, zweigeschossiger Hauptteil mit Türflügeln, Abschlußgebälke (Fig. 368).

Sockelgeschoß: Von zwei breiten und einem schmalen Postament, die alle drei kräftig vortreten, auf geradlaufender Basisplatte aufstehen und von profiliertem Gesimse umlaufen werden, in zwei Felder ge-

Fig. 367 Holzkasten mit Intarsia (S. 277)

gliedert. In diesen leistengerahmte Rechtecke mit Intarsia: Greifenköpfe in Blattwerk auslaufend. In den äußeren Postamenten ebensolche Rechtecke, die Intarsia stilisierte bunte Blumen darstellend. Im Mittelpostament Rollwerktafel in Intarsia.

Hauptteil, Untergeschoß: Die Vertikalgliederung geschieht durch Halbsäulen über hohen von Deckplatten (die untere durchlaufend) eingefaßten Postamenten, und zwar stehen je zwei auf den seitlichen Sockelpostamenten und eine auf dem mittleren. Die äußeren Interkolumnien enthalten vertiefte schmale Felder (mit Intarsia: Blumenvase) in profilierter Rahmung mit Keilstein, der als Konsole ein vorkragendes Gebälkstück trägt. Über diesem kleines vertieftes Breitfeld (mit Intarsia: Blumenornament) von kleinen Postamenten mit Rauten und frei herausgearbeitetem Rollwerk eingefaßt, das als Konsole unter dem Trennungsgebälk der Geschosse sitzt. In den zwei Türfeldern Intarsiahochbilder unter Rundbogen auf

Pilastern in Rahmung; die Bilder stellen dar: Caritas — eine Frau, ein nacktes Kind im Arm, ein bekleidetes neben sich, im Hintergrunde schloßartiges exotisches Gebäude — und eine Frau in Rüstung, eine Lanze in der Linken, einem am Boden liegenden Krieger einen Becher zum Trinken reichend. Die Rah-

Fig. 368 Zweigeschossiger Holzkasten mit reicher Intarsia (S. 278)

mung besteht aus seitlichen Säulen mit dreiteiligem Abschlußgebälk auf voltengefaßtem Aufsatz mit Flachgiebelbekrönung; die Säulen stehen auf einer Staffel mit seitlichen Voltenpostamenten; die Staffel wird von zwei Konsolen mit eingelegter Kannelierung getragen.

Das Gesimse, das die Geschosse trennt, besteht aus einem Triglyphenfries mit alternierend ornamentierten Intarsia- (Schubladen-) Feldern, mit Eisenknöpfen an Rosetten; darüber profiliertes Gebälk, das ebenso wie der Triglyphenfries über den Säulen rechteckig vorspringt.

Hauptteil, Obergeschoß: Im wesentlichen mit dem unteren übereinstimmend; die Säulen mit korinthisierenden Kapitälen, die mittlere über geschwungenem Postament. In den Interkolumnien Rundbogennischen mit Intarsia unter Muschelabschluß; als Bekrönung Segmentbogengebälk, das von einem Volutenband geteilt wird. In den Türfeldern die Hochbilder unter Rustikabogen: Fides (Engel mit Kreuz, Räucherschiffchen, Buch usw.) — Justitia (Frau mit Wage und Schwert). Die Rahmung: statt der Säulen frei herausgearbeitete Steilvoluten über zweigeschossiger Staffel, die unten aufgelegte Flachschnitzerei zwischen Postamenten mit Ranten, oben seitliche Konsolen mit eingelegter Kannelierung enthalten. Abschlußgebälk mit Zahnschnitt und Keilstein, darüber zurücktretende Rollwerkbekrönung.

Das Abschlußgebälk ist dreiteilig, der Mittelstreifen von Rollwerkfeldern über den unteren Säulen gegliedert; darauf verschieden ornamentierte Volutenbänder, die das mit Zahnschnitt und Eierstab verzierte, vorkragende Kranzgesims umklammern. Im Mittelstreifen des Gebälkes bunte Intarsia mit Jagddarstellungen (Hirsch beziehungsweise Eber).

Die Tiefenseiten des Kastens machen durch die umlaufenden Gesimse die Geschoßgliederung mit und enthalten einfach gerahmte Felder. Der Kasten stammt aus dem St. Peterschen Stiftsgebäude in Maria Plain. Um 1600 (Gelehrtenstube).

9. Großer Schrank aus lichtbraunem Holz mit aufgelegten Scheiben und Spiralornamenten in gerahmten Feldern. Sockel mit vier Schubladen. Der Unterteil von dem ähnlich gestalteten Oberteil durch ein dreiteiliges Gebälk mit vier Doppel- und zwei einfachen Schubladen in der Attika geschieden; der Oberteil durch vorkragendes dreiteiliges Gebälk abgeschlossen. Der Unterteil wird durch fünf Halbsäulen mit Perlstäben im unteren Drittel der Kannelierung gegliedert; die beiden äußeren, ein schmales Feld einschließenden Halbsäulen werden durch ein gemeinsames Postament gekuppelt. In den breiteren inneren Feldern rahmende, nach unten sich verjüngende Pilaster mit Flechtband um ein rundbogig abgeschlossenes Feld mit Spiralornament; dreiteiliger Gebälkabschluß mit Kartuscheaufsatz zwischen kleinen Obelisken. In den äußeren Feldern rechteckige, oben verbreiterte Nischen mit Obelisken. Der Oberteil wird von Säulen mit Perlschnüren und Schuppen in der Kannelierung gegliedert. Die Nischen in den äußeren Feldern sind rund, mit Obelisken und Muschelanschluß, darüber Säulenkuppelung wie beim Unterteil und in zylindrischer Vertiefung Konvexspiegel; die Pilaster der Rahmung in den inneren Feldern sind geschuppt; der Abschluß variiert.

Der Kasten stammt aus dem St. Peterschen Stiftsgebäude in Maria Plain. Anfang des XVII. Jhs. (Ren.-Halle).

10. Kasten aus braunem Holz mit aufgelegten geschnitzten, knorpeligen Ornamenten, Maskerons und geripptem Rahmenwerk. Der große Schrank besteht aus einem Sockel mit vier Schubladen, einem Untersatz, das durch einen Zwischenteil in Form eines dreiteiligen Gebälkes mit sechs Schubladen in der Attika von dem vollständig übereinstimmenden Oberteil geschieden ist, das oben wieder ein dem unteren ähnlich gestaltetes Gebälk abschließt. Jeder der beiden Hauptteile steht auf einem profilierten Gesims auf, das den fünf Halbsäulen rechteckig vorspringt; diese gliedern die Wand in zwei breite mittlere und zwei schmale seitliche Felder. Erstere enthalten je ein von kleinen Halbsäulchen gefaßtes, von dreiteiligem Gebälk mit einem von Maskerons gesprengten Volutengiebel abgeschlossenes Feld mit aufgelegtem Ornament unter Rundbogen auf Pilastern. Die seitlichen Felder enthalten rechteckige Nischen mit Muschelabschluß, darin Obelisk mit geschuppten Seiten über profiliertem Postament. Als Bekrönung gleichfalls Maskeron. Mitte des XVII. Jhs. Aus dem St. Peterschen Stiftsgebäude in Maria Plain (Ren.-Halle).

11. Schrank aus dunkelbraunem Holz mit aufgelegten Flachschnittornamenten in den von Rippenleistenrahmen eingefaßten Feldern und Gliederungen. Über einfachem Postament ein durch drei Sockel in zwei Hälften gegliedertes Untergeschoß mit 2 × 4 Schubladen. Das Hauptgeschoß ist durch abwärts verjüngte Pilaster auf hohen Postamenten in zwei Hälften mit Doppelflügel geteilt. Attika mit vier Schubladen, in der Mitte geschnitztes Wappen der Stadt Salzburg. Auslandendes mit Perlstab den Abschlußgesims. Die Füllfelder der Türen enthalten Doppeladler. Über den Türen die Legende: *Anno 1658 Jahr*. Aus dem Salzburger Rathaus stammend (Küche). Aus den Stadtkammeramtsrechnungen nicht belegbar.

12. Kasten aus dunkelbraunem Holz mit hellem, aufgelegten Flachschnitt. Über Schubladenuntersatz der zweitürige Kasten, dessen von drei nach unten verjüngten Pilastern mit Perlschnur und Schuppenornament gegliedert wird; in jeder Tür zwei Felder übereinander mit Doppeladlerornament als Füllung. Gebälk mit Perlenstäben und Jahreszahl *1657*; Aufsatz modern (Zunftstube).

13. Kasten aus schwarzem Holz, sehr groß, aus einem Schubladensockel, einem zweitürigen Hauptteil und einem Schubladenaufsatz bestehend; mit aufgelegten Schnitzereien: Spiralornamente in Blattenden auslaufend, Tressenwerk, beginnendes Knorpelwerk in Rahmung, aus gerippten Leisten. Der Hauptteil wird von gedrehten Säulen über hohen Postamenten mit ornamentierten Vorderseiten in zwei Felder geschieden, in jedem von von gedrehten Säulchen über Volutensockeln mit Blattwerk gerahmtes, vorgezogenes, rundbogig geschlossenes Feld in Rahmung aus Leisten mit angesetzten Ornamenten; über dem Säulen.... dreiteiliges Gebälk, dessen oberster Teil durchläuft und mit zwei volutenförmig eingerollte Fischelschenkel trägt, zwischen denen über Postamenten eine Muschel sitzt. Unter diesem Hochfeld ein

schildmäßig gebauchtes breitovales Feld in Leistenrahmung mit Ornamentfüllung. Stark vorstehende Türangeln, knopfartige Türzieher und mit stilisierten Blattranken gravierte Schlüsselbleche. Drittes Viertel des XVII. Jhs. (Prunkzimmer).

14. Kasten, blau und rosa bemalt, vergoldet und polychromiert; vierseitig mit abgeschrägten vorderen Kanten mit Untersatz, dreiteiligem Abschlußgebälk und durchbrochener geschnitzter Bekrönung. Im Untersatz Schubladen mit leichtstilisierter Blumenmalerei in geschnitztem Flechtbandrahmen mit Rosetten; in den Türfeldern ebenso gerahmte Hochbildchen, Halbfiguren der vier großen Kirchenväter. Die Türleiste als bemalte Schablone gestaltet: Über ornamentaler Konsole Pfeiler mit davor stehender Figur der hl. Jungfrau mit der Lilie, über ihr der Pfeiler durch ein als weibliche Büste mit Helm gebildetes Kapitäl abgeschlossen. Ebenso gebildete Schablonen an den abgeschrägten Kanten mit Figuren zweier Heiliger, wahrscheinlich Joachim und Anna. An der rückwärtigen Kante seitlich angesetztes durchbrochenes Ornament. Im Breitteil des Abschlußgebälkes zwei Kartuscheschildchen mit Inschrift: *Johannes Scherndañer, 1813*. Alte Beschläge, das Schlüsselblech mit Füllhörnern und Urne (mit Bett Nr. 3 zusammengehörig).

15. Zu 14 gehörig: Kommode, blau gestrichen, mit gemaltem Feld an der oberen Platte und je zwei ebensolchen Feldern in geschnitzter Perlstabrahmung an den beiden Schubladen. Landschaften in Rot, an den Tiefseiten zwei weitere in Braun. Anfang des XIX. Jhs. (Zimmer XXIX).

16. Truhe aus braunem Holz mit geschnitzten Feldern und Intarsiastreifen, braun auf Schwarz, verschiedene Flechtbandornamente darstellend. Die Truhe steht auf einem Sockel mit rechteckigen Füßen mit eingeblendetem Maßwerk und Fischblasenranke. Die Vorderseite der Truhe enthält vier von Intarsiastreifen gerahmte quadratische Felder mit eingeblendetem Maßwerk; die beiden äußeren enthalten drei Kreise mit verschiedener Füllung, darüber ein Spitzbogen-, darunter ein Rundbogenfries; in den beiden inneren Feldern die gleiche Schnitzerei: großer Kreis mit Blattwerk in den Zwickeln, im Kreis ein Ornament in der Art einer heraldischen Lilie mit Rosetten als Füllung. Die übrigen Seiten der Truhe sind glatt. Die einfachen schmiedeeisernen Träger an gravierten Rosetten, das Schlüsselblech in Gestalt einer Schlange. Um 1500. Südtirolisch (got. Halle).

17. Truhe, kleiner als die vorige, doch im wesentlichen und stilistisch mit ihr übereinstimmend. Der Sockel mit breitem geschnitzten Streifen: Ranke mit drei vollen und einem halben Kreis, darin verschiedenes Maßwerk; Rosetten als Füllung. Die Vorderseite der Truhe enthält nur zwei quadratische Felder mit heraldischen Lilien wie die oben beschriebenen. Die Schmalseiten sind auch geschnitzt; der Sockel setzt das Ornament der Vorderseite fort; das rechteckige Truhenfeld enthält einen größeren Kreis in der Mitte und vier kleinere in den Ecken, mit verschiedenem Maßwerk; als Füllung des Rechteckes dienen über und unter dem großen Kreis Spitzbogen-, zwischen den kleinen Kreisen Rundbogenfriese. Einfache Träger, das Schlüsselblech als Strick, der in eine Art Palmette endet, gestaltet (Fig. 369); got. Halle). Tirolisch, um 1500.

18. Große Truhe aus braunem Holz mit schmalen Intarsiastreifen: Flechtbänder, hell auf dunklem Grund, mit geschnittenen und gravierten Ornamenten. Sockel mit rechteckigen Füßen mit gravierter Blattranke. An der Vorderseite drei quadratische Felder mit gravierter großer Blüte in den äußeren und Granatäpfeln im mittleren Feld. Um 1500 (got. Halle).

19. Große Truhe aus Eisen mit Eisenbändern mit Knöpfen und anderen spiralförmigen Ornamenten beschlagen. Den Deckel innen nimmt das Schloß ein, das von einer durchbrochenen und gravierten Eisenplatte — Blattornamente in Fratzen auslaufend — verdeckt wird. Aus dem Salzburger Leihhause stammend. Ende des XVI. Jhs. (Familienhalle).

20. Truhe aus braunem Holz mit Intarsia: stilisiertes Blatt- und Spiralornament mit gotischen Anklängen in mehreren Schattierungen; graviertes Schlüsselblech mit Gesichtsmasken und Sirenen. Die Vorderwand von vier Streifen in drei Felder mit Intarsia unter Rundbogen und über Pilastern gegliedert. Die obere Platte gleichfalls mit Intarsia. Die Tiefseiten mit rechteckigen Intarsiafeldern in Leistenrahmung. Ende des XVI. Jhs. (Studierzimmer).

21. Sehr große Truhe aus rotbraunem Holz mit aufgelegtem Kerbschnitt und Intarsia in mehreren Schattierungen. Die Rückwand unbearbeitet (Ahnensaal).

22. Truhe, die Schmalseiten glatt, mit einfachen schmiedeeisernen Trägern, vom vorkragenden Abschlußgesims und den zwei den niederen Sockel einfassenden Gesimsen umlaufen. Die Vorderwand mit einfacher Intarsia durch drei nach abwärts verjüngte Pilaster mit Intarsiaspiralornament in zwei (Tür-) Felder gegliedert, die ein seichtvertieftes Rechteck in Leistenrahmung enthalten. Darin im unteren schmalen Streifen Flachschnitzerei — Spiralornament —, oben Hochbild, Hausarchitektur (in beiden Türfeldern die gleiche). Anfang des XVII. Jhs. (Ahnensaal).

23. Truhe (jetzt durch einen modernen Aufsatz zu einer Speiskredenz umgestaltet) aus dunklem Holz mit Intarsia in mehreren Schattierungen. Die Vorderwand wird von (umlaufenden) profilierten Simsen eingefaßt, von zwei äußeren nach abwärts verjüngten Pilastern und zwei inneren frei herausgearbeiteten

Fig. 369.

XVI 36

Volutenbändern über Postamenten in drei Felder gegliedert. Das mittlere enthält über vortretender, von Linien eingefaßter Staffel ein Intarsiahochbild — Christus aus dem Sarkophag auferstehend, im Hintergrund Häuser — unter Rundbogen mit Keilstein auf Pilastern mit perspektivischen geöffneten Türen in Intarsia. In den seitlicheren schmäleren Feldern Spiralornament (Intarsia) in rechteckiger Rahmung mit Ohren über Staffel, nach oben Gebälkabschluß mit einem von Voluten eingefaßten, von Flachgiebel abgeschlossenen Aufsatz (erneut). Anfang des XVII. Jhs. (Gelehrtenstube).

24. Sehr große Truhe aus braunem Holz mit Einlegearbeit in drei Schattierungen. Die Truhe besteht aus einem Untersatz, der von dem Hauptteil durch ein an drei Seiten umlaufendes Gesims getrennt und an der Vorderwandlängsseite durch vier Postamente mit Maskerons in drei Felder (Schubladen) mit Intarsia (Spiralornament) gegliedert ist. Die Schmalseiten enthalten Felder in Leistenrahmung. Der Hauptteil wird an der Langseite von vier nach abwärts verjüngten Pilastern mit stilisierter Blumenranke in Intarsia gegliedert und von vorkragendem umlaufendem profiliertem Gesims mit Zahnschnitt abgeschlossen.

Fig. 369 Truhe (S. 281)

In den äußeren Feldern der Vorderwand seicht vertieftes Rechteck mit Zahnschnittabschluß, darin abermals vertieftes Intarsiafeld — Spiralornament — unter Rundbogen auf Pilastern mit eingelegter Kannelierung und Zwickelornament seitlich vom Bogen. Im Mittelfeld Intarsiaornament in Leistenrahmung mit Ohren und vorkragendem Abschluß auf dem zwischen Voluten ein frei gearbeitetes Cherubsköpfchen angebracht ist. (Die Rückwand glatt, unbearbeitet.) Einfache schmiedeeiserne Träger. Anfang des XVII. Jhs. (Ahnensaal).

25. Zunftlade, Holz, braun, mit applizierten geschnitzten Maskerons in gerippter Leistenrahmung. Breite Form, achteckig, mit Sockel und dreiteiligem Abschlußgebälk, die bei den mit Halbsäulchen besetzten Streifen an den Kanten vorspringen. An der Vorderseite statt des Maskerons geschnitzes, von Fratzen gerahmtes Rundfeld mit gekreuzten Werkzeugen (Zirkel, Kelle, Lineal usw.). Innen Geheimfächer und alte Bezeichnung als Tischlerzunftlade von 1682 (Zunftstube).

26. Zunftlade aus schwarzem Holz mit gerippten Leisten und Volutenornamenten in Zinn eingelegt. Die Seiten werden von Streifen gerahmt, in diesen vertiefte muschelgeschlossene Nischen mit gedrechselten Kegeln auf Blattvolutenkonsolen. Innen Fächer, am Deckel eingeschnittene Jahreszahl 1643, renoviert 1855 und 1893 (Zunftstube).

27. Zunftlade aus braunem Holz mit geschnitztem, aufgelegten Spiralornament an der Vorderseite zwischen flankierenden geschuppten Streifen. Vor dem geschnitzten Feld mit Nägeln befestigtes rundes Blechschild mit Resten von Malerei: Schild mit gekreuzten Glaserwerkzeugen, darüber hl. Lukas mit dem Bilde der hl. Jungfrau mit dem Kinde. Mitte des XVII. Jhs. (Kunst- und Gewerbehalle).

28. Zunftlade aus schwarzem Holz mit gerippten Leisten, die Seiten von je zwei gedrehten Säulchen flankiert, zwischen denen in einer muschelgeschlossenen Nische ein gedrechselter Beinkegel steht. An der Vorder- und Rückseite Applike: zwei vergoldete Löwen, ein leeres Kartuscheschild haltend. Innen am Deckel in Rippleistenrahmung von 40·5 : 25·6 cm Größe drei Miniaturen: Mittelfeld Madonna mit Heiligen, rechts Erzbischof Sigismund v. Volkersdorf, links Wappen des Stifters Nikodemus Bröller, Zunftmeister der Kürschnerinnung. Weitläufige Widmungslegende mit Jahreszahl 1656 und der Abbildung des Innungssiegels (Kunst- und Gewerbehalle).

29. Truhe aus dunkelbraunem Holz mit einfacheren Trägern und Schlüsselblech; 63 cm breit, 41·5 cm tief, zirka 40 cm hoch. Auf runden Füßen, über denen das profilierte untere Gesims im Rechteck vorladet. Die Seiten, von Ecksäulchen mit Ovalschildchen in geschnitzter, knorpeliger Rahmung, über hohen, glatten Trommeln, eingefaßt, enthalten je zwei beziehungsweise je ein vertieftes Feld in Rahmung mit ausspringenden Ecken; in denen der Längsseiten aufgelegte Schnitzerei, knorpeliges Spiralornament. Vorkragendes gekerbtes Abschlußgesims; postamentartige Bekrönung. Mitte des XVII. Jhs. (Ahnensaal).

30. Zunftlade der Kammacher; aus braunem Holz mit furnierten Leisten und Spiralornamenten in Schnitzerei und Kerbschnitt. An der Vorderseite zwei applizierte geflügelte Löwen, der eine an einem Drehstock(?), der zweite einen geschnitzten Kamm haltend. Innen geschlossenes Fach; am Deckel innen Kartusche mit Seileremblemen, 12 Reliefbuchstaben und ebenfalls aufgelegter Jahreszahl 1699 (Zunftstube).

31. Zunftlade aus braunem Holz mit schwarzen, profilierten Einfassungen und Rahmen, gedrechselten gelben Beinknöpfen und jederseits je zwei gekuppelten gedrehten Säulchen mit einem Beinkegel im Interkolumnium. (Spätere Beschläge.) Innen am Deckel aufgeschraubte Zinnplatte, 30·5 : 22·3 cm, mit achtzeiligem Gedicht, Lob des Drechslerhandwerks. In der Mitte der geteilten Strophen Wappen (Greif von rechts) auf Wappenmantel. Über dem Wappen die Initialen G. S. D., unter dem Wappen Jahreszahl 1739. Auf der unteren Hälfte der Platte Kanone mit Überschrift: Coronari aut rumpi und Mörser mit Überschrift: Nec aspectus me terret. Vom Wappenmantel führt ein Blitz in der Richtung des Mörsers. Mitte des XVII. Jhs. (Kunst- und Gewerbehalle).

32. Mehrere weitere Zunftladen mit geringer Ornamentierung aus dem XVII. und XVIII. Jh. (Zunftstube).

33. Zunftlade der Zimmerleute aus lichtem Holz mit Intarsia: lichte Spiralbänder in einem Kartuschefeld mit dunklem Fond. Am Deckel geschnitztes Schildchen mit Werkzeugen (Säge, Lot usw.) und Datum 1663 (Zunftstube).

34. Truhe aus dunklem Holz mit schmiedeeisernen, verzinnten Beschlägen, graviertem Blattornament als Schlüsselblech und an den Trägern; 64 cm breit, 45 cm tief, zirka 47 cm hoch. Auf vier Füßen mit Voluten-ornament. Die Längsseiten mit unregelmäßigen, die Schmalseiten mit rechteckigen, von Leisten gerahmten, von Nischen mit Muschelabschluß und gedrechseltem Kegel in Relief flankierten Feldern. Über der vorkragenden Abschlußplatte postamentartiger Aufsatz aus profilierten Deckplatten und Hohlkehle zwischen vier gedrechselten Knöpfen über kleinen Postamenten in den Ecken. Drittes Viertel des XVII. Jhs. (Ahnensaal).

35. Zunftlade der Bäcker; Holz, schwarz, mit furnierten Leisten und vorgebauchten Kartuschefeldern an den Seiten, diese werden von kleinen Pfeilern eingefaßt, die muschelgeschlossene Nischen mit Urnen über Blattvolutenkonsolen enthalten. Am Deckel Aufschrift in Metalleinlage: 1689 und Hanns Schranck der Zeit Zechmaister, Hanns Eysl der Zeit Beysitzer. Innen um ein kreisförmiges Mittelbild mit Perlstabrahmung vier zum Rechteck sich ergänzende, ebenfalls mit Perlstab gerahmte Zwickelbilder. Im Mittelbilde Mariä Krönung, in den Zwickeln die vier Evangelisten, in Öl gemalt. Unten neben Kartusche mit Innungswappen die Jahreszahl 1689 (Zunftstube).

36. Zunftlade, Holz, braun, mit verschieden geformten Feldern mit Malerei an Vorder- und Rückseite und am Deckel in Leistenrahmung. An der Vorderseite die Hl. Rupert und Virgil, in ganzer Figur, stehend; an der Rückseite die Hl. Urban und Medardus; alle mit Namensaufschriften. Am Deckel zwei Burschen, mit Weingläsern in der Hand, zu seiten eines großen Fasses stehend. Schließbleche fehlen. Ende des XVII. Jhs. (Kunst- und Gewerbehalle).

37. Zunftlade der Müllerzunft, braun, mit schwarzen, gerippten Leisten und grünen, gedrehten, mit goldenen Ranken umwundenen Säulchen. Die Seiten von jederseits zwei gekuppelten Säulchen flankiert, im Interkolumnium muschelgeschlossene Nische, darin über Blattvolutenpostament Urne. An der Vorderseite gerahmtes Feld mit Malerei: zwei seitliche Landschaftsbildchen in goldener Blattwerkrahmung und Wappen des Erzbischofs Johann Ernst Thun in der Mitte, das zwei Putten halten. An der Rückseite gerahmtes Feld mit zwei Landschaftsbildchen in Blattwerkrahmung, in der Mitte Rad, von zwei Greifen gehalten, darüber Rosenfeston. Auf dem Deckel eingelegtes Datum: 1706. Einfache, mit Ranken gravierte Beschläge und Schlüsselblech. Innen am Deckel in zierlicher oblonger Achteckrahmung Temperamalerei: Madonna mit Kind in einem Kranze von weißen und roten Rosen, unter dem Kinde Kartusche mit Müllerwappen. Um den Rosenkranz eigener, quadratischer, gemalter Zierrahmen. Seitlich Halle mit Landschaftsdurchblick, im Vordergrunde die Hl. Nikolaus und Helena, dahinter zwei Engel als Portierenhälter. Unter dem Mittelbilde Jahreszahl: 1706. Auf eigens gerahmten gewölbten Eckzwickeln vier in Goldschrift aufgemalte Namen (Fig. 370; Zunftstube).

Fig. 370.

36*

38. Truhe aus lichtbraunem Holz, mit linearer Intarsia an den Seiten und eingelegten Werkzeugen (Zirkel, Lineal, Lot, Kelle usw.) am Deckel um die gravierte Jahreszahl: *1714* (Kunst- und Gewerbehalle).

39. Zunftlade aus braunem Holz mit Intarsia, licht auf dunklem Fond, Bandornamente in Blattenden auslaufend. Die Truhe ist an den Langseiten geschweift, an den Schmalseiten rund vorspringend, an den Kanten mit profilierten Bändern abgeschrägt. Der Deckel verjüngt sich mit Profilierungen und geschweiften Kehlen zu einem bekrönenden Rautenfeld. Schlüsselblech mit Band- und Blattornamenten graviert. Innen vom Rande aus sperrbares Fach mit furniertem Deckel, darauf Brauereembleme mit Beischrift: *1731*. Drei Schubladen mit Federsperrung. Gravierte und vergoldete Beschläge (Kunst- und Gewerbehalle).

40. Zunftlade, Eisen, lichtgrau gestrichen, mit Bildchen in Kartuscheform; an der Vorderseite Mariazeller Mutter Gottes zwischen den Halbfiguren der Hl. Petrus und Paulus und Jahreszahl: *1750*; an den Schmalseiten die Hl. Sebastian und Rochus. An der Rückseite Aufschrift: *Mit allen Rechten übernommen*

Fig. 370 ,Zunftlade der Müller von 1706 (S. 283)

die *Baugenossenschaft der Stadt Salzburg 1885*. Oben Tragring an ornamentiertem Beschlag mit gemalten Maurereemblemen im Spiegel einer Kartusche. Der Spiegel deckt das Schlüsselloch. Innen siebenriegeliges Schloß mit durchbrochener und gravierter Messingzierplatte (Zunftstube).

41. Truhe aus braunem Holz mit schwarzen Eisenbändern mit gravierten Blattrosetten. Unter dem Schlüsselloch in Blattrahmung mit Krone vergoldetes Wappen des Erzbischofs Sigismund von Schrattenbach. Seitlich davon (in Eisen) die Jahreszahl *1756* (Kunst- und Gewerbehalle).

42. Zunftlade aus braunem Holz, furniert und poliert, mit Intarsiaeinlagen in mehreren Schattierungen. Leicht vorgebauchte Form mit Volutenbändern an den angeschrägten Kanten. Das Intarsiabild vorn zeigt ein leeres Zimmer, darin zwei Öfen und Aufschrift: *17 — FE — MT — IR — 58* (in Metalleinlage). An den Schmalseiten Blumeneinlagen. Gravierte Beschläge: Stilisiertes Blattwerk mit Blüten. Deckel mit eckdartigem Aufsatz. Darin mit Schieber verschlossenes Kästchen und in diesem die Sperrung der Lade. Innen am Deckel kreuzförmige Zierbeschläge aus reich graviertem vergoldeten Messing, reich graviert und vergoldet. Lade der Bürstenbinder und Kammacher, *1758* (Kunst- und Gewerbehalle).

43. Zunftlade aus braunem Holz mit geringer linearer Intarsia. Träger aus Messing mit Rocailleornamenten an gedrehten Rosetten, ausgeschnittenes Schlüsselblech in Rocailleformrahmung mit flamboyanten

Ornamenten und bekrönendem Löwen, darin gekreuzte Werkzeuge (Zirkel, Kelle, Lineal usw.) und Datum *1760*. Zunftlade der Gürtler (Fig. 371; Zunftstube).

44. Kästchen aus braunem Holz, rechteckig, mit Schubdeckel. An den Längsseiten je zwei, an den Schmalseiten je ein geschnitztes quadratisches Feld; darin Kreis mit verschiedenem Maßwerk und Blattfüllung in den kleinen Eckzwickeln. Anfang des XVI. Jhs. (Zimmer XXVIII).

45. Elfenbeinkästchen, 17·1 *cm* breit, 9·7 *cm* tief, 12·7 *cm* hoch; Truhenform mit dachartigem, abgeflachtem Deckel auf vier Kugelfüßen mit Einfassung. Querbänder, Schloßbeschlag und Griff aus vergoldetem Kupfer mit graviertem Moresken. Im Deckel Lade. Zweite Hälfte des XVI. Jhs. (Prunkzimmer).

46. Kästchen aus schwarzem Holz mit Wellstabeinfassungen; die Flügeltüren außen mit gedrehten Säulen besetzt, die Türfelder mit leicht vorgebauchten Rundbogenfeldern in Rahmung mit Ohren und gesprengtem Flachgiebel. An den Innenseiten der Türen auf vorgebauchtem Grund gemalter Blumenstrauß in Vase. Das Innere des Kästchens in acht Schubladen von verschiedener Größe und Gestalt zerlegt, alle mit Wellstabrahmen und gemalten Darstellungen auf gebauchtem Grund. Das Mittelbild:

Fig. 371.

Fig. 371 Schlüsselblech von der Zunftlade der Gürtler
von 1760 (S. 285)

Stilleben, seitlich davon: je zwei Tierbilder; oben zwei, unten ein Landschaftsbild mit Staffage. Erste Hälfte des XVII. Jhs. (Schlafsaal).

47. Kassette mit braunem Lederüberzug, mit Goldpressung und gravierten Metallbeschlägen. Innen drei ungleich große Laden, nach außen als Doppellade maskiert. In den von profiliertem Stab umrahmten Füllungen ziselierte und geätzte Stahlplatten mit Jagd- und Kriegsemblemen usw. Griffknöpfe aus graviertem Eisen, vergoldet. Die oberste Lade mit Unterabteilungen. Innen am Deckel in eingelegter Rahmung Stahlplatte mit gravierten und geätzten Arabesken. Anfang des XVII. Jhs. (Schlafsaal).

48. Kleine Standuhr, Turmgehäuse mit reich verzierten Säulen an den Kanten und flachgetriebenem Rankenornament. Zwei Wappen, rückwärts ebenfalls Zifferblatt. Datiert: *1568* (Zimmer XXVIII).

49. Standuhr aus Messing mit gravierten Ranken und Darstellung Christi als Salvator Mundi sowie Wappen des Medizindoktors Tobias Geiger und Datum: *1688* (Zimmer XXVIII).

50. Standuhr aus Holz, vergoldet, mit geschnitzer und teilweise rosa gemalter Rocaille am Sockel und Aufsatz. Getriebene Messingplatte mit ähnlichen Ornamenten um das Zifferblatt. Auf einer Wandkonsole, deren in Rocaille endender Ablauf mit einer tiefen Muschel mit darin sitzendem Putto besetzt ist. Um 1760 (Rokokostübchen).

51. Standuhr, brauner Holzsockel mit Goldbronzebeschlägen in Form von Blattranken, von einer Urne bekrönt; darauf gestützt eine ruhende Frau, auf der anderen Seite sitzt ein Putto mit einem Lekythos. Bezeichnet: *Franz Vockenberger in Wien*. Um 1840 (Zimmer XXXIV).

52. Ferner eine große Anzahl von hölzernen Standuhren mit Goldbronze und Alabaster aus dem XVIII. und der ersten Hälfte des XIX. Jhs.

Fig. 372 Orgelrelief mit dem hl. Franziskus (S. 287)

Fig. 373 Orgelrelief mit dem hl. Franz Seraphicus (S. 289)

53. Kollektion von Taschenuhren des XVIII. und XIX. Jhs.; darunter solche von Max Diemer in Straß-walchen; von Nagnzaun in Hallein; von Franz Kulnig in Oberndorf a. S.; von S. Weldon in London; von Michael Seiler in Schwanhausen; von de Roche in Genève; von Jean Marchand in Paris; Christoph Schöner in Augsburg (Gehäuse mit Emailmalerei, Brustbild einer Dame. Anfang des XVIII. Jhs); von Breguet in Paris; von Gottfried Totenborch (?) in München. Ferner von den Salzburger Uhrmachern: Ignaz Karrer, Michael Schmid, Heinrich Rost, Josef Niggl, Josef Anton Beringer, Matthias Pimpl, Johann Georg Chöllisperger, Johann Einberger, Anton Henggi, Franz Jacob und Johann Christoph Nidermair (Zimmer XXVIII).

54. Zwei Spiegel, rechteckig, mit Bordüre und Aufsatz mit volutenförmiger Einfassung und Abschluß. Bordüre mit geätzten Ornamenten, Band- und Volutenwerk mit Rosettengitterfüllung, Draperien, Maskerons und stilisierten Delphinen. Im Aufsatz in ornamentaler Rahmung: hl. Georg zu Pferd, den Drachen tötend. Venezianisch, Anfang des XVIII. Jhs. (Prunkzimmer).

55. Spiegel, rechteckig, mit schmaler Bordüre mit betonten Ecken, Kartuscheansatz, in eine palmettenförmige Bekrönung auslaufend. In der Bordüre und im Aufsatz geätzte Ornamente, Band- und Volutenwerk mit Rosettengitterfüllung, in der Palmette ein Blumenkorb, im Aufsatzfeld in Ovalmedaillon ein Wappen. Zweites Viertel des XVIII. Jhs. (Schlafzimmer)

56. Dazugehörig zwei Spiegelreflektoren (vor Kerzenhaltern), kartuscheförmig, in eine palmettenartige Bekrönung auslaufend; geätztes Spiralornament mit Blattenden, einzelne Blümchen und Blumenkorb. Zweites Viertel des XVIII. Jhs. (Prunkzimmer).

57. Kleiner Spiegel und ovalen Lichtreflektoren, zwei mit ovalen Spiegeln, zwei mit hellblau und weiß gemalten Kartuschen, alle in asymmetrischer, geschnitzter, bunter und vergoldeter Rocailleralmung. Um 1770. (Rokokostübchen).

58. Spiegel mit geschnitzter polychromierter Rahmung mit Blumensträußchen und Aufsatz: Maske, Musikinstrumente, Notenheft usw. Um 1775. Aus dem zirka 1775 umgestalteten Rathaussaal stammend, 1847 vom Magistrat dem Museum überlassen (Jahresbericht 1847). Laut Vermerk ein Pendant an Rothschild (Paris) verkauft (Rokokostübchen).

59. Wäschetruhe aus dunkelgestrichenem Holz, mit polychromierten und vergoldeten Ornamenten: Rocaille und Blüten. Über vier geschweiften Füßen die von Säulchen mit gemalten Blumenkränzen eingefaßte Truhe mit Intarsiabildern in den Seiten und im Deckel: Ansichten vom Mirabellschloß. Um 1785 (Rokokostübchen).

60. Rahmen (jetzt eines Spiegels); zirka 38 × 50 cm; aus braunem Holz mit geschnitzten Todesemblemen, in den Ecken Totenköpfe mit Inful, Tiara beziehungsweise weltlichen Kronen, in der Seite oben schlafender Tod mit der Sense; unten Putto, Seifenblasen machend, daneben verlöschende Kerze, an den Längsseiten rahmende Schlangen, Totenköpfe mit Würmern, Stundenglas, gekreuzte Gebeine und Glocke. Um 1780 (Zimmer von 1606).

Fig. 374 Chorbuchständer (S. 258)

61. Spinettflügel aus braunem Holz mit schwarzen, applizierten Kerbschnittornamenten (Spiralen- und Bandwerk) und Bein- und Perlmuttereinlagen (Cherubsköpfchen, Fruchtbüschel, Medaillons mit gravierten Musikinstrumenten usw.). Der Saitenkasten offen, am Boden mit Streublumen bemalt, in der Mitte runde Vertiefung mit überaus feiner, reicher Maßwerkschnitzerei. Die Tasten mit Perlmutter über Holzleisten, die an der Stirnseite geschnitztes Maßwerk enthalten. Die Wangen der Klaviatur sind ausgeschnitten und mit Schnitzereien verkleidet: Halbfigur eines bärtigen Mannes beziehungsweise einer Frau mit Helm, in Volutenwerk auslaufend, dessen oberer Ast geschuppt, dessen unterer mit Blattwerk besetzt ist. Das Spinett wurde 1703 durch eine Nichte des Erzbischofs Johann Ernst Grafen Thun in das Kloster Nonnberg mitgebracht. Um 1700 (Speisehalle).

62. Kleine Orgel. Der Kasten aus blaugrün gestrichenem Holz mit aufgelegtem geschnitztem vergoldetem Ornament: Rankenwerk mit Blattenden, Kartuschen und vier braunen gerahmten Holzreliefs, zwei in dem Untersatz, zwei in den Türflügeln innen. Jedes sechseckig, 41 × 82 cm, mit eingezogenen Ecken. 1. Hl. Franziskus wirft sich nackt in die dornige Rosenhecke, ein Dämon in Teufelsgestalt entflieht (Fig. 372).

Fig. 373.
2. Derselbe Heilige liegt (sterbend) auf seinem Lager, während über ihm in einer Wolke ein großer Engel Geige spielt (Fig. 373). 3. Hl. Krieger (Florian) wird vergeblich aufgefordert, eine heidnische Kaiserstatue anzubeten. 4. Derselbe Heilige wird von einer Brücke ins Wasser hinabgestürzt. Österreichisch, um 1725 (Musikhalle).

63. Viola, Griffbrett und Saitenhalter aus Ebenholz mit Elfenbeineinlagen: Band- und Palmettenornament. Darinnen Signatur: *Paulus Alletsee fecit Monachii 1731* (Rokokostübchen).

64. Notenpult aus lichtbraunem Holz; die Stützen und Verbindungsleisten mit geschnitzter Rocaille auf gekörntem Grund; das Pult mit Intarsia in mehreren Schattierungen: Wappen des Erzbischofs Sigismund Schrattenbach in einem mit Bandornament gerahmten Feld mit füllender Rocaille (Rokokostübchen).

65. Chorbuchständer aus braun gestrichenem Holz; dreiseitiges Postament mit Volutenfüßen, in den Schaft fortgesetzt, der über ausladender Platte das zweiseitige Notenpult trägt. Alle Teile reich mit Rocaille geschnitzt und von Putten umspielt, die Leidenswerkzeuge in Händen halten. Weitere Werkzeuge der Passion sind in die Felder des Schaftes geschnitzt. Der oberste Putto hält das Wappen des Erz-

Fig. 374.
bischofs Sigismund Grafen v. Schrattenbach, Um 1755. Das Notenpult um 1840 (Fig. 374). Der Ständer stammt aus dem Dome und kam aus dem Stifte St. Peter ins Museum (Musikhalle).

66. Elf Schüsseln aus rötlichem Marmor (Durchmesser zirka 50 *cm*), glatt, mit Randeinfassung. Aus dem Stift St. Peter stammend, wo sie zur Zeit des Erzbischofs Wolf Dietrich am Gründonnerstag bei der Aus-speisung der sogenannten Apostel gedient haben sollen (Speisehalle).

67. Wandbrunnen aus rotgeflecktem Marmor; halbrund vorspringende gekerbte Schale; die Rückwand nischenförmig vertieft, mit Löwenmaske und einfassenden Halbsäulchen. Gebälkabschluß mit Inschrift: *Moritz Ao 1658 Müller* und Halbkreisfeld als Aufsatz mit Palmette im Feld und Schildchen mit einem Hauszeichen. Als Bekrönung über Blattkapitäl geflügelte weibliche Halbfigur (ergänzt). Der Brunnen stammt aus Hallein. Als Stütze dient (jetzt) ein rotmarmorner Löwe, der in den Vorderpranken das Salzburger Stadtwappen mit der Jahreszahl *1528* hält (Speisehalle).

68. Wandbrunnen aus Untersberger Marmor, mit halbrunder Schale, Löwenmaske und halbrunder Lünette über dem Abschlußgebälk. In der Lünette Schild mit Hausmarke und Jahreszahl: *1631* (Küche).

X. Textilien.

1. Gewirkter Wandteppich; zirka 550 *cm* lang und 210 *cm* hoch; Bordüre (19·5 *cm* breit): auf rotem Fond stilisierte Blattranken mit Blüten und Früchten, von Maskerons ausgehend, und zwei Putten auf stilisierten Delphinen, aufeinander zureitend und an einen Kranz greifend, in dreifacher Wiederholung an den Breitseiten; Waffentableaus an den Schmalseiten. Der Teppich selbst enthält ein dichtes Streumuster von kleinen Blüten, darin drei Palmbäume, deren Stämme unter der Krone von einem Waffentableau:

Schild, Köcher mit Pfeilen und Streitaxt, überschnitten werden, und zwei Tondi in Fruchtbüschelrahmung mit Ansicht von Salzburg, die zum großen Teil durch das Wappen des Erzbischofs Matthäus Lang verdeckt wird. Um 1525. Niederländisch, vielleicht spanisch, um 1525. (Raum XXVI; Taf. XX).

Fig. 375.
2. Teppich; 260 × 230 *cm*; Bordüre: braunes Flechtmuster auf blauem Fond; Streifen: Flechtmuster in Weiß, Blau und Rot auf gelbem Fond. Das Feld rot mit vier Wappen des Erzbischofs Matthäus Lang in den Ecken und einem etwas größeren in der Mitte, in Weiß, Rot, Gelb und Schwarz, von einem stilisierten Blattkranz gerahmt (Fig. 375; Renaissancehalle). Ein nahe verwandtes Stück befindet sich als niederländisch um 1510—1520 bezeichnet im Reichenberger Museum. Auch der etwas ältere Wirkteppich mit dem Wappen Philipp des Guten im Museum in Bern (STAMMLER, Der Paramentenschatz im Historischen Museum zu Bern, Bern, 1895, S. 79) zeigt eine deutliche Übereinstimmung.

3. Applikationsteppich mit Bordüre aus Pflanzenranken und großem Wappen des Erzbischofs Wolf Dietrich im blauen Mittelfeld. Um 1590 (Wolf-Dietrich-Zimmer).

4. Teppich, gestickt; Darstellung der in Loig bei Salzburg 1815 aufgedeckten und nach Wien ins Hof-museum(?) übergeführten römischen Mosaikböden (Mythus des Theseus und der Ariadne); Randschrift: *Celebris Juvaviae rudera acus laboriosa imitata fuit* (Chronogramm 1837). Von Domkapitular Dr. Ignaz Schumann v. Mansegg 1849 vermacht (Jahresbericht 1849) (Speisehalle).

5. Kaselkreuz mit aufgelegter Reliefstickerei auf Goldstickerei; oben Mutter Gottes, stehend, mit dem Kinde unter baldachinartigem Ornament. Darunter Erzengel Michael mit der Wage, darunter hl. Christoph; beide unter Baldachinen; bei letzterem Schildchen mit Stern. In dem Kreuzbalken zwei adorierende Gewandengel. Ende des XV. Jhs. Aus der Priesterhauskapelle zu St. Johann in Tirol stammend (Raum XXXIX).

Fig. 376.
6. Kasel aus braunem Samt, mit aufgenähtem, gesticktem Kreuz mit Kruzifixus in der Mitte und an den Balkenenden den Hl. Andreas, Johannes d. T., Johannes Ev. und Ägydius (?). Unter dem Kruzifixus datiert: *1482* (Fig. 376; Zimmer XXXIX).

TAFEL XX GEWIRKTER WANDTEPPICH MIT WAPPEN DES MATH. LANG (Ausschnitt)

Museum Carolino-Augusteum (S. 288)

7. Kasel aus rotgrünem Samt; darauf in Silber und bunter Seide ein umstilisiertes Granatapfelmuster. Anfang des XVII. Jhs. (Zimmer XXXIX).

8. Kaseln aus Leder, mit bunten stilisierten Pflanzenornamenten auf Silbergrund. XVII. Jh.

9. Vier Kaseln auf weißem Leinengrund; in bunter Seide aufgestickte Figuren und naturalistische Blumenranken. Auf der einen Krönung der hl. Jungfrau durch die heiligste Dreifaltigkeit, auf der zweiten vorn Christus zwischen Petrus und Paulus, hinten hl. Andreas, auf der dritten hl. Jungfrau mit dem Kinde im Strahlenkranz, auf der vierten nur große Blumen. XVII. Jh.

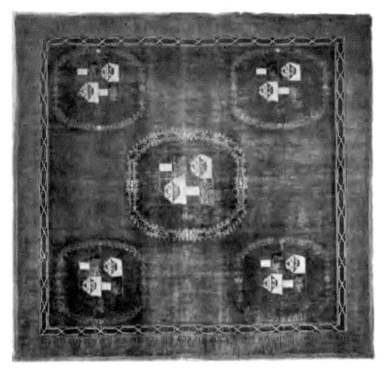

Fig. 375. Teppich mit Wappen des Math. Lang (S. 288)

10. Kasel, weißer Leinengrund mit schwarzgrauem, stark stilisiertem Ranken- und Blättermuster. Erste Hälfte des XVIII. Jhs.

11. Mittelstreifen einer Kasel, Goldbrokat mit großen Blumen in bunter Seide durchwebt, seitlich Pflanzenranken aus Gold und bunter Seide auf weißem Grund. Zweite Hälfte des XVIII. Jhs.

12. Kasel, Spiegel aus gelbem Seidenbrokat, Seitenteile aus rotem Seidenbrokat mit kleinen Blumenbuketts. Gezackte Metall- und Silberborten. Zweite Hälfte des XVIII. Jhs.

13. Kasel, Seidenbrokat, roter Spiegel mit gestickten bunten Blumen, blaue Seitenstreifen mit bunten Streublumen. Zweite Hälfte des XVIII. Jhs.

14. Kasel mit kleinen streublumenartigen Ranken auf Silberbrokatgrund. Zweite Hälfte des XVIII. Jhs. Moderne Borten.

15. Kasel, aus dunkelgrünem Seidenstoff; große Blumen in Gold und bunter Seide. Mitte des XVIII. Jhs. Spiegel, Goldbrokat, quergestreift, mit ganz kleinen Blütchen. Anfang des XIX. Jhs.

XVI   37

Fig. 376 Kasel von 1482 (S. 288)

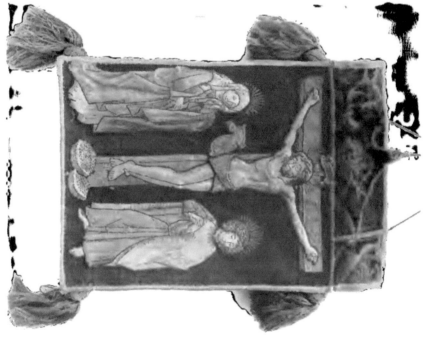

Fig. 377 Buchtasche (S. 291)

16. Buchtasche aus grüner Seide mit Knöpfen aus Goldborte, zwei an der Rückseite und vier mit Seidentroddeln an den Ecken. An der Vorderseite aufgenähte bunt- und goldgestickte Darstellung (19·5 × 25 cm) des Kruzifixus zwischen Maria und Johannes auf rotem Plüschfond. Um 1500 (Fig. 377). Identisch mit der „Speisgangtasche" aus dem Pfarrhof zu Mauterndorf, die der dortige Pfarrer Königsdorfer dem Museum 1851 schenkte (Jahresbericht 1851) (Sakristei). Fig. 377.

17. Bursa aus rotem und gelbbraunem Plüsch mit eingepreßtem Ornament; von grüner und goldener Borte eingefaßt. Am überhängenden Deckel der Tasche vergoldetes, rundes Medaillon in gekordelter Fassung; darin in durchbrochener Arbeit Relief: Christus als Schmerzensmann in Halbfigur zwischen

Fig. 378 Bursa (S. 291)

zwei knienden Gewandengeln. An der Einfassung zwei Häkchen und zwei feste Ösen, an welche vier Kettchen befestigt werden können, die von vier Appliken — Evangelistensymbolen — ausgehen, die an den oberen Ecken des Deckels und den unteren der Tasche selbst angenäht sind. Durch das Anhängen der Kettchen an die Häkchen des Mitteltondos wird die Tasche geschlossen. Um 1500 (Fig. 378; Sakristei). Fig. 378.

18. Bursa, halbrund, mit bunter Seiden- und reicher Goldstickerei auf Drapseidengrund. Das kleinfigurige dichte Ornament von stilisierten Blumen von der Wende des XVI. zum XVII. Jh. (Sakristei).

19. Handschuhe des Erzbischofs Wolf Dietrich aus dem Grabe in der Gabrielskapelle (mit dem Pektorale) entnommen. Gelbe Seide mit aufgenähten Goldschnüren in Spiralranken und Namenszug Christi usw. (Zimmer XXXVIII).

20. Velum, weißer Seidenstoff, mit aufgenähten Silberstreifen und buntgestickten Blumen. Zweite Hälfte des XVIII. Jhs. (Zimmer XXXIX).

21. Velum aus blauer Seide mit gestickten Blümchen und eingewebten treillageartigen Bogen in Gold. Zweite Hälfte des XVIII. Jhs. (Zimmer XXXIX).

37*

XI. Varia und Gesamteinrichtungen.

1. Ein Teller; Durchmesser 28 cm; durch blaue Wellenlinien in ein Feld im Fond und vier Felder am Rande geteilt: in ersterem zwei Soldaten tafelnd, in letzterem zwei Musikanten, ein Hirsch und ein Hase. Nach WALCHER (in Kunst und Kunsthandwerk X 99) aus der Werkstatt des Hafners Thomas Obermiller stammend. Um 1680 (Zimmer XXXVI).

2. Zwei Krüge (einer mit abgebrochenem Henkel), durch blaue Wellenlinien in Felder geteilt, die bei dem einen genrehafte Darstellungen, beim andern Hirsche und Hasen enthalten. Werkstatt des Thomas Obermiller. Ende des XVII. Jhs. (S. Nr. 1) (Zimmer XXXVI).

3. Pitsche, rund, mit Zinnschraubenverschluß; zirka 21 cm hoch; durch eine Art Flechtband in drei Felder geteilt, darin bunt gemalt: Kreuzigung Christi, heiligste Dreifaltigkeit, hl. Barbara (Zimmer XXXVI).

4. Aufsatz; zirka 37 cm hoch; zwei Putten mit einem von Rocaillefüßen getragenen Gefäß. Gmunden, um 1770 (Zimmer XXXVI).

5. Vier Krüge mit Zinndeckeln, mit Darstellung der hl. Anna beziehungsweise Genreszenen, zum Teil mit Beischriften. Gmunden, um 1800 (Zimmer XXXVI).

6. Siegburger Schnellen aus der zweiten Hälfte des XVI. Jhs. *a)* 27 cm hoch; der Bauch in drei gleichreliefierte Längsstreifen untergeteilt, diese enthalten unten ein Breitfeld mit einem von zwei Greifen gehaltenen (Phantasie-) Wappen mit Spiralornament und drei Kronen; oben in langgestrecktem Rhomboeder (mit Blattranken, zum Teil mit Drachenköpfen als Zwickelfüllung) Figur der Venus, die in der Linken den Pfeil hält und einem kleinen Amor zu schießen anbefiehlt. Gebauchter Zinndeckel mit Marke (drei Kronen über *HM*); zwei Kugeln an verschränkten Stellen als Drücker. Signiert: *L. W.*
b) 24 cm hoch; in drei Streifen geteilt, im linken: Ritter mit dem Falken auf der Hand und einem kleinen Windhund neben sich; im rechten: Dame mit Blume und Hündchen, beide von Blumen, Zweigen und Vögeln umgeben. Im Mittelstreifen: Ornamentierter Brunnen, die Brunnensäule einen Blumenkorb tragend; links kleiner Löwe, rechts Hirsch. Zinndeckel mit Marke (drei Kronen über *K. B.*).
c) 33 cm hoch (Fig. 379); in drei gleichreliefierte Streifen geteilt. Diese enthalten oben ein sechsseitiges Feld mit Darstellung: Christus und die Samariterin am Brunnen und Aufschrift: *Dat Froigen an dm Puicht J. A. J.* — In der Mitte ein Vierpaßfeld mit Darstellung der hl. Helena mit Kreuz und Wappenschild (Doppeladler und drei Kronen); oben Schriftband: *S. Helena 1570;* unten die Initialen: *H. H.* — Unten achteckiges Feld, darin: vor einer Tür, die im Balken die Aufschrift *Johannis* trägt, steht Christus(?) mit einem anbetenden Hirten und Schafen; durch die Tür sieht man ein Fenster, aus dem ein bärtiger Mann mit spitzer Kopfbedeckung schaut. Links steht ein Mönch auf einer Leiter und zieht einen Vorhang herab; ein zweiter steht unten und steckt den Kopf durch einen Fenstervorhang (?) ins Hausinnere. Zwischen den drei Feldern Blattornamente mit bärtigen Halbfiguren und blasenden Putten als Zwickelfüllung (Speisehalle).

Fig. 379.

Fig. 379 Siegburger Schnelle (S. 292)

7. Pitsche mit Zinnschraubenverschluß; zirka 38 cm hoch; dunkelbraun, mit sechs Rosetten am glatten oberen Abschluß. Der Bauch in sechs rechteckige Felder geteilt, die durch Blattwerk mit Maskerons voneinander geschieden sind und sechs Apostelfiguren enthalten. Nach oben und unten schließen sich an die Felder (sechs) Lappen in gekerbter Einfassung mit gerauhtem Grund. Der Griff des Schraubenverschlusses mit volutenförmig eingerollten Blättern. Niederdeutsches Steinzeug aus dem Ende des XVI. Jhs. (Studierzimmer).

8. Krug, weiß-blau; zirka 32 cm hoch; der Ablauf gekerbt; der Bauchstreifen von zwei Blattkränzen eingefaßt, in acht Felder gegliedert, die von geschuppten Pilastern und darüber von Cherubsköpfchen geschieden sind. In den Feldern Darstellungen (zumeist drei Figuren) von tafelnden Rittern und Damen, Badenden, eine Belagerung usw. Die obere Wölbung ornamental verziert (Felder mit gerauhtem Grund mit Rosetten alternierend). Am Hals drei Medaillons mit Maskerons und zwei Doppeladler. Deutsch, Ende des XVII. Jhs. (Studierzimmer).

9. Fayencepitsche, achtseitig, mit Zinnschraubenverschluß; zirka 25·5 cm hoch; mit stilisierten Blumenranken in Blau, Grün und Gelb bemalt. Gmunden (Zimmer XXXVI).

10. Pitsche wie oben; 27 cm hoch; mit ähnlicher Bemalung (Zimmer XXXVI).

11. Flache Majolikaschüssel; Durchmesser: 43 cm; Josef erzählt Jakob und den Brüdern seinen Traum von den Garben, die im Hintergrunde dargestellt sind. Auf der Rückseite alte Aufschrift: Genesis XXXIV. Oberitalienisch, XVI. Jh. (Ren.-Halle).

12. Großer Weinkrug; 51 cm hoch; grüner Fuß, darüber blaue Bordüre mit reliefierten Löwenmasken und Rosetten; der Leib des Gefäßes durch Engelhermen in vier Rundbogenarkaden gegliedert, deren jede eine musizierende

Fig. 380 Großer Weinkrug
(S. 293)

Fig. 381. Karafe mit Wappen des
Erzbischofs Leopold Firmian (S.293)

Frau in ganzer Figur, stehend, enthält; buntreliefiert auf braunem Grund. Die obere Bordüre mit Maskerons und Füllhörnern auf blauem Grund. Der Gefäßhals mit Cherubsköpfchen und Rosetten. Zwei Steilhenkel mit Menschengestalten mit geflochtenen Fischschwänzen (Fig. 380). Salzburgisch, Ende des XVI. Jhs. Vgl. WALCHER, Bunte Hafnerkeramik der Renaissance, Wien, 1906, S. 55, T. XVI (Zimmer XXXVI).

13. Tonpitsche; blau glasiert; vierseitig mit reliefiertem Schmuck von Kruzifixus, Monogramm Jesus, Maskerons, Cherubsköpfchen und Rosetten. Zinnschraubenverschluß mit rundem Henkel. Zweite Hälfte des XVI. Jhs. (Zimmer XXXVI).

14. Tintenfaß; achteckige, flache Form mit Akanthusblättern. An den Kanten und in den vertieften Feldern Maria mit dem Kinde beziehungsweise Engel. Tinten- und Streusandgefäß sowie Federbehälter in die obere Fläche eingelassen. Ton, bunt glasiert. XVI. Jh. (Zimmer XXXVI).

15. Glasflakon, 19 cm hoch, mit geschliffener Verzierung aus Riemenwerk und Volutenbändern, Draperien, Vasen, Blumen und Vögeln; an der Vorderseite Wappen des Erzbischofs Leopold Ant. Firmian (Fig. 381) XVIII. Jh.

16. Modell des 1598 abgebrannten Salzburger Rupertimünsters; Holz, vergoldet, zirka 28 cm lang, zirka 15 cm bis zum Dachfirst, zirka 27 cm bis zur höchsten Turmspitze. Kreuzförmiger Grundriß. Die Fassade von

Fig. 380.

Fig. 381

Fig. 382 Modell des alten Domes (S. 295)

Fig. 383 Holzmodell des Schlosses Klesheim (S. 295)

Fassadentürmen eingefaßt, Giebelfront mit großem Rundbogenfenster über einem seichten Torvorbau mit großem Rundbogenportal zwischen schmalen Fenstern, darüber Rundfenster. Das eine niedrige Seitenschiff mit vier Rundbogenfenstern lehnt mit seinem Pultdach am höheren Seitenschiff mit drei rechteckigen Öffnungen und dieses wieder mit Pultdach und vier Strebern an der Hauptwand mit fünf Rundbogenfenstern. Ein Torvorbau vom Sockel mit umlaufender rustizierter Rundbogenöffnung und Walmdach geht durch beide Seitenschiffe. Das Querschiff enthält an den südlichen Kanten Verstärkungen, im Süden zwei Rundbogenfenster seitlich vom Turm. Andere Seite nicht ausgeführt.

Satteldach; über der Vierung achtseitiges Spitzdach mit vier Widerlagern am Fuße (oder sehr kurzer Vierungsturm mit achtseitigem Spitzdach).

Chor etwas niedriger als das Langhaus, sehr kurz, mit zwei Ecktürmchen bis zur Höhe des abgewalmten Chordaches; die Türmchen mit schmalen Rundbogenfenstern und vierseitigen Spitzdächern. Daran angesetzte niedrige Apsis rund (oder polygonal?), mit halbem Kegeldach.

Die Türme alle dreigeschossig, die Fassadentürme von quadratischem Grundrisse mit einem Fenster im ersten und mit gekuppelten Fenstern in den oberen Geschossen; die Querschifftürme aus dem Achtecke konstruiert, mit Rundbogenfenstern an den Hauptseiten; achtseitiges Spitzdach.

Die unbearbeitete eine Langseite, der leicht verzerrte perspektivische Grundriß deuten darauf hin, daß ursprünglich dieses Modell ein Heiliger (wahrscheinlich Virgil) in seiner linken Hand getragen hat. Gotische Arbeit (Fig. 382; hist.-top. Halle). S. Kunsttop. IX, S. 1.

17. Modell zu einer Kanzel (Meisterarbeit?). Holz, braun, mit vergoldeten Appliken. Rechteckige Grundform. Über Konsole mit Cherubsköpfchen der von Volutenbändern mit flamboyantem Ornament besetzte Ablauf; die Brüstung mit geschwungenen, nach unten vorgebauchten Seiten mit Volutenbändern an den abgeschrägten Kanten und applizierten Kartuschen an den Seiten; darin an der Breitseite ein nicht ausgefülltes erzbischöfliches Wappen. Die von Volutenbändern eingefaßte Rückwand sowie der geschwungene Schalldeckel gleichfalls mit applizierter Rocaille. Mitte des XVIII. Jhs. (Zunftstube).

18. Holzmodell des Schlosses Klesheim, mit Nachbildung der inneren Raumverteilung, die durch Abnahme der Dächer sichtbar wird. Wohl nicht als Originalmodell des Baues, sondern als Nachbildung seiner ursprünglichen Form anzusehen (Fig. 383; hist.-top. Halle).

Fig. 384 Zierfigur von einer Türverkleidung (S. 297)

19. Türverkleidung aus Holz, grau marmoriert, versilbert, vergoldet und blau gestrichen. Über Postamenten — rechteckig mit gerahmten Feldern an den drei Seiten mit Blattfüllung im vorderen, zwischen Abschlußplatten mit Blattfries und Perlstab — stehen vor Pfeilern kannelierte Säulchen auf hohen Trommeln, die mit Riemenwerk übersponnen und mit zwei Köpfchen mit Palmettenkrone besetzt sind; Blattkapitäl und dreiteiliges über den Kapitälen rechteckig vortretendes Gebälk mit Eierstab, Perlstab und Blattfries. Im Mittelteil Rollwerkkartusche mit Datum: 1599. Als Bekrönung zurücktretende Staffel mit Rollwerkaufsatz mit Cherubsköpfchen im Feld. Das Portal stammt aus der Nonnberger Stiftskirche (Ahnensaal).

20. Türverkleidung, Holz, schwarz und gold. Die Türrahmung mit Blattfries und Perlstab; die flankierenden Säulen über hohen, mit Perlschnüren besetzten Trommeln auf den oben beschriebenen ähnlichen Postamenten. Die kannelierte Säule setzt sich über dem Wulst als Kapitäl fort. Dreiteiliges Gebälk; im Mittelteil einfassende quadratische Platten mit Rauten und Flechtband. Über den Einfassungen umklammern Konsolenbänder das ausladende mit einer Perlschnur besetzte Abschlußgebälk. Als Bekrönung Segmentgiebel, der von einem Postament gesprengt wird, auf dem ein zweites kleines Postament

einen von Volutenbändern gefaßten Obelisken trägt. Ähnliche Obeliske über dem Giebelschenkel. Anfang des XVII. Jhs. Das Portal stammt aus der Nonnberger Stiftskirche (Ahnensaal).

21. Türrahmen, Holz, bunt bemalt, zum Teil vergoldet. Vor den seitlichen Einfassungen abwärts verjüngte Pilaster mit Perlenstabfassung und gemalten Cherubsköpfchen in einem vertieften Feld des Postamentes und des Kämpfergliedes. Seitlich angesetztes Volutenblattwerk. Dreiteiliges Abschlußgebälk mit

Fig. 385 Detail von der Decke des Wolf-Dietrich-Zimmer (S. 297)

Perlschnur, Perlstab und Blattfries. Dazu Giebel mit dem Wappen Wolf Dietrichs. Erste Hälfte des XVII. Jhs. (Zimmer XL).

22. Tür, gemalt, Öl auf Holz; Rollwerkrahmung, reich mit Gold gehöht; Fruchtbüschel, oben Köpfchen, unten leeres Inschriftfeld. In der Rahmung: Vorhang, den oben zwei Putten und ein Gewandengel, alle mit bunten Flügeln, halten; unten sitzt ein Putto und hebt den Vorhang ein wenig, darunter Ausblick in Landschaft mit Wasser und Bauernhaus. Um 1630 (Familienhalle).

23. Türrahmung aus Holz (kombiniert), der Fond lichtgrau marmoriert, die vertieften Felder blaugrau gestrichen, die Leisten und Gliederungen vergoldet. Seitlich, auf übereinander gesetzten Postamenten mit vertieften, von gekerbten Leisten eingefaßten Feldern, die zum Teil stilisierte steile Blüten enthalten —

Fig. 386. Getäfeltes Zimmer von 1606 (S. 297)

ursprünglich nicht dazugehörige — etwa 90 cm hohe Figuren gerüsteter Krieger, der eine mit gezogenem Schwert (Fig. 384), der andere das Zepter in der Rechten. Hinter ihnen ist der Wandpfeiler nischenförmig vertieft und mit einer Muschel abgeschlossen; darüber Cherubsköpfchen als Konsole des Abschlußgebälkes. Seitlich ist den Pfeilern ausgezacktes knorpeliges Volutenwerk angesetzt. Das Abschlußgebälk ist dreiteilig, über den Cherubsköpfchen, rechteckig vorspringend, mit Ranken- und Blattfries und liegenden Konsolen und Rosetten unter der stark ausladenden Abschlußplatte. In dem Mittelteil wird das Gebälk durch die Lünette (über der Türöffnung) zerschnitten. Diese in grüner Blattrahmung mit stilisiertem Blattwerk im Feld um ein angesetztes, von einem Cherubsköpfchen bekröntes Küenburgwappen. Mitte des XVII. Jhs. (Zimmer XXXIX). Fig. 384.

XXIV. Emigrationsstube. Holzgetäfelte Stube mit zwei Wandschränkchen und einfacher Holzkassettendecke; zwei Türen mit seitlichen Pilastern, die einen Flachgiebel mit Monogramm im Giebelfeld und der Aufschrift: *Georg Pichler* beziehungsweise *Barbara Pichlerin* im Gebälk stützen. XVII. Jh. (Fig. 350).

XXV. Wolf-Dietrich-Zimmer. Moderne Wandverkleidung mit einer von zwei jonischen Säulen auf hohen Postamenten flankierter Tür mit modernem Gebälk.
Holzdecke, durch gebogene, seichtprofilierte Balken in ein System von verschieden geformten Feldern geteilt, deren Rand mit Eierstab besetzt ist. In den Feldern sind auf dunklerem Grund hellere Holzschnitzereien appliziert, die groteskenartige Ranken mit eingefügten mythologischen und phantastischen Mensch- und Tiergestalten bilden. Mitte des XVI. Jhs. (Fig. 385). Fig. 385.

XXVII. Getäfeltes Zimmer aus dem Jahre 1606. Rechteckiges Zimmer mit einem ausspringenden Erker in einer Ecke. Holzvertäfelung mit drei eingelassenen Wandschränkchen und zwei von verschieden geformten Pilastern eingefaßten, reich eingelegten Türen und mit umlaufender Sitzbank; Holzbalkendecke mit vertieften, verschieden geformten Feldern, die von profilierter Leiste eingefaßt sind; darunter zahnschnittbesetzte Karniese, die von Konsolen mit geschnitzten Engelsköpfchen überschnitten wird. Die ähnlich gestaltete Decke des Erkers, an deren Konsolen die Gestalten der Evangelisten geschnitzt sind, enthält ein kreisrundes Mittelfeld mit der Inschrift: *Dringk und is, Got nit vergis*. Die Intarsia der Wandschrank- und Zimmertüren ist teils braun, teils bunt und zum Teil aus Architekturornament, zum Teil aus Pflanzenmotiven gebildet (Fig. 386). Fig. 386.
Eingelassenes Zinnlavabo, kugelförmig, mit Drachenkopf als Pipe, in zinnverkleideter Rundbogennische.

Fig. 388 Teile einer blanken Rüstung.
Nürnberg, um 1550 (S. 299)

Fig. 387. Teile eines geriffelten Feldharnisches,
deutsch, um 1500 (S. 299)

Fig. 389 Teile eines blanken Feldharnisches,
Nürnberg, um 1540 (S. 299)

346

XII. Waffen.

Rüstungen.

1. (1120)[1]) Moderne Kopie der im Nationalmuseum in München befindlichen, reich in Gold geätzten Prunk-rüstung auf Mann und Roß des Salzburger Erzbischofs Wolf Dietrich von Raitenau (1587—1612). Das Original ist eine mailändische Arbeit, um 1600.

2. (372) Teile eines blanken, breit geriffelten Feldharnisches (Fig. 387). Geschlossener Helm, dessen Kinn-reff, Krägen und Nackenschutz fehlen. Kugelbrust mit Schnurrändern, Bauch-reifen und geschobenen Beintaschen.

Fig. 387.

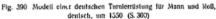

Fig. 390 Modell einer deutschen Turnierrüstung für Mann und Roß, deutsch, um 1550 (S. 300)

Fig. 391. Geschwärzter Harnisch, erste Hälfte des XVII. Jhs. (S. 300)

Geschobenes Ober- und Unterarmzeug mit Ellenbogenkacheln. Diecklinge mit geschobenen Kniebuckeln. Das Unter-beinzeug fehlt. Der Rücken gehört zur Harnischbrust 10. Maximilianisch, erstes Viertel des XVI. Jhs.

3. (370) Teile einer blanken Rüstung (Fig. 388). Brust mit scharfem Grat und leichtem Tapul, Bauchreifen und geschobenen Beintaschen. Unvollständiger Harnischkragen mit geschobenem Oberarmzeug. Das Unter-armzeug und Unterbeinzeug fehlen. Der Rücken zeigt das Nürnberger Beschauzeichen. Alle Ränder sind geschnürlt, nur die letzten Folgen der Beintaschen sind gelappt und am Oberarmzeug sieht man die geschlitzte Tracht nachahmende Verzierungen. Nürnberger Arbeit, um 1550.

Fig. 388.

---

[1]) Die in Klammer gesetzten Zahlen sind die Inventarnummern der Salzburger Sammlung.

38 *

Fig. 389.   4. (262) Teile eines blanken Feldharnisches (Fig. 389) mit wulstigen, breit geschnürlten Rändern. Brustpanzer mit scharfem Grat und Tapul, vier Bauchreifen und geschobenen Beintaschen. Der Rücken mit geschobenem Schurze ist mit der Marke 1 und der Nürnberger Beschaumarke bezeichnet. Nürnberger Arbeit, um 1540.

Fig. 390.   5. (335) Modell einer deutschen Turnierrüstung auf Mann und Roß (Fig. 390), mit polychromierten Puppen für Roß und Reiter. Vollständiger Harnisch mit Visierhelm, der im Kragen „umbgeht", geschlossenem Arm- und Beinzeug. Roßharnisch mit Roßstirne, geschlossenem geschobenen Kanz und weit ausladendem Fürbug und Gelieger. Alle Harnischteile sind blank und durch geätzte Bordüren mit deutschem Laubwerk verziert. Mit Stoff bezogener Rüstsattel, Turnierlanze und gleichfalls leicht geätzter ovaler Schild mit vergoldetem Hirschgeweih als Emblem. Deutsch, um 1550.

Fig. 392 Leichtgeätzter Brustpanzer,
deutsch, erste Hälfte des XVI. Jhs. (S. 300)

Fig. 391.   6—9. (355, 356, 358, 377) Halbe, geschwärzte Harnische; (Fig. 391) (358) Geschlossener Helm mit leichtem Kamm und aufschlächtigem Visier mit Augenschirm und Sehspalten. Halsberge mit daranhängendem geschlossenen und geschobenen Armzeug mit großen Vorder- und Hinterflügen und Stulphandschuhen, deren Finger fehlen. Brust mit scharfem Grat, Gansbauch und daranhängenden, weiten, plumpen Schößen. Alle Teile sind reich mit Nieten besetzt. Deutsch, erste Hälfte des XVII. Jhs.

Fig. 392.   10. (281) Blanker Brustpanzer (Fig. 392) mit drei Bauchreifen und Schnurrändern. Die Tapulbrust zeigt am oberen Brustteil eine geätzte Bordüre mit einem Kriegerkopf in einem Medaillon, umgeben von reichem deutschen Laubwerk und auf der rechten Brustseite in verriebener Ätzung einen vor einem Kreuze knicenden betenden Ritter. Der dazu gehörige Rücken befindet sich bei der Rüstung 2. Deutsch, erste Hälfte des XVI. Jhs.

11—17. (198, 247, 384, 385, 1395—1397) Blanke Brust- und Rückenpanzer, teilweise mit glatten, teilweise mit geschnürlten Rändern. (198, 384) mit einem gravierten Malteserkreuz auf der Brust. Zweite Hälfte des XVI. bis Anfang des XVII. Jhs.

18—30. (212, 223, 273, 274, 283, 313, 349, 354, 361, 365, 367, 381, 835) Geschwärzte Brust- und Rückenpanzer. Erste Hälfte des XVII. Jhs.

Ferner Fragmente von Panzerhemden (73—76, 1279) und verschiedene Rüstungsteile, wie einzelne Handschuhe, Armzeuge und Folgen.

H e l m e.

1. (389) Blanke deutsche Schallern (Fig. 393) mit niederem Kamm, aufschlächtigem Visier mit Sehspalt und geschnürlten Rändern. Marke 2. Deutsch, um 1500.

Fig. 393

2. (261) Blanker, geschlossener Helm (Fig. 388) mit runder, leicht geriffelter Glocke. Anfang des XVI. Jhs.

3—6. (221, 360, 369, 376) Blanke und ein geschwärzter (376), geschlossene Visierhelme mit kleinem Augenschirm und Sehspalten. Ende des XVI. bis Anfang des XVII. Jhs.

Fig. 393 Deutsche Schallern, um 1500 (S. 301)

7—12. (211, 280, 344, 363, 366, 380) Blanke und geschwärzte, offene Sturmhauben mit Augenschirm, geschobenem Nackenschutz und durchlochten Wangenklappen. (211) mit einer undeutlichen Marke. Ende des XVI bis Anfang des XVII. Jhs.

13—16. (197, 348, 357, 359) Blanke und geschwärzte Morions mit Schnurrändern und Messingrosetten. Anfang des XVII. Jhs.

17. (246) Blanke Schützenhaube. Deutsch, Ende des XVI. Jhs.

S c h i l d e.

1. (460) Rundschild aus gebläutem Eisen; mit getriebenem Randwulst, zahlreichen Messingnieten und rundem Knopf als Nabel. Ende des XVI. Jhs.

2—96. (926—1016, 1059—1060) Rundschilde[1]) mit ornamentiertem Lederbezug (Fig. 394). Holzschilde, die an der Außenseite mit braunem, reich mit Arabesken gepreßten, teilweise vergoldeten, teilweise mit Lackfarben bemalten Leder bezogen und an der mit einem Armpolster und Schildfesseln versehenen Innenseite in Temperafarben rot marmoriert sind. Venezianisch, um 1550.

Fig. 394.

---

[1]) In der Salzburger Zeugambts-Raittung vom Jahre 1664, S. 219, werden ausgewiesen: „Vergült und Gemalte Schilt . . . ." 398 (Stück) (Mus. Arch. 739).

Fig. 394 Rundschild mit gepreßtem Lederbezug,
zweite Hälfte des XVI. Jhs. (S. 301)

Pferderüstzeug.

1. (374 und 375) Teile eines Pferderüstzeuges aus gesottenem und gepreßtem Leder mit Spuren von vergoldeten Ornamenten, bestehend aus einer einen Drachenkopf darstellenden Roßstirne (Fig. 395 a) und einem einmal geschobenen Gelieger (Fig. 395 b). Deutsch, Erstes Viertel des XVI. Jhs.[1]).

Sättel.

1. (371) Deutscher Rüstsattel (Fig. 396) aus Holz mit Eisenbeschlag an Vorder- und Hintersteg und Originalbezug aus sämischem Leder. Deutsch, erste Hälfte des XVI. Jhs.

2. (373) Deutscher Rüstsattel (Fig. 397); mit hohem und breitem Vorder- und Hintersteg, welche mit geriffelten, am Rande weit geschnürlten Eisenplatten beschlagen sind. Der Vordersteg zeigt in Ätzmalerei am Mittelstücke Adam und Eva zu seiten des Baumes der Erkenntnis und am Rande umlaufende Bordüren mit deutschem Laubwerk. Deutsch, Mitte des XVI. Jhs.

---

[1]) Laut Salzburger Zeugambts-Raittung vom Jahre 1664, S. 254, heißt es unter: „Mererlay Ainschichtige Khriegs Instrumenta": „Der Rebellischen Paurn Roß Armatur". (Museumsarchiv 739); ferners im Haupt Inventarium über Samentliche in der allhiesigen Hauptfestung, Mönchs- und Kapazinerberg dann der hochfürstl. Residenz Stadt — usw. — einer hochlöblichen Landschaft zugehörigen Kriegsrüstungen und Fahrnüssen — usw. — vom Jahre 1776, S. 42: „Auf dem obern Boden". „Mathäus Stöckl, der Anführer deren rebellischen Bauern auf einem mit einer natürlichen Bärin (?) Pferdt Haut überzohenen Pferd siezend, ganz geharnischet, außer denen Schünn-Beinen, wobey auch Satl, Stegreiffe, Pistoll, Puffer, hölzern Vergoldtes legaten Kreutz und nebenher die ganze Pferd Armatur von Leder". (Mus. Arch. 396). Diese Lederarmatur dürfte mit der oben beschriebenen identisch sein. (Diese Notiz verdanke ich der Güte des Herrn Obersten d. R. OSKAR SEEFELDNER in Salzburg.)

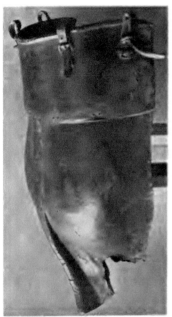

Fig. 395b Pferderüstzeug aus Leder, Mitte des XVI. Jhs. (S. 302)

Fig. 397 Deutscher Rüstsattel, Mitte des XVI. Jhs. (S. 302)

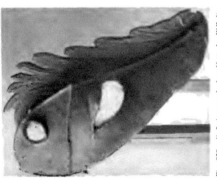

Fig. 395a Roßstirne aus Leder, Mitte des XVI. Jhs. (S. 302)

Fig. 396. Deutscher Rüstsattel, erste Hälfte des XVI. Jhs. (S. 302)

3, 4. (751, 752) Ein Herren- und ein Damensattel mit grünem, mit weißen Bändern ornamental abgesteppten Tuch bezogen. XVII. Jh.

5. (756) Bocksattel mit gestepptem roten Lederbezug und gravierten Beineinlagen. Orientalisch (persisch), um 1600.

6. (754) Arabischer Bocksattel aus Holz mit ornamentalen Bein- und Perlmuttereinlagen, ornamental gepreßter Ledersatteldecke und vorn geschlossenen Holzsteigbügeln mit ornamentalem Eisenbeschlag. XVII. Jh.

7. (755) Pritschensattel aus Holz geschnitzt. Sattelknopf ein Löwenkopf. Satteldecke mit geschnitzten Fransen und Rokokoornamenten. XVIII. Jh.

In der Sammlung finden sich ferner eine größere Anzahl von Steigbügeln und Sporen vom XVI.—XIX. Jh.

Blanke Waffen.

Blanke Waffen.

Reich ist die Sammlung an Blankwaffen, von welchen nachstehende besonders hervorzuheben wären:

1. (1418) Schwert (Fundstück). Zweischneidige Klinge mit Hohlschiff und in Messing tauschierter Marke: Kreuz. Gerade Parierstange und achteckiger Knauf. Deutsch, XV. Jh.

2. (1158) Schwert (Fundstück). Zweischneidige Klinge und der tauschierten Marke 3. Ovaler, an den Rändern abgeschrägter Knauf und Reste der Griffhölzer. Die Parierstange fehlt. Deutsch, Anfang des XVI. Jhs.

3. (292) Zweihänder, geflammt, mit großen Parierhacken, alter Belederung und roh geätztem Wappen des Salzburger Erzbischofs Marcus Sitticus von Hohenembs (1612—1619), (Fig. 398). Deutsch, Anfang des XVII. Jhs.

Fig. 398.

4. (440) Zweihänder, glatt, ohne Parierhacken und der in Messing tauschierten Inschrift: „Baltasar-Rapar-Melenior". Deutsch, XVI. Jh.

5. (441) Zweihänder, glatt, mit großen Parierhacken, der Angelmarke 4 und Passauer Wolf. Das Griffholz ist neu. Deutsch, Ende des XVI. Jhs.

6. (836) Zweihänder, glatt, mit Parierhacken und Passauer Wolf. Deutsch, Ende des XVI. Jhs.

7. (1156) Zweihänder, geflammt, mit Parierhacken und den Buchstaben „H. S." Deutsch, Ende des XVI. Jhs.

8. (1171) Zweischneidiges Schwert mit Passauer Wolf. Passauer Arbeit, des XVI. Jhs.

9. (391) Schwert, zweischneidig; mit rundem verzierten Knauf, geschnürtem, mit Leder bezogenen Griffholze, gerader, an den Enden leicht nach abwärts gebogener Parierstange und der Marke 5. Deutsch, erste Hälfte des XVI. Jhs.

10. (1173) Landsknechtschwert („Katzbalger") mit leicht geätzter Klinge und der Datierung: „Anno 1527".

11. (268) Landsknechtschwert, mit geschwungener Parierstange. Deutsch, zweite Hälfte des XVI. Jhs

12. (278) Landsknechtschwert; mit geschwungener Parierstange und muschelförmigem Faustbügel. Die breite Klinge mit kurzem Hohlschliff ist leicht ornamental verziert. Deutsch, zweite Hälfte des XVI. Jhs.

13. (1167) Landsknechtschwert; mit geschwungener Parierstange, Daumenring und der Angelmarke 6. Deutsch, Mitte des XVI. Jhs.

14. (1177) Landsknechtschwert; mit geschwungener Parierstange und muschelförmigem Faustbügel. Die breite Klinge zeigt viermal die Marke 7 des Solingers Peter Buegel. Solingen, um 1610.

15—20. (657, 660, 671, 698, 1164, 1183) Pallasche mit Spangenkorb; (657) mit den Marken 8 und 9 des Solinger Klingenschmiedes Heinrich Coll (Koll); (660) mit den Marken 10 und 11 (wohl gleichfalls H. Koll); (671) und (698) mit der Marke 12 des Solingers Hannes Cleles; (1164) zeigt die nachgeahmte Toledaner Marke 13; (1183) mit der Marke 14 des Johannes Wundes in Solingen. Deutsch, Ende des XVI. bis Anfang des XVII. Jhs.

21. (1184) Reitschwert mit kurzer Klinge und Gravierungen: Türkenkopf, Zangenmarke des Johannes Wirsberger in Solingen und die Inschrift: „PRO DEO ET PATRIA — PRO . . . . . R . . . ET P . . TER". Solingen, erste Hälfte des XVII. Jhs.

22, 23. (196, 210) Reitschwert mit geschwungener Parierstange, Eselshuf und den Marken 15 und 16 auf den z. T. mit zahlreichen Zügen versehenen Klingen. Deutsch, um 1600.

24—26. Drei Richtschwerter mit roh gravierten Klingen, welche auf das Amt des Scharfrichters und die Justifizierung bezügliche Sprüche und Darstellungen (Galgen, köpfender Scharfrichter), ferner Maria mit dem Kinde und einen Kruzifixus zeigen. Das eine Schwert ist datiert „1663". Deutsch, zweite Hälfte des XVII. Jhs.

27—33. (222, 224, 248, 293, 298, 336, 1064) Degen mit Spangenkörben; (222) mit der Marke 17, tauschiertem Passauer Wolf und Resten einer geätzten Inschrift; (224) mit der Marke 18; (248) mit dem Passauer Wolf; (293) mit der Inschrift: „ANNAAN-MARIA" und der eine Mailänder Marke nachahmenden Marke 19; (298) mit der Inschrift: „ME FECIT STANTLER" (Münchener Klingenschmied); (336) mit der Inschrift: „JOHANNE ME FEC - - - ANNO DOMINI" und der undeutlichen Marke 20; (1064) mit der nachgeahmten Inschrift: „ANTONI PICINNI" (Piccinino) und der Zangenmarke 21 der Solinger Wirsberg. Deutsch, Ende des XVI. und erste Hälfte des XVII. Jhs.

34. (234) Degen mit Spangenkorb; ovaler Knauf, geschwungene Parierstange, flacher Parierring, Eselshuf und kleines durchlochtes Stichblatt. Die lange schmale Klinge zeigt die Inschrift: „ANTONI" und die Marke 22. Italienisch, erste Hälfte des XVII. Jhs.

Fig. 398 Zweihänder, Anfang des XVII. Jhs.
(S. 304)

Fig. 399 Prunkdegen, Solingen, Anfang des XVII. Jhs.
(S. 305)

35. (297) Degen mit Spangenkorb und der mailändischen Klingenmarke 23. Italienisch (Mailand), Anfang des XVII. Jhs.

36, 37. (237, 265) Korbschwerter mit Spangenkörben; (237) mit der Marke 24 des zirka 1615—1625 in Toledo arbeitenden Klingenschmiedes Thomas von Ayala; (265) mit der Marke 25 des Espadero de Rey. Spanisch, erste Hälfte des XVII. Jhs.

38. (259) Prunkdegen (Fig. 399) bei der Rüstung des Salzburger Erzbischofs Wolf Dietrich von Raitenau (1). Birnförmiger, achteckiger Knauf, Holzgriff mit Messingdrahtumwicklung. Der gebläute Spangenkorb mit fast geschlossenem Faustschutzbügel, Stichblättern und Eselshuf ist reich profiliert, mit Silber tauschiert und eingelegt. Die zweischneidige, im Durchschnitte rhombische Klinge zeigt beiderseitig die Inschrift: „ROTNES" und die Marke 26 des Solinger Klingenschmiedes Meves Berns. Solingen, Anfang des XVII. Jhs.   Fig. 399.

39. (1063) Prunkdegen (Fig. 400). Länglicher Knauf und mit Draht bewickelter Holzgriff. Der Spangenkorb mit geschlossenem Faustschutzbügel und Eselshuf ist reich in ornamentalen und figuralen Motiven geschnitten und deutsche Arbeit, während die zweischneidige Klinge, die in dem leichten Hohlzug die Inschrift „SAHAGON" zeigt, spanisch ist. Um 1570.   Fig. 400.

XVI   39

40. (1161) Rappier mit Spangenkorb und der Klingenmarke 27, XVII. Jh.

41. (1188) Degen mit geschnittenem Eisengriff. Deutsch, erste Hälfte des XVII. Jhs.

Weiter eine größere Anzahl von Galanterie- und Hofdegen des XVII. und XVIII. Jhs., von welchen nachstehende hervorzuheben wären:

(231) mit einer Klinge des Toledaners „TOMAS AYALA", erste Hälfte des XVII. Jhs.

(665) mit der Solinger Angelmarke 28.

(1176) mit der Angelmarke 29; (1189) mit der Angelmarke 30 des Dresdener Klingenschmiedes Georg Ziegler; (1191) mit der Marke 31.

Fig. 400 Prunkdegen, um 1570 (S. 305)

Ferner einige Hofdegen mit blanken, facettierten Stahlgriffen und Stahlperlen (627, 1069, 1071, 1073, 1074, 1080, 1082) und einige Galanteriedegen mit bemalten Porzellangriffen (1070, 1072, 1075). XVIII. Jh.

Auch einige Militärdegen des XVIII. und XIX. Jhs. sind vorhanden, von welchen nachstehende hervorzuheben sind:

(187) Degen eines Salzburger Bürgeroffiziers („Franz Dietrich Popp Lieutenant — Franz Anton Rauchenbichler Fähnrich") mit Klingeninschriften, der Datierung 1743 und der Angelmarke 32. Salzburg, „1743".

(557) mit der Angelmarke 33; (560) mit den Angelmarken 34—36; (561) mit der Angelmarke 37; (681) mit der Angelmarke 38 der österreichischen Waffenfabrik Pottenstein in Niederösterreich; (1186) mit der Angelmarke 39.

Säbel.   **Säbel.**

In der Sammlung befinden sich eine größere Anzahl von Säbeln vom XVIII. bis zum XIX. Jh., von welchen hervorzuheben wären:

Säbel des XVII. Jhs.

(1180) Säbel mit steirischer Sichelmarke 40.

(1194) Pandurensäbel, graviert mit der Inschrift: „SOLII DO | GLORIA | ME FE|CIT PEB". (Peter Bügel?) Solingen, Anfang des XVII. Jhs.

(1197) Ungarischer Säbel mit der Inschrift: „BVEGEL PETHER" und der Marke 41 des Solinger Meves Berns.
(220) Ungarischer Säbel mit der Klingeninschrift: „1639 | A : : TO : : : O : DIONI : : : [· · TO : : 10 : D : ONIN : O".
(647) Ungarischer Säbel mit der Marke 42.
(1163, 1165, 1169, 1198) Ungarische Säbel mit Kettenbügel und den Marken 43—46.

Säbel des XVIII. Jhs.

(233) Österreichischer Offizierspallasch mit feuervergoldetem Bronzegefäß, bestehend aus einem Stichblatt mit Ornamenten und Trophäen und einem Bügel, der den Körper eines Husaren bildet, dessen Kopf der Knauf. Die gerade, leicht geflammte Klinge zeigt in Ätzung auf der einen Seite den Kaiseradler mit der Inschrift: „VIVAT CAROLUS VI. RÖM. KAYSER", auf der anderen Seite einen Reiter mit der Inschrift: „VIVAT PRINZ EUGENIUS" und die Marke 47.
(1157) Österreichischer Kavalleriepallasch mit Marke 48.
(311, 319) Salzburger Füseliersäbel mit den Solinger Angelmarken 49, 50, der Inschrift „Virat Salzburg" und dem Salzburger Wappen auf beiden Seiten. Zweite Hälfte des XVIII. Jhs.

Ferner die ungarischen Säbel (5, 337, 341, 629, 773, 785, 1199) mit den Marken 51—56 und 61; die preußischen und bayrischen Säbel (637, 654, 656, 700) mit den Marken 57—60.

Säbel des XIX. Jhs.

(558) Primaplanasäbel mit der Marke 62 der österreichischen Waffenfabrik Pottenstein in Niederösterreich.
(563, 565, 566, 567, 626, 653, 1947) mit den Angelmarken 63—69.

D o l c h e :

1. (165) Dolch mit geschwungener Parierstange, birnförmigem Knauf und mit Draht umwickeltem Griff. Die Klinge zeigt bis zur Spitze reichende durchbohrte Hohlzüge. Italienisch, zweite Hälfte des XVI. Jhs.

2. (167) Dolch mit dreikantiger Klinge, facettiert geschnittenem Stahlgriff und kurzer Parierstange. Schwarze Lederscheide mit ziselierten Eisenbeschlägen. Italienisch, Ende des XVI. bis Anfang des XVII. Jhs.

3. (166) Dolch mit gerader Parierstange, Daumenring und birnförmigem Knauf, die mit rosettenförmigen Silbereinlagen verziert sind. Gerillter Holzgriff und mit durchlochten Hohlzügen versehene Klinge. Italienisch, Ende des XVI. bis Anfang des XVII. Jhs.

4. (1220) Stilett mit kanneliertem Knauf, mit Draht umwickeltem Griff und geschwungener Parierstange mit Daumenring. Die dreikantige Klinge trägt die Marke 70. Italienisch, Ende des XVI. Jhs.

5. (1221) Dolch mit dreikantiger Klinge. Der Griff mit gedrehtem Knauf und Parierstange mit gedrehten Endknöpfen ist aus einem Stück Eisen geschnitten. Ende des XVI. bis Anfang des XVII. Jhs.
und einige weitere Dolche des XVI. und XVII. Jhs.

Hirschfänger und Waidpraxen des XVII. und insbesondere XVIII. Jhs. finden sich in der Sammlung eine größere Anzahl, von welchen einige, die Marken tragen, angeführt werden.
(288, 809) mit der Marke 71 der Solinger Klingenschmiede Peter und Andreas Munsten und der Marke 72.
(675, 1109, 1214, 1215, 1216, 1411) mit den Marken 51, 68, 73, 74.
(1206) mit der Marke 75 des Münchener Klingenschmiedes Wolfgang Ständler.
(1207) mit der Marke 76 des Johannes Wundes in Solingen; ferner tragen: (555, 645, 667, 676, 1205, 1208, 1210—1213, 1225) die Marken 77—88.

An nicht montierten Klingen sind hervorzuheben die beiden geätzten Säbelklingen: (192) mit der Reihenfolge der römischen Kaiser von Augustus I. bis Josef I. Anfang des XVII. Jhs.; (193) mit einem Kalender von 1573—1617.

S c h l a g w a f f e n .

1. (58) Streitkolben mit sieben Blättern an einem kurzen Holzstiel. XV. Jh.
2. (59) Streitkolben mit sieben Blättern und einem mit geschnittenem Flechtwerk verzierten Eisenstiel. Deutsch, erste Hälfte des XVI. Jhs.
3. (60) Streitkolben, zwiebelförmig mit vierzehn Schlagblättern und hohlem Eisenstiel. Ungarisch. XVI. Jh.
4. (253) Streitaxt mit leicht verbeintem Holzstiel und der Marke 89. Datiert 1622.
5. (390) Deutsche Fußstreitaxt mit großem, halbmondförmigem Beil, gekrümmtem Haken und der Marke 90. Deutsch, XVI. Jh.

39*

Stangenwaffen.

Die Zahl der in der Sammlung bewahrten Stangenwaffen ist eine sehr große, von welchen nur wenige herausgegriffen werden können, während die restlichen, welche Marken tragen, nur zusammenfassend mit Hinweis auf die Markentafeln erwähnt werden.

1. (872—898, 915) Landsknechtspieße von selten gutem Erhaltungszustand dieser nicht häufigen Stücke. Erste Hälfte des XVI. Jhs.

2. (904, 913, 916—919, 921—925) Reißspieße mit kannelierten Schäften. Deutsch, um 1500.

3. (1817) Fußknechtspieß, um 1500.

4. (903) Turnierlanze. Deutsch, zweite Hälfte des XVI. Jhs.

5. (410, 424, 1150, 1151) Böhmische Ohrlöffel, von welchen (1150) und (1151) die Marken 91 und 92 zeigen. Anfang des XVI. Jhs.

6. (1149) Saufeder mit Marke 93. XVI. Jh.

7. (457) Saufeder mit Marke 94. Knebel fehlt. XVI. Jh.

Ferner eine größere Anzahl von gemeinen Pikenierspießen des XVII. Jhs.

Helmbarden sind in fast allen Formen vom Ende des XV. Jhs. bis ins XVII. Jh. zahlreich vertreten. Die Marken der bezeichneten Stücke sind in den Tafeln von Nummer 95—137 verzeichnet.

Ferner sind zu erwähnen:

(434) Roßschinder mit der Marke 138. Mitte des XVI. Jhs.

(1136, 1143) Spetum, XVI. Jh.

(410) Partisane mit schwerer Stoßklinge, abwärts gebogenen, gezahnten Ohren und der Marke 139. Ende des XVI. Jhs.

(513) Partisane mit geätzten Ornamenten, Emblemen, Doppeladler, Kriegstrophäen, der Inschrift: „ADDER-D.-GLOIA" und unter dem Adler der Datierung „1646".

(518) Sponton, beiderseitig mit Kriegstrophäen reich geätzt. Datiert „1621".

(515) Sponton, reich geätzt, des „Sleswig Holsteenske Nat. Regiment(s)". XVIII. Jh.

Drei (413, 511, 512) reich geätzte und vergoldete österreichische Spontons des XVIII. Jhs.

Eine größere Anzahl von Bauernwaffen, wie Morgensterne, Kriegsdrischeln, Sturmgabeln, Spieße und Kriegssensen, von welchen (719) und (833) mit den Marken 140 und 141 bezeichnet sind.

Prunkwaffen der Trabanten der Salzburger Erzbischöfe[1]).

1. (392) Partisane (Taf. XXI, 1) mit breiter Stoßklinge und kräftigem Mittelgrat. Breites, halbmondförmiges, gezacktes Blatt. Reiche Hochätzung auf geschwärztem Grunde: auf beiden Seiten das Salzburger Landeswappen und das Wappen des Erzbischofs Johann Jakob von Khuen-Belasy unter einem Bischofshut mit flatternden Bändern, umgeben von deutschem Laubwerk, das sich bis in die Stoßklinge hinaufzieht. Datiert „1562".

Fig. 401.

2, 3. (1065, 1066) Helmbarden (Fig. 401) mit breiter Stoßklinge mit kräftigem Mittelgrat und reich gezacktem Beile. Beiderseits in Hochätzung auf geschwärztem Grunde das Wappen des Erzbischofs Wolf Dietrich von Raitenau in reichen Bandkartuschen, in welchen zwei Satyrn hocken. Datiert „1589".

Fig. 402.

4. (393) Helmbarde (Fig. 402) mit breiter Stoßklinge und reich gezacktem Beil. Beiderseitig in Hochätzung auf geschwärztem Grunde das Wappen des Erzbischofs Marcus Sitticus von Hohenembs in reichem Bandelwerk, in dem zwei Satyrn hocken. Auf einer Seite in römischen und auf der anderen Seite in arabischen Zahlen datiert mit „1611". Auf der Feder unterhalb des Beiles findet sich die Marke 142 des Ätzmalers[2]).

Fig. 403.

5. (394) Kouse (Fig. 403) mit reicher Hochätzung: Wappen des Erzbischofs Marcus Sitticus von Hohenembs in reichem deutschen Laubwerk. Datiert „1611".

6. (395) Partisane (Taf. XXI, 2) mit reicher Hochätzung: Wappen des Erzbischofs Paris Graf von Lodron in reichem Laubwerk, das bis ins erste Drittel der kräftigen Stoßklinge reicht. Datiert „1620".

---

[1]) S. Dr. OTMAR BARON POTIER: „Die Paradewaffen der erzbischöflichen Trabanten am Hofe von Salzburg", Zeitschrift für historische Waffenkunde, Bd. III, S. 280 ff.

[2]) Ebenda S. 284: Dieses Wappen mit den drei Schildchen führte nach Dr. PETTER auch eine Salzburger Familie, deren einer 1159 Bürgermeister daselbst war, nämlich die Rubein. Das R im Wäppchen spricht nun dafür, daß ein Angehöriger der Familie Rubein zu Anfang des XVII. Jhs. (Waffenschmied oder) Ätzmaler in Salzburg war.

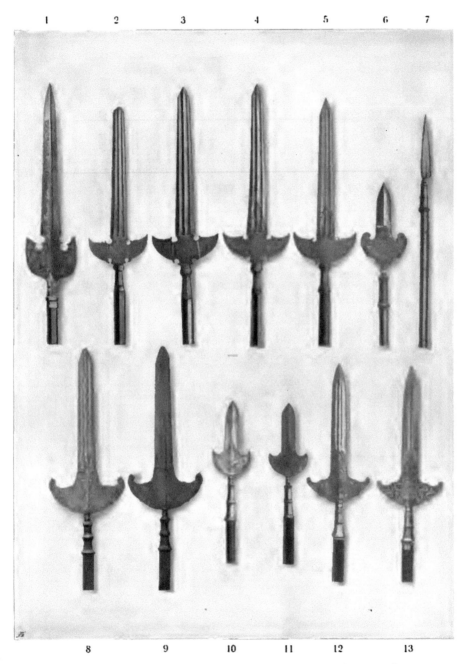

TAFEL XXI PRUNKWAFFEN DER TRABANTEN DER SALZBURGER ERZBISCHÖFE (S. 308)

357

Fig. 403 Kuse, „1611"
(S. 306)

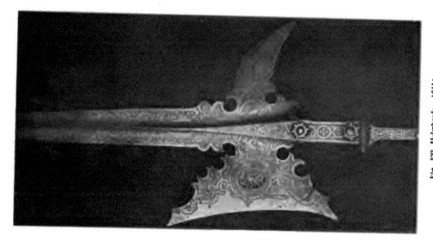

Fig. 402 Helmbarde, „1611"
(S. 306)

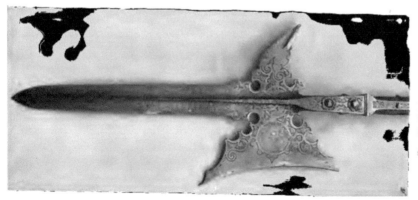

Fig. 401 Helmbarde, „1589"
(S. 306)

Taf. XXI, 3, 4.   7, 8. (396, 397) Partisanen (Taf. XXI, 3, 4) mit reicher Hochätzung: Wappen des Erzbischofs Guidobald Graf von Thun in reichem deutschen Laubwerk, das bis ins erste Drittel der kräftigen Stoßklinge reicht. (396) datiert „1651".

Taf. XXI, 5.   9. (398) Partisane (Taf. XXI, 5) mit reicher Hochätzung: Wappen des Erzbischofs Leopold Anton Freiherrn von Firmian in reichem deutschen Laubwerk, das bis ins erste Drittel der Stoßklinge reicht. Datiert „1727".

Taf. XXI, 7.   10. (520) Springstock (Taf. XXI, 7) mit dreikantiger Klinge, die auf der einen Seite einen gekrönten Doppeladler, auf der anderen Seite Trophäen und auf der dritten Seite das Wappen des Erzbischofs Leopold Anton Freiherrn von Firmian in Ätzung zeigt. Erste Hälfte des XVIII. Jhs.

Taf. XXI, 6.   11. (514) Sponton (Taf. XXI, 6), reich ziseliert: Wappen des Erzbischofs Andreas Jakob Graf von Dietrichstein auf der einen Seite, auf der anderen Seite Waffentrophäen auf goldpunktiertem Grunde. Auf der Seite mit dem Wappen sehen wir die Signatur „GIZL" eines Salzburger Büchsenmachers und Ziseleurs. Salzburg, erste Hälfte des XVIII. Jhs.

Taf. XXI, 8, 9.   12. (399) Partisane (Taf. XXI, 8, 9) mit reicher Gravierung: Wappen des Landes Salzburg in reichem Bandwerk auf der einen Seite, auf der anderen Seite das Wappen des Erzbischofs Siegmund III. Graf von Schrattenbach, gleichfalls in Bandwerk und die Datierung „1753".

Fig. 404 Steinbüchse, XV. Jh. (S. 311)

Taf. XXI, 11.   13.—16. (519, 521, 523, 524) Spontone (Taf. XXI, 11) mit reichem Eisenschnitt: Wappen des Erzbischofs Siegmund III. Graf von Schrattenbach in Rokokoornamenten auf der einen Seite, auf der anderen Seite das Salzburger Landeswappen gleichfalls in Ornamenten. Deutsch, Mitte des XVIII. Jhs.

Taf. XXI, 10.   17. (1306) Sponton (Taf. XXI, 10), reich graviert: auf der einen Seite das Salzburger Landeswappen in Ornamenten, auf der anderen Seite Waffentrophäen mit dem Herzwappen des Erzbischofs Siegmund III. Graf von Schrattenbach und der Bezeichnung: „M. GIZL". Salzburg, zweite Hälfte des XVIII. Jhs.

Taf. XXI, 12, 13.   18—19. (516, 517) Partisanen (Taf. XXI, 12, 13), in Eisen geschnitten: auf der einen Seite das Salzburger Landeswappen in Ornamenten, auf der anderen Seite das Wappen des Erzbischofs Hieronymus Graf von Colloredo und das Porträt des Erzbischofs in einem Medaillon. Ende des XVIII. Jhs.

Schußwaffen.   Schußwaffen.

1. (388) Armrust; Säule aus lichtem Holz, leicht mit dunklem Holz und Bein eingelegt, kräftiger Holzbogen mit umsponnener Tiersehne, beinerne Nuß, gerader Druckbügel und Fußring. Deutsch, um 1500.

2. (435) Armrust; Säule aus lichtem Holz mit schwarzem Horn, leicht eingelegt, sonst wie 1. Deutsch, um 1500.

3. (553) Deutsche Armrustwinde. Ende des XVI. Jhs.

4—5. (264, 279) Schnepper mit leicht verbeintem, plumpen Kolben, Eisenbogen, Visiergabel (279) und der Marke 143 auf beiden Stücken. Deutsch, XVII. Jh.

6. (461) Schnepper, datiert „1776".

Ferner noch einige Scheibenarmrüste des XVIII. und XIX. Jhs.

7. (387) Pfeilköcher aus starkem, braunem Leder, das mit einem gepreßten Granatapfelmuster, das Spuren einer Vergoldung zeigt, verziert ist. Orientalisch, zweite Hälfte des XVI. Jhs.

An den Pfeilern und dem Gewölbe der Waffenhalle sind eine große Anzahl von Armrustbolzen und Pfeilen befestigt.

Feuerwaffen.

Geschütze.

1. (855) Steinbüchse (Fig. 404) aus Gußeisen mit zwei Verstärkungsreifen und leicht abgesetzter Kammer. Deutsch, XV. Jh.   Fig. 404.

2—3. (856, 858) Steinbüchsen aus Gußeisen mit stark abgesetzter Kammer und langen Schwanzschrauben. Deutsch, Ende des XV. Jhs.

Fig. 405. Bronzerohr von H. C. Löffler, 1565 (S. 311)

Fig. 406 Bronzerohr von H. C. Löffler, 1565 (S. 311)

4. (871) Geschützrohr aus Schmiedeeisen, das vom Achteck gegen die Mitte in den Kreis übergeleitet wird. Die Schildzapfen fehlen. Marke 144 und eine zweite unleserliche. Deutsch, Ende des XV. bis Anfang des XVI. Jhs.

5. (860) Hölzernes Geschützrohr mit fünf jetzt fehlenden Eisenringen, das der Tradition nach aus dem 1526 unter Erzbischof Matthäus Lang ausgebrochenem Bauernkrieg stammt. (In der Zeugsambts-Raittung von 1664, S. 254, werden erwähnt: „2 hilzerne Stuckh mit Eisern Ringen") (Mus. Arch. 739).

6.—7. (861, 862) Bronzerohre (Fig. 405, 406) in Lafetten aus dem Jahre 1804. Die beiden Rohre zeigen auf dem Teil zwischen dem Zündloch und dem ersten Ring die Wappen des Landes Salzburg und des Erzbischofs Johann Jakob von Khuen-Belasy mit Krummstäben und Bischofsmütze und darüber die Tafel mit der Inschrift: „IOA. IA. DEI. GRA. ARCHI. | EPS. SALZ. APOSE. LE. | M. D. LX. IIIII". Am vorderen Rohrteil sieht man bei beiden die Signatur: „Hanns Cristof Loffler | gos mich in 1565", des bekannten Tiroler Geschützgießers Karls V. und bei (861) eine Eule, bei (862) einen steigenden Löwen. Die verstärkte Rohrmündung zeigt Blattornamente. Die Henkel sind als Delphine gebildet. Zwei an den Geschützen angebrachte Messingtafeln mit den in französischer und deutscher Sprache eingravierten Schenkungsurkunden besagen, daß die beiden Geschütze im Jahre 1801 von den Franzosen der Salzburger Bürgerartillerie als Eigentum übergeben wurden. Deutsch, „1565".   Fig. 405 und 406.

8. (854) Falkonett mit Hinterladeeinrichtung (vertikaler Drehkeilverschluß) aus Schmiedeeisen; mit der Suhler Marke 145 und der Datierung „1601". Deutsch (Suhl), „1601".

9. (853) Falkonett aus Schmiedeeisen mit einem gravierten Faunskopf auf dem Schubdeckel des Zündloches, der Datierung „*1611*" und den Marken 146 des Suhler Laufschmiedes Valentin Klett, 147 und 148. Deutsch (Suhl), „1611".

Fig. 407. 10. (867) Modell eines Feldschlangenrohres aus Bronze (Fig. 407). Das ganze Rohr ist mit Groteskenornamenten bedeckt und zeigt in einem herzförmigen Schildchen ober dem Zündloch die Signatur „*FRANCO MAZZAROLI.|.F.*" des um 1670 nachweisbaren venezianischen Geschützgießers. Venezianisch, um 1670.

Fig. 407   Modell eines Feldschlangenrohres aus Bronze von Fr. Mazzaroli, um 1670 (S. 312)

Ferner finden sich in der Sammlung zwei Geschützmodelle (863, 868) des XVII. Jhs. und einige des XIX. Jhs. Einige Geschützaufsätze des XVII. Jhs. (1662, 1663, 1664, 1659) und des XVIII. Jhs. (1660, 1661, 1665), von welchen einige datiert und bezeichnet sind. Einige datierte Artilleriebestecke in Taschen des XVII. Jhs. (703, 709, 710) und des XVIII. Jhs. (702). Zwei Luntenspieße (704, 1414) des XVII. Jhs. Eine Rundbombe (859) des XVII. Jhs. Drei Handmühlen aus Stein (757—759), von welchen eine (759) das Wappen des Erzbischofs Leonhard von Keutschach (1495—1519) zeigt. Ferner 128 Steinkugeln der verschiedensten Kaliber.

Handfeuer-
waffen.
Fig. 408.

Handfeuerwaffen.

1. (857) Handsteinbüchse[1]) (Fig. 408) aus Schmiedeeisen mit weitem Flug und stark abgesetzter Kammer; mit drei Eisenspangen in einen derben Holzklotz befestigt. Deutsch, erste Hälfte des XV. Jhs.

Fig. 408   Handsteinbüchse, erste Hälfte des XV. Jhs. (S. 312)

2.—5. (844—847) Hakenbüchsen mit Schmiederohren, angeschmiedetem Haken, gestauchtem Mündungsring und seitlicher offener Pfanne; in einem derben deutschen Kolben montiert. (845) mit einem Schartenvisier. Deutsch, Ende des XV. Jhs.

6. (848) Ganzer Haken mit Luntenschloß, Schartenvisier und spanischem Kolben. Datiert „*1562*". Deutsch.

7.—8. (849, 850) Luntenschloßgewehre mit dem eingebrannten Wappen des Stiftes St. Peter in Salzburg auf den spanischen Kolben. Deutsch, Ende des XVI. bis Anfang des XVII. Jhs.

9.—10. (851, 852) Doppelhaken mit Luntenschloß und ganzer Schäftung; (851) mit der Marke 149 des um 1586 in Suhl arbeitenden Laufschmiedes Valentin Klett, den Suhler Beschauzeichen 150 und den Marken 151—154; (852) mit den Marken 149—151, 155, 156. Deutsch (Suhl), Ende des XVI. Jhs.

---

[1]) s. Sixl. P., k. u. k. Major: Entwicklung und Gebrauch der Handfeuerwaffen. Zeitschrift für historische Waffenkunde, Bd. I, S. 222, Fig. 13.

Radschloßgewehre.

1. (1) Radschloßgewehr (Fig. 409): der kantige, mit durchbrochenen vergoldeten Ringen am Schafte befestigte Lauf ist reich geätzt und zeigt die Inschrift: „*Valeant qui inter nos dissidium volunt.| Dii immortales, homini homo quid praestat!| Ne Jupiter quidem omnibus placet 1531*". Reich geätztes und teilweise vergoldetes Doppel-radschloß mit durchbrochenen Raddeckeln. Auf dem grün gestrichenen, deutschen Kolben das gemalte Wappen des Erzbischofs Matthäus Lang von Salzburg. Deutsch, „1534".

Fig. 409 Radschloßgewehr, deutsch, „1534" (S. 313)

Fig. 410 Radschloßkarabiner, deutsch (Suhl), Ende des XVI. Jhs. (S. 313)

2.—14. (2, 4, 6, 7—10, 255, 256, 275, 276, 287, 1067, 1068) Arkebusier-Radschloßkarabiner (Fig. 410) mit freiliegendem Rad und dunklem, mit gravierter Verzierung verzierten spanischen Schaft. (2) mit der Lauf-marke 157, und der Schloßmarke 158; (4) mit der Laufmarke 157 und der Signatur „*M. S.*" am Schlosse; (6) mit den Suhler Laufmarken 159; (7, 275, 276) mit der Laufmarke 157; (9) mit den Suhler Marken 160; (10) mit der Laufmarke 161 und der Datierung „*1595*"; (255) mit den Marken 160 und 162; (256, 287) mit den Marken 163; (1067) mit den Marken 157 und 164; (1068) mit den Marken 157 und 165. Deutsch (Suhl), Ende des XVI. Jhs.

15.—21. (204, 205, 229, 296, 306, 317, 345) Österreichische Radschloß-(Petrinal-)Karabiner, Modell 1657; mit den Marken 166—173. Österreichisch, zweite Hälfte des XVII. Jhs.

22. (239) Radschloßgewehr; der gezogene Lauf trägt die Inschrift „*Hans Stifter 1675*" und dessen Marke 174.

23. (329) Radschloßbüchse; der gezogene Lauf trägt die Bezeichnung: „*K. Felseisen 1686*"; das Schloß ist mit einer Jagdszene graviert und zeigt die Marke 175.

24. (1234) Radschloßbüchse; mit graviertem Schloß und der Laufmarke 176. Deutsch, zweite Hälfte des XVII. Jhs.

25. (243) Radschloßbüchse; der gezogene Lauf trägt die Bezeichnung: „*Johann Deplann in Prag*"; das schön gravierte Schloß (Fig. 411) stellt eine Hirschjagd dar; der leicht geschnitzte Kolben (Fig. 412) ist mit Drahtornamenten eingelegt und zeigt auf der Wangenseite ein vergoldetes, durchbrochenes Bronzeornament. Deutsch, erste Hälfte des XVIII. Jhs.

26. (199) Radschloßbüchse; der gezogene Lauf ist mit „*Caspar Zelner in Salzburg*" und dessen Marke 177 bezeichnet; das mit „*J. N.*" bezeichnete Schloß zeigt eine roh gravierte Landschaft und Ornamente. Salzburg, um 1700.

Fig. 410.

Fig. 411
und 412.

XVI

27. (250) Radschloßbüchse; der einfach geschnitzte Kolben ist mit „*Josef Meissinger*" und das reich gravierte Schloßblech mit „*J. G.*" bezeichnet. Ende des XVII. bis Anfang des XVIII. Jhs.

28. (324) Radschloßbüchse; der gezogene Lauf ist mit „*Valentin Winchler*" und dessen Marke 178 bezeichnet; das Schloß zeigt eine gravierte Jagdszene und Ornamente. Deutsch, erstes Drittel des XVIII. Jhs.

Fig. 411 Schloß des Gewehres Nr. 25 (S. 313)

Fig. 412 Schäftung des Gewehres Nr. 25 (S. 313)

29. (219) Radschloßbüchse; das mit einer Jagdszene und Ornamenten gravierte Schloß ist mit „*S(ebastian) Scheidegger in Salzburg*" und der gezogene Lauf mit der Marke 179 dieses von 1726—1773 in Salzburg nachweisbaren Meisters, bezeichnet Salzburg. Mitte des XVIII. Jhs.

und einige weitere, nicht bezeichnete Radschloßgewehre.

Steinschloß-
gewehre.   S t e i n s c h l o ß g e w e h r e.

1. (290). Steinschloßtrombon; Schloß, graviert mit Messingtauschierung; der Kolben mit Bronzearmatur; der Lauf ist mit „*Go. Batta Daffino*" bezeichnet. Italienisch, um 1700.

2. (208) Jagdstutzen mit Steinschloß; leicht geschnitzte Schäftung mit Bronzearmatur; das mit Trophäen gravierte Schloß ist mit „*Wentzlav a Ehrnbreitstein No. 127*" bezeichnet. Deutsch, zweite Hälfte des XVIII. Jhs.

3.—4. (258, 266) Entenflinten mit Steinschlössern; die mit einer Jagdszene und Ornamenten geschnittenen Schlösser sind mit „*Ignatz Nester*" bezeichnet, während die glatten Läufe die Marke 180 dieses Meisters tragen.

Die Schäfte sind mit gravierten Bronzebeschlägen verziert, die am Kolbenschuh das Wappen der Freiherren Firmian zeigen. Deutsch, zweite Hälfte des XVIII. Jhs.

5.—6. (649, 825) Doppelläufige Steinschloßflinten; die glatten Schloßbleche sind mit dem Namen des Büchsenmachers „*Anton Baumann in München*" bezeichnet. Die Schäfte sind mit Bronzebeschlägen verziert, die am Kolbenschuh das Wappen der Grafen von Preysing zeigen. Zweite Hälfte des XVIII. Jhs.

7.—8. (669, 695) Steinschloßflinten mit leicht geschnitztem Kolben und ziselierten Eisenbeschlägen; die reich tauschierten Damastläufe tragen die Marke 181; das leicht gravierte Schloß ist mit „*Gio. Batta. Capit*" bezeichnet. Italienisch, zweite Hälfte des XVIII. Jhs.

9. (1613) Trombon mit in Messing tauschiertem Steinschloß; der ornamental gravierte und tauschierte Lauf ist mit „*P. Moreta*" bezeichnet. Italienisch, Anfang des XVIII. Jhs.

10. (254) Steinschloßtrombon; das Schloß ist mit „*Scalafiot u. Comp. a Turin*" bezeichnet; der Lauf trägt die Signatur „*Canon Tordu*" und die Marke 182. Italienisch, Anfang des XIX. Jhs.

11. (545) Steinschloßflinte (Šišana); der reich mit Silber tauschierte Lauf trägt die Marke 183; der Schaft ist mit Silberornamenten beschlagen. Balkan, XVIII. Jh.

12. (1140) Steinschloßflinte; der gezogene Lauf ist mit „*Joseph Khinr*" und der Marke 184 bezeichnet; das mit einer Jagdszene gravierte Schloß zeigt die Signatur „*Johann*". XVIII. Jh.

Ferner eine größere Anzahl von Militärsteinschloßgewehren des XVIII. und Anfang des XIX. Jhs.

Im XIX. Jh. in Kapselschloßgewehre umgewandelte Rad- und Steinschloßgewehre:

1. (1233) Radschloßbüchse mit graviertem Perkussionsschloß; der Lauf zeigt die Marke 185. Italienisch, XVIII. Jh.

2. (1850) Kapselschloßgewehr; der in Silber tauschierte, glatte Lauf ist mit „*Seb. Scheidögger in Salzburg*", und dessen Marke 179 bezeichnet; das Schloß trägt die undeutliche Marke 186. Salzburg, Mitte des XVIII. Jhs.

3. (1132) Kapselschloßgewehr; der Lauf ist mit „*S. Scheidegger in Salzburg*" und dessen Marke 179 bezeichnet. Salzburg, Mitte des XVIII. Jhs.

4.—5. (277, 286) Entenflinten mit Kapselschlössern; die in Gold tauschierten und mit vergoldeten, ornamental durchbrochenen Ringen am Schafte befestigten Läufe tragen die Marke 187 des von 1716—1759 in Salzburg nachweisbaren Fr. X. Zelner; der leicht geschnitzte Nußholzkolben ist mit reichen, ornamentalen und figuralen Beschlägen aus vergoldeter Bronze verziert, unter welchen wir am Kolbenhalse das Doppelwappen des Grafen Laktanz von Firmian und seiner Gemahlin Maria Maximiliana geb. Gräfin Lodron und am Kolbenschuh das in einer Kartusche eingravierte Porträt des Prinzen Eugen von Savojen (?) sehen. Das leicht gravierte Schloßblech ist mit „*Franz Xaver Zelner in Salzburg*" bezeichnet. Salzburg, erste Hälfte des XVIII. Jhs.

6. (1146) Entenflinte mit Kapselschloß; mit reich ziselierter Bronzearmatur; das Schloßblech ist mit „*Franz Xaver Zelner in Salzburg*" bezeichnet; der glatte Lauf trägt die Marke 187 dieses Meisters. Salzburgisch, erste Hälfte des XVIII. Jhs.

7. (312) Scheibenstutzen mit Kapselschloß; der gezogene Lauf ist mit „*Hans Winkhler*" und dessen Marke 178 bezeichnet. Das mit „*Andreas Zaruba in Salzburg*" bezeichnete Schloß ist mit einer Jagdszene graviert. Salzburg, zweite Hälfte des XVIII. Jhs.

8. (604) Scheibenstutzen mit Kapselschloß; der gezogene Lauf ist mit „*A. Zaruba in Salzburg*", der von 1750—1787 nachweisbar ist und dessen Marke 188 bezeichnet. Zweite Hälfte des XVIII. Jhs.

9. (446) Scheibenstutzen mit Kapselschloß; der gezogene Lauf ist mit „*Andreas Auer in Salzburg*", der von 1763—1777 nachweisbar ist, bezeichnet (die Marke ist ausgefallen). Salzburg, zweite Hälfte des XVIII. Jhs.

10. (232) Scheibengewehr mit Kapselschloß; der gezogene Lauf trägt die Marke 189 und die Bezeichnung „*Franz Klettner*". Ende des XVIII. Jhs.

11. (419) Entenflinte mit Kapselschloß; der Lauf trägt die undeutliche Marke 190. XVIII. Jh.

12. (801) Jagdflinte mit Kapselschloß; der Lauf zeigt die Marke 191 und das Schloß die Bezeichnung „*Pas. F.*". XVIII. Jh.

13. (1141) Kugelstutzen mit Kapselschloß und leicht geschnitztem Schaft mit Messingbeschlag; der Lauf ist mit „*Ignati Mair*" und einer unleserlichen Marke bezeichnet. Ende des XVIII. Jhs.

14. (1837) Gewehr mit Kapselschloß; der glatte Lauf ist mit „*Lorenz Palk in Schmidmühlen*" und der Marke 192 bezeichnet. Anfang des XIX. Jhs.

Auch einige Windbüchsen des XVIII. und XIX. Jhs. finden sich in der Sammlung, von welchen nachstehende bezeichnet sind: (328) von „*Johann Senninger in Zell*"; (605) von „*Hans Winkler*" mit dessen Laufmarke 178: (668) von „*Jos. Dojag in Wien*"; (672) von „*Franz Heintz*"; (691) von „*Anton Minster in Fulnek*".

Ferner eine größere Anzahl von Militärgewehren des XVIII. Jhs. und Jagd- und Scheibengewehren des XIX. Jhs.

Pistolen,
Radschloß-
pistolen.
Fig. 413
und 414.

Radschloßpistolen.

1. (3) Kurzes Doppelfaustrohr (Puffer) (Fig. 413, 414); der obere der beiden übereinanderliegenden Läufe zeigt die Beschaumarke 194 von Schwäbisch-Gmünd; das Doppelradschloß, dessen vorderer Hahn ergänzt ist, trägt die Marke 193 mit dem Nürnberger Beschauzeichen; der Schaft und die Afterkugel sind mit gravierten (Hirsche) und gefärbten Beineinlagen verziert. Deutsch (Nürnberg), Ende des XVI. Jhs.

Fig. 413 Schloßseite der Radschloßpistole 1. Nürnberg, Ende des XVI.Jhs. (S. 316)

Fig. 414 Rückseite der Radschloßpistole 1. Nürnberg, Ende des XVI. Jhs. (S.316)

Fig. 415.

2. (27) Miniatur-Radschloßfaustrohr (Puffer) (Fig. 415) mit fein gravierter Afterkugel aus vergoldeter Bronze und gleichfalls leicht graviertem Schloß. Zweite Hälfte des XVI. Jhs.

3.—16. (203, 206, 227, 230, 242, 252, 260, 271, 291, 294, 295, 303, 304, 346) Österreichische Radschloß-(Petrinal-) Pistolen, Modell 1657; die Läufe und Schlösser tragen die Marken 195 und 196. Deutsch (Suhl), Mitte des XVII. Jhs.

Steinschloß-
pistolen

Steinschloßpistolen.

1. (21) Pistole mit spanischem Schnapphahnschloß; der Lauf trägt die Marke 197; das Schloß zeigt die Inschrift „Anst Posch 1562".

2.—3. (217, 270) Steinschloßpistolen mit Repetiervorrichtung für 20 Schüsse; die leicht gravierten Läufe sind mit dem Namen des Erfinders und Büchsenmachers „J. P. Cletth in Salzburg" und der Marke 198 bezeichnet. Salzburg, zweite Hälfte des XVII. Jhs.

Fig.415 Modell einer Radschloßpistole 2 (S.316)

4.—5. (14, 15) Steinschloßpistolen mit ziselierten Bronzebeschlägen; die Läufe tragen die Marke 199; die Schlösser sind mit „G. M. Logia" bezeichnet. Italienisch, Ende des XVIII. Jhs.

6.—7. (314, 316) Steinschloßpistolen; die Schlösser sind mit „Cosmin a Liege" bezeichnet. Ende des XVIII. Jhs.

Ferner einige einfache Militär-Steinschloß-Pistolen des XVIII. und XIX. Jhs.

8. (347) Pistole mit Kapselschloß; der Lauf trägt die Marke 200. XVIII. Jh. und einige weitere Kapselschloßpistolen des XIX. Jhs.

9. (11) Türkischer Pistolenlauf mit reicher Silbertauschierung und der Marke 201. XVIII. Jh.

Radschlösser.

In der Sammlung befinden sich eine größere Anzahl von unmontierten, teilweise gravierten Radschlössern des XVII. und XVIII. Jhs., von welchen nachstehende hervorzuheben wären:

(120) Radschloß mit gravierter Jagdszene und der Bezeichnung: „*Fr. Zellner in Salzb.*". Salzburg. Erste Hälfte des XVIII. Jhs.

(114) Radschloß mit geschnittenem Hahn; das Schloßblech zeigt eine mythologische Darstellung in einer Landschaft, die Signaturen „*G. Achlin Pixenmacher, Eberschwan*" und des Graveurs „*I. C. Stengl(lin) fc.*" (siehe Zeitschrift für historische Waffenkunde, Bd. III, S. 372). Ende des XVIII. Jhs.

Weiter die bezeichneten, teils ornamental, teils figural (Jagdszenen) gravierten Radschösser: (83) mit „*B. L.*"; (91) mit „*I. P. K.*"; (95) mit „*F. S. in Dingelfing*"; (102) mit „*I. O. Fischer in Presburg*"; (107) mit Marke 202; (111) mit „*Doppinger*"; (117) mit „*B. Z.*"; (1241) mit „*B. K.*"; (1243) mit „*I. G. D. in Hat*"; (1244) mit „*I. K.*" bezeichnet. XVII. und XVIII. Jh.

Pulverhörner, Radschloßschlüssel usw.

Fig. 416 Pulverhorn 1, XVI. Jh. (S. 317)

1. (1261) Pulverhorn (Fig. 416); aus geschnittenem Hirschhorn mit biblischen Darstellungen. Deutsch, XVI. Jh.

2. (1260) Pulverhorn; aus Hirschhorn geschnitten: ein vor einem Zelte stehendes Liebespaar. Deutsch, zweite Hälfte des XVI. Jhs.

3.—20. (33—39, 41—46, 48—53) Gemeine Pulverhörner aus Bein mit rohen, teils figuralen, teils ornamentalen Gravierungen. Manche noch mit den Flaschenhangseln. Deutsch, Ende des XVII. Jhs.

21. (67) Pulverflasche aus Holz, geschnitzt und bemalt: liegender, von einer Hundemeute angegriffener Löwe. Ende des XVI. Jhs.

22. (62) Zündkrautflasche aus ziselierter, vergoldeter Bronze mit einer mythologischen Darstellung. Italienisch, Anfang des XVII. Jhs.

23. (57) Patronenbüchse für fünf Patronen. Schwarz gebeiztes Holz mit gravierten Beineinlagen und lackierten Eisenbeschlägen. Anfang des XVII. Jhs.

24. (213) Patronenbandelier mit neun Holzhülsen und Kugelbeutel. XVII. Jh.

und einige weitere Pulver- und Zündkrautflaschen des XVIII. und XIX. Jhs. Ferner etwa 30 Radschloßschlüsseln des XVII. Jhs. mit und ohne Pulverprober, von welchen besonders zwei hervorzuheben wären:

(156) Doppelradschloßschlüssel, in gebläutem Eisen reich figural und ornamental geschnitten. Ende des XVII. Jhs.

(158) Doppelradschloßschlüssel; in Stahl reich ornamental geschnitten. Ende des XVII. Jhs.

Weiter einige Pulvermaße, Kugelgießzangen und Pulverprober: (350) Stangenprobe mit eingraviertem Salzburger Landeswappen, der Signatur „*N. D.*" und der Datierung „*1791*".

Fahnen.

1. (1371) Landsknechtfahne (Fig. 417) mit kurzem, befranstem Schwegel; in das gelbseidene Blatt sind aus schwarzer Seide ein nach links steigender Löwe und acht wagrechte Flammen eingesetzt. Unterhalb des Löwen ist klein das Wappen der Stadt Salzburg eingestickt. Das stark beschädigte Stück stammt wie auch die Reste einer ähnlichen Fahne (1372) aus Schloß Thurnberg. Deutsch, XVI. Jh.

2. (1393) Reiterstandarte des Erzbischofs Paris Graf Lodron (1619—1653) von Salzburg; in das rote Seidenblatt ist ein steigender, leicht grau schattierter Löwe aus weißer Seide eingesetzt. Erste Hälfte des XVII. Jhs.

3. (1379) Reiterstandarte (Fig. 418) in das weiße Seidenblatt sind das Salzburger Landeswappen, vereinigt mit dem Wappen des Erzbischofs Max Gandolf Graf von Küenburg (1668—1687) und zwei schwarze wagrechte Flammen eingenäht. Laut Landschaftsrechnungen des Regierungsarchives zu Salzburg wurde diese oder eine ähnliche Standarte 1669 angeschafft.

Fig. 418.

4. (1389) Fahne des Erzbischofs Jakob Ernest Graf von Liechtenstein (1745—1747). Weißes Seidenblatt mit dem eingesetzten Wappen des Erzbischofs und der Jahreszahl „*1747*". Die Fahnenspitze zeigt einen Hammer und Schlegel eingraviert.

Fig. 417 Landsknechtfahne, XVI. Jh. (S. 317)

Fig. 418 Reiterstandarte des Erzbischofs Paris Graf Lodron (S. 317)

5. (1388) Fahne mit dem in das weiße Seidenblatt eingesetzten Wappen des Erzbischofs Andreas Jakob Graf von Dietrichstein (1747—1753) und zu beiden Seiten des Wappens die Buchstaben „A I" und „V D.". Mitte des XVIII. Jhs.

6. (1383) Reiterstandarte (Fig. 419): auf der einen Seite auf rotem Seidengrunde appliziert und gestickt das Allianzwappen des Landes Salzburg und des Erzbischofs Siegmund III. Graf von Schrattenbach mit dem Kardinalshut darüber, umgeben von einer breiten applizierten Randbordüre mit den Ziffern der Jahreszahl „1753" in den vier Ecken; auf der anderen Seite Maria in der Mandorla auf weißem Grunde und umgeben von einer Randbordüre, in deren Ecken die vier Buchstaben „S. T. P. C." (sub tuum praesidium confugio) stehen. Die vergoldete Messingspitze zeigt in durchbrochener Arbeit das Monogramm Christi.

Fig. 419.

Fig. 419 Reiterstandarte 6, von 1753 (S. 419)

7. (1390) Standarte (Fig. 420, 421), reich in Gold gestickt und appliziert; auf der einen Seite in einer Kartusche das Wappen des Erzbischofs Hieronymus Graf Colloredo, umgeben von reichen, in Gold gestickten Rokokoornamenten, „Hieronymus" und der Jahreszahl „1772"; auf der anderen Seite die Hl. Rupertus und Vigilius zu Seiten des Salzburger Stadtwappens, umgeben von in Gold gestickten reichen Rokokoornamenten. Die Spitze der Fahne fehlt.

Fig. 420 und 421.

8. (1373) Kompagniefahne des österreichischen Infanterieregimentes Nr. 13. Schwarzer Doppeladler mit „C. VI" auf dem Bindeschilde. Das rote Grundblatt ist von einer Bordüre aus blau-gelb-schwarz-roten Flammen umgeben. Die gravierte blattförmige Messingspitze zeigt auf der einen Seite den auf Wolken sitzenden Hl. Eustachius mit der Umschrift „Sanctus Eustachium"; auf der anderen Seite das Wappen des Regimentsinhabers Guido Graf Starhemberg mit der Jahreszahl „1715" und der Umschrift: „Erasmuss R. J. Comes a Starhemberg unius legionis pedestris tribunus".

9. (1374) Kompagniefahne des Infanterieregimentes Nr. 13: wie 8, doch mit einer Bordüre aus weiß-rot-blau-schwarzen Flammen. Die Spitze auf der einen Seite wie 8 zeigt auf der anderen Seite den hl. Achatius mit der Umschrift „Sanctus Achatius".

10. (1375) wie 9, nur daß die Fahnenspitze auf der einen Seite den hl. Dionysius mit der Umschrift: „Sanctus Dionisius" zeigt.

Fig. 420 Standarte, von 1772 (S. 319)   Fig. 421 Standarte, von 1772 (S. 319)

11. (1376) wie 8, nur daß die Spitze auf der einen Seite das Starhembergwappen ohne Umschrift und auf
der anderen Seite den hl. Martin mit der Inschrift „S. MARTIN" zeigt.

Ferner einige Fahnen der Salzburger Bürger und Nationalgarden aus der ersten Hälfte des XIX. Jhs.; eine
türkische Fahne (1391) und ein Roßschweif (429), beide 1737 vom Infanterieregiment Nr. 43 (Graf Plaz) bei
Banjaluka erobert. Erste Hälfte des XVIII. Jhs.

Ferner Teile eines reich gestickten, türkischen Zeltes (1655); einige Trommeln des XVIII. Jhs.; (747) mit
dem aufgemalten Wappen des Erzbischofs Jakob Ernest Graf Liechtenstein (1745—1747), (748) mit jenem
des Erzbischofs Graf Colloredo (1772—1803); und einige Pfeifenkücher des XVIII. Jhs.

Rüstung   Schilde

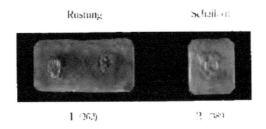

1 /26.9)   2 ~38?

Hieb- und Stichwaffen

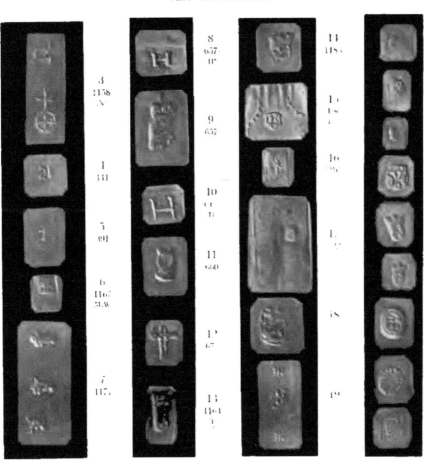

Tafel XXII WAFFENMARKEN

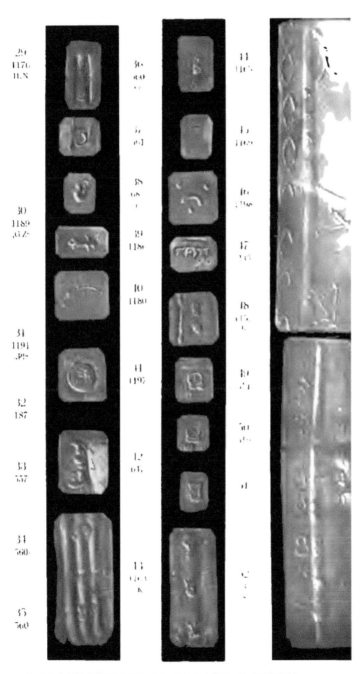

TAFEL XXIII. WAFFENMARKEN (HIEB- UND STICHWAFFEN).

TAFEL XXIV. WAFFENMARKEN. HIEB- UND STICHWAFFEN.

375

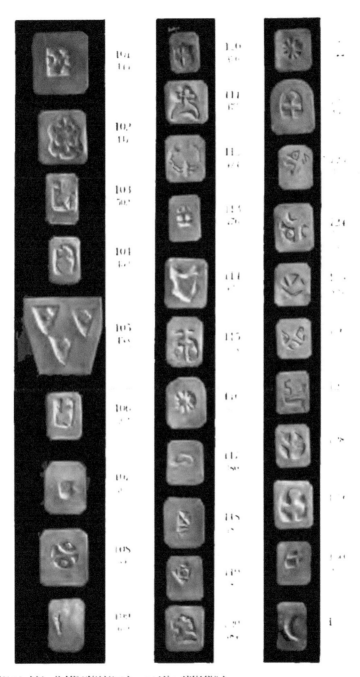

Stangenwaffen

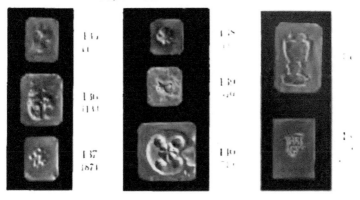

Schußwaffen

Geschütze

Handfeuerwaffen

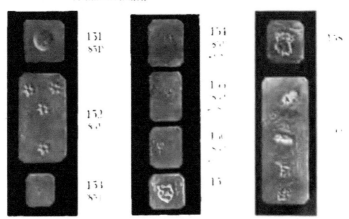

TAFEL XXVI WAFFENMARKEN

379

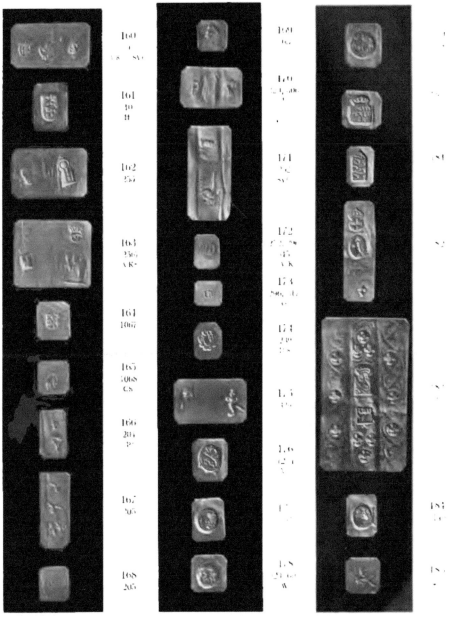

TAFEL XXVII WAFENMARKEN (HANDELEERWAFFEN)

186
18.0

187
277, 286

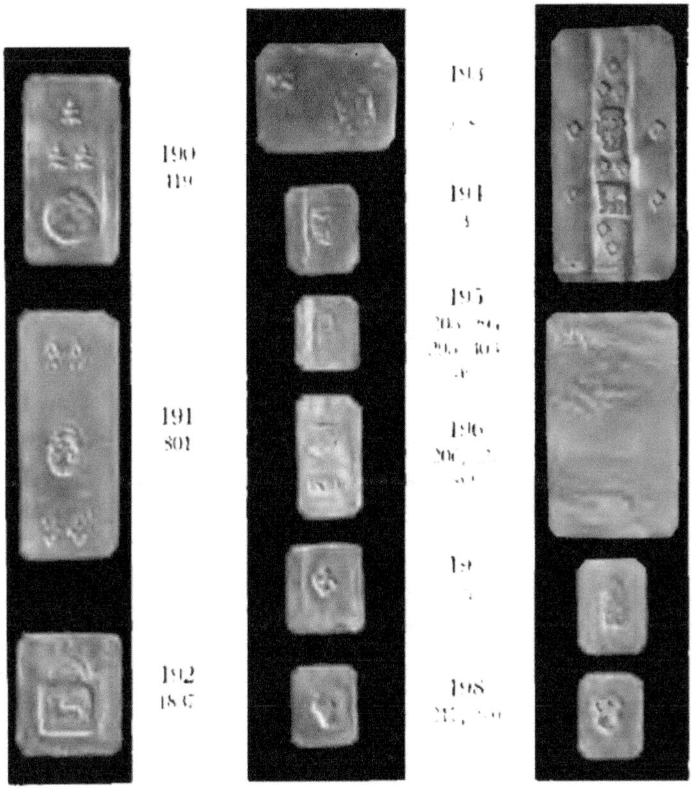

188
604
A2

189
232

190
119

191
801

192
18.0

193

194
3

195

196

197

198

199

200

TAFEL XXVIII WAT ENMARKEN

VERZEICHNIS DER ABBILDUNGEN

TAFELN

ABBILDUNGEN IM TEXT

XVI

NAMENSREGISTER

A. KÜNSTLERVERZEICHNIS

B. ALLGEMEINES PERSONENVERZEICHNIS

42*

C/8- 252

O

Druck:
Customized Business Services GmbH
im Auftrag der KNV-Gruppe
Ferdinand-Jühlke-Str. 7
99095 Erfurt